国家社科基金
GUOJIA SHEKE JIJIN HOUQI ZIZHU XIANGMU
后期资助项目

广西汉语方言体范畴
调查与研究

Investigation and Research on the Aspect of
Chinese Dialects in Guangxi

伍和忠　著

北京师范大学出版集团
BEIJING NORMAL UNIVERSITY PUBLISHING GROUP
北京师范大学出版社

国家社科基金后期资助项目
出 版 说 明

后期资助项目是国家社科基金设立的一类重要项目，旨在鼓励广大社科研究者潜心治学，支持基础研究多出优秀成果。它是经过严格评审，从接近完成的科研成果中遴选立项的。为扩大后期资助项目的影响，更好地推动学术发展，促进成果转化，全国哲学社会科学规划办公室按照"统一设计、统一标识、统一版式、形成系列"的总体要求，组织出版国家社科基金后期资助项目成果。

全国哲学社会科学规划办公室

目　录

绪 言

一、"体"及汉语的体范畴研究

作为一种语法范畴，"体"在国内语法学界的相关研究中也被称为"态""动态""时态""体貌""貌/情貌""相/动相""式"等。名称虽然纷杂，但所指基本相同，现在学界一般都将来自印欧语系的 aspect 称为"体"。美国学者伯纳德·科姆里（Bernard Comrie）关于"体"的定义在我国语法学界很有影响：体是观察情状的内部时间构成的不同方式。① 国内学者（包括汉语学界、民族语言学界、外语学界的学者）对"体"意义的表述一般关涉到三个要素：动词或动作行为、时间结构或过程结构、事件构成的方式或情状类型。在这个基础上，结合汉语实际，我们可以把这个术语定义为：体是由谓词性结构表示的动作行为或事件在参照（外部）时间进程中所呈现的构成方式或状态。

作为语言学术语，aspect 可以对应于俄语的 вид。俄语的 вид 指完成体与未完成体的对立，后来在其他语言的研究中指完整体与非完整体的对立并逐渐扩大到别的次范畴。关于这个问题，伍云姬（2009：1）有如下相关说明：

> "态"（按，即我们所说的"体"）的研究最早始于希腊学者对于斯拉夫语系中"态"的描写。在斯拉夫语系中，表动态的系统是很整齐的。例如在俄语中，几乎所有的动词都有完成态（perfective）和非完成态（inperfective）的对立。据牛津英文词典介绍，"态"（aspect）这个词是 1883 年才进入英语的。而西方有关"态"的理论，是 20 世纪受结构主义的影响才逐步建立起来的。

一般认为，"体"是世界多数语言中常见的语法范畴，其采用的表达形式或语法手段在不同语言中差别甚为明显。印欧语系诸语言以及阿尔泰语系的一些语言主要使用形态手段（词形变化形式）表达各种体范畴意

---

① 参见刘丹青（2008：446、456）。Comrie（2005：3）相关表述的原文是：As the general definition of aspect, we may take the formulation that "aspects are different ways of viewing the internal temporal constituency of a situation". 胡明扬（1996）将 Comrie 的著作 *Aspect* 译为《动态》，并将这个定义译为："动态是对某种状况内部的时间结构的不同看法。"

义,汉藏语系诸语言则多使用句法手段表示相应的意义,其中藏缅语族较多地使用形态手段。

从我们接触到的文献看,我国的语言学者对汉语体范畴的系统研究开始于 20 世纪 40 年代初,至今已有 70 余年的历史。赵元任(1996)、王力(1954、1985、1989)、高名凯(1948/1986、1957)、吕叔湘(1982)、张秀(1957)等前辈学者筚路蓝缕,积极探索,各辟蹊径,皆居开山之功。他们归纳了汉语体范畴中常见次范畴的语法意义、表达形式和标记成分,初步建立了汉语的体范畴系统,为后辈学者对相关问题的进一步探讨奠定了坚实的方法论基础和材料基础。当代学者的研究在继承前辈已有成果的基础上把相关问题的探讨引向了更为广阔的领域,开辟了新的天地,出现了新的气象。共时的研究,如刘勋宁(1988)、戴耀晶(1997)、金立鑫(1998、2002)、李铁根(1999、2002)、陈前瑞(2005、2008)、李小凡(2004)、刘丹青(2008)及相关的博士、硕士学位论文等,这些学者及其研究成果对汉语的体范畴以及与体范畴相关的问题做了比较全面周到的讨论,洞察力强,精彩纷呈;历时的探讨也取得了丰硕的成果,如王力(1989)、柳士镇(1989、1992)、刘坚等(1992)、刘坚(1998)、孙锡信(1992、1999)、吴福祥(1995、1996、1998)、曹广顺(1995、1998、1999、2000)、太田辰夫(1958/2003)、蒋绍愚(2001)、杨永龙(2001)等对汉语表"体"成分及相关句法结构的发展演变情况都进行了细致精妙的观察分析,斩获丰厚,胜见迭出。涉及共时和历时层面的理论探讨也取得了可喜成果,如高名凯(1948/1986、1957),左思民(1998a、1998b、1999),张志军(2000),石毓智、李讷(2001)等学者对"体"的有关理论问题作了哲学思考和逻辑思辨,多方锤炼,多角度提升,贡献了富于指导性和实践价值的观点和主张,其方法论意义自不待言。一些学者,如邓守信(1985)、陈平(1988)、陈前瑞(2001、2005、2008)、刘丹青(2008)、金立鑫(2008)、袁雪瑶(2010)等,虽然研究的侧重点不同,但都或多或少涉及"时""体"(或称"态")问题,他们在对国外相关理论的引介、借鉴、吸收的基础上,根据汉语实际,将(动词的)行为类型、(动词短语的)情状(situation①)类型与"时""体"范畴结合起来讨论,取得了一定的成果,把汉语体范畴的研究又向前推进了一步。

汉语方言体范畴的研究近二三十年来很是热络,其中南方方言如吴、闽、湘、粤、客、赣等的体、貌范畴得到了较为深入的讨论。胡明扬主

---

① situation 一词,现在一般译为"情状",邓守信(1985)译为"语境"。

编的《汉语方言体貌论文集》(1996)、张双庆主编的《动词的体》(1996)、
伍云姬主编的《湖南方言的动态助词》(2009)、戴庆厦主编的《中国民族语
言文学研究论集 2(语言专集)》(2002)等集中反映了这方面的研究成果;
单点方言或某一方言区语法研究的专著也多涉及对体、貌范畴的描写,
如陈淑梅(2001)、张一舟等(2001)、赵葵欣(2012)(以上为西南官话)、
项梦冰(1997)(客家话)、卢小群(2007)(湘语),其他相关论文在学术期
刊上或会议论文集中也曾出现。伍和忠(2005)对汉语表示"尝试"和"经
验"两种次范畴的各种形式和标记成分进行了历时梳理,并利用汉语方言
和中国境内其他民族语言的相关材料进行对比,历时与共时相结合,为
今后对相关问题的进一步探讨提供了若干材料,积累了一定的经验。

　　目前的研究趋向于理论上的深入开掘,结合汉语方言、中国境内其
他民族语言、相关跨境语言以及印欧语系诸语言等的有关的事实和现象
(材料)进行全面的、深层次的探讨;在描写体范畴中各类次范畴、建立
体范畴系统的同时,将汉语共同语及其方言的体范畴系统(各类次范畴的
关系、所处地位、表达形式、语法意义及其互动关系),"体""貌"的分
合,"体"与"时"(tense)的关系等问题的讨论进一步引向深入。

　　我们在本部分开头提到"体"的名称问题,在此拟再作一些讨论。从
汉语共同语及其方言、汉藏语系其他民族语言"体"的表达形式和对应的
语法意义以及学者们的相关描写、分析上看,基于印欧语系诸语言研究
而来、诉诸形态(词法)层面的"aspect"这一术语在汉藏语系诸语言的研究
中被称为"体"或"态"似乎并无不可。不过,作为普通名词,"体""态"在
汉语中并不是同义词。"体"在《现代汉语词典》(第 7 版)中有 7 个义项:
①身体,有时指身体的一部分;②物体;③文字的书写形式,作品的体
裁(第 5 版无"作品的体裁"之义);④亲身(经验),设身处地(着想)[第 5
版无"设身处地(着想)"之义];⑤体制;⑥一种语法范畴,多表示动词所
指动作进行的情况,如进行体、完成体等(第 5 版未举例);⑦姓(第 5 版
无此义项)。[见《现代汉语词典》(第 7 版)第 1287 页;"体"的释义与第 6
版相同,与第 5 版有一定差别。]很明显,第 6 个义项的表述用的是"印欧
语的眼光",不甚切合汉语乃至汉藏语系诸语言的实际。"态"有 4 个义
项:①形状,状态;②神情,态度(第 5 版无此义项);③一种语法范畴,
多表明句子中动词所表示的动作跟主语所表示的事物之间的关系,如主
动、被动等;④姓(第 5 版无此义项)。[见《现代汉语词典》(第 7 版)第
1265～1266 页,与第 6 版相同,与第 5 版略有差别。]第 3 个义项的"态"
不是我们这里所说的"态"。我们认为,先前一些学者(邓守信,1985;蒲

立本，1995；胡明扬，1996；伍云姬，2009；等等)所用的"态"或"动态"似乎还比较贴切。他们所用的"态"有更强的概括力和兼容性，可以包括动态、静态，可以表示方式、面貌、状态或状况甚至情感、态度等意义，与作为普通名词的"态"意义契合度较高，也跟我们前面对"体"的定义有词汇意义上的联系，同时还可避免"体""貌"的纠结问题，显得比较"中性"，如同语言学中的"变体"(variant)这一术语。相比较而言，"体"则显得比较晦涩、费解，其作为普通名词的词汇意义与作为语法范畴的语法意义之间有较大的距离。我们在这里主张使用的"态"自然仍可以对应印欧语的 aspect，但要分清"态"与 aspect 的表达手段和具体意义的异同，也要跟主动态、被动态的"态"(voice，也称"语态")区别开来。为不致再度带来术语的混乱，在涉及印欧语的 voice 时，我们就称"语态"。李如龙(1996a)曾有这样的表述：

> 关于"体"的名称，历来不很统一，有的学者叫作"态"，有的学者叫作"貌"。汉语的这类范畴确有自己的特点，和西方语言的 aspect 并不完全相同，而各家语法书里所说的汉语的"体"范畴(或"态""貌")，实际上也包含着不同性质的事实，其中有些是表示动作、事件在一定时间进程中的状态的，有些则是和动作、事件的时间进程没有关系或关系较少的情貌。例如，"完成、进行"等都可以在动作事件进程中确定一定的时点或时段，而"尝试、反复"等则没有确定的时点或时段。所谓状态是人们对客观进程的观察和感受；所谓情貌往往还体现着动作主体的一定意想和情绪。基于这样的认识，我们主张，把和 aspect 较为相近的前者称为"体"，而把后者称为"貌"。

我们觉得，用"态"这一术语，正好可以概括李如龙(1996a)所说的"前者"和"后者"。但是，为了一时的方便，本研究仍暂时使用"体"这一名称，引用其他文献时，依原文所称。我们将在今后的相关讨论中使用"态"(aspect)来称说相应的语法范畴，如"态范畴""完成态""进行态"之类。

二、广西汉语方言体范畴研究现状

广西的汉语方言主要有桂北、桂中南的西南官话(桂柳片)，桂东南的粤方言(当地多称"白话")、客家方言，以及桂南平话、桂北平话(广西平话在当地有"土话、土拐话、本地话、五色话、六甲话、百姓话、蔗园话"等别称)，也有一些闽、湘方言等，此外还存在若干方言岛和语言接触的一些特殊形式。

广西西南官话体范畴的研究所涉及的方言点有桂林市(廖恩喜，

1996；赵媛，2011）；柳州市（蓝利国，1999；马骏，2001；易丹，2012a、2012b）；荔浦县（伍和忠，2002、2004）；永福县（肖万萍，2010）；龙胜县（张婷，2010）等。覃凤余、张婷（2009）对邕宁区福建村官话的"着"进行过讨论，揭示了一些相关的特殊现象。这些篇目主要对西南官话体范畴中某些次范畴的表达形式进行描写，间或有一些历时的解释，尚未做系统性的梳理和考察，相应的专著也尚未见到。

在广西汉语方言体范畴研究中，对粤方言体范畴的讨论较多。吴旭虹（2007）将南宁白话的体貌范畴分为动态类和事态类，对动态类中的体、貌和事态类中的几种"态"进行了考察，认为南宁白话体貌标记来源于结果补语、趋向补语、处所词虚化和形态手段，南宁白话和广州话在体貌范畴上的差异主要表现在体貌标记用字、体貌形式以及少数几个体貌词尾的表达能力上；林亦、覃凤余（2008：325～336）对南宁白话体标记的分布和使用情况进行了描写；其他粤方言点也有相关的研究，如余凯、林亦（2008）（梧州白话），徐荣（2008）（北流白话），谢蓓（2011）（桂平白话），麦穗（2002）（贵港市区本地白话）等，其中，梁忠东（2009a、2009b、2010）对玉林白话的体貌范畴尤其是"进行体"和"持续体"做了较为详细、集中的讨论。

对广西客家方言体范畴的研究，黄小平（2006）（田林宁都客家话）、韩霏（2008）（博白沙河客家话）、邱前进（2008）（宾阳王灵镇客家话）、陈辉霞（2008）（临桂小江客家话）等的硕士学位论文有过描写和分析，见于学术期刊的单篇论文很少。相比较而言，广西客家方言体范畴的研究还比较薄弱，尚待进一步横向拓展和纵向开掘。

广西平话体范畴的研究则取得了比较丰富的成果，张均如、梁敏（1996）对南宁心圩、宾阳、融安、灵川等平话点表示"持续""完成"的助词做了比较。其他相关讨论，桂南平话的有覃远雄（1996）（南宁市郊平话）、杨敬宇（2002、2004）（南宁亭子平话）、覃东生（2007、2011）（宾阳平话）、闭思明（2000）（横县平话）、刘江丽（2008）（宜州德胜百姓话）等，他们对相关方言点体范畴的若干次范畴进行了描写。对桂北平话体范畴的描写，主要见于《桂北平话与推广普通话研究》丛书（广西民族出版社，2005），该丛书涉及的平话点有资源延东直话、兴安高尚软土话、全州文桥土话、灌阳观音阁土话、临桂两江平话、临桂义宁话、永福塘堡平话、阳朔葡萄平声话、富川秀水九都话等，这些著作的侧重点不在语法，因此对体范畴的讨论多比较简略，有的只列出几个动态助词，大多数书末都附有语法例句，可资利用；其他还有凌伟峰（2008）（柳城古砦乡百姓话)、王琼(2008)(罗城长安镇牛鼻村土拐话)、徐国莉(2007)(临桂六塘土话)、夏丽珍(2010)(资源延东直话)等的硕士学位论文;公开发表的单篇论文也有所见,如欧阳澜(2009)(涉及桂北平话多个点)等。

三、本研究的意义

广西是汉语方言的宝库,也是其他民族语言的"富矿区"。除汉族外,广西境内居住着壮、苗、瑶、侗、水、仫佬、仡佬、毛南、彝、回、京等民族,其语言主要属于汉藏语系侗台语族、苗瑶语族和藏缅语族,京语的系属尚不明确。由于多民族杂居,交往密切,双语、双方言或多语、多方言现象非常普遍,由此产生了语言接触和方言接触诸多有价值的现象和事实,这是研究相关问题的理想材料。

根据上文对广西汉语方言体范畴研究现状的评述,广西汉语方言体范畴研究目前尚不充分,系统性的讨论尤不多见,学界的关注度也还不够。有鉴于此,本研究选取了广西西南官话、粤方言、客家方言和平话(包括桂南平话和桂北平话)四种主要汉语方言各三个点为考察对象,通过田野调查获取第一手材料,在此基础上对各方言点体范畴中的"完成体、进行体、持续体、经历体、重行体、起始体、继续体、尝试体"八类次范畴的表达形式、标记成分、相应的语法意义/句式意义以及"短时"义的形式等进行描写和必要的分析;同时进行横向比较和纵向开掘,力求做好一些基础性的工作,以期为语言/方言接触研究提供材料和理论依据,为汉语体范畴的全面探讨提供参考,进一步丰富汉语共同语语法、方言语法和历史语法的研究成果,为普通语言学理论和方法的创新提供借鉴。本研究还拟在认知语法理论特别是构式语法(construction grammar)理论的探讨方面再作一些尝试,为该理论更好地运用于汉语语法事实和现象的研究夯实基础,垒筑台阶,从而取得更加丰硕的成果。

四、本研究的路径与方法

广西汉语方言体范畴的表达形式和标记成分多保留着唐宋至元明时期的面貌(即便是官话方言也是如此),它们既有历时演变留下的痕迹,也有较为丰富的地域变体。其中西南官话表现出较多其他方言(粤方言、客家方言、平话等)的特征,包括语音、词汇、语义、语法诸方面,同时还很可能受南方一些民族语言如壮语的影响;其他方言也或多或少保留着南方民族语言的历史痕迹,各方言彼此之间也相互影响,相互渗透。

因此本研究必须以田野调查为先行工作,在语料的收集、比对、观察、对比、分类、取舍以及事实和规律的挖掘等方面尽可能做到全面一些、细致一些。

首先要做的工作是，在综合考虑各方面因素的基础上选取各方言区（片）有代表性的方言点，这些方言点最终确定为：西南官话——荔浦县城区官话（以下称"宾阳黎塘话"或"荔浦话"）、桂林市区官话（以下称"临桂五通话"或"桂林话"）、柳州市区官话（以下称"柳州话"），粤方言——桂平市城区白话（以下称"桂平白话"或"桂平话"）、南宁市区白话（以下称"南宁白话"或"南宁话"）、玉林市区白话（以下称"玉林白话"或"玉林话"），客家方言——陆川县滩面乡客家话（以下称"陆川话"）、贺州市沙田镇客家话（以下称"沙田话"）、贵港市桥圩镇客家话（以下称"桥圩话"），平话——宾阳县黎塘镇平话（以下称"宾阳黎塘话"或"黎塘话"）、临桂区五通镇平话（以下称"临桂五通话"或"五通话"）、融水县融水镇土拐话（以下称"融水土拐话"或"土拐话"）。其他相关方言点和南方民族语言的讨论主要利用已发掘的材料或已有的研究成果。

接下来的工作是确定各方言点的调查合作人，以各方言点的各类次范畴为纲，依据所设计的调查项目逐项进行调查①，并以在人群聚集场所进行随机录音作为辅助。

在完成田野调查、材料甄别取舍的基础上，我们对各方言点各类次范畴的表达形式、标记成分及通过"内省"概括出的语法意义/句式意义进行描写；在描写中对重要的、有特点的标记成分作简要的历时探讨，对复杂的语义现象、语义关系进行必要的分析说明；并在一定程度上结合历史语法学、语法化、构式语法等理论方法对广西西南官话、粤方言、客家方言和平话各方言点体范畴的表达形式、标记成分和意义问题做进一步的申说、讨论，力求客观，贴近实际，更具科学性。

考虑到体范畴各类次范畴意义的复杂性、不确定性，意义之间的交叉关系和纠结状态，根据一些学者的研究经验，我们还拟在讨论中适当引入谓词/谓语情状类型的分析。关于情状类型的分析，我们拟按刘丹青（2008：457）的表述：动词词义由于词项的开放性而数量庞大，为了沟通动词词义和体意义的关系，简化规则的表述，学者们在词义和体之间设置了一个中介层次——谓语情状类型（situation type，又称时相 phase，直译为"阶段"），将表示事件的动词短语分成较为有限的几类情状，而情

---

① 本研究各方言点的各类次范畴及"短时"义大体上按张双庆主编的《动词的体》（1996）所列体范畴的例句进行调查。

状的附丽对象是表达整个事件的谓语而不是表达动作行为的单个动词。例如,万德勒(Vendler)提出过一个四分情状系统:①状态(state,无动作性或动作性较弱的谓词,如"是、像、有、在、知道、相信"等)。②活动(activity,可以持续的动作行为,如"吃、走、唱")。③结束(accomplishment,又译为"完成",但不等同于完成体的"完成";"结束"情状有一个内在的终结点,假如在中间打断,就不算完成该行为,如"盖一座房子"是在盖完房子后结束,"唱一首歌"是在唱完歌后结束)。④达成(achievement,谓语本身就表示产生了结果,不存在中间被打断的可能,如"打破、找到")。这样的系统后来又被加进了第5种情状——单变(semelfactive,行为在瞬间结束,但可以用持续体表示其反复进行,如"拍、跳"等)。刘著表示,由于情状类型受制于整个谓语而不仅是动词,因此同一个动词可能因所在组合不同而形成不同的情状,如"唱"是活动情状,"唱(一首)歌"是结束情状,"唱错"是达成情状。有了情状类型作为词项和体之间的中间层次,体的意义和用法的概括整理就可简便一些,尽管情状类型的确切构成各家尚有分歧。同时我们也参考了杨国文(2011)的表述:"状态"指静态持续情状,如由动词"是、有"构成的情状。"活动"指动态持续、无内部自然终结点的情状,如"跑步、唱歌"。"完结"指动态持续、有内部自然终结点的情状,如"画一个圆、写两封信"。"达成"指非持续、状态发生突变的情状,如"到达终点、炸弹爆炸"。关于谓词/谓语的情状类型,还可参见邓守信(1985)、陈平(1988)、金立鑫(2008)、左思民(2009)、袁雪瑶(2010)等的讨论。

以上工作可归纳为:确定调查点(综合考虑各方面相关因素)→物色调查合作人(不必如语音调查那样对合作人有严格的年龄、经历、文化程度、职业等要求,语法调查可适当放宽条件)→调查各方言点情况、获取语料(借助数字化录音工具)→观察、分析、甄别语料→描写、分析讨论、总结。

本研究势必将形式和意义结合起来,以定性分析为主。与此相应,我们主要采用如下几种研究方法。

一是调查法。以现代语言学理论、方法为指导,参考相关的语法调查手册和例句,为获取第一手材料而开展有关方言点的田野调查。

二是观察及内省法。为了材料的真实、可靠、精准,对田野调查所获得的材料作充分观察、比对,进行分类整理、甄别取舍。对笔者母语(荔浦话)和我们熟悉的方言点则多进行内省,行文中的荔浦话例证多为自拟。

三是对比法。为了拓宽材料来源、准确运用材料,将反映相关语法现象和事实的语料与共同语和周边其他汉语方言、民族语言进行对比，充分挖掘隐藏在现象和事实背后的规律。

在此需要特别指出的是，本研究前八章所讨论的八种体范畴的"体"是指用语法手段表达的"语法体"（有的称"视点体"），即所谓"外部体"；而非所谓"词汇体"（有的称"情状体"），即所谓"内部体"。在相关的讨论中，如上所述，我们有时也会谈到谓词/谓语的情状类型（词汇体）。第九章讨论的"短时"不归入体范畴，不称"短时体"，因为这种语法意义没有标记形式。与"体范畴"放在一起讨论，主要是为了更好地区别"体"与非"体"的表达形式，为汉语体范畴研究提供参考。

五、语料来源及调查合作人

（一）语料来源

本研究所涉及的广西四个方言区（片）十二个主要方言点的语料来自我们的田野作业或自拟，行文中不注明出处；其他汉语方言点和南方民族语言的语料则利用已发掘的材料和已有的研究成果并注明所引用文献。

（二）调查合作人

西南官话：荔浦话——韦健光，男，67 岁，荔浦县人，退休教师；桂林话——范生全，男，56 岁，桂林市人，工人；柳州话——陈润洲，男，20 岁，柳州市人，大学生。

粤方言：桂平白话——罗文华，女，43 岁，桂平市人，教师；李革，男，40 岁，桂平市人，公务员。南宁白话——韦维，男，53 岁，南宁市人，教师；陆晓云，女，44 岁，南宁市人，教师。玉林白话——姚福南，男，62 岁，玉林市人，教师。

客家方言：陆川话——丘剑锋，男，35 岁，陆川县滩面乡人，教师；沙田话——刘娇，女，19 岁，贺州市平桂管理区沙田镇人，大学生；[①] 桥圩话——宋巧英，女，64 岁，贵港市桥圩镇人，退休职工。[②]

平话：黎塘话（桂南平话）——黄献，女，45 岁，宾阳县黎塘镇人，教师；五通话（桂北平话）——莫天明，男，43 岁，临桂区五通镇人，公

---

① 我们还调查了贺州市平桂管理区西湾镇客家话，调查合作人为封桂兰，女，19 岁，大学生。西湾镇客家话与沙田镇客家话在语法上无甚差别。

② 我们还调查了贵港市木格镇和平村的客家话（以下称"木格话"），调查合作人为罗绮科，男，48 岁，教师；贵港市港南区湛江镇的客家话（以下称"湛江镇话"），调查合作人为陆梦婷，女，21 岁，大学生。木格话、湛江镇客家话与桥圩话在语法上彼此之间有一些差别。

务员；融水土拐话（桂南平话①）——陈仕华，男，60 岁，融水县融水镇人，退休教师。

六、本研究所用符号

V：动词。VP：动词性短语或谓词性短语。VV：单音动词重叠形式。N：名词。NP：名词性短语。A：形容词。AP：形容词性短语。PP：介词短语/结构。S：主语。O：宾语。C：补语。

---

① 现在一般认为，融水、融安的土拐话及所谓"三江""六甲"话属于桂南平话，较接近粤方言。融水土拐话现在多称"百姓话"，本研究仍称"土拐话"。如此，则本研究中的平话主要涉及桂南平话。

第一章　广西汉语方言的"完成体"

　　汉语普通话表示"完成体"的形式主要是"VP·了＋(O/C)"[①]以及一些相关的句式，其中"了"被认定为"完成体"的标记（一般记为"了[1]"），或称动态助词、时态助词、词尾[②]。相关研究成果表明，体标记"了"跟其他完成动词，如"却、去、取、将、得"等一样，先是充当连动式中的一个连动项，然后由于语义重心的改变、语境的影响、韵律结构的制约等因素，导致其演变为动补结构中表示结果的补语。它们的进一步发展，就是词汇意义和重音地位的丧失（即一般所说的虚化），最终以所谓动相补语进一步语法化为汉语表示完成的体标记。唐代以后，"却"和"了"都逐步演变为表体助词，多位学者（曹广顺，1987、1995、2000；刘坚等，1992；蒋冀骋、吴福祥，1997：524～526；赵金铭，1995；钟兆华，1995）的研究表明，"却"成为体标记的时间要早于"了"；刘坚等（1992：47～52）、曹广顺（2000）还认为，"了"是受"却"的影响并在宋代以后语法化为体标记的。关于"了"的虚化过程，还可参见杨永龙（2009）。这个问题见仁见智，目前尚无一致的看法。

　　汉语各方言标记"完成体"的语法成分或一个表达构式存在着较大的差别，广西境内各汉语方言也是如此，其中近代汉语的痕迹和受共同语的影响都比较明显，可谓异中有同。

　　既然我们把这类次范畴称为"完成体"，其表达形式又与动词性成分密不可分，则汉语"完成体"的语法意义就是表示动作行为的"完成"或者

---

①　为简化描写形式、减少符号数量，本研究行文中涉及各类"体"的表达形式时，动词性和形容词性成分一般都记为"VP"；在需要区别或对照时，则将动词记为"V"、形容词性成分记为"A"。讨论"完成体"的论著一般都将其表达形式描写为"VP·了"，我们觉得"VP·了"在多数情况下是不自足的，其后的宾语或补语尤其是宾语往往跟论元结构密切相关，因此本研究主张其形式应为"VP·了＋(O/C)"。虽然有时"O"与"C"同时出现，但不必另立一个表达形式，必要时在行文中据实描写即可。其他次范畴表达形式的描写也做同样处理。

②　我们认为，将动词后的"了、着、过"等称为"体标记"或"动态助词"比较好一些。汉语并非像英语那样"时、态合一"，一种语法形式同时表示"时"和"态"（即"体"）两种语法范畴，因此"了"似不宜叫作"时态助词"；当然也有学者认为汉语也像英语那样，是"时、态合一"的，这个问题有待进一步讨论。早期的相关论著及后来的一些学者习惯把这个"了"称为"词尾"；称之为"词尾"，易与印欧诸语言形态层面上的构形成分（语素）混淆，也不太合适；严格地说，现代汉语共同语及其方言是没有构形的"词尾"的，本研究用较为中性的"体标记"或"标记成分"之类的名称。

某件事做完了。较早一些的论著一般都将"VP·了＋(O/C)"或"了"所表示的意义概括为"完成"（赵元任，1996；王力，1985；吕叔湘，1982；等等），但后来的讨论渐趋"多元化"。关于共同语"VP·了＋(O/C)"及相关形式所表达的语法意义究竟是"完成"还是"实现"或是其他类似的何种意义，学界的看法也并不一致，尤其是对标记成分"了"的功能和意义问题的争议相当激烈，见于专著和学术期刊的讨论也是见仁见智，聚讼纷纭的现象也不少见。

　　刘勋宁(1988)针对传统"完成说"的缺陷和所碰到的解释障碍提出了具有一定影响力的"实现说"。他认为，事实上，北京话另有表示动作完成的语法格式"V＋完"，将"V＋了"与之比较，可以看出"V＋了"的语义与真正的"完成"是有相当距离的；词尾"了"附在动词、形容词以及其他谓词形式之后，表明该词词义所指处于事实的状态下。他说："我们可以把'了'的语法意义概括为'实现'，把'了'叫作'实现体'的标记。"其文章还表示，这种"实现体"与"时"没有关系，"实现"只是动词在语法上的一种属性。后来他(2000)又撰文重申并坚持自己的"实现说"：现在看来，"完成"这个术语给我们带来了种种本来不该发生的疑惑和误解，给学生带来了"你了我不了，我了你不了，了了也白了"的困扰，我们还是放弃"完成"，采用"实现"这个名称好。

　　赞成"实现说"的学者，如刘月华(1988)认为，把"了₁"的意义概括为"实现"也许更好些，因为动词后用上"了₁"并不一定表示该动作已经完成。竟成(1993)表达了同样的看法，认为"实现说"远比"完成说"来得合理，至少在教学中可以减少麻烦，并且认为"了₂"也表示实现义①；同时他修正了自己(1985)的看法，认为"了"表示"实现—延续"（另外，"过"表示"结束—不延续"）②。

　　其他学者也参与了讨论。王还(1990)针对刘勋宁(1988)提出的"实现说"，再次探讨了"了"的语法意义，认为"实现"和"完成"是一致的，要注意的是区分状态和动作，动作可以完成和实现，而状态不能，状态往往是动作完成后的结果。李小凡(2000)又针对刘勋宁和王还的观点提出了自己的看法。他根据词尾"了"在两种不同的分布环境（即紧跟在表示动作的谓词后面、紧跟在表示动作变化结果的谓词后面）中所表示的不同的语法意义指出，词尾"了"在两种分布环境里分别表示"完毕"和"生成"。这

---

① 一般认为，"了₂"表示"已然"。"已然"的情况自然是"实现"了的，至于这样的意义是否称"已然体"或"实现体"，学界的看法尚不一致。

② 竟成(1985)认为，"了"表示"完成—延续"，"过"表示"完成—非延续"。

两种意义虽然不尽相同，却是密切相关的，而且采用同一个形式标记，二者融为一体；根据语法意义必须和语法形式相对应的原则，可以概括为一个体范畴。他认为，这个范畴用"完成体"来命名是恰当的，而在完成体内部则可以区分"完毕体"和"生成体"两个次范畴。徐通锵（1997：503）认为，"实现说"比"完成说"前进了一步，但还不是很确切。例如，"您好好休息，我们走了"这种平常使用的生活用语中的"了"并没有"实现"，而是将要实现。因此他认为，把"了"看成连续性时程的离散化的标记可能比较合适，因为这种离散化没有特定时间的限制，过去、现在和未来都可以，完全取决于交际双方对某一时段的离散化要求。金立鑫（2002）也表明了自己的态度：逻辑上，"结束"和"延续"均蕴含"实现"；一种行为无论是结束还是延续，实现都是前提。所以，这是"实现论"者比"完成论"者高明的地方。然而，"实现论"并没有区分行为得到实现之后的一系列动态类型。也有学者提出，用"了"标记的"完成体"宜称"完整体"，接近刘勋宁所主张的"实现体"（参见刘丹青，2008）。

Comrie（2005）认为："完成态就表示动作本身，不附加任何其他意义。"他表示，事实上，完成态指的是一个包括开始、中间部分和结尾的"完整的"（complete）动作。针对把完成态或"完成"定义为动作的"结束"（completed），他指出，"结束"过分强调了这种状况的终结，太注重结尾部分，而不是把动作作为从头到尾都在一起的一个单一的整体来表述的。区分"完整的"和"结束"这两个概念对讨论动态问题具有关键意义（参见胡明扬，1996；蒲立本，1995）。我们认为，Comrie 的看法也符合我们对汉语的语感和观察，符合汉语的部分实际，其观点值得进一步重视。

这样的讨论还在继续，相关的一些论著或将研究范围扩大，或就某一方面的问题向纵深开掘，或引入新的理论以新的视角提出新的看法，但总体上看不及以往热烈。

对汉语方言与普通话相当的表达形式或标记成分所表示的语法意义，大家似乎并不是很在意，或称"完成体"，或称"实现体"，或称其他什么。"完成体""实现体"确有相通或一致之处，并非任何时候都是非此即彼、泾渭分明的，当然也不能忽视它们之间在不同语境中语义上的区别，不能因为有时相通就一通百通。本研究虽以"完成体"冠名，但在具体的讨论中将根据实际情况就各方言点与普通话"VP·了＋（O/C）"平行或相近的表达形式、语法构式所表示的语法意义记为"完成体""完整体""实现体"。"完成体""完整体""实现体"这些名称既有联系也有区别。关于它们的联系与区别，我们依照刘丹青（2008：458、463～464）的说法："完成体"表示事件行为在基点时间(可以是言语时间,也可以是作为基点的另一事件的时间)之前已经发生和完成,并且其影响一直延续到基点时间,即具有"现时相关性"。"完整体"是将情境作为一个整体进行观察,不区分开始、过程、结束。从理论上说,完整体和完成体的主要区别在于,完整体从外部整体上观察行为或事件,不关注事件的过程或阶段性;而完成体从内部观察行为或事件,关注事件的过程或阶段性。对于完整体来说,只要一个行为或事件已经发生,就可以用这种体,不管行为或事件是否有结果,是否在延续;而对于完成体来说,通常要求达到有结果或结束的阶段,并且对说话时间或某个参照时间产生一定的影响,即具有"现时相关性"。普通话的"了₁"更接近完整体,即大致相当于所谓"实现体",因为它可以用于发生而尚未结束的行为事件。至于"实现体",只要动作行为或事件有了开始阶段、性状开始出现,即"实现",以谓词后的"了"为形式标记,是为"实现体"。

关于"完成体"与"完整体"的联系及差异,胡亚、陈前瑞(2017)有较为明确、详细的讨论。他们认为,完成体(perfect or anterior)表示情状发生在参照时间之前,并与参照时间相关,如"他吃三碗饭了"(有"吃了很多、不能再吃"等言外之意)。完整体(perfective)表示情状在时间上是有界的,用于叙述事件的序列,情状是因为其自身的原因而被报道,从而独立于该情状与其他情状之间的相关性,如"他吃了三碗饭"(此例只是客观叙述一件事情,并无明显的言外之意)。他们表示,两个例句表现的完成体与完整体的不同是由前者的句尾"了"和后者的词尾"了"在主要体功能上的区别造成的。他们还谈到,在共时层面上的分析显示,句尾"了"和词尾"了"兼有完成体和完整体的功能,但二者也存在基于频率差异的功能对立:句尾"了"以完成体为主,词尾"了"以完整体为主。相关的讨论还可参见陈前瑞(2016),陈前瑞、胡亚(2016),陈前瑞、王继红(2006)等。另外,我们不设置"完成体"与"未完成体"的对立。我们觉得奥托·叶斯柏森(1988:413)的话很有道理:"我认为最好不要用完成体和未完成体这样的术语,除非是在研究斯拉夫语动词的时候。在斯拉夫语动词中,完成体和未完成体有确切的含义,而且长期以来一直被普遍运用。至于其他语言,最好根据每一具体的情况认真研究有关动词表达形式的实际意义,认真研究该意义是产生于动词本身还是产生于前缀或后缀,是产生于时态形式还是产生于上下文。"

第一节　西南官话的"完成体"

广西西南官话主要分布在桂林、柳州、来宾等设区的市(含所辖县)、河池、贺州、百色等市也有较多的县城和其他乡镇使用西南官话,在非官话区还有一些官话方言岛,以壮语或其他民族语言为母语的人也有相当一部分会说西南官话。① 西南官话在广西境内分布广泛,是广西的强势汉语方言之一,以西南官话为母语的人有 700 万左右。

一、主要方言点简况

本研究所考察的广西西南官话体范畴中的八类次范畴及"短时"义皆以荔浦话为主,以桂林话、柳州话为次,并利用其他相关方言点的材料进行补充、对照。

荔浦县原属桂林地区管辖,地市合并后属桂林市管辖,周边与平乐、蒙山、金秀、阳朔等县相邻。县治荔城镇,距桂林市 104 公里,距柳州市 140 公里;现辖 13 个乡镇,人口总数接近 40 万,主要是汉族人口。汉族人口多以西南官话(荔浦话)为母语,有些村屯操客家话、粤语、闽语、平话等。境内其他民族有壮、瑶、苗、侗、仫佬等,非汉族人口多能说荔浦话。在语音方面,荔浦话既不同于桂林话,也不同于柳州话,但总体上更接近柳州话,如声母 n、l 不混,f、h 不混,分尖团等,一定程度上还受壮语及汉语粤方言、客家方言的影响,与周边的平乐、阳朔等官话的语音也有一定的差别。在语法方面,虽说各县内部差别不大,但细究起来,无论词法还是句法都或多或少存在一些相异之处,可以说是"各具土风"。相比较而言,荔浦话的语音、词汇、语法都颇具特点,其中语法方面有诸多值得"玩味"的地方。汉语语法历时发展演变的印迹、语言/方言接触带来的变异等现象在荔浦话中都可见到(覃远雄考证了荔浦话"屐"读为"[kʰia⁵³]"的音,系来自客家方言②),因此,本研究选取荔浦话作为西南官话调查中最主要的方言点。

二、"VP·了＋(O/C)"与荔浦话的"VP·着＋(O/C)"

本研究中所涉及的诸如"VP·了＋(O/C)"之类的各种表达形式,我

---

① 覃乃昌(2004:102)提到,广西的整个苗区通行汉语西南官话桂柳方言。
② 见覃远雄《荔浦方言两例本字》(待刊)。

们都视为一种"构式"(construction)。通常,讨论构式语法(construction grammar)的论著都提到美国学者戈德堡(Goldberg)对构式的定义:当且仅当 C 是一个形式—意义的结合体(Fi,Si),且形式 Fi 或意义 Si 的某些方面不能从 C 的组成成分或其他先前已有的构式中严格推导出来时,C 是一个构式。简单说,构式就是形式和意义/用法的匹配。(参见陆俭明,2004;朱军,2010;董燕萍、梁君英,2002;顾鸣镝,2013:43)其中的"意义"应是一种认知意义,包括"逻辑语义"和结构的约定俗成意义。(董燕萍、梁君英,2002)构式是认知语言学或认知语法关注的热点之一。认知语言学要"寻找不能脱离形体的概念知识的经验证据,探索概念系统、身体经验与语言结构之间的关系以及语言、意义和认知之间的关系,即所谓的'关系问题'(the relationship question),发现人类认知或概念知识的实际内容,从而最终揭示人类语言的共性、语言与认知之间的关系以及人类认知的奥秘"。(文旭,2002)朱军(2010:1~4)对构式语法提出了这样一种思想:句法不是生成的,一个个的语法格式不是如转换生成语法学派所说的那样由生成规则或普遍原则的操作所产生的副现象,词汇项和语法结构两者之间没有绝对的界限;每种句法格式本身表示某种独立的意义,不同的句法格式具有不同的构式意义。动词不是句子的唯一核心,构式是形式和意义、功能的结合体,即使是在具体词语缺席的情况下也具有与形式相应的意义和语用功能。构式具有独立于句子中动词、名词或其他成分的词汇意义和句式意义,可以产生 1+1>2 的表意效果。其实我们说出的每一个句子或每一段话都有一个特定的透视域,从一个特殊的透视域去考虑一个场景。当整个场景都在考虑之中时,我们一般只注意场景的某一部分。人类语言受到经验和认知的影响,把生活中反复出现的图式概念化、范畴化,形成具有固定表达意义的构式,利于人们的交流。构式语法并不是认为各种构式之间毫无联系,而是认为在一种语言中,构式之间构成了高度严密完整的系统,每个构式与其他构式通过共同点有着紧密的联系,这种共性构式的特征通过遗传关系传给下面更为具体的构式。

我们在讨论各方言点"体"的表达形式时,基本上按以上相关文献的表述去认识"构式"问题,但在行文中不一定都称"构式"。

广西西南官话的"完成体"可如普通话那样,用"VP·了+(O/C)"构

式以及有关的句法结构形式如动结式表达，桂林话、柳州话皆大体如
此①，而荔浦话则以完全虚化的"着[tso³¹]"为标记，其表达形式是"VP·
着＋(O/C)"。

荔浦话"着"附于谓词性成分之后构成"VP·着＋(O/C)"形式，表示
动作行为已经"完成"或将要"完成"(以说话时间为参照)，或表示某种性
状已经出现，大体上相当于普通话的动态助词"了₁"。"着"在荔浦话中是
典型的、最常用的"完成体"标记。以下重点考察"VP·着＋(O/C)"及与
之相关的问题。先看下面的例子：

(1) 那 点 烂 菜 叶 我 拽 着 去 喇 咧/我 拽 着 那 点 烂 菜 叶 去 喇
咧 我扔了那点儿烂掉的菜叶了。②

此例的意思可以用话题句表达，也可以用一般的 SVO 句式表达，即
话题移到"VP·着"后充当宾语。话题句中的"着"可以不出现(非省略)：
"那点烂菜叶我拽去喇咧"，"完成"义由"V＋去＋喇咧"表达。如果不出
现"着"，"去"是结果补语，相当于普通话的"掉"；"V＋去"构成动结式
"VP"；"喇咧"是语气词，也可以单说"喇"，"喇咧"强调的意味更为突
出。这种情况(不用"着"，"去"充当结果补语)所表示的"完成"意义不是
"完成体"的意义，而是一般的语法意义(详见下文)。作为语气词，"喇"
或"喇咧"强调动词性成分所表示的动作行为或事件是一种"已然"的情况，
与"完成"在语义上是相容的。如果出现"着"，"去"则是一个更虚的成分，
表示"消失"之类的意义，仅就这种情况而言，"着"似乎并没有完全虚化。
SVO 句不用"着"似乎也能成立，但宾语仍旧要放在动词"拽"和"去"之
间："我拽那点烂菜叶去喇咧"，一般不说"我拽去那点烂菜叶喇咧"，这
时的"去"则表示"去除"义，没有话题句带"着"的"去"那么虚。

例(1)无论是话题句形式还是一般的 SVO 句式，从谓语的情状类型

① 杨焕典(1998：436~437)给出了桂林市官话用"了"标记"完成"的例句(各句都有国际音标注
音，此处从略)。以下其他方言点凡引自该书的例句，除重要的虚词外，皆略去国际音标)：
他吃了[nɤˠ⁵⁴]饭了[nɤˠ⁵⁴]，你吃了饭没？|我喝了茶了还想喝。|我吃了夜饭，到外头
走了一下，落后回来就睡了，做了个梦。(我吃了晚饭，溜跶了一会儿，后来回来就睡下了，
做了个梦。)|我照了相了。(我照了一张相。)|我照相了。(我照了相。)|打了一下。|去了
一趟。(按：a. 桂林市区官话 n、l 相混，属自由变体；新派桂林话受普通话影响，"了"的
声母多发成"l"了。b. 例句"我照了相了"和"我照相了"，第二句动词后不用"了"，杨书对译
为普通话基本相同，但斟酌起来可能会有一些区别。"照了相了"表示"照"这个动作"完成"
了，其着眼点在表示"完成体"，句末的"了"表示"已然"，使"完成"意义更为显豁；"照相
了"只表示"照相"这个行为或事件是"已然"的情况，与"体"没有太大关系。)
② 本书中使用大量例句，为便于区分，我们自拟例句和引自《动词的体》等的例句以仿宋字体
呈现，引自他人研究的例句以引文字体(楷体)呈现。

看，都属于达成（achievement），表示的意思是烂菜叶已经扔掉了，"拽（扔）"的动作完成了。按照刘丹青（2008：464）的意见，它们都没有现时相关性，不属于典型的"完成体"，可以看成"完整体"或"实现体"。但是下面的例子似乎与此不同：

（2）那本书老四带着去喇咧_{老四带上那本书了。}

从句法层面来看，例（2）与例（1）是同构的，并且话题句和 SVO 句的"着"也都可以不出现（非省略），但"去"的意义和语法性质却有别于例（1）。无论带不带"着"，如果脱离交际语境，单看上下文，两种句型的"去"既可看成结果补语：书带上了①；也可理解为"带着书去某某地方看"，"去"是实义动词，与"带"构成连动式，这种理解在 SVO 句中倾向性更强。因此这是一个多义句。在谓语的情状类型上，第一种理解是达成，第二种理解则是活动（activity）（书一直带在身上）。从体范畴看，第一种理解具有现时相关性，是比较典型的"完成体"，第二种理解与"完成"义无关。

造成例（1）和例（2）情状类型和"体"意义有别的原因，主要是动词的语义特征不同。"拽"有［＋去除，－持续］特征，而"带"有［＋附着，＋持续］特征。

话题移到"VP・着"后作宾语的句子一般要出现"着"，尤其是在一些被动陈述句中，"着"是要强制出现的，对译为普通话的"了"也不能少。例如：

（3）三叔挨残着手_{三叔被扎了手。}（＊三叔挨残手_{＊三叔被扎手}）

（4）大哥挨那个炸药炸着脚_{大哥被炸药炸了脚。}（＊大哥挨那个炸药炸脚_{＊大哥被炸药炸脚}）

"挨残着手""挨炸着脚"离说话的时间不远，且具有现时相关性，即过去的情境到现在仍有影响：手和脚都还带着伤。这两例句末都还可以加上语气词"喇"，并可以出现后续成分：

（3'）三叔挨残着手喇，莫喊他去打牌喇。②

（4'）大哥挨那个炸药炸着脚喇，日今还在那垱喊死狼天咧_{现在还在那儿一个劲儿地叫唤兜。}

例（3）、例（4）和例（3'）、例（4'）都是典型的"完成体"，尤其是例（3'）、例（4'），"喇"作为语气词，表示"已然"，加强了"完成体"的意义。

再看下面的例子：

（5）猪潲我熬好着喇咧_{猪潲我煮好了（的）。}

---

① 例（1）的普通话对译适用于两种句型，例（2）的普通话对译只针对 SVO 句的第一种理解（书带上了）。

② 本书中，对于复杂的、意思难懂的例句，我们均加注了普通话对译句；而对于简单的、意思自明的例句不再加注普通话对译句。

(6)床板我洗干净着喇咧。

(7)那蔸树子我锯断着喇咧_{那棵树我已锯断了。}

(8)那点鱼仔我烘干着喇咧_{那点儿小鱼我烤干了。}

这些都是所谓的话题句。"熬好""洗干净"等"VP"是动补结构（动结式）；"着"可以不出现（非省略），也可以换成"去"，如"猪潲我熬好喇咧""猪潲我熬好去喇咧"；"去"也可以不出现，如"猪潲我熬好喇咧"，这种情况下的"去"相当于"着"，是一个完全虚化了的体标记，与例（1）、例（2）的"去"不一样。① 此类陈述性的话题句，如果话题移到"VP·着"后充当宾语，这种情况不用"着"，可用"去"，"去"可以自由隐现（"去"出现时相当于"着"），与例（5）～例（8）话题句的情形相同，但与例（1）、例（2）的情形不一样，试比较：

(5')我熬好猪潲（去）喇咧。

(6')我洗干净床板（去）喇咧。

(7')我锯断那蔸树子（去）喇咧。

(8')我烘干那点鱼仔（去）喇咧。

在具体的交际语境中，这类句子的宾语可以省略，说成"我熬好喇咧"。例（5'）～例（8'）这种说法特别是省略宾语的说法，其实已经变成强调"已然"的情况了，其着眼点已不在于"完成体"的意义。

例（5）～例（8）表达的都是达成情状，都有现时相关性，与例（3）、例（4）和例（3'）、例（4'）相同，属于典型的"完成体"。

按照张双庆（1996）所列的"完成体"调查例句，荔浦话"VP·着＋(O/C)"中的"着"并不完全对应普通话的"VP·了＋(O/C)"中的"了"(了₁)，它们之间的差异还比较大。以下略举几例加以辨明，从中可窥见汉语方言语法与共同语语法（包括语义和语用）之间的复杂关系。②

"我打破了一个碗"，荔浦话一般说"我打烂去一个碗"，这是客观的陈述；若说"我打烂着一个碗"，则含自我检讨或"怎么办"的意味。虽然情状类型上都是达成、语义上都表示"完成"（属于"完整体"），但二者语用上似有区别。

"张三杀了他家的那只鸡"，如果仅仅把普通话的"了"换成"着"，这句话在荔浦话中是站不稳的："＊张三杀着他屋头那个鸡"；还得在句末加"去"和"喇"："张三杀着他屋头那个鸡去喇"。这是典型的达成情状，

---

① 荔浦话的"去"是一个颇具特点，意义和用法都很丰富的语法成分，拟另文讨论。

② 以下分析涉及的方言与普通话语法的对应关系和差异、情状类型、体的次范畴归属等同样可以用于本研究所讨论的其他官话和非官话方言相关的语法现象。

也是"完整体"。

"你刚吃了药,不能喝茶",荔浦话一般说"你啱啱喫完药,喝不得茶的";或者把"完"换成"过":"你啱啱喫过药,喝不得茶的"(这种说法不常见)。把普通话的"了"换成荔浦话的"着":"你啱啱喫着药,喝不得茶的",似乎不太自然;但若去掉表示时间的副词,前一分句末加"喇",则比较自然:"你喫着药喇,喝不得茶的"。虽没有时间副词,但根据语境,也可以推断前一分句表示的事件是刚发生不久的。这是过去的情境带给现在的影响(因为刚吃完药,所以现在不能喝茶),强调现时情状与过去的关联,是比较典型的"完成体"。这里至少可以说明三点。一是普通话"你刚吃了药,不能喝茶"这样的句子,若要表示"完成"并强调现时相关性,把"了"换为"过"更合适:"你刚吃过药,不能喝茶"。由于有"刚"的帮助,"不能喝茶"的理由更充分。这种语境中的"V+过"与其他动结式如"V+完"同义、同构。二是荔浦话"着"的语义值和功能值都与普通话的"了₁"非常接近(如前所述,用"着"直接对应普通话的"了"不自然,普通话在此句中说"吃了药"也不太合适),而与动结式的"结"区别较大。三是普通话的"了₁"并不是"完成体"的典型标记(可视为"完整体"或"实现体"的标记),而"过"倒有这样的功能,这也正应了刘丹青(2008:457~464)的相关说明;同时,将普通话"VP·了+(O/C)"格式中所表达的意义理解为"实现"应该会更好一些。

"他给了我三斤橘子,我马上就给了他钱",前一分句的"了"可以对应为荔浦话的"着";第二分句不太好对应,得换一种说法:"他给着三斤柑子果(给)我,我马上就给钱给他(去)喇"。单就普通话两个分句的"给·了+O间+O直"结构来看,表达的是"完整体"的意义。荔浦话跟其他南方方言一样,双宾语的顺序与普通话相反,直接宾语在前,间接宾语在后。第一分句可以在普通话"了"的位置上加"着",是因为后一个"给"可以省略,整个结构形式与普通话相同;第二分句不好对应,因为后一个"给"不好省略,再加上"着",可能韵律上不允许。句末加上语气词"喇",则帮助表达事件的"已然"状态;"去"如果出现,则起到强调事件完结的作用。

"他每天吃了早饭就出去",这是表示惯常行为的句子,荔浦话绝对不用"着",而用"完":"他每天吃完早饭就出去"。"吃早饭"是活动,"吃完早饭"则是达成。这样的表达似乎是Comrie(2005:26)所说的"习惯态",即指某个较长时期内,不管是不是重复发生,它都是作为这一整个时期的特征状况出现的。(参见胡明扬,1996)"吃了早饭"或"吃完早饭"

在句中缺乏现时相关性，属于"完整体"。

荔浦话其他例句及桂林话、柳州话例句可参见本节第五部分"关于动结式的表'体'问题"中的表 1-1。

为进一步观察荔浦话"完成体"表达式"VP·着＋(O/C)"的特点，我们可以再看看该表达式用于疑问句的情况。先看出现在是非问句和正反问句中的例子：

(9) 你屋头买着电视未曾_{你家里买了电视机没有}？

(10) 你锁着那个门未曾_{门锁了没有}？

(11) 今晚夜的彩调开始着未曾_{今天晚上的彩调剧开演了没有}？

(12) 昨天你什么时候回来的？天黑着未曾_{昨天你什么时候回来的?(你回来时)天黑了没有}？

(13) 那个山楂果红着未曾_{山楂红了没有}？

(14) 你那几个猪崽大着未曾_{你的几个小猪长大了没有}？

(15) 你那个衣裳邋遢着咩_{你的衣服脏了吗}？①

这些例句中的"VP"具有不同的语义特征，可以是动作性较强的动词，如"买""锁"；也可以是动作性较弱的动词，如"开始"；还可以是形容词"黑""红""大""邋遢"等；有单音节的，也有双音节的，但双音节加"着"比较受限制。这里"VP·着"的"着"无论在动词后还是形容词后，都相当于普通话的"了₁"，整个结构或句子表示的是"完整体/实现体"，形容词后加"着"表达的"实现体"义更为明显。

有时疑问句中"VP·着＋(O/C)"的"着"似乎存在语法性质上的纠结，或会产生句法多义问题。请看下面几个例子：

(16) 你去看着满爹未曾/咩？

(17) 我喊你洗那个碗，你洗着未曾/咩？

(18) 那件烂衣裳你补着未曾/咩？

此三例中的动词"看_{看望}、洗、补"皆有较强的动作性，它们一般倾向于被理解为具有可持续性，没有内部的自然终结点，是活动情状。动词后面的"着"都可以相当于普通话的"了₁"，如例(16)的意思就是"(满爹病了)你去看了满爹没有？"但是在对译为普通话时，"着"也可以是"过"："(满爹病了)你去看过满爹没有？"那么这个"过"是"过₁"(结果补语)还是"过₂"("经历体"标记，有时可以表示"完成体"意义)，不是很容易判定。如果是"过₁"，则与"了₁"的语义比较接近，都表示事件或活动"结束"(作为情状类型，"结束"又称为"完结"，其英文术语一般用 accomplishment，

---

① 荔浦话句末的"未曾"一般表示正反问，"咩"一般表示是非问，但有的情况下可以互换。

指动态的持续并有内部自然终结点），是"完整体"；如果是"过₂"，则表示已看望过满爹，不用再去看了，这是"完成体"。例（17）、例（18）的"着"也有不同的理解，其情形与例（16）类似。因此荔浦话的"着"与普通话的"过"有相似之处，可分"着₁"（结果补语）、"着₂"（相当于普通话的"了₁"和"过₂"）。本研究只讨论"着₂"，在无须区别的情况下记为"着"。

下面请看荔浦话"着"出现在特指问和选择问中的情况：

（19）你屋头做着几多粑粑你家里做了多少糍粑？

（20）阿大买着几斤红薯？

（21）你们那边来着好多人喇你们那里来了多少人啦？

（22）你腾着几个箩筐喇你腾（空）了几个筐子啦？

（23）我问你咹：是你去着二哥那垱还是二哥来着你即垱我问你：是你去了二哥那里还是二哥来了你这里？

（24）你的脚是挨跌着还是挨残着你的脚是被摔了还是被扎了？

（25）是你阿哥踩着你还是别个（踩着你）是你哥哥踩了你还是别人（踩了你）？

（26）今天是你去着荔浦还是你阿妈（去着）今天是你去了荔浦还是你妈妈（去了）？

例（19）～例（22）为特指问句，问话人想知道的是事物的数量问题而不是事件处于哪个阶段，因此特指问句表义的重点不在于"完成"或"实现"，但都先有个预设：你家里做了糍粑、阿大买了红薯、你们那里来人了、有些筐子腾空了。就"VP·着＋（O/C）"来说，此四例中的"着"相当于普通话的"了₁"，虽然属于"实现体"，但是不典型。例（23）～例（26）为选择问句，问话人要弄清楚的是二者居其一的究竟是哪个"一"，不在乎句子所述事件的阶段性，也不关注是否"完成"或"实现"，因为这些选择问句也都事先有了预设：有人去了别人家、有人脚伤了、有人踩了别人脚等。其中的"着"都可以与普通话的"了₁"相对应，例（23）、例（24）的"着"似乎也可以理解为"过₂"，但例（23）的现时相关性不如例（24）强，不是很典型的"完成体"。例（24）表示脚伤了，现在走路还不灵便，发话人故有此问，是比较典型的"完成体"。

在有些特指问句中，"着"非常明显地既可以是普通话的"了₁"，也可以是"过₂"：

（27）即个礼拜你赶着几轮街喇这个星期你上了/过几次街？

（28）那帮鹅崽你今天喂着好多次喇那群小鹅今天你喂了/过多少次？

跟上面所举特指问不太一样的是，这两例的"着"都可以有两种理解。如果问话人想知道的是某人上街的次数、喂小鹅的次数，"着"为"了₁"，表示的是"完整体"意义；如果问话人在街上多次碰到某人、（一天之内）

多次看见某人喂小鹅而有此问，"着"为"过₂"，表示到现在为止至少发生过一次的情景，表示的是"完成体"意义。

荔浦话"着"的多义性和多功能性。一方面，这来源于汉语语法发展演变在方言中的投射；另一方面，"完成体""完整体"以及"经历体"等次范畴在语义上的界限并不分明，互有联系，"着"既可以是"了₁"，也可以是"过₂"，具有语义上的基础。在桂林市所辖各县的西南官话点中，我们基本上都可以见到"着"的这种多义和多功能现象；一些官话方言岛，如南宁市福建村官话，其中的"着"也有这样的现象（详见下文）。

以上就荔浦话"VP·着＋(O/C)"所涉及的问题做了一般性的句法、语义、语用上的分析。依构式语法思想，与"VP·着＋(O/C)"相关的构式其实有"V·着＋(O/C)""V＋C结·去""V＋C结·（去）喇咧"等。我们可以把"VP·着＋(O/C)"（或可简化为"VP·着"）看成上位构式，"V·着＋(O/C)"等几种形式看成下位构式，上下位构式之间在语义上有承继关系（参见顾鸣镝，2013：53～57）。或者我们可以像处理音位变体那样，把"V·着＋(O/C)"等形式视为"VP·着"的变体（不带"着"的形式不是"体范畴"的表达形式）。

"VP·着＋(O/C)"是一个多义构式，它既可以表达"完整体"或"完成体"意义，也可以表达"经历体"意义（详见下文）。

受普通话影响，荔浦话"VP"后可加"了"，"VP·了"与"喇咧"同现，构成"VP·了＋O·喇咧"形式，"喇咧"（也可单用"喇"）表示"已然"意义，起强调和完句作用。例如：

（29）他去了那个地方喇咧 他已经去了那个地方了。

（30）他昨天来我屋头称了几斤（去）喇咧 他昨天到我家称了几斤（东西）（拿走）了。

例（30）的情形类似前文讨论的"老四带着那本书去喇咧"一例，可以有两种理解。

三、其他方言点的"VP·着＋(O/C)"

本研究所说的"其他方言点"，一般按广西区内的本方言（讨论官话时"本方言"指官话，讨论粤方言时指粤方言，依此类推）、广西区内的非本方言、广西区外的本方言、广西区外的非本方言的顺序依次讨论；同时以我们所调查的方言点为参照，地域上由近及远，表达形式上由同及异，即地域近、表达同的＞地域远、表达同的＞地域近、表达不同的＞地域远、表达不同的。以下各章的相关讨论大体皆如是行文。

桂林市区及郊区西南官话的"着"可附在动词、形容词后表示行为动

作的"完成"或状态的变化，但一般只出现在否定性陈述句中，如桂林市郊北芬话：①

> 昨天下午他没有来着。
>
> 他一直在写作业，到现在还没有吃着饭。
>
> 他的病没好着。
>
> 我的脸红了，他的脸没红着。

桂林市郊北芬话动词、形容词后的"着"也可表示假设完成或实现。例如：②

> 要是明天还没有到着，合同就不签了。
>
> 吃完这碗饭，要是还没有饱着，我再给你煮一锅。

这种虚拟的"完成体"，如果撇开句子所表示的"将来"时间，"VP·着＋(O/C)"所表示的还是比较典型的"完成体"意义。

南宁市福建村官话(已成为方言岛)也用"VP·着＋(O/C)"表示"完成体"。例如：③

> 现在□ŋən^{53}答复着人家了。(现在我已经答复人家了。)
>
> 空调没坏着，是你没认得用。(空调没坏，是你不会用。)
>
> 你个崽大学毕业，有着工作盟？(你的小孩大学毕业，有了工作没有？)
>
> □ŋən^{53}帮他剃头着。(我帮他剃了头。)

从情状类型看，句中的"答复人家"是达成，"空调坏了""有工作"是状态(state)，"剃头"是结束。

广西区内的非官话方言点也有用"着"标记相应语法意义的。肖万萍(2005：219)表示，永福塘堡平话的"着"也可表示动作实现，相当于普通话的动态助词"了"，与前面所讨论的一些方言点的"着"的用法相同。例如：

> 他吃着饭去了，你吃着饭□man^{33}□haŋ^{13}没？他吃了饭，你吃了饭了没有？
>
> 他捱吓着一大跳。他被吓了一大跳。

广西区外的西南官话和非西南官话点用"着"标记"完成体""完整体"意义的情况也并不少见。例如，在江淮官话中也可见到"着"附在动词、

---

① 例句引自廖恩喜(1996)。为尊重原文例句风貌，本书中引用他人例句的体例，如是否有普通话对译句、普通话对译句的形式如何、普通话对译句是否加标点等，均依照所引文章中的形式进行标注。

② 例句引自廖恩喜(1996)。

③ 例句引自覃凤余、张婷(2009)。

形容词后表示"完成体"的情况。许国萍(1997)称，皖西南安庆方言的"着"可附在动词、形容词后表示"持续"，也可附在动词、形容词后表示"完成"。许文所举的表示"完成"的例句如下(为说明方便，我们打乱了许文例句的顺序，各类例句下面的文字是我们的说明)：

今朝上午，我看着三场电影。

莫吵了，我怕着你们了。

以上二例的"V·着"后带宾语。

我天天都是做完着作业再吃饭。

此例为"VP(做完)·着"后带宾语。"做完·着"与荔浦话的"打烂·去/着"语义相同。整个句子所表达的是惯常行为。

不晓得哪一个在我头上敲着两下子。

我家公死着许长时间了。

为着见他一面，我足足等着一天。

以上三例为"V·着"后带补语。

我爹爹老早就离开安庆着。

天黑着。

以上二例"着"位于句末，前一例"着"前为"V＋O"，第二例"着"前为形容词。我们推测，这种位于句末的"着"应与普通话句末的"了"(了$_1$＋了$_2$)相当。

据罗自群(2006：207～208)所引用的文献资料，"着"在湖南吉首话、安徽岳西话等方言中可用来标记"完成体"或表示情况已经发生。例如：

湖南吉首话：

这段路我们走着[tso^0]四十分钟//住院用着两千元钱//那本书我只看着几面，人家就抬去了。

安徽岳西话(赣语)：

我吃过饭着(我吃过饭了)//莫费力，我喝着茶(别客气，我喝了茶——不要再倒茶了)//快来望，桃花开着(快来看哪，桃花开了)

在检索的文献中我们也发现，安徽宿松方言(赣语怀岳片)的"着"通常附在动词后表示动作的完成，相当于普通话的"了"。(参见孙宜志，1999)

在平田昌司、伍巍(1996)所讨论的徽语休宁话中，用于表示"完成体"的、作用跟普通话"了$_1$"相同的"着"的分布似乎更为广泛和灵活，可出现在动词、述宾结构、述补结构、体词性谓语(数量结构)和形容词之后。荔浦话的"着"并不出现在休宁话中的"日头正中着，还不来家吃下昼""昨夜我阿朝过身着""日头下散着"等相应的句法位置上，也不用于句末表示"已然"意义，而只跟休宁话中"你撞着我，你还骂人""我下半日下屯溪，买着十二点十分仿票"中的"着"对应。

吴方言中表示"完成体"的"仔"与我们所讨论的"着"应该是平行的，可参见梅祖麟(1980)、李小凡(1998)、钱乃荣(1999)。

从我们所见到的有关材料来看，孙朝奋(1997)所认为的"着"字"完成体"的用法，目前只有南方方言还保留着的看法大体上没有问题，其地域分布的确集中在南方方言区(包括西南官话)的相关方言点。

四、荔浦话"VP·着＋(O/C)"中"着"的来源

普通话的动态助词"着"主要用于谓词性成分后标示动作行为的进行或状态的持续，是"进行体"和"持续体"的标记，不用来标示"完成体"意义。但在汉语语法发展历程中，自唐宋以来，"着(著)"标示"完成体"或"实现体"的用例已经出现，在情状类型上多为达成。[①] 我们检索到了唐五代典籍中"着(著)"的一些用例，先看下面几个：

(1)岭南风俗，多为毒药……或以涂马鞭头控上，拂着手即毒，试着口即死。(《朝野佥载》卷一)

(2)使人曰："莫为此女人损着府君性命，累及天曹!"(《敦煌变文集》卷二·叶净能诗)

(3)把笔颠倒勾著，语颜子曰："你合寿年十九即死，今放你九十合终也。"(《敦煌变文集》卷八·搜神记)

(4)师见和尚切，依和尚处分，装裹一切了，恰去到岭上，踢著石头，忽然大悟。(《祖堂集》卷十·玄沙和尚)

(5)师有时上堂云："尽令去也，如存若亡；私曲将来，碍著老学。与摩相告报，还解笑得我摩?"(《祖堂集》卷十一·齐云和尚)

(6)洞山云："实无一人得入此门。"进曰："与摩道，莫屈人也无?"洞山云："若实如此，亦不屈著人。"(《祖堂集》卷十一·保福和尚)

除例(3)外，其他都是"V＋着(著)＋O"形式。以上这六个出自唐五代时期典籍用例中的"着(著)"，似乎总还有结果补语的性质，表示"到"之类的意义。

我们在唐代诗歌中发现表示"持续"的"着(著)"用得比较多，表示动作行为的结果和"完成"的"着(著)"中唐以后也相对多起来了。请看白居易诗中的几个用例：

---

① 关于"着"的语法化过程，还可参见陈宝勤(2006)。

（7）泥涂绛老头斑白，炎瘴灵均面黎黑。六年不死却归来，道著姓名人不识！（《恻恻吟》）

（8）下马闲行伊水头，凉风清景胜春游。何事古今诗句里，不多说著洛阳秋？（《秋游》）

（9）香火一炉灯一盏，白头夜礼佛名经。何年饮著声闻酒，直到如今醉未醒。（《戏礼经老僧》）

例（7）、例（8）中的"著"似应理解为表示结果，例（9）中的"著"应是虚化了的"完成体"的标记，相当于现代汉语的"了₁"。白氏生活的时代在中唐后期，其活动范围主要在河南和江南地区（苏州、杭州）。我们觉得，"着"表示"完成"的用法在当时应该兴起了，并且地域分布也比较广泛。陈前瑞（2009）称，全唐诗中只发现一例初唐时的"着"的完成用法：

忽然逢著贼，骑猪向南趋。（张元一《嘲武懿宗》）

这个"著"似乎也可以理解为表示结果。我们还在唐诗中检索到一例：

（10）万里清江万里天，一村桑柘一村烟。渔翁醉著无人唤，过午醒来雪满船。（韩偓《醉著》）

韩偓是晚唐诗人，其成长、为官主要在西安一带，晚年入福建生活了十来年，卒于南安。此诗中的"渔翁醉著无人唤"一句，一般解作"渔翁喝醉了酒睡着，也没有人唤醒他"。"醉"本身含有结果义，"著"理解为虚成分，"醉著"表示"完成体"意义似乎比较合适，诗人以"醉著"为题，其意也正在此。

宋代的佛教典籍如《五灯会元》《古尊宿语录》及其他禅宗语录用于"完成体""完整体"的"着（著）"就比较常见了，可参见卢烈红（1998）。

到了元代，"着"标记"完成体"意义的用法应该完全成熟了。据卢烈红（2009），《全元散曲》中的"着"可用于表示"完成"，相当于"了"。例如（引例出处标注依照卢文）：

你自在空踌躇，我如何肯怎么，却又可信着他，没倒断痴心儿为我。（卢挚［商调·梧叶儿］《席间戏作四章》109页）

减着呵少添着呵便觉多，明月清风共我。（冯子振［双调·沉醉东风］353页）

雁儿呀呀的叫几声，惊起那人听，说着咱名姓，他自有人相迎。（蒲察善长［双调·新水令］1115页）

周滢照（2009）报告了《朴通事》两个版本从明初至清初"着"用法的变化，其中有表示动作完成的"着"的用例（引例出处标注依照周文）：

好意思！将一张纸来，众朋友们的名字都写着（新释：写出来）

请去。226《谚解》

　　医了，慢慢的牵将去，干净田地上树底下拴着（新释：拴住）。236《谚解》

　　周文表示，元代表示动作完成的动态助词主要是"了"，但由于"着"由"到"义的结果类动词也虚化为表示完成态的助词，因此，"了""着"并用现象依然存在，从《谚解》到《新释》，"着""了"的分工趋于明确，说明了动态助词体系的进一步完善。

　　陈前瑞（2009）的研究认为，在现代汉语中，"着"在北方话中沿着状态持续、进行体的路径演变，并进一步发展出了未完整体的用法，其完成体、完整体用法并没有保留下来。与此相反，在南方的一些方言如吴语、湘语中，"着"或类似的标记主要沿着"动作有了结果（狭义）→完成体→完整体"的路径发展，其状态持续义虽然也有所发展，但并未发展出典型的进行体用法。从汉语方言的共时面貌看，陈文所言大体不差。

　　梅祖麟（2000）谈到，宋元时期江南的白话文献里有完成貌"著"字的用例（引例出处标注依照梅文）：

　　彼既自眼不明，只管将册子上语，依样教人。遮个作么生教得？若信著遮般底，永劫参不得。（宋杲（1089—1163）《大慧书》（日本，筑摩书房，1969），19；《答曾侍郎［开］第三书》）

　　古人胸中发出意思自好，看著三百篇诗，则后世之诗多不足观矣。（《朱子语类》卷八〇，5左，台湾影印成化本，3348）

　　同着殿中侍御史陈师锡共写着表文一道。（《宣和遗事》元集）

　　若不实说，便杀着你。（《三国志平话》卷中，404）

　　梅文认为，完成貌句式和完成貌词尾的产生，大多数是从别的方言里传来的；梅文说："据现在所知，完成貌'著'字最早出现于《大慧书》（1134～1163），跟北方话'动＋了＋宾'成为完成式的标准句型的年代（11世纪到12世纪初）密切衔接，因此文献上的年代大致可以看作语言里的年代。至于完成貌'著'字最初在哪个地区萌芽，我们猜想是江浙地带。""总起来说，我们认为完成貌'著'字的产生是由于两个因素：一个是北方话完成貌句式散播到南方，一个是江南地区'到'义的方位介词'著'字产生了新的用法。前者是句式的来源，后者是虚字眼的来源。"

　　据以上事实材料和梅文的看法，我们可以理出这样一条线索：上古表示"附着"义、中古具有介词用法的"著"自唐代以来在南方的一些汉语方言里演变为完成貌（即本研究所称的"完成体""完整体"）词尾"著（着）"或"著（着）"的平行字，表示"完成"或"完整"的"著（着）"渗入近代汉语白话文献中,南方方言和白话文献的所谓完成貌"著(着)"再向其他方言扩散;由于时间、地域、方言系统内部等因素的制约,北方方言大多选择"了"作为完成体标记,一些南方方言(包括西南官话、江淮官话)继续用"着"或"着"的平行字。

就荔浦话而言,我们推测,其"完成体""完整体"标记"着"一方面来自近代汉语"着"相应用法的投射,另一方面是其他南方方言的渗透。从地域上看,其受粤语、湘语①影响的可能性比较大。据《荔浦县志》②记载,宋末元初,中原、江南战乱频繁,士民纷纷南迁。当时辗转迁移到荔浦的有山东、广东、河南、湖南、江西、福建等省籍人。荔浦县荔城镇的姚、莫、蔡、江、张、曹、蓝等氏的祖先,大多数是当时到荔浦落籍的。清康熙到乾隆年间进入荔浦的有广东、江西、福建、湖南等省籍人,大多经商或从事小手工业。抗日战争时期,不少广东、江西、湖南人因逃难到荔浦落籍,其中广东人最多,大多从事商业,湖南人则从事纺织、木作、打铁等手工业。瑶族祖先于明、清时期先后迁入荔浦定居;明代,壮族是荔浦县的主体民族,县治共 300 村,壮族占 270 余村,后因明王朝的残酷统治,屡遭官兵屠杀,余下的居民则外逃。现居壮族,其祖先多为明末陆续由柳庆、古田迁入的。现在的荔浦话,有一些字词保留有粤语的发音,如"叫化子"的"叫[kɔ¹³]",同样使用表示范围的副词"xaŋ³¹ paŋ³¹ laŋ³¹";语法也有若干相同的地方,如状语"先"后置并语法化为句末语气词、双宾语的语序等。

五、关于动结式的表"体"问题

语法范畴是用语法手段表示的,这里的"语法手段"我们可以限定为在谓词性成分后添加"体"标记,而"体"标记应该是意义完全虚化(语法化)了的成分,在功能上它只起标记作用,不再充当句法成分,如状语、补语之类。那么由所谓动结式(动词+动相补语)表示的意义就不宜归入"体"范畴,不属于"完成体""完整体"等。结果补语和所谓动相补语尚有一定的词汇意义,与纯粹的"体"标记不等价,作为标记成分是不合适的。杨国文(2011)认为:"由于结果补语是通过词汇意义表示动作行为的结果,而时态借助时态标记的语法意义表示情状状态,二者在句子中经常同现,达到功能与意义的相互补充。结果补语在句中单独使用只是保证

---

① 湘语用"达"(或记为"哒")作为"完成体"的标记,"达"是"著(着)"的平行字。
② 荔浦县地方志编纂委员会编:《荔浦县志》,北京,生活·读书·新知三联书店,1996,第1版。

情状具有内部自然终结点，并不表示完全时态意义，也就是说，对带结果补语的情状的状态的观察角度还有待在上下文中得以确定。结果补语和'了'在句中共同出现时，动作行为的结果和情状的状态都明确得到表示；句中有结果补语而'了'不出现时，动作行为的结果仅通过结果补语的词汇意义表示。结果补语和实现态'了'各自的功能不能相互替代。""结果补语的词汇意义与时态标记的语法功能必须加以区别。"我们同意这样的主张。语气词虽已完全虚化，但它的作用是强调和完句；语气虽与语法有关，但属于语用层面，语气词自然也没有"体"的标记功能。

　　按照这样的标准和目前学界的一般看法，汉语共同语的"－了""－着""－过"是处于最高层级的体标记，其所标记的"完成""进行"与"持续""经历"等语法意义可以归入"体范畴"。"起来""下去"明显不同于作为趋向动词时的意义和功能，但虚化尚不彻底，可作为第二层级的标记成分，可被称为"类体标记"；或如左思民(1998a)所说的"准语法表示手段"（左文所举的例子即"起来""下去"），其所标记的"起始体""继续体"意义相应地可被称为"类体范畴"。① 汉语方言中与这些标记相对应、相平行的成分及所标记的语法意义自然作如是观。

　　当然，我们注意到，不少涉及"体范畴"的论著都将动结式（及其他动补式）、动词重叠式等所表示的意义纳入"体范畴"中。我们认为，表示"完成"意义，可以有多种方式或手段，或是词汇层面的，或是语法层面的，因此"完成"可以是词汇意义、一般的语法意义（词语组合的意义）、"体范畴"意义等。将词汇意义、一般的语法意义都归入"体范畴"并名之为"某某体"，显然是不可取的。凡语法意义甚至词汇意义皆称"体"，那就没有"体"可言了。联系到我们所讨论的广西汉语方言，与共同语一样，一般都有用动结式表示"完成"（主要是"结果"）意义（一般的语法意义）的现象，但我们不视为"完成体"意义。先看广西西南官话（主要以荔浦话为例）的情况。

　　广西西南官话可以用"V＋去/完/得/倒/起＋(O)·喇(咧)"形式表示一般的"完成"或"完结"意义，"V"后的"去""完""得""倒""起"皆为结果补语，也可看成所谓动相补语，这些成分与"V"构成动结式"VP"，句末有语气词"喇(咧)"（若"喇""咧"同时出现，则强调意味更浓），荔浦、桂林、柳州等地西南官话都可用这种形式表示"完成、结束"之类的语法意义。例如荔浦话：

---

① 后文所讨论的"尝试""短时"的情况较为复杂，详见相关章节的说明。

(1)我吃去喇(咧)_{我已经吃(饭)了。}

(2)他做完作业喇(咧)_{他已经做完作业了。}

(3)那个火车票我买得喇(咧)_{我已经买了火车票了。}

(4)那点柴火砌倒喇(咧)_{那些木柴已经码好了。}

(5)他屋头起起喇(咧)_{他家房子已经盖好了。}

其中的补语都表示动作"完成"或者"结束",句末语气词表示"已然"意义(非"已然体",详见下文),并起成句作用。

易丹(2012a、2012b)的相关报告称,柳州话的两个较虚的成分"倒"和"稳"可作动相补语或动态助词,表示动作的达成、实现,或动作有结果,相当于普通话的"好""住""上"等。例如:

我把门锁倒了。

通知在墙上黏倒了。

树都种倒了。

我把钱收稳了。

他把衣服挂稳在架子上了。

通知在墙上黏[nia⁴⁴]稳了。

记稳了[lə]啵,就是这路车。

在我们的讨论中,这些用例所表示的意义都不能看成是"体"的意义。"倒""稳"在这里表示动作行为的结果,并非动态助词;它们在表"进行""持续"的句子中是相应"体"意义的标记成分(动态助词)。句末的"了"跟荔浦话的"喇(咧)"一样,是语气词,除有成句作用外,同时还表示"已然"意义。

根据张双庆《动词的体》所提供的"完成体"普通话例句,广西西南官话三个方言点"完成体"①相关表达形式可归纳为表 1-1(同义、同构的句子不完全列出)。

表 1-1　广西西南官话"完成体"的表达形式

方言点	普通话例句	方言点用例	表达形式	备注
荔浦话	我打破了一个碗。	我打烂去/着一个碗。	VP+去/着+O	只在这样的语境中荔浦话中的"去""着"才可以互换,其他情况下一般不能。
桂林话		我打烂了一个碗。	VP·了+O	
柳州话		我打烂了一个碗。	VP·了+O	

---

① 本研究所有表格皆立"完成体"以赅"完整体""实现体"。

续表

方言点	普通话例句	方言点用例	表达形式	备注
荔浦话	你刚吃了药,不能喝茶。	你啱啱喫完药,喝不得茶的。	(V+完+O)①	"完"为结果补语,不表示"完成体"意义,下同。
桂林话		你才吃了药,莫喝茶。	(V·了+O)	"了"其实相当于"完",也可说"完"。
柳州话		你刚吃完药,没要喝茶。	(V+完+O)	"完"为结果补语。
荔浦话	他每天吃了早饭就出去。	他天天吃完早饭就出去喇。	(V+完+O)	"完"为结果补语。
桂林话		他天天吃了早点就出去。	(V·了+O)	"了"相当于"完",也可说"完"。
柳州话		他天天吃开早饭就出去。	(V·开+O)	"吃开"有"吃了然后……"的意思,"开"相当于"完"。
荔浦话	我想吃了晚饭,看了电影再回去。	我想喫完夜饭,看完电影才回去。	(V+完+O)	"完"为结果补语。
桂林话		我想吃了晚饭,看了电影再回去。	(V·了+O)	"了"相当于"完",也可说"完"。
柳州话		我想吃开夜,看开电影再回去。	(V·开+O)	"开"相当于"完"。
荔浦话	他们走了我才能坐下来做自己的事。	他们走去我才得做自己的事情。	(V+去)	三个点都可说"等他们走完"或"走了去","去"表示消失。桂林话的"了"似乎是标记成分,至少应是"了₁+了₂"。
桂林话		他们走了我才可以坐下来做自己的事。	V·了	
柳州话		他们走完我才得坐下来做自己的事。	(V+完)	
荔浦话	讲错了没关系,再讲一遍就是了。	讲错去没得事,又讲轮就得了。	VP+去	VP为动结式,"去"已语法化,相当于桂林话、柳州话的"了"。
桂林话		讲错了没关系,再讲道就是了。	VP·了	VP为动结式,"了"应为"了₁+了₂"。
柳州话		讲错了没有事,再讲轮就得了。	VP·了	

---

① "表达形式"一栏中,非表"体"形式用圆括号( )或方括号〔 〕,以示区别,下同。

续表

方言点	普通话例句	方言点用例	表达形式	备注
荔浦话	门一开就有几只苍蝇飞了进来。	门一开就飞进来几个苍蝇。	（V＋C$_趋$＋O）	"一……就……"含有"实现"义。
桂林话		门一开就有几个苍蝇飞了进来。	V·了＋V$_趋$	也可用如荔浦话那样的说法。
柳州话		一开门就有几只苍蝇飞进来。	（V＋C$_趋$）	
荔浦话	太阳出来了，地干了没有？	出日头喇，地干着未曾？	（VP·喇），A·着	"着"也可说"去"，"A·着"表示性状的达成。
桂林话		太阳出来了，地干了没曾？	VP·了，A·了	"A·了"同荔浦话的"A·着"。
柳州话		出太阳了，地干没有？	VP·了，A（·了）	"干"后面其实可加"了［liau⁵⁴］"，同荔浦话的"A·着"。
荔浦话	饭和菜都凉了，热一热再吃吧。	饭菜都冷喇，暖下子才喫。	A·喇	普通话"凉了"的"了"是"了$_1$＋了$_2$"，这不是典型的"完成体"用例。荔浦话、桂林话也可说"冷去喇"，"去"帮助表性状的实现。
桂林话		饭菜都冷了，赖一下再吃吧。	A·了	
柳州话		饭菜总冷了，热下子再吃。	A·了	
荔浦话	我叫了你半天你都不答应，你聋了吗？	喊（着）你恁久都未听见，你聋去喇？	V·（着）＋O＋C，A·去·喇	"喊"后面可加"着"，不加"着"其实整个分句也含有"完成"义。"去"是虚成分，有强调意味，也可不出现。
桂林话		我喊（了）半天你都没答应，你聋了啊？	V·了＋C，A·了	"V·了"的"了"可省略。
柳州话		我喊你半天了你没应，你聋了谢？	VP＋了＋O＋C，A＋了	VP是"V＋O＋C"结构，两个"了"音［liau⁵⁴］，读音不同于普通话的"了$_1$"。

续表

方言点	普通话例句	方言点用例	表达形式	备注
荔浦话		我寻着他三轮都未寻倒他。	V·着+O+C	"着"可换为"去"。
桂林话	我找了三遍都没找到他。	我找了三轮都没找到他。	V·了+C	"了"可换为"过",将"完成体"用于"经历体"。
柳州话		我找了三轮总门见他。	V·了+C	
荔浦话		我们等去半个多钟头,门才开。	V+去+C	第一分句末可再加语气词,意思不变,皆可视为"完整体"。
桂林话	我们等了半个多小时,门才开。	我们等了半个多钟头,门才开。	V·了+C	
柳州话		我们等了半个多钟,才开门。	V·了+C	
荔浦话		你洗完/得衣裳未曾?——洗完/得喇。	[V+完/得+(O)]	答语若说"洗完/得去喇",有强调意味。
桂林话	你洗完衣服了吗?——洗完了。	你洗完衣服没曾?——洗完了。	[V+完+(O)]	皆用动结式,"完"与"得"同义。
柳州话		你洗得衣服门?——洗得了。	[V+得+(O)]	
荔浦话		等我问完他先再讲给你听。	(V+完+O)	也可说"问过/得他先","问"后的成分同普通话的"过₁"。
桂林话		等我问了他再告诉你。	V·了+O	也可说"问倒他","倒"的补语性质很明显。
柳州话	等我问过了他再告诉你。	等我问开他先再跟你讲。	(V+开+O)	"开"有"完"的意思,表示结果,可视为动相补语。柳州话用"开",可能是受粤语和客家话的影响,但这个"开"并没有完全虚化。
荔浦话		抹去黑板高头的字!	(V+去+O)	"去""开"都有"去除"之义,充当结果补语。
桂林话	擦掉黑板上的字!	把黑板上的字抹去!	V·了+去	
柳州话		抹开黑板上的字!	(V+开+O)	

续表

方言点	普通话例句	方言点用例	表达形式	备注
荔浦话	林老师买到一件很好看的衣服。	林老师买倒一件好好看的衣裳。	(V+倒+O)	普通话的"到"是结果补语，三个方言点的"倒""到""了"[liau⁵⁴]"也都是表示结果的。
桂林话		林老师买到一件蛮好看的衣服。	(V+到+O)	
柳州话		林老师买了一件好靓的衣服。	V+了+O	
荔浦话	门口挤了许多人。	门口挤起/倒好多人（在那垱）。	(V·起/倒+O)	"挤"强调的是一种状态，动感不强，所以其后可用不同的标记。柳州话的说法也可用于荔浦话、桂林话。这是有学者所称的"成绩体"（或称"存续体"）。
桂林话		门口挤了好多人。	V·了+O	
柳州话		好多人挤（倒）在门口。	[V·(倒)+PP]	
荔浦话	先把肉切了，待一会儿炒菜。	先切好那个肉（去），等下子煮菜。	[V+好+(O)+(去)]	普通话前一分句的"了"并非纯粹的体标记。作为祈使句，表意重心在"言语行为"上，而不是动作是否完成上，因此有无标记或用其他什么形式并不重要。荔浦话较少用处置式表达祈使意义。柳州话不用表示结果的补语。普通话例句说的是，先做一件事，再做另一件事，两个分句既可以是目的关系：切好肉是为了炒菜；也可以是顺接关系：先切肉，再炒菜。前者倾向性似乎强一些。从"体"意义上看，并非《动词的体》所标明的"成绩体"。
桂林话		先把肉切好，等一下炒菜。	(V+好)	
柳州话		先切肉，等再炒菜。	(V+O)	

方言点	普通话例句	方言点用例	表达形式	备注
荔浦话		我买着点家具喇咧,还想再买点。	V·着+O	作为时间副词的"已经"可用可不用,不影响句子所表达的现时相关性这样的"完成体"意义。
桂林话	我已经买了一些家具了,还准备再买一些。	我已经买了一些家具了,还准备再买一些。	V·了+O	
柳州话		我买了点家具,还准备再买点。	V·了+O	

从表 1-1 可以看出,《动词的体》所提供的例句,无论是普通话还是西南官话的相应表达,并不都是典型的"完成体"(其他方言亦如是)。从这里可以窥见,汉语所谓的"完成体"实际上是一种大杂烩式的范畴意义,有的可以厘清,有的不易分清,有"剪不断、理还乱"的现象。与此相应,在西南官话和其他方言(详见下文)中,其表达形式和标记成分呈现出多元化格局。但按照我们对标记成分"从严"的标准,只有用最高层级的体标记标示的"体"意义才是典型的"完成体"。

第二节　粤方言的"完成体"

广西的粤方言(当地多称"白话")主要分布在东南部的南宁、梧州、玉林、贵港、北海、钦州、防城港、崇左等地级市(含所辖县),官话区、客家方言区、平话区等也有一些粤方言的分布。粤方言也是广西境内强势汉语方言之一,使用该方言的人口在广西汉语各方言中是最多的,目前以粤方言为母语的人数达到 1500 万以上。

一、主要方言点简况

本研究所考察的广西粤方言体范畴的八种次范畴及"短时"义皆以桂平白话为主,以南宁、玉林白话为次,并利用其他相关方言点的材料进行补充、对照。

桂平市位于广西东南部,原属玉林地区管辖,地市合并后,为贵港市托管。作为县级市的桂平,现辖 26 个乡镇,总人口 203 万,汉族人口约占人口总数的 76%,少数民族有壮族、瑶族等。桂平市主要通行白话,使用人口超过 100 万,市区通行的白话与梧州白话相近;也分布着客家方言、闽方言、平话①，其中以客家话居多。在广西粤方言各点中，桂平白话无论在语音、词汇还是语法方面的特点都比较突出，在汉语方言"体范畴"或其他语法现象的研究中，以桂平白话为考察重点，可以发掘出一些有价值的材料，为汉语方言语法研究提供佐证和借鉴。

二、桂平话的"VP·北[pet²²]＋O/C"及南宁话、玉林话相应的表达形式

广西粤方言各点"完成体"的表达形式一般都用"VP·标记成分＋O/C"，其中的标记成分各有所取，不同方言点也有用相同标记成分的现象。桂平话表示"完成体"的形式主要用"VP·北＋O/C"，标记成分"北"也可换用"开"，"北"与"开"虚化程度都很高，可视为语法化了的成分。但在其他一些句法环境中，"北""开"也还有结果补语或动相补语的用法。作为标记成分的"北""开"虽然可以互换，但一般以用"北"为常。以下相关描写和讨论皆举"北"以赅"开"。

（一）桂平话的"VP·北＋O/C"②

先看来自《动词的体》中的几个例句③：

(1)我打烂北一只碗 _{我打破了一个碗。}

(2)阿四劏北佢屋企啊只鸡 _{阿四杀了他家的那只鸡。}

(3)林老师买北一件好好睇箇衫 _{林老师买了一件很好看的衣服。}

(4)你啱食北药，唔能够饮茶 _{你刚吃了药，不能喝茶。}

"打烂"是瞬间的情景，是典型的达成情状，没有什么现时相关性，因此例(1)属于"完整体"，例(2)的情况同例(1)。例(3)普通话说的是"买到"，桂平话仍用标记成分，也属于达成情状、"完整体"。例(4)的句法、语义、语用可参见我们对荔浦话相应例句的分析。再看下面的例子：

(5)佢畀北我三斤柑子，我马上度畀钱佢 _{他给了我三斤橘子，我马上就给了他钱。}

---

① 当地居民一般对"平话"并无明确概念，也无相应认识，一般将其等同于白话，并认为是比市区白话更土的白话。分布在桂平的一些乡镇或村落的平话为白话所包围，多是一些方言岛。具体情况需进一步调查。闽方言的情况亦大略如是。

② 一些相关文献将桂平白话"VP·[pet²²]"中的标记成分记为"北"。在未弄清这个成分的来源和"真实身份"之前，本研究亦记为"北"。高永奇(2001)曾谈到，河南浚县方言(属中原官话)表示从说话时看动作、行为已经实现的"实现体"可用"V/A＋罢＋(N)＋啦"的形式，"罢"还可用"好、完"代替。游汝杰(2003)也谈到，苏州方言的"完成体"可用"罢"(游文记为"罢₁")。下面我们转引的近代粤方言文献中也有用"罢"标示"完成"义的例子。从意义和功能上说，桂平话的"北"相当于这里说的"罢"，我们也曾考虑用"罢"，但读音有所不合。

③ 我们所考察的十二个方言点，除荔浦话外，皆非笔者母语，大多难以自省并自拟例句，因此主要按《动词的体》提供的普通话例句进行调查，调查合作人受"原文"的影响在所难免。我们注意到了这种情况并尽可能排除相关的影响和干扰。

"界"相当于普通话的"给",是三价动词,"界·北"后带双宾语;后一分句"界"可以省去"北",双宾语的顺序可与普通话相同,也可相反①。两个分句各自为达成情状,都属于"完整体"。

(6)门一开度有几只乌蝇飞北入来门一开就有几只苍蝇飞了进来。

(7)佢讲北咁耐仲盟讲清楚他说了半天还没有说清楚。

(8)我叫北咁耐你都唔应,你聋北啦我叫了你半天你都不答应,你聋了吗?

(9)我揾北三次都唔揾得见佢我找了三遍都没找到他。

(10)我睡北一阵度醒北我睡了一会儿就醒了。

(11)我哋等北半个几钟头,正开门我们等了半个多小时,门才开。

以上例句中的动词"飞、讲、叫、揾、睡、等"都有持续性,有内部自然终结点,表达的是结束情状,"结束"义不同于"完成体"的"完成",这几例都是"完整体"。

(12)佢行先踢北我一脚,唔知做乜嘢他刚才踢了我一脚,不知为什么。

"踢"是瞬间完成的动作,谓语表示达成情状。

(13)佢日日食北早餐度出去他每天吃了早餐就出去。

(14)佢哋经常都系锻炼北了度去买菜他们经常都是锻炼完了就去买菜。

这两例都是惯常的行为,可参见荔浦话相应的分析。

(15)抹北黑板啊哋字去擦掉黑板上的字!

(16)丢北啊袋嘢去扔掉那袋东西!

(17)饮北啊碗汤去喝掉那碗汤!

(18)唔能丢北啊哋嘢不能把这些东西丢掉!

祈使句是通过话语让对方有所行动(否定形式是禁止做某事),在说话时刻动作行为并未实施,话语本身也并不关注动作完成与否。不考虑语气,单就这几例的"V·北+O"来看,它们应属于"完整体"。

(19)你洗北衫唔曾你洗完衣服了吗?——洗北了[liu¹³]洗完了。

普通话用动结式表达"完成"义的句子,在桂平话中都可对应着用"V·北+O/C"形式表达"完成体"或"完整体"意义。从上文的祈使句以及此例的问答句看,"北"的出现频率很高。

(20)我想食北夜,睇北电影再返去我想吃了晚饭,看了电影再回去。

(21)讲错北没紧要,再讲一次度得喇讲错了没关系,再讲一遍就是了。

(22)等我问北佢再讲界你听等我问过了他再告诉你。

---

① 前文提到,包括西南官话在内的多数南方方言双宾语的顺序都与普通话不同,但因受普通话影响,已有趋同倾向。此例前一分句跟普通话一样,后一分句则相反,但也可以如普通话那么说。

如果例(21)说的是假设的情况，那么这三例表示的都是将来出现的事件，是虚拟的"完整体"。

桂平市金田白话也用"VP·北［pɐt²²］＋O/C"表示"完成体"。以下例句引自李晓君(2013)中的"语法例句"(方括号内的说明为我们所加)：

我哋今日去种树，老弟种北一棵卜碌树，我种北两棵梨树。（我们今天去种树，弟弟种了一株柚子树，我种了两株梨树。）［两个分句皆为完整体］

渠买北一啲布返来。（他买了一些布回来。）［可视为完成体］

渠着狗咬北两唥。（他被狗咬了两口。）［可视为完成体］

(二)南宁话的"VP·嗰［ɬai³³］＋O/C"及相关形式

南宁话多用"VP·嗰＋O/C"形式表示"完成体""完整体"，"嗰"是语法化了的体标记(相同例句的情状类型和"体"意义的分析可参见桂平话，其他例句的有关说明可参见表1-2"备注")。例如：

(1)佢哋走嗰我才得坐落来做自己嘅事。他们走了我才能坐下来做自己的事。

(2)太阳出来嗰，地底干(嗰)未。太阳出来了,地干了没有?

这两例中的"VP"实际为"V"("走""出来")，是不及物动词。"太阳出来嗰"的"嗰"属于"太阳出来"整个主谓结构，不是"出来"加"嗰"，这样的"嗰"同普通话的"了₁＋了₂"。例(1)的"嗰"虽然属于"走"，但也应是"了₁＋了₂"，此类情况还有"饭菜都冻嗰，热过再食喇。饭菜都凉了,热一热再吃吧!"等。形容词"干"后面的"嗰"可以省略。严格说来，它们不是典型的表示"完成体"的用例，更多的是表达"已然"的情况。

(3)张涛劏嗰佢屋只鸡。张涛杀了他家的一只鸡。

(4)他每日食嗰早餐就出去。他每天吃了早餐就出去。

这两例中的"VP"("劏""食")实际也是"V"，是及物动词，其后带宾语，"嗰"处于动宾之间。

(5)我谂嗰一下，仲喺决定唔去。我想了一下,还是决定不去。

(6)佢讲嗰半日都未讲清楚。他说了半天还没有说清楚。

(7)我搵嗰三次都毋搵见佢。我找了三遍都没找到他。

(8)我睡嗰一阵就醒喇。我睡了一会儿就醒了。

(9)我哋等嗰半个几钟头，门才开。我们等了半个多小时,门才开。

这几例的动词也都有持续性，"嗰"位于动补之间。

(10)我喊嗰你半日你都毋应，你聋(嗰)呀。我叫了你半天你都不答应,你聋了吗?

(11)佢啱啱踢嗰我一脚，毋识做乜嘢。他刚才踢了我一脚,不知做什么。

以上例句中"嗰"后有宾语和补语。

当"VP"为双音节述补式时，"嗮"位于其后。例如：

(12)李明拉住嗮细王唔畀佢返屋李明拉住了小王不让他回家。

(13)等我问过嗮佢再讲畀你听等我问过了他再告诉你。

以说话时间为参照，以上例句所表示的都是已经发生的事件。南宁话"VP·嗮＋O/C"也可表示将来完成或实现的动作行为（以说话的时间为参照）。例如：

(14)我想/谂食嗮饭，睇嗮电影再返去我想吃了饭，看了电影再回去。

(15)讲错嗮冇问题，再讲一次就喺喇说错了没关系，再说一遍就是。（理解为假设）

与普通话一样，南宁话也可用动结式表示动作行为的"完成"或"实现"意义（不是"体范畴"意义）以及情状的达成。普通话用"完、到、掉"等，南宁话主要用"齐、开"等，"齐、开"可视为所谓动相补语。例如：

(16)你洗齐衫未你洗完衣服了吗？——洗齐嗮洗完了。

(17)擦开黑板上的字擦掉黑板上的字！

(18)唔得把嗰啲嘢丢开不能把这些东西丢掉。

(19)我打烂只碗我打破了一个碗。

南宁话不必像普通话那样，动结式后再加"了"，如"打破了"；只用动结式，如"打烂"。从前也可以说"打烂嗮"，现在一般都省略"嗮"。其他一些情况，普通话"VP"后加"了"，南宁话可以不加"嗮"。例如：

(20)你啱食（嗮）药，不能饮茶你刚吃了药，不能喝茶。

(21)佢畀（嗮）我三斤柑，我马上畀（嗮）佢钱他给了我三斤橘子，我马上给了他钱。

如果在另一种语境下，则要出现"嗮"。例如：

(22)喂，你唔畀钱呐哎，你不给钱呐？——我畀嗮喇我给了呀！

此例加"嗮"强调"畀钱"的行为已实现。但有时又不能用"嗮"。例如：

(23)门一开就有几只乌蝇飞落来门一开就有几只苍蝇飞了进来。

这可能是韵律的制约。

杨焕典(1998：75)列有南宁话表示"完成"的例句，这里择引几例（其中的标记成分在杨书中记为"哂[ɬai³³]"①。方括号内的说明为我们所加）：

佢食哂饭呵，你食哂盟？（他吃了饭了，你吃了没有?）[达成情状，完成体]

————————

① 关于"[ɬai³³]"的书面形式，本研究作"嗮"，以下引用其他文献，则依原文写法。

我食晒夜饭，去行晒一阵，收尾返来就睡呵，发晒一只梦。（我吃了晚饭，溜达了一会儿，后来回来就睡下了，做了个梦。）[皆为达成情状，完整体]

我映晒张相。（我照了一张相。）[达成情状，完整体；若句末再加陈述语气词，强调事件的"已然"性，则表示的是"完成体"意义]

另据林亦、覃凤余（2008：325），南宁话的"晒[ɬai³³]"可作完毕义副词，居于动词、形容词之后，为后置状语。[①] 例如：

一筐果总烂晒。（一筐水果全都烂了）

有卖晒啲豆芽有得翻屋。（不卖完这些豆芽不能回家）

林亦、覃凤余（2008：325）表示，完毕义的"晒"与"齐"功能相同，上面两例都可换成"齐"。在实际语言使用中，为避免与完成体、已然体的混淆，南宁人在这样的语境中，用"齐"多于用"晒"。"晒"作为已然体标记[②]，作用与普通话表示新情况出现的"了₂"相当，出现于句末。例如：

我哋住喺南宁得三十年晒，南宁边哒地方都熟晒。（我们住在南宁有 30 年了，南宁什么地方都熟了）

下一代冇识得讲白话几多晒，总讲普通话齐。（下一代不怎么会说白话了，全都讲普通话了）

只猫崽开始捉老鼠晒。（这只小猫开始捉老鼠了）

林亦、覃凤余（2008：326）认为，表示"完成"和表示"已然"的"晒"相比较，表示"已然"的"晒"更"土"，表示"完成"的"晒"似是晚近受通语影响而来的。动词、形容词后完成体"晒"与句末已然体"晒"可同时出现。例如：

佢上个月结晒婚晒。（他上个月结了婚了）

件事我恁晒好耐晒，啊重盟恁起身。（这件事我想了很久，还是没想起来）

关于南宁话的"VP·嗮＋O/C"，可另参见吴旭虹（2007）、白宛如（1985）。

根据林亦、覃凤余（2008：327）的描写，南宁话中还有一个"到"，与"VP"结合，构成"VP＋到"形式，表示动作行为或性质状态在过去的时间里出现，只用在疑问句和否定句中。例如：

空调坏到嘛？冇坏到，系你冇识使。（空调坏了吗？没坏，是你

---

① "晒"为副词、充当后置状语的看法似可再斟酌。

② 本研究不立"已然体"这一次范畴，句末语气词也不作为体范畴的标记。引用相关文献时，依原作称说。

不会用）

　　你耿系睇错晒，我昨晚夜根本冇同佢一齐饮到酒/饮酒到。（你肯定看错了，我昨天晚上根本没跟他在一块儿喝酒）

　　佢昨晚冇做作业到，今朝早赶得鬼魂。（他昨晚没做作业，今天一早使劲赶）

　　按，南宁话的这个"到"比较特别，可直接出现在动词后（V＋到，如"坏到"）。若有宾语，可出现在宾语前（V＋到＋O，如"饮到酒"）；也可放在宾语之后（V＋O＋到，如"饮酒到""做作业到"）。但无论处于何种位置，其作补语的功能并未改变。因此，"V＋到"及其变体不是"完成体"的表达形式。

　　南方多数汉语方言与普通话或近代汉语一样，有跟"完成"意义相关的位于动词后的所谓动相补语，南宁话也有这样的成分，如"得[tɐk⁵]""开[hɔi⁵⁵]""去[hy³³]"等。除我们调查的例句以外，其他还如：①

　　佢种得 20 亩杠果树，今年卖得 10 万文银。（他种了 20 亩杠果，今年卖了 10 万块钱）

　　四点半都煮得饭晒，菜到而家重盟煮得，搞乜鬼？（四点半都煮好了饭了，菜到现在还没煮好，搞什么名堂？）

　　阿强考得北京大学晒。（阿强考上北京大学了）

　　部车翻开晒哦。（这车翻了）

　　揾佢棍开我 200 文银。（被他骗了我 200 块钱）

　　关开哎灯，光多。（把灯熄了，太亮）

　　坡树斩去算哦，挡路多。（这棵树砍掉算了，太挡道）

　　银包收得嗷实，贼崽同点偷得去呢？（钱包放得这么密实，小偷怎么偷得走）

　　佢一口气食去廿几只饺子。（他一口气吃掉二十几只饺子）

　　我今日买菜使去成百文。（我今天买菜花了近百块钱）

　　如上所述，由"动词＋动相补语"表示的意义不是"完成体"意义。以上例句皆非"完成体"用例。

　　（三）玉林话的"VP・开[hɔi⁵⁴]＋O/C"与"VP・了[lɛ²¹]②＋O/C"

　　玉林话"完成体""完整体"的表达形式可以是"VP・开＋O/C"，也可以是"VP・了＋O/C"，标记成分与桂平话、南宁话不同，但"开""了"的

---

① 例句引自林亦、覃凤余（2008：328～329）。
② 玉林话"VP"后的"了"，梁忠东（2010：180）记为"唎"，注音为[lɛ⁰]，见下文。

分布和意义与桂平话的"北"、南宁话的"嗮"相类（相同例句的情状类型和"体"意义的分析亦可参见桂平话，其他例句的有关说明可参见表 1-2"备注"）。例如：

（1）你乍吃开药，冇得吃茶。_{你刚吃了药，不能喝茶。}你刚吃了药，不能喝茶。

（2）我想吃开夜，睇了电影再回。我想吃了晚饭，看了电影再回去。

（3）擦开黑板個字！擦掉黑板上的字！

（4）我吃开饭了，你吃勿曾？我吃了饭了，你吃了吗？

（5）佢乍戒开三日烟，今日又吃起身了。他才戒了三天烟，今天又抽起来了。

除例（5）的"开"似乎不好理解为"完"以外，前四例的"开"都与"完"相当，所以我们认为玉林话的这个"开"性质比较复杂，也许并非完全虚化的体标记。例（3）的"开"对应普通话的"掉"，但例（2）的"吃开""睇了"中的"开""了"对举，其语义、语法功能应该是相同的。关于这个问题，可以先看看玉林话的"VP·了＋O/C"形式的用例：

（6）佢分了三斤橘子我，我跟尾就分钱佢了。他给了我三斤橘子，我马上就给了他钱。

（7）我恁了恁，剩是确定冇去。我想了想，还是决定不去。

（8）佢乍踢了脚我，冇知为是律。他刚才踢了我一脚，不知为什么。

（9）佢去了只几月，剩冇回在。他去了一个多月了，还没有回来。

（10）明日個时佢早就到了北京。明天这时候他早就到了北京了。

从以上用例看，玉林话处于动词后的"了"与普通话的"了1"无异，其虚化程度肯定比"开"高。"开"应是一个尚未完全虚化的成分，正在向体标记过渡，因此可以出现例（5）那样的说法。杨焕典（1998：194～195）记录的玉林话例句中，有用"开"的，也有用"了"的，我们可以再作一个对比：

佢吃开饭了，你吃未曾？（他吃了饭了，你吃了没有呢？）

我吃开茶成颈渴□[tɤ°]在。（我喝了茶还渴。）

吃开个碗饭。（把这碗饭吃了。）

请了席客。（请了一桌客人。）

作了个件事差扯。（了了这桩事再走。）

"吃开饭"的"开"肯定是"了1"，"吃开茶"的"开"可理解为"完"（动相补语），"吃开个碗饭"的"开"倾向于"了1"。玉林话"开"的这些用法，就像是近代汉语某些语法成分、语法结构形式处于新旧交替时期的情形。这是语言发展"渐变性"特点的表现。

另据梁忠东（2010：180），玉林话可在动词后加"唎了[lɛ°]""齐[tai32]"等表示"完成体""完整体"等意义以及活动、达成等情状。"唎了"

即我们前面说到的玉林话"VP·了＋O/C"中的"了","齐"的用法与南宁话相同,应视为动相补语。例如:

张医生教咧只好办法分我张医生教了我一个好办法。

你调查咧吗你调查了没有?

你吃饭咧唔曾你吃饭了没吃?

做齐作业再睇电视做完作业再看电视。

割齐禾就出去打工割完稻子就出去打工。

三、其他相关方言点"完成体"的表达形式

粤方言其他点表示动作行为"完成""完整"的形式和标记成分与我们所讨论的三个方言点有共同的地方,也有若干差异,尤其是广州话的标记成分(详见下文)。

据徐荣(2008),广西北流粤方言标示"完成体"的助词主要有"了(啦)""齐""开""得"等,与广西西南官话、粤方言相应的成分用法相同。其中"开""齐"等可用于表示"完结"义。以下择引徐荣(2008)中的一些例句(方括号内的说明为我们所加):

吃了夜了。[完成体]

换了衫就同你去。[将来完成]

我在上海荡了三日。[已经不在上海,完整体]

买了三本书。[完整体]

行了三日了。[这句话表示开始于过去且仍在继续的情境,属完成体变体,参见刘丹青(2008:462)]

吃开朝啦?——啱吃开。吃完早饭啦?刚吃完。["开"相当于"完",不属于"体范畴"意义]

你做齐作业啦?——做齐了。["齐"相当于"完",不属于"体范畴"意义]

杨焕典(1998:250～251)给出的例句表明,廉州白话"完成体"的标记成分可以用"低"和"了"。例如:

佢吃低了,你吃低盟?(他吃了饭了,你吃了饭没有呢?)

我饮了茶仲颈渴。(我喝了茶还渴。)

请了一台人。(请了一桌客人。)

搞掂个单低慢走。(了了这桩事再走。)

粤方言的代表点广州话多用动态助词"咗"［tsɔ³⁵］表示"完成",相关的研究成果已有充分讨论。下面择引彭小川(1996b)中的例句:

　　　　佢喺广州住咗二十年。[他在广州住了二十年]

　　　　我买咗两件衫。[我买了两件衣服]

　　　　彭文表示，"咗"可与"喇"同现，例如：

　　　　我已经写咗回信喇。[我已经写了回信了]

　　　　佢返咗屋企喇。[他已经回了家了]

　　　　佢哋[tei²²]倾[kʻeŋ⁵⁵]咗两个钟头喇。[他们已经谈了两小时了]

　　从语义和功能上看，广州话的"咗"相当于普通话的"了₁"，也相当于桂平话的"北"、南宁话的"嘅"。按照蒋绍愚（2000）所提到的广州话的"咗"是从唐宋时的"着"演变而来的观点，那么这个"咗"也就是"着"，与分布在官话区、闽语区等的"着"是同一个成分。广州话句末的"喇"则大致对应于普通话的"了₂"。

　　彭文还提到，广州话的"完成体"还可通过谓词本身的变调来表示。例如：

　　　　我食[sek²²]饭。[我吃饭]

　　　　我食[sek²²ʴ³⁵]饭喇[lak³³]。[我吃了饭了]

　　　　佢嚟[lɐi²¹]喇。[他来了]

　　　　佢嚟[lɐi²¹ʴ³⁵]喇。[他已经来了]

　　彭文对这种现象的解释是："这两种形式（按，指在谓词后加动态助词'咗'、通过谓词本身的变调）是有内在联系的，因为'咗'本身是高升调，人们连读时读得快，容易把声、韵母省略掉而只保留 35 这一声调，并加在前面的谓词上来表示完成。可见后一方式是前一方式的变形，'咗'的用法是最基本的。"彭文的意思是说，这种变调仍然与"咗"的使用有关。如果撇开 35 调与"咗"的关联，单从变调来看，则广州话似乎有完成体与未完成体的对立，22 调的"食"表示吃饭的动作正在进行，35 调的"食"表示吃饭的动作已经完成；21 调的"嚟"表示在来的路上，35 调的"嚟"表示已经"来到"了。这跟陕北有的方言点用变调表示代词单复数的对立情况相似。不过这种变调并非印欧语的狭义形态（屈折形式，如元音交替等），因为调位是非音质的。因此彭文的解释是基于汉语实际的，应该是合理的。

　　据方小燕（2003）的考察，广州话的"到"可用在动词、形容词之后，且一定同"有"或"冇"同现，表示动作行为或性质状态在过去的时间里完成，是一种过去完成式，"到"读音为[tou˦]，例如（原文例句有国际音标注音，此处从略）：

我琴晚有游到水我昨晚游泳了。

雪柜有冇坏到呀电冰箱坏了吗？

这里的"到"，方文记为"到₄"，认为是表示动作行为的完成，与"有"同现时为过去完成式的肯定式，与"冇"同现时为否定式，"有""冇"同时出现则为疑问形式。例如(方括号内的说明为我们所加)：

你成日话个女唔高，先两日我见到佢，我睇佢有高到嘑你总是说你女儿长不高，前两天我见到她了，我见她已经长高了呀。["有高到"的"到"是结果补语]

银行冇开到门银行没开门。["到"是结果补语]

"到₄"可出现在动词、形容词后，还可嵌在离合词中间。例如：

个细路仔有冇喊到啊那孩子哭了吗？["到"为结果补语]

朵花有冇红到呀那朵花已经变红了吗？["红到"是"实现"义]

前日我有返到工前天我上班了。["到"相当于"了₁"]

我冇同佢跳到舞我没跟他跳舞。[根据特定语境，"到"可以是"过₂"]

也常与表过去时间的词语同现。例如：

我正话冇跳到舞我刚才没跳舞。[因为是否定句，"到"应该是"过₂"]

你旧年去美国有冇肥到呀你去年到美国胖了吗？["到"表性状出现]

方文表示，"到₄"与表示没有时间限制的"咗"不同，所有"到₄"要跟表示过去时间的"有"或"冇"配合起来表示"过去完成"的语法意义。

按，以上广州话的"到₄"多半充当结果补语或动相补语，不宜作为"完成体"的标记，相关构式所表示的意义不属于"体范畴"意义。

关于广州话表示"完成体"的形式或标记成分，还可参见陈晓锦、林俐(2006)。

杨敬宇(2010)考察了清代粤语曲艺文本中"了、住、过"的意义和用法，其中"了"可用在动词后，宾语或补语前，表示动作完成。例如(引例出处标注依照杨文)：

恐怕为奴误了终身事，故此顺情盟誓解郎心。(《花笺记》)

枉你当初同誓，今日背了前盟。(《粤讴·对垂杨》)

珊瑚去探外家，三日归来，被骂了十日。(《俗话倾谈·横纹柴》)①

表示动作结束或完成，清代曲艺作品中还用其他相关成分，如"罢""完"等，与"了"的用法基本平行。例如：

---

① 根据杨敬宇(2010)的说明，《花笺记》是木鱼书的代表作，有清康熙刻本；《粤讴》的第一个版本为1828版；《俗话倾谈》为晚清四会作家邵彬儒在粤语说书的基础上撰写的一套通俗小说集，最早版本为1870版，此例用广东玉华堂版本，《横纹柴》是《俗话倾谈》中的最长篇。

树头工夫不是你两人锄得，不如请人锄起便罢。(《俗话倾谈·横纹柴》)

梁生听罢芸香语，满面欢颜喜色添。(《花笺记》)

食完又锄，锄至午后，连根拔起，易见功程。(《俗话倾谈·横纹柴》)

点得我早日还完花债，共你从良。(《粤讴·花本一样之一》)

杨文提到，用于句末、表示语气的"咯"出现在《粤讴》和《俗话倾谈·横纹柴》中，有"事件完成"的时体特征，用法相当于今天的"了"。例如：

就系四时花信到咯，亦不过向一时鲜。(《粤讴·月难圆》)

我认咯，系我打死佢咯。(《俗话倾谈·横纹柴》)

按，用于句末的"咯"，如"花信到咯""我认咯"相当于普通话的"了₁＋了₂"，其"事件完成"的"时体特征"并不典型。此外，清代这些曲艺文本选用"了"标示动作行为的"完成"，既非今天广州话的"咗"，也不用桂平话、南宁话口语中的"北""嗮"等，这其中的兴替关系值得进一步研究。

根据《动词的体》所提供的"完成体"普通话例句，广西粤方言三个方言点"完成体"相关表达形式可归纳为表 1-2（同义、同构的句子不完全列出）。

表 1-2　广西粤方言"完成体"的表达形式

方言点	普通话例句	方言点用例	表达形式	备注
桂平话	我打破了一个碗。	我打烂北一只碗。	VP·北＋O	VP 为动结式。"北、嗮、了"及桂平话的"开"意义和功能相当。
南宁话		我打烂嗮只碗。	VP·嗮＋O	
玉林话		我撇烂了只碗。	VP·了＋O	
桂平话	你刚吃了药，不能喝茶。	你啱食北药，不能够饮茶。	V·北＋O	直接跟在动词后的所谓标记，也可视为动相补语。
南宁话		你啱食嗮药，唔得饮茶。	V·嗮＋O	
玉林话		你乍吃开药，冇得吃茶。	V·开＋O	
桂平话	他每天吃了早饭就出去。	佢日日食北早餐度出去。	V·北＋O	这里的"北"可理解为相当于普通话的"了₁"，也可理解为相当于"完"。
南宁话		佢日日都系食嗮过早就出去。	(V·嗮＋O)	"嗮"与"过"连用，二者意义和功能相同。
玉林话		佢日日吃开朝就出了。	(V·开＋O)	"开"相当于"完"。

续表

方言点	普通话例句	方言点用例	表达形式	备注
桂平话	我想吃了晚饭，看了电影再回去。	我想食北夜，睇北电影再返去。	（V·北＋O）	这些动词后的成分都可视为动相补语，相当于"完"，并非体标记。
南宁话		我想食嗮夜饭，睇嗮电影（先）至返去。	（V·嗮＋O）	
玉林话		我想吃开夜，睇了电影再回。	（V·开/了＋O）	
桂平话	他们走了我才能坐下来做自己的事。	佢哋且北我正才可以坐落来做自己嘅事。	V·北	"且北"也可说"且了[liu¹³]"。
南宁话		佢哋走嗮我才得坐落来做自己嘅事。	V·嗮	也可说"等佢哋行嗮我文至得坐落来做自己嘅事。""嗮"应为"了₁"。
玉林话		佢人扯开我乍得坐落做自己个事。	V·开	"开"可看成"了₁"。
桂平话	讲错了没关系，再讲一遍就是了。	讲错北没紧要，再讲一次度得喇。	VP·北	撇开虚拟语气，其他情形与表中第1例相同。
南宁话		讲错嗮唔要紧，再讲一次唔系得啰。	VP·嗮	
玉林话		讲错了冇要紧，再讲一云就得了。	VP·了	
桂平话	门一开就有几只苍蝇飞了进来。	门一开度有几只乌蝇飞北入来。	V·北＋V₄	桂平话用标记成分"北"，另两个点无标记或换用别的说法。另可参见表1-1中的相关说明。
南宁话		门啱一开就有几只苍蝇飞落来。	（V＋C₄）	
玉林话		门一开就有几只蚊蝇飞回了。	（V＋C₄）	
桂平话	太阳出来了，地干了没有？	太阳出来喇，地底干唔曾？	VP·喇，A（·标记）	第一分句中的VP为主谓结构，VP后的成分是普通话的"了₁＋了₂"。① 桂平话、玉林话第二分句省略了标记成分。
南宁话		太阳出来嗮，地干嗮未？	VP·嗮，A·嗮	
玉林话		日头出了，地爽勿曾？	VP·了，A（·标记）	

---

① 相当于普通话"了₁＋了₂"的成分可归入"体"标记。

方言点	普通话例句	方言点用例	表达形式	备注
桂平话	饭和菜都凉了,热一热再吃吧。	饭同菜都冻嗬,热一热再食喇。	(A·嗬)	A与其后的虚成分表示性状有变化。其实三个方言点都可说"热过",表示所谓的"重行貌"。
南宁话		饭菜都冻嗬,热一热/热过再食喇。	(A·嗬)	
玉林话		饭共菜总湮了,热热乍吃。	(A·了)	
桂平话	我叫了你半天你都不答应,你聋了吗?	我叫北咁耐你都唔应,你聋北喇?	V·北+C,A·北	"叫、喊"之类的动词有[+持续]特征,可视为结束情状。动词、形容词后加"体"标记构成的形式都可看成"完整体"或"实现体"的表达式。
南宁话		我喊嗬你咁耐你都唔应,你聋嗬呀?	V·嗬+O+C,A·嗬	
玉林话		我喊了你半日你总冇应,你聋了啊?	V·了+O+C,A·了	
桂平话	我找了三遍都没找到他。	我搣北三次都唔搣得见佢。	V·北+C	"搣"与"叫、喊"类动词相当,表示的是结束情状,可看成"完成体"用于"经历体"。
南宁话		我搣嗬三次都唔搣得见佢。	V·嗬+C	
玉林话		我搣了三云总冇搣到佢。	V·了+C	
桂平话	我们等了半个多小时,门才开。	我哋等北半个几钟头,正开门。	V·北+C	表1-1将此类表达归为"完整体",似也可看成不典型的"完成体"。
南宁话		我哋等嗬半个几钟头,门至开。	V·嗬+C	
玉林话		我人等了半点几钟,门乍开。	V·了+C	
桂平话	你洗完衣服了吗?——洗完了。	你洗北衫唔曾?——洗北了。	[V·北+(O)]	动词后无论"北"还是"齐",都充当动相补语,因此这样的句子不是"完成体"用例,不表示"完成体"意义。
南宁话		你洗齐衫(嗬)未?——洗齐嗬。	[V+齐+(O)]	
玉林话		你湔齐衫勿曾?——洗齐了。	[V+齐+(O)]	

续表

方言点	普通话例句	方言点用例	表达形式	备注
桂平话	等我问过了他再告诉你。	等我问北佢再讲界你听。	V·北+O	普通话"问过"后面再跟"了","问过"应是动结式,如同下例的"擦掉"。粤方言虽然不再加虚成分,但表意功能相同。①
南宁话		等我问过/嘅佢先至讲界你听。	V+过/嘅+O	
玉林话		等我问过佢先再讲分你听。	V+过+O	
桂平话	擦掉黑板上的字!	抹北黑板啊唧的字去!	(V·北+O)	V 后的成分应该都是表示结果的,结果补语也罢,动相补语也罢,都含有结果义。
南宁话		抹开黑板上高嘅字!	(V+开+O)	
玉林话		擦开黑板个字!	(V+开+O)	
桂平话	林老师买到一件很好看的衣服。	林老师买北一件好好睇箇衫。	V·北+O	"北"可有两解:体标记、结果补语。
南宁话		林老师买嘅/得/得嘅一件好靓嘅衫。	V·嘅+O	也可用"V+得、V+得·嘅",其中"V+得·嘅"与上例普通话"问过了"形、义皆同。
玉林话		林老师买得件极好睇个衫。	(V+得+O)	"得"同普通话的"到",结果补语。
桂平话	门口挤了许多人。	好多人□mian⁵⁵在门口。	(V+C介宾)	参见表 1-1 的相关说明。桂平话的说法同柳州话。从南宁话可以说"挤有好多人"来看,我们引用"成绩体"的说法基本上可以成立。"成绩体"所表示的动作义不强,无论是"门口挤有好多人"还是"门口站有好多人"抑或"门口有好多人",意思大体相当。参见刘丹青(2008:467)。
南宁话		门口挤嘅/住/有/住嘅好多人。	V·嘅+O	
玉林话		门口企了极多人。	V·了+O	

---

① 三个方言点的"北""嘅/过""过"是标记成分还是补语,似乎不好确定。这里暂不加括号。

方言点	普通话例句	方言点用例	表达形式	备注
桂平话	先把肉切了,待一会儿炒菜。	先切好啊啲肉,等阵炒菜。	(V＋好＋O)	南宁话也可说"先切肉,等下再炒菜",不用标记。参见表1-1的相关说明。
南宁话		(先)切嗮啊啲肉先,等啊阵至炒菜。	V·嗮＋O	
玉林话		先将肉切了,等时炒菜。	V·了	
桂平话	我已经买了一些家具了,还准备再买一些。	我买北啲家具了,正要再买点。	V·北＋O	"北、嗮、了"这些成分分布相同、语义相当。参见表1-1的相关说明。
南宁话		我(已经)买嗮一点家俬嗮了,仲准备再买一点(添)。	V·嗮＋O	
玉林话		我买了呢家具,剩想再买呢。	V·了＋O	

从表1-2可以看出,广西境内粤方言的"完成体""完整体"皆用"VP·标记成分＋O/C"表示,其中差别较大的是标记成分的选择。桂平话的"北"见于桂平市及周边乡镇,其他方言点尚未见到,是一个比较特别的成分。"北"与"开""嗮""了"等的异同和功能分工有待进一步讨论。

第三节　客家方言的"完成体"

广西客家方言主要集中在玉林市的陆川、博白等县,贵港市也有较多乡镇操客家话。其他各市及所辖县也有客家方言的分布,有的是方言岛,如荔浦县荔城镇岭松村丘家屯就有客家方言岛。从地域上看,客家方言分布广泛,但使用人口不及西南官话和粤方言,以客家方言为母语的人数大约500万。

一、主要方言点简况

本研究所考察的广西客家方言体范畴的八种次范畴及"短时"义皆以陆川滩面乡客家话为主,以贺州沙田话、贵港桥圩话为次,并利用其他相关方言点的材料进行补充、对照。

陆川县今属玉林市管辖,现有14个镇,总人口约103万。境内说客家方言的人占70%左右,说粤方言的人占30%左右。客家方言主要分布在陆川县南部，包括县治温泉镇及大桥、月垌、乌石、横山、滩面、良田、清湖、古城等乡镇，语法上内部差异不大；粤方言主要分布在北部的乡镇。因陆川县客家方言语法内部差异不大，故选择滩面乡客家方言为调查重点，只是出于随机性。

二、陆川话的"VP·了[liau²¹]＋O/C"及沙田话、桥圩话相应的表达形式

(一)陆川话的"VP·了＋O/C"

广西不同县、市客家方言表示"完成体""完整体"等的形式和标记成分有一定的差异，各地保持自己的一些特点，如有"V·欸""V·撇"等形式。陆川话的表达形式与普通话相同，主要用"VP·了＋O/C"，与其他方言点一样，所表示的"体"意义可以是已然的，也可以是未然的。

以"VP·了＋O/C"表示"完成体""完整体"或"实现体"，是普通话和一些汉语方言共有的形式，因此这里不再像其他方言点那样做更多的描写。以下只举出陆川话"VP·了＋O/C"出现在陈述句中的一些例句，其他可参见表1-3。

(1)佢每日食了早餐就出去。

(2)张三劏了佢屋里介只鸡。张三杀了他家的那只鸡。

(3)林老师买了一件好靓嘅衣裳。林老师买了一件很好看的衣服。

(4)佢畀偓三斤柑，偓立即畀了钱佢。他给了我三斤橘子，我马上就给了他钱。

(5)佢讲了半日都没讲清楚。他说了半天没说清楚。

(6)偓跟了三次都没见佢。我找了三遍都没找到他。

(7)偓啱啱睡了一下就醒了欸。我刚睡了一会儿就醒了。

(8)佢啱先踢了偓一脚，唔知作嘛介。他刚才踢了我一脚，不知为什么。

(9)讲错了都没要紧，再讲一轮就是欸。讲错了没关系，再讲一遍就是了。

(10)偓想食了夜，看了电影再转去。我想吃了晚饭，看了电影再回去。

这里的"VP"都是单个动词，除"睡"以外，其他都是动作性较强的动词；"劏、买、畀、踢"等所指的动作持续性较弱，其他的都比较强。例(1)是前面提到的"习惯态"，单就"食了早餐"看，似可视为"完成体"。例(2)"劏了鸡"、例(3)"买了衣裳"、例(4)"畀了钱"、例(7)"睡了一下"、例(8)"踢了一脚"皆为达成情状，是"完整体"。例(5)"讲了半日"、例(6)"跟了三次"，动量补语表明动作行为是有界的，也是"完整体"。例(9)、例(10)是虚拟的达成情状和虚拟的"完整体"意义。

(二)沙田话的"VP·开[hai²¹]＋O/C"

与陆川话不同的是，沙田话的标记成分主要用"开"不用"了"，"VP·

开＋O/C"是最常见的表达形式。例如：

(1)张三□[tɕi²¹]开他屋企给盖只鸡_{张三杀了他家那只鸡。}

(2)他给开我三斤柑子，我马上就给开他银纸_{他给了我三斤橘子，我马上就给了他钱。}

(3)他日日食开朝就出系_{他每天吃了早饭就出去。}

(4)我寻开三轮都冇寻到他_{我找了三遍都没找到他。}

(5)擦开黑板上边给字_{擦掉黑板上的字}！

(6)门口挤开好多人_{门口挤了许多人。}

(7)我食开饭哩，你食开/哩冇_{我吃了饭了，你吃了吗}？

(8)他随便食开几口就出门哩_{他胡乱吃了几口就出门了。}

(9)他刚戒开三日烟，今日又食起来哩_{他才戒了三天烟，今天又抽起来了。}

(10)他紧是咳，昨日咳开□[wɑəŋ²¹]不夜_{他老是咳嗽,昨天咳了一晚上。}

　　无论表示临时的动作行为还是惯常行为，如例（3），普通话用"了"作标记的地方，沙田话基本上都用"开"；普通话用补语的地方，沙田话也用"开"，如例（5）。那么不同语境（句法环境）中的"开"是否具有同一性？从有限的用例看，至少例（5）和例（9）的"开"是补语，这说明"开"具有多义性和多功能性。另，沙田话陈述句句末语气词用"哩[li³⁵]"，"开"（作标记成分或补语）与"哩"有较为明确的分工，如例（7）"我食开饭哩"，"开"与"哩"不能互换；追加提问的分句"你食开冇"的"开"可以换成"哩"，也许是位于句末（不计"冇"）的原因，偶尔在句中也可互换（参见表1-3中的例句）。不过，据我们的调查，贺州市八步区桂岭镇客家话相应的标记成分则多用"哩"，以下试举几例：

(11)佢□[pun⁴⁵]哩三斤柑子俚，马上就□[pun⁴⁵]哩钱佢_{他给了我三斤橘子,我马上就给了他钱。}

(12)讲错哩唔关系，再讲一次就得咾_{讲错了没关系,再讲一遍就是了。}

(13)佢□[ʧaŋ⁵²]先踢哩俚一脚，唔知做麻介_{他刚才踢了我一脚,不知为什么。}

(14)门打开哩咾，大齐家落去啊_{门打开了,大家进去吧。}

(15)□[nie⁴⁵]衫裤洗完哩□[mɑŋ⁴⁵]？——洗完哩咾_{你洗完衣服了吗?——洗完了。}

(16)俚食饱哩咾，你食哩□[mɑŋ⁴⁵]_{我吃了饭了,你吃了吗?}

(17)球□[lin³¹]落眼窟里背去哩咾_{球滚到洞里去了。}

　　桂岭镇客家话的"哩"相当于沙田话作为体标记的"开"，句末的"咾"相当于"哩"。与沙田话一样，桂岭话的体标记与句末语气词也有较为明确的分工，例（15）～例（17）"哩""咾"同现，这说明桂岭话体标记的使用有一定的强制性。桂岭话有时也用"开"，但这个"开"很可能是被当作补语使用的。例如：

(18)佢日日食开朝就出去_{他每天吃了早饭就出去。}

(19)茶冷开哩咾，再换转一杯_{茶凉了，再换一杯。}

(20)佢来敲门□[ai³¹]时候，偃已经睡开哩咾_{他来敲门的时候我已经睡了。}

(21)佢□[tɕaŋ⁵²]戒开三日嘅烟，今日又食上哩咾_{他才戒了三天烟，今天又抽起来了。}

例(18)的"开"相当于普通话"完"之类的结果补语；例(19)、例(20)"开"后还有标记成分"哩"和语气词"咾"，"开"的补语身份很明确；例(21)"戒开""食上"对举，应该都是动结式，"食上"后还有"哩"和语气词"咾"，这都证明了"开"的补语性质，与沙田话的标记成分"开"不尽相同。

(三)桥圩话的"VP·了＋O/C"与"VP·开[xɔi³⁵]＋O/C"

桥圩话表示"完成体""完整体"的形式既用普通话、陆川话的"VP·了＋O/C"，也用沙田话的"VP·开＋O/C"，"了"与"开"的使用似乎无规律可循。但总体上看，"开"的虚化程度不如"了"高，"开"可对应普通话的"掉"，如普通话"擦掉黑板上的字！"与桥圩话"擦开黑板上的字！"这种情况下是不用"了"的(相当于普通话"掉"的"开"不是"完成体"标记)。相比较而言，贵港市港南区湛江镇客家话的"开"虚化程度似乎更高一些。桥圩话、湛江镇客家话"完成体"例句参见表1-3，此处不赘举。

三、其他方言点的表达形式

广西区内外客家方言相应的表达形式虽然用的都是句法结构，但其中标记成分的选择不尽一致。据杨焕典(1998：542)，陆川大桥客家话与我们所调查的陆川(滩面乡)话基本相同，也多用"了"[liao²¹]为标记成分。例如：

佢食了饭欸，你食了饭冇？

偃食了茶还颈渴。(我喝了茶了还渴。)(按，此例可视为较典型的"完成体"。)

偃食了夜，行了一下，就转来睡觉，做了隻梦。(我吃了晚饭，溜跶了一会儿，后来回来就睡下了，做了个梦。)

偃照了相。(我照了相了。)

玉林市高峰镇客家话"完成体"的表达形式用"VP·开＋(O/C)"。例如：

偃儿今日去种树，老弟种开坡碌磉树，偃种两坡梨树。(我们今天去种树，弟弟种了一株柚子树，我种了两株梨树。)

偃买开两十只碗。(我买了二十只碗。)

佢着狗咬开两口。（他被狗咬了两口。）

一啲树死开了，斫开去。（这些树死了，砍掉罢。）①（按，此例的两个"开"当为补语。）

据邱前进（2008），宾阳王灵镇客家话的"呃嘞"用在动词后表示"完成"（按，从邱文所举用例看，"呃嘞"处于句末，是语气词，不是"完成体"标记，虽然整个句子有"完成"意义）。例如：

我食饭呃嘞我吃了饭了,你吃过了吗？

我斗正三张台呃嘞我已经做好了三张桌子。

你去渠家盲？去呃嘞你去了他家没有?去了。

讲了两点钟呃嘞，总算讲完呃嘞谈了两小时,总算谈完了。

渠丁讲完了话就出来呃嘞他们说完了就出来了。

渠看了电影呃嘞他们看了电影了。

广西区外的客家方言点相应的表达形式与本研究所调查的方言点多有不同。据林立芳（1996），客家话的代表点广东梅县方言"完成体"常见的表达形式有"V＋欸"和"V＋撇"。作为"体"助词，"欸"附着在动词后表示动作完成，相当于普通话的"了₁"，用"欸"的地方有的可以用"撇"。例如（方括号内的说明为我们所加）：

佢问欸阿爸。（我问了爸爸。）[完成体]

佢食欸/撇三碗饭。（他吃了三碗饭。）[完整体]

你爱做欸/撇作业佢正分你去搞。（你要把作业做完我才让你去玩。）[虚拟的完成体]

佢打烂欸/撇一只碗公。（他打烂了一只碗。）[完整体]

头挪毛白欸/撇好多欸。（头发白了许多。）[表性状出现，完整体或实现体]

另一个体助词"撇"紧附在动词后表示动作完成，这些动词可以是状态动词，也可以是动态动词。例如：

佢嗨门背企撇论日。（他在门外站了一整天。）[完整体]

佢踢撇佢唔知几多欸。（他踢了我不知多少次。）["踢"可以是反复进行的动作，是所谓单变情状，完整体]

佢寻撇你三四摆都寻唔倒。（我找了你三四次都找不到。）[完成体用于经历体]

---

① 以上材料引自李城宗《玉林市高峰镇客家方言研究》中的"语法例句"，广西大学硕士学位论文，2013。

　　林文表示，完成体助词"撇"是由表示"完、掉、去除"等意义的结果补语虚化而来的。在"食撇饭""死撇牛""跌撇手表"等语句中的"撇"，意义较实在，这些句子都可以转换成可能式"食得撇—食唔撇""死得撇—死唔撇"，因此，"撇"在这类句子中，仍被看作实词。

　　据项梦冰(1996、1997：167～170)的研究，"实现"意义相当于北京话体标记"了₁"所表达的体意义。福建连城(新泉)方言没有表示"实现"的专职的体标记，但具有表示"实现"作用的词"了"和"撇"。表示事件完成的"了"("了"还可作动词)总是出现在动词性的结构(VP)后，"VP了"是黏着的，只能充当连谓结构的前项。例如：

　　　　灯关撇了正睡着。(关了灯之后才睡着。)

　　　　草扳净了再沃水。(草拔干净了之后再浇水。)

　　　　热头落山了正有电。(太阳下了山之后才有电。)

动词"了"和实现体标记"了"可共现：

　　　　看了了再睡。(看完了之后再睡。)

完成体标记"了"和另一个标记"撇"也可共现：

　　　　渠去撇北京了再唔曾转过屋。(他去了北京后再没回过家。)

"撇"在连城(新泉)方言中也可用作动词和体标记，做体标记可与"了"同现，也可与表示已然的"呃"同现：

　　　　做撇三张桌呃。(做了三张桌子了。)

　　　　渠爷病撇三日呃。(他父亲病了三天了。)

　　根据《动词的体》所提供的"完成体"普通话例句，广西客家方言三个方言点"完成体"相关表达形式可归纳为表1-3(同义、同构的句子不完全列出)。

表1-3　广西客家方言"完成体"的表达形式

方言点	普通话例句	方言点用例	表达形式	备注
陆川话	我打破了一个碗。	㑚打烂一只碗。	(V+C结+O)	不用标记成分，不表示"完成体"意义。
沙田话		我打烂开一只碗。	VP·开+O	VP为动结式。
桥圩话		我打烂了一只碗。	VP·了+O	VP为动结式。在标记成分上，木格话用"了"，湛江镇话用"开"。

续表

方言点	普通话例句	方言点用例	表达形式	备注
陆川话	你刚吃了药,不能喝茶。	你啮食药,不能够饮/食茶。	(V+O)	"啮食药"只表示行为完结,不是"完成体"意义。
沙田话		你□[tɕiaŋ⁵¹]刚食开药,冇可以食茶。	(V·开+O)	参见表1-2的相关说明。木格话、湛江镇话都用"开"。
桥圩话		你刚吃开药,不得饮茶。	(V·开+O)	
陆川话	他每天吃了早饭就出去。	渠每日食了早餐就出去。	(V·了+O)	"了""开"都有"完"的意思。木格话、湛江镇话都用"开"。
沙田话		他日日食开朝就出去。	(V·开+O)	
桥圩话		佢每日吃开早餐就出去。	(V·开+O)	
陆川话	我想吃了晚饭,看了电影再回去。	催想食了夜,看了电影再转(去)。	(V·了+O)	参见表1-1、表1-2的说明。木格话、湛江镇话都用"开"。
沙田话_{贺州}		我想食开夜,看开电影□[tɕiaŋ⁵¹]再转去。	(V·开+O)	
桥圩话		我想吃开晚饭,看开电影再转去。	(V·开+O)	
陆川话	他们走了我才能坐下来做自己的事。	渠介的佬走了催啮得坐落来做自己嘅事。	(V·了)	普通话的这个意思在方言中有多种表达。大体上,紧跟在"走"后的成分皆可视为补语。木格话、湛江镇话用"开"。
沙田话		他都走开我□[tɕiaŋ⁵¹]才可以坐下来做自家给的事。	(V·开)	
桥圩话		他们走开我才能坐下做我的事。	(V·开)	
陆川话	讲错了没关系,再讲一遍就是了。	讲错了都没要紧,再讲一轮就是欤。	VP·了	参见表1-2的相关说明。木格话的标记成分用"欤",湛江镇话用"开"。
沙田话		讲错开冇关事,再讲一遍就得哩。	VP·开	
桥圩话		讲错了没紧要,再讲一遍就得了。	VP·了	

续表

方言点	普通话例句	方言点用例	表达形式	备注
陆川话	门一开就有几只苍蝇飞了进来。	门一开就有几只乌蝇飞进来。	(V+C趋)	参见表1-1的相关说明。其实各方言点在"飞"后也可用各自相应的标记成分，如此，便表示了"体"的意义。木格话、湛江镇话亦如是。
沙田话		门一开就有几只乌蝇飞落来。	(V+C趋)	
桥圩话		门一开就有几只苍蝇飞落来。	(V+C趋)	
陆川话	太阳出来了，地干了没有？	热头都出来咯，地底燥没？	VP·咯，A（·标记）	陆川话的"咯"、沙田话的两个"哩"及未出现的三个地方的"标记"应该都相当于普通话的"了1＋了2"。
沙田话		日头出来哩，地泥糟哩冇？	VP·哩，A·哩	第二分句"哩"也可用"开"，第一分句不能用"开"。
桥圩话		日头出来，地干萌？	V（·标记）A（·标记）	木格话"出来"后可加"欸"，湛江镇话亦然，后一分句也可用"开"。
陆川话	饭和菜都凉了，热一热再吃吧。	饭菜都冷了，热下再食吧。	A·了	"A·了"表示性状有了变化，"了"应是"了1＋了2"。桥圩话同此。
沙田话		饭捞菜都凉开哩，热开□[tɕiɑŋ51]再食。	A·开·哩	调查合作人表示，第一分句必须用"开"。
桥圩话		饭同菜都凉了，热一下再吃。	A·了	木格话用"了"，湛江镇话用"开"。
陆川话	我叫了你半天你都不答应，你聋了吗？	侄喊了吾你半日吾都没出声，聋了呀？	V·了+O+C，A·了·呀	桥圩话第二分句无标记成分，是因为用了"那么"，表示程度高。木格话第二分句是"A·了"，湛江镇话两个分句皆用"开"。
沙田话		我喊开你半日你都冇应，你聋开啦？	V·开+O+C，A·开·啦	
桥圩话		我叫了你半日你都不应我，你耳朵那么聋啊？	V·了+O+C，（那么＋A·啊）	

续表

方言点	普通话例句	方言点用例	表达形式	备注
陆川话	我找了三遍都没找到他。	偓跟了三次都没见渠。	V·了＋C	参见表1-1、表1-2的相关说明。木格话用"了"，湛江镇话用"开"。
沙田话		我寻开三轮都冇寻到他。	V·开＋C	
桥圩话		我寻了三遍都没寻见佢。	V·了＋C	
陆川话	我们等了半个多小时，门才开。	我哋等了半只钟头，门喈开。	V·了＋C	应也是不典型的完成体。木格话、湛江镇话用"开"，湛江镇话此处不能用"欸"。
沙田话		我都等开/哩半只几钟头，门□[tɕiaŋ⁵¹]ₒ才开。	V·开/哩＋C	
桥圩话		我们等了半个钟头，门才开。	V·了＋C	
陆川话	你洗完衣服了吗？——洗完了。	吾洗了衣裳欸没？——洗了欸。	[V＋了＋(O)]	"了""开"在这里是唯补词，也都可看成动相补语。木格话用"齐"；湛江镇话用"开"，句末可接"欸"。
沙田话		你洗开衫裤冇？——洗开哩。	[V＋开＋(O)]	
桥圩话		你洗开衫裤萌？——洗开了。	[V＋开＋(O)]	
陆川话	等我问过了他再告诉你。	等偓问过渠再讲搬吾听。	(V＋过＋O)	参见表1-2的相关说明。木格话、湛江镇话也是"V＋过＋O"。
沙田话		等我问过□[tɕiaŋ⁵¹]再他讲你听。	(V＋过＋O)	
桥圩话		等我问过佢再讲给你听。	(V＋过＋O)	
陆川话	擦掉黑板上的字！	抹开黑板上的字！	(V＋开＋O)	这是典型的祈使句，表意重心不在动作是否完成。参见表1-2的相关说明。木格话、湛江镇话都用"开"。
沙田话		擦开黑板上边给(的)字！	(V＋开＋O)	
桥圩话		擦开黑板上的字！	(V＋开＋O)	

续表

方言点	普通话例句	方言点用例	表达形式	备注
陆川话	林老师买到一件很好看的衣服。	林老师买了一件好靓嘅衣裳。	V＋了＋O	参见表1-1、表1-2的相关说明。木格话用"欸"，湛江镇话用"开"。
沙田话		林老师买开件好靓看给（的）衫。	V＋开＋O	
桥圩话		林老师买到一件蛮好看的衫。	(V＋到＋O)	
陆川话	门口挤了许多人。	门口挤了好多人。	V·了＋O	参见表1-1、表1-2的相关说明。木格话、湛江镇话都用"有"。
沙田话		门口挤开好多人。	V·开＋O	
桥圩话		门口挤了好多人。	V·了＋O	
陆川话	先把肉切了，待一会儿炒菜。	先切肉，等一下再炒菜。	(V＋O)	参见表1-1的相关说明。木格话、湛江镇话都用"开"。
沙田话		先把肉切开，等下再炒菜。	(V·开)	
桥圩话		先把肉切开，等下再炒菜。	(V·开)	
陆川话	我已经买了一些家具了，还准备再买一些。	催已经买了一点家具，还准备再买多一点点。	V·了＋O	参见表1-1的相关说明。木格话同桥圩话，标记成分用"了"；湛江镇话同沙田话，标记成分用"开"。
沙田话		我已经买开点家具哩，还准备再买点。	V·开＋O	
桥圩话		我已经买了一些家具，还准备再买些。	V·了＋O	

　　从表1-3可以看出，三个客家方言点都可用"了"标记"完成体"或"完整体"意义，但出现频次有别，陆川话最高，桥圩话次之，沙田话基本不用。沙田话一般用"开"、桥圩话主要用"开"作标记成分。同属贵港市的湛江镇客家话"开"的使用频率较高，木格话与桥圩话情况相当。"了""开"都还有补语的用法。

第四节　平话的"完成体"

广西平话分桂南平话和桂北平话两个次方言，语音上南北差异较大。桂南平话主要分布在南宁市郊及南宁市所辖的一些县，如宾阳县、横县等，百色市及所辖县也有不少人说桂南平话；桂北平话主要分布在桂林市所辖的一些县，柳州、来宾一带也有桂北平话。以平话为母语的人数有 300 万左右。

一、主要方言点简况

本研究所考察的广西平话体范畴的八种次范畴及"短时"义皆以宾阳黎塘话（桂南平话）为主，以临桂五通话（桂北平话）、融水土拐话（桂南平话）①为次，并利用其他相关方言点的材料进行补充和对照。

宾阳县位于广西中南部，与贵港、横县、邕宁、武鸣、上林、来宾等地相邻，地市合并后属南宁市管辖，下辖 16 个乡镇，总人口近 110 万，其中壮族人口占 20％左右。除汉族外，还有壮、瑶、苗、侗、仫佬、毛南等少数民族。宾阳县 70％以上的人口操宾阳本地话（桂南平话），此外还有粤方言、客家方言等。黎塘镇位于宾阳县东部，与南宁、来宾、贵港等地相邻，是广西交通要道，全镇人口总数近 20 万，主要通行平话。

二、黎塘话的"VP·开＋O/C"及五通话、土拐话
相应的表达形式

广西平话表示"完成体""完整体"的形式各地大体一致，所异者为标记成分。本研究所考察的三个平话点各有自己主要的标记成分，有的与粤、客方言相同，如"开""了"等。

（一）黎塘话的"VP·开＋O/C"

黎塘话基本上用"VP·开＋O/C"形式表示"完成体"意义。例如：

（1）我打烂开一只碗呃我打破了一个碗。

（2）张三杀开那屋阿只鸡呃张三杀了他家的那只鸡。

（3）你啱吃开药，唔得吃茶你刚吃了药，不能喝茶。

---

① 谢建猷（2007：240、243）将临桂五通土话和融水县城土拐话放在"粤语"部分讨论。

(4)那把开三斤橘子我呕①，我连时就把银子把

那 _{他给了我三斤橘子,我马上就给了他钱。}

(5)那讲开冚半日都萌②讲清楚 _{他说了半天还没有说清楚。}

(6)我摞开三次都冇摞得见那 _{我找了三遍都没找到他。}

(7)我队等开半个几钟头门阿开 _{我们等了半个多小时,门才开。}

(8)那日日都是吃开朝就出去 _{他每天吃了早饭就出去。}

(9)三只梨我吃开两只呃 _{三个梨我吃了两个。}

(10)我买开些家具呃,仲准备再买些 _{我已经买了一些家具了,还准备再买一些。}

(11)我想吃开夜,睇开电影再驱(屋) _{我想吃了晚饭,看了电影再回去。}

(12)等我问开那再讲把你听 _{等我问过了他再告诉你。}

与用"开"的其他方言点一样,黎塘话的"开"也有不同的语义和用法。例(1)的"开"出现在动结式"打烂"之后,是一个纯粹的体标记,除例(3)、例(8)、例(11)、例(12)外,其他例句与例(1)的"开"相仿。例(3)、例(8)、例(11)、例(12)的"开"相当于普通话的"完"或"过₁",未完全虚化,在句中充当补语,这些例句不是"完成体"例句。

黎塘话表示做完一件事再做另一件事,动词后也用"开"。例如:

(13)先切开肉先,等很儿问再炒菜 _{先把肉切了,待一会儿炒菜。}

(14)先锯开木先,等那干呢呕,再做张台 _{先把木头锯了,让它干一干,再做张桌子。}

"开"有时可以省略。例如:

(15)(等)那队走(开)呃/呕我阿得坐落来做我自己果

事 _{他们走了我才能坐下来做自己的事。}

(16)讲错(开)唔要紧,再讲一次就得呕嘛 _{讲错了没关系,再讲一遍就是了。}

(17)那啱先踢(开)我一脚,唔识是做哪门 _{他刚才踢了我一脚,不知为什么。}

这些例句表明,与普通话的"了"有时可以省略一样,黎塘话的"开"也有省略的情况,这也就证明了无论是普通话的"了"还是方言的"开",都并非强制性的标记。

黎塘话也可以用动结式表示相应的"完成"意义(不是"完成体"),充当结果补语或动相补语的有"齐、住、得"等。例如:

(18)饭菜都冷齐呃,热热先文再吃□[ue¹¹] _{饭和菜都凉了,热一热再吃吧。}

(19)你洗齐衫萌? ——洗齐呕 _{你洗完衣服了吗?——洗完了。}

(20)李明拉住细王唔把那驱(屋) _{李明拉住了小王不让他回家。}

---

① 黎塘平话的句末语气词"呃[ak²¹³]"侧重于帮助表示"完成"意义,"呕[əu¹¹]"侧重于帮助表示"已然"意义。

② 黎塘平话的"萌[mɐŋ²¹³]"为"未曾"的合音,其他方言或记为"门""盟"等。

(21)林老师买得件认真合音[nən³⁴]好睇果衫林老师买到一件很好看的衣服。

表示动作行为有了结果或某种性状已出现的动结式，是汉语自两汉以来就已产生的形式。共同语和方言都沿用这种方式，只是充当补语的成分有一定的差别。但补语不能等同于体标记，二者是有很大差异的。

（二）五通话的"VP·呃＋O/C"

"VP·呃＋O/C"是五通话"完成体""完整体"最常见的表达形式，"VP"后的"呃"相当于普通话的"了₁"。例如：

(1)我捆□[piu³³]呃只碗我打破了一个碗。

(2)他分呃我三斤柑子，我马上就分呃钱他他给了我三斤橘子，我马上就给了他钱。

(3)我想呃想，还是决定有去我想了想，还是决定不去。

(4)他随便吃呃几口就出门呃他胡乱吃了几口就出门了。

(5)他眉直咳，昨日咳呃一夜他老是咳嗽，昨天咳了一个晚上。

(6)房肚点呃盏灯房间里点了一盏灯。

仅从我们所获得的材料看，五通话的"呃"大多数情况下与普通话的"了"一样，既可以出现在动词性成分后（与"了₁"对应，可记为"呃₁"）；也可以位于句末充当语气词（与"了₂"对应，可记为"呃₂"），"呃₁""呃₂"①可以同现。例如：

(7)我睡呃□[tṣheʔ⁵]儿就醒呃我睡了一会儿就醒了。

(8)我吃呃饭呃，你吃呃曾我吃了饭了，你吃了吗？

(9)他去呃一只多月呃，还不曾回来他去了一个多月了，还没有回来。

(10)他首戒呃三日烟，今日又抽起来呃他才戒了三天烟，今天又抽起来了。

此外，普通话说"钱都拿了出来，就这么一点儿"，"了"位于动词后；五通话的"呃"则放在句末，说"钱都搦出来呃，就□[khə⁵³]儿"。这个"呃"应该是"呃₁＋呃₂"。

五通话也用"了"，这个"了"应是普通话的"了[liau²¹⁴]"，表示动作完结，充当结果补语，其后要出现语气词"呃₂"。例如：

(11)你洗了衣裳曾？——洗了呃你洗完衣服了吗？——洗完了。

问句和答句中的"了"都相当于普通话的"完"。这个句子不表示"完成体"意义。

五通话也用动结式表示"完成"意义（不是"完成体"）。例如：

(12)抹去黑板上边的字擦掉黑板上的字！

(13)不能把□[khə⁵³]咃东西□[kuē³³]去不能把这些东西丢掉。

---

① 在需要区别时，"了"和"呃"皆下标"1""2"；无须区别时，"了"指"了₁"，"呃"指"呃₁"。

（14）李明拖倒呃小王右分他归芋李明拉住了小王不让他回家。

（15）林老师买得领好好目英的衣裳林老师买到一件很好看的衣服。

充当结果补语的有"去、倒、得"等。例（12）、例（13）是祈使句，是以言语行为使动作发生，而说话时尚未发生。按一般情况，例（12）表示的动作行为在说话结束后即发生；例（13）是否定性的祈使句（表示禁止），动作行为不会发生，但仅就"□[kuē)³³丢掉]去丢掉"而言，动结式本身则是表示动作结果的。例（14）动结式"拖倒"后再加"呃"，与普通话"拉住了"严格对应。其实，例（15）普通话的说法也可以加"了"："林老师买到了一件很好看的衣服。"因例句未加"了"，所以五通话对应的说法也不加"呃"，这说明五通话"呃"的隐现与普通话"了"基本相同。①

（三）土拐话的"VP·了＋O/C"

土拐话"完成体""完整体"的表达形式主要用"VP·了＋O/C"。"了"除了作体标记（同普通话"了₁"）外，也可作句末语气词（同普通话"了₂"）。例如：

（1）他□[heŋ⁴⁴]了我三斤橘，我即刻□[heŋ⁴⁴]了他钱他给了我三斤橘子，我马上就给了他钱。

（2）我睡了一阵儿就醒了我睡了一会儿就醒了。

（3）他先阵踢了我一脚，右知为是乜他刚才踢了我一脚，不知为什么。

（4）李明拉住了小王右让他归去李明拉住了小王不让他回家。

（5）他去了一个多月了，还右有归来他去了一个多月了，还没有回来。

（6）我随便翻了几页豆把书还□[heŋ⁴⁴]他了我随便翻了几页就把书还给他了。

（7）他卡卡戒了三日烟，今日又抽起来了他才戒了三天烟，今天又抽起来了。

与五通话、普通话情形相似，土拐话的"了"也可充当结果补语。例如：

（8）你洗了衫裤了吗？——洗了了你洗完衣服了吗？——洗完了。

很明显，土拐话问句和答句中"洗了"的"了"可对应普通话的"完"。其他用动结式表示相应语法意义的情况与五通话类似，不再举例。

三、其他相关方言点的表达形式

广西平话其他方言点"完成体""完整体"的表达形式与我们所调查的几个点大多类似，其中也有一些比较特别的标记成分。

---

① 换句话说，调查合作人可能受普通话例句的影响，普通话有"了"，他就加"呃"，普通话没有"了"，他也不说"呃"，这似乎也说明二者的隐现情况基本相同。

宾阳平话的标记成分也用"了",覃东生(2007、2011)提供的例句与我们所调查的大多相同,兹列一部分如下:

你讲了就着马上去做<small>你说了就要马上去做。</small>

你队走了我啊得坐落归作自己哦事<small>你们走了我才能坐下来做自己的事。</small>

我那日都是吃天光朝了就出去<small>我每天都是吃了早饭就出去。</small>

我想吃饭齐了凑看电影了再库<small>我想吃完了饭看完了电影再回去。</small>

我到车站买了票就上车。

等地底干了就担谷去晒。

等你哦手好了再去打球。

你大呢了冇用人帮着衫啦<small>你长大一点不用人帮忙穿衣服啦。</small>

以上例句从表达形式来看,有的是"V·了"(讲了、走了、干了、好了),有的是"V+O·了"(吃天光朝了),有的是"V·了+O"(买了票),有的是"V+C·了"(大呢了),有的是"V+O+C·了"(吃饭齐了),形式不一,其中的"了"可能也并不同质。

据覃远雄(1996)的相关讨论,南宁市郊平话表示"完成"的标记用"了[liu]""中[tsøŋ]""到[tau]"等。例如(只有第1例是"完成体"):

我买了菜啊。

你喫饭未曾? ——未曾喫中。

你讲许渠听未曾? ——未曾讲到。

在南宁亭子平话中,表示"完成体"及与之相关的"完成"意义可以用"齐[tʃei↘]",也可以用"了[liu↑]",如杨焕典(1998:312)中的例句:

佢□[hek˧]齐饭了,你□[hek˧]齐□[me↑]?(他吃了饭了,你吃了饭没有?)

我吃齐夜饭,行了一阵子。(我吃了晚饭,溜跶了一会儿。)

按,据对译为普通话的说法,这两例的"V·齐+O/C"似乎都是"完成体"形式,"齐"对应普通话的"了₁"。我们缺乏亭子平话的语感,不好断言其中的"齐"尚有结果补语或动相补语的性质。

张均如、梁敏(1996)列举了南宁心圩平话、宾阳平话、灵川平话等表示"完成体"的标记。以下分别举例。

南宁心圩平话用"了[liu²⁴]"。例如:

我等了半日你都不来<small>我等了半天,你都没来。</small>

宾语平话用"了[liu¹¹]"。例如:

他不在屋,白白走了一趟<small>他不在家,白走了一趟。</small>

灵川平话用"了[tie⁴⁴]"。例如:

　　我买了一件衣裳_{我买了一件衣服。}

我买了一件衣裳（我买了一件衣服。）

　　落了一场大雨，衣裳都淋湿了_{下了一场大雨，衣服都淋湿了。}

　　据梁伟华、林亦（2009：271），崇左新和蔗园话"完成体"标记用"了〔liu²¹〕"，"了〔liu²¹〕"附于动词后，当动词带宾语或补语时，"了〔liu²¹〕"位于宾语、补语之后，它在语音形式上还没有弱化。例如（方括号内的说明为我们所加）：

　　　　你讲了就着马上去做。（你说了就要马上去做。）〔从其语音形式没有弱化的情况看，"了"应为普通话的"过₁"，作动相补语。〕

　　　　我到车站买票了就上车。（我到车站买了票就上车。）〔"买票了"及下例的"吃饭齐了"的"了"，其句法位置与近代汉语中处于未完全虚化时的"了"的句法位置一样。但也可以从另外一个角度看，它相当于句末的"了"（"你讲了""我到车站买票了"可看成一个分句）。〕

　　　　我想吃饭齐了再看电影齐了问之归。（我想吃了饭再看了电影才回去。）

"了"也可位于形容词性成分后表示某种状态变化的完成。例如：

　　　　听地底枯了就担谷去晒。（等地干了就挑谷子去晒。）

　　梁伟华、林亦（2009：271）说，在崇左新和蔗园话中，像"佢吃饭了""我看电影了"之类的组合不能单独成句，若要成句必须在后面加上语气词"喽"①。如此，则这个"了"仍当视为补语，与唐五代口语性较强的典籍，如敦煌变文中"V＋O＋了"的"了"相当。

　　平南丹竹话一般用"开"置于动词、形容词后表示"完成体"及与之相关的语法意义。"开"的虚化程度似乎都比较高，用法与普通话的"了₁"无甚差别，大多数情况下与黎塘话的"开"相仿。例如（方括号内的说明为我们所加）：

　　　　我队今物去种木，细佬种开阿棵㯽柚木，我种开阿棵沙梨木。（我们今天去种树，弟弟种了一株柚子树，我种一株梨树。）

　　　　我□tsen²⁴开半日，你都有来。（我等了半天你都不来。）

　　　　我攞开廿只碗。（我买了二十只碗。）

　　　　□□a²²¹tat⁴⁵禾熟开七八成了。（这片稻子已经熟了七八成了。）

　　〔实现体〕

　　　　今年我转开阿次屋。（今年我回了一趟家。）〔完成体〕

_____

① 李连进、朱艳娥称，崇左江州蔗园话完成体的"了"与表语气的"了"读音不同，前者读音为〔liu²²〕，后者为〔lə³³〕。见《广西崇左江州蔗园话比较研究》，桂林，广西师范大学出版社，2009，第181页。

佢拍开两拍手。（他拍了两下手。）［"拍"类动词表示的动作可反复进行，从谓语情状类型看，属于前面提到的"单变"；完整体］

佢着狗咬开两啖。（他被狗咬了两口。）①

据刘江丽（2008）的描写，宜州德胜百姓话（桂南平话）表示"完成"的标记用"了[liu²¹⁴]"。例如（第2例的"了"位于句末，似非"完成体"标记）：

我哩屋今年种了二十亩花生。_{我们家今年种了二十亩花生。}

我哩屋前年种□kɔ³¹芭蕉今年都结果了。_{我们家前年种的芭蕉今年都结果了。}

据肖万萍（2005：219），永福塘堡平话的"除[tɕ‘y¹³]"表示动作行为的完成，相当于普通话的"了"。例如：

我照除相了。_{我照了相了。}

我吃除茶还是咙渴。_{我喝了茶了还是口渴。}

路上行除半个月。_{路上走了半个月。}

徐国莉（2007）表示，临桂六塘土话的完成体用"V 了""V□ia³³"形式表达。例如：

我喫了饭，你喫未曾？

我已经做了三张桌□i⁴⁴_{我已经做了三张桌子。}

踏□ia³³字。_{捧了字。}

我□pa²⁴糜□ia³³一个盘。_{我打破了一个盘子。}

杨焕典（1998：373～374）给出了桂林大河平话的相关例句，其中表示"完成体"的标记用的是"□[tiɬ]"。例如：

他吃□[tiɬ]饭□[tiɬ]，你吃□[tiɬ]饭不曾呢？（他吃了饭了，你吃了饭没有呢？）

我喝□[tiɬ]茶还渴。（我喝了茶了还渴。）

我吃□[tiɬ]夜饭，外头行□[tiɬ]一下。（我吃了晚饭，溜跶了一会儿。）

请□[tiɬ]一桌客人。（请了一桌客人。）

逃□[tiɬ]两次｜打□[tiɬ]一下｜去□[tiɬ]一趟

据梁金荣（2005：193～194），临桂两江平话表示动作行为的完成，有"婰""人""唉"三种标记。"婰""人"均可附在动宾结构之间表示动作完成，相当于普通话的"了₁"。"V 婰"侧重于完成的程度，说明特定的动作不仅已经完成，而且比较完满；而"V 人"侧重于完成的结果，说明特定

---

① 以上例句引自冯泉英《勾漏片方言词汇比较研究——以广西平南丹竹话词汇为基点》中的"丹竹话语法例句"，广西大学硕士学位论文，2013。

动作不仅已经完成，而且完成得比较彻底。例如：

　　　　吃媀饭｜洗媀面｜买媀菜｜吃入饭｜洗入面｜买入菜

一般情况下，"媀""入"可以互用，但在祈使句、"把"字句中和带数量宾语或补语的动词之后，只能用"入"。例如：

　　　　把害碗饭吃入。把这碗饭吃了。

　　　　今朝我吃入两碗饭。今天早上我吃了两碗饭。

　　　　他洗入三次面才去上班。他洗了三次脸才去上班。

"唉"主要用在动词和动词结构之后，说明动作的完成和变化，有成句作用，相当于普通话的"了₂"（按，这样的情况我们不视为"完成体"）。例如：

　　　　吃唉｜洗唉｜买唉｜吃饭唉｜洗面唉｜买菜唉｜吃媀/入饭唉｜

　　　洗媀/入面唉｜买媀/入菜唉｜吃入两碗饭哎｜洗入三次面唉｜撒入

　　　两日谷唉

　　张桂权（2005：234～235）提到，资源延东直话的"嘎 ka"使用频率非常高，主要用来表示完成态、已然态，也用于经历态、尝试态。"嘎"用在动词性成分后，表示动作行为已完成，或某状况已是既成事实，相当于普通话的"了"。例如：

　　　　风停嘎。风停了。

　　　　面咕扎马上就白嘎。脸马上就白了。

　　　　赔嘎蛮多喱钱。赔了很多的钱。

"嘎"一般不用在宾语后，可用在补语后。例如：

　　　　老大喱油麻种崽倒反生出来嘎。

　　　　其两个动棋动完嘎。

　　　　李林老早就觑中嘎满妹崽。

　　出现在句末的"嘎"，我们觉得更像是语气词，有成句作用，因此与此相关的用例不够典型。夏丽珍（2010）的相关讨论也提到，资源延东直话"完成体"标记有"嘎[ka⁴⁴]"和"嗝[kɛ⁴⁴]"。"嘎"用在动词后，与普通话"了₁"对应，表示在某个参照时间之前实现某种状态或完成某件事情。例如：

　　　　兀只鸡死嘎。（那只鸡死了。）

　　　　其呃食嘎三只苹果，唔想□ja³⁵食尔。（她吃了三个苹果，不想

　　　　再吃了。）

句末的"嘎"也是语气词。夏文还提到，"嗝"从读音上看是"嘎＋尔"的合音，一般出现在句末（按，这种情况一般表示"已然"意义）。例如：

风停嗝／嘎尔。（风停了。）

若是疑问句，则句中用"嘎"，不用"嗝"。例如：

风停嘎勿？（风停了吗？）

据白云（2005）的调查，灌阳观音阁土话用"□[kuai²²]"加在动词后表示动作完成。例如：

他洗□[kuai²²]澡。tsuo³³si³³kuai²²tsɿ³³.——他洗了澡。

邓玉荣（2005a：269）的报告表示，钟山话表示"完成态"用"了[lə³³]"和"啰[lo³³]"，都相当于普通话的"了₁"与"了₂"，"啰"只能用在句末（按，如此，则非"完成体"标记）。出现在句末相当于"了₁＋了₂"时，"了[lə³³]"和"啰[lo³³]"可以互换。例如：

吃了 lə³³ 箇碗饭吃了这碗饭。

我吃了 lə³³ 饭了 lə³³／啰 lo³³。

天晴了 lə³³／啰 lo³³。

广西平话"完成体"用"了"（不念轻声）作标记的情况，还可参见凌伟峰（2008）、王琼（2008）。

根据《动词的体》所提供的"完成体"普通话例句，广西平话三个方言点"完成体"相关表达形式可归纳为表 1-4（同义、同构的句子不完全列出）。

表 1-4　广西平话"完成体"的表达形式

方言点	普通话例句	方言点用例	表达形式	备注
黎塘话		我打烂开一只碗呃。	VP·开＋O	VP 为动结式。标记成分各有选择，其功能与意义大致相当。
五通话	我打破了一个碗。	我捆□[piu³³]呃只碗。	VP·呃＋O	
土拐话		我搞烂了一只碗。	VP·了＋O	
黎塘话		你喈吃开药，唔得吃茶。	(V＋开＋O)	虽然各点动词后的成分不同，但其补语的性质无异。
五通话	你刚吃了药，不能喝茶。	你首吃呃药，冇吃得茶。	(V＋呃＋O)	
土拐话		你喈吃了药，冇好吃茶。	(V＋了＋O)	

续表

方言点	普通话例句	方言点用例	表达形式	备注
黎塘话	他每天吃了早饭就出去。	那日日都是吃开朝就出去。	(V+开+O)	正如我们上文的分析,动词后的成分用于补充说明动作行为的结果。因为后面接着还有一个行为,一般要在前一个行为完结的基础上进行。
五通话		他日日吃呃朝就行出。	(V+呃+O)	
土拐话		他日日吃罢朝就出去。	(V+罢+O)	
黎塘话	我想吃了晚饭,看了电影再回去。	我想吃开夜,睇开电影再驱(屋)。	(V+开+O)	这些动词后的成分也被看作动相补语比较合适,土拐话用"罢",更说明了这一点。
五通话		我想吃呃夜,睽呃电影再归芋。	(V+呃+O)	
土拐话		我想吃罢夜,看罢电影在去归。	(V+罢+O)	
黎塘话	他们走了我才能坐下来做自己的事。	(等)那队走(开)呃我阿得坐落来做我自己果事。	V+(开)·呃	参见表 1-3 的相关说明。黎塘话的"开"可省,动词后跟"呃",这也说明"开"的功用是作补语。三个点的"呃""了"相当于桂林话此句中的"了"。
五通话		□[to¹²]去呃我才首坐下来做自家的工。	V·呃	
土拐话		□[ta²¹³]去了我卡能够坐下来做自家啁事。	V·了	
黎塘话	讲错了没关系,再讲一遍就是了。	讲错(开)唔要紧,再讲一次就得呕嘛。	VP·(开)	"讲错了"既可以理解为已经发生,也可以理解为虚拟情况(在其他方言点中亦然)。单就"讲错了"来说,"讲错"是达成情状,"了"及其他方言相应的成分标记的是"完整体"。
五通话		讲错呃冇得事,再讲一次就妥呃。	VP·呃	
土拐话		讲错了冇关几,再讲一遍就是了。	VP·了	

续表

方言点	普通话例句	方言点用例	表达形式	备注
黎塘话	门一开就有几只苍蝇飞了进来。	门口一开就有几只苍蝇飞落来。	(V+C$_{趋}$)	黎塘话的说法可视为省略了标记成分。
五通话		门一开就有几只蚊子$_{苍蝇}$飞呃入来。	V·呃+V$_{趋}$	
土拐话		门一开就有几只门虫飞了入来。	V·了+V$_{趋}$	
黎塘话	太阳出来了,地干了没有?	日头出来呃/呕,地底干萌?	VP·呃/呕,A(·标记)	除土拐话外,其他两个点"干"后都不出现标记成分或语气词,也许是"干"本身有结果义,无需再用羡余成分。
五通话		月头出来呃,地底干曾?	VP·呃,A(·标记)	
土拐话		日头出来了,地泥干了盟[nɐŋ³¹]?	VP·了,A·了	
黎塘话	饭和菜都凉了,热一热再吃吧。	饭菜都冷[kɐt⁵]齐呃/呕,热热先文再吃□[ʋe¹¹]。	(A+齐·呃/呕)	A 与其后所附的虚成分或语气词表示性状的出现。
五通话		饭和菜都冷勒呃,热儿慢吃吧。	(A·嘞呃)	
土拐话		饭□[uɐn⁴⁵]菜通凉了,热阵儿再吃吧。	(A·了)	
黎塘话	我叫了你半天你都不答应,你聋了吗?	我喊开你亩半日你都冇应,你聋呕啊?	V·开+O+C,A·呕	参见表1-2的相关说明。土拐话第一分句无标记,应也属于省略的情况。
五通话		我喊呃你半日你都冇应,你聋呃啊?	V·呃+O+C,A·呃	
土拐话		我喊你半日你冇答应,你聋了吗?	(V+O+C),A·了	
黎塘话	我找了三遍都没找到他。	我摞开三次都冇摞得见那。	V·开+C	"开""呃""了"都是纯粹的标记成分。
五通话		我寻呃三次都冇寻倒他。	V·呃+C	
土拐话		我捞了三遍到冇捞到他。	V·了+C	

方言点	普通话例句	方言点用例	表达形式	备注
黎塘话	我们等了半个多小时，门才开。	我队等开半个几钟头门阿开。	V·开+C	动词后"开""呃""了"的性质同上例。
五通话		□[tui¹²]等呃半个多小时，门才首开。	V·呃+C	
土拐话		佤等了版多个钟头，门卡拉开。	V·了+C	
黎塘话	你洗完衣服了吗？——洗完了。	你洗齐衫萌？——洗齐呃。	[V+齐+(O)]	很明显，"洗"后的成分都是补语。参见表 1-2、表 1-3 的相关说明。
五通话		你洗了衣裳曾？——洗了呃。	[V·了+(O)]	
土拐话		你洗了衫裤了吗？——洗了了。	[V·了+(O)]	
黎塘话	等我问过了他再告诉你。	等我问开那再讲把（畀）你听。	(V·开+O)	五通话、土拐话与普通话"问过了"严格对应。包括普通话在内，"V过"后的虚成分其实都可不出现。
五通话		等我问过呃他再报你。	V+过·呃+O	
土拐话		等我去问过了他再讲你听。	V+过·了+O	
黎塘话	擦掉黑板上的字！	擦开黑板上高果字！	(V+开+O)	V 后的"开""去"是补语。参见表 1-2、表 1-3 的说明。
五通话		抹去黑板上边的字！	(V+去+O)	
土拐话		擦去黑板上嗰字。	(V·去+O)	
黎塘话	林老师买到一件很好看的衣服。	林老师买得件衫认真好睇。	(V+得+O)	V 后的"得""到"皆为动相补语，谓语是达成情状。
五通话		林老师买得领好好目英的衣裳。	(V+得+O)	
土拐话		林老师买到一领很好看嗰衫。	(V+到+O)	
黎塘话	门口挤了许多人。	门口挨[ŋɐi³³]紧多多人哦。	V+紧+O	参见表1-1、表1-2 的相关说明。黎塘话也可用"V+有"。
五通话		门口挤呃好多人。	V·呃+O	
土拐话		门口挤了大把人。	V·了+O	

续表

方言点	普通话例句	方言点用例	表达形式	备注
黎塘话	先把肉切了，待一会儿炒菜。	先切开肉先，等很儿问再炒菜。	V·开+O	黎塘话的"开"是纯粹的标记成分，另两个点的"呃""了"则相当于普通话的"了$_1$+了$_2$"。
五通话		先把肉切呃，等□[tʂheʔ⁵]儿炒菜。	V·呃	
土拐话		先把肉切了，等一阵儿炒菜。	V·了	
黎塘话	我已经买了一些家具了，还准备再买一些。	我买开些家具呃，仲准备再买些。	V·开+O	表示时间的"已经"可自由隐现。参见表 1-1 的相关说明。
五通话		我已经买呃儿家具呃，还准备样买儿。	V·呃+O	
土拐话		我已经买了啲家具了，还准备再买啲。	V·了+O	

从表 1-4 及其他平话方言点的用例可以看出，广西平话"完成体""完整体"的表达形式主要是"VP+标记成分+O/C"，其中标记成分"了"的使用最为普遍，在土拐话、宾阳话、南宁平话、崇左新和蔗园话、宜州德胜百姓话、临桂六塘土话、钟山话等方言点都可见到；不过"了"的性质在各方言点中似乎并不完全一样，念轻声的是语法化了的"了"，不念轻声的应含有结果义，充当的是结果补语或动相补语；上述五通话、土拐话充当结果补语的"了"不宜看成体标记。"VP·开+O/C"形式在黎塘平话、平南丹竹话以及上述粤方言的桂平、玉林话和客家方言的沙田话、桥圩话等方言点中较为常见。"开"含有结果义，虚化后成为体标记，在语义上与表示结果的"开"仍有联系。

第五节　汉藏语系其他民族语言"完成体"的表达形式

汉藏语系其他民族语言"完成体"的表达形式多与汉语相同，比较常见的标记成分是借用汉语的"了"或用与汉语"了"平行的成分。

本研究各章"汉藏语系其他民族语言的表达形式"一节在引述相关文献时，依侗台语族、苗瑶语族、藏缅语族的顺序行文，各语族之内不再分语支的顺序。

一般认为，壮语属汉藏语系侗台（或称壮侗）语族，与汉语有亲缘关系。但覃乃昌(2004：19)谈到，根据近年来部分学者通过对语音、基本词汇、词序、语言认知思维方式和语言组合方式这些语言结构的本质问题进行比较研究，认为壮语所属的壮侗语集团与汉语缺乏同一性，存在明显的差异，表明两者的关系不是发生学关系，而是接触关系。不管哪种关系，汉语、壮语有密切"关系"，这是毋庸置疑的。因此，关于"其他民族语言"，我们会引用较多壮语的材料。据韦茂繁(2012)，都安下坳壮语的"完成体"是在动词后或句尾加助词"waːi⁴²"（"了"，借自汉语）或"leːu¹³""dei⁴²""lə³¹"（"了"，借自汉语）表示某事已经完成。例如：

teː⁴² jiː³³ tɕin³³ pei⁴² waːi⁴².

他　已　经　　走　了

（他已经走了。）

roːŋ²³¹ ɕien²³¹ wəːn⁴² lau¹³ deu⁴²，pu³¹ teːŋ⁴² ruən⁴² toːm²³¹ leːu¹³.

下　　场　　雨　　大　一　　衣服　挨　淋　　湿　　完

（下了一场大雨，把衣服都淋湿了。）

ku⁴² sɯ¹³ dei⁴² tɕeu⁴² pu³¹ wa⁴² mo³³ deu⁴².

我　买　得　件　衣服　花　新　一

（我买了一件新的花衣服。）

wəːn²³¹ laːi⁴² tuː³³ təːŋ²³¹ lə³³.

大家　　　都　到　了

（大家都来了。）

　　韦景云等(2011：142～143)提到了武鸣陆斡镇燕齐村壮语（以下称"武鸣燕齐壮语"）表示"完成体"的几个成分："ʔdai⁵⁵"（表示动作完成后达到一定的量），"lu³³/lo³³""poːi²⁴/pi⁵⁵"（表示动作完成后减少一定的量，相当于汉语的"掉"），"liːu³¹"（表示动作完成后的情况，相当于汉语的"之后"）。例如：

kou²⁴ ɕaɯ³¹ʔdai⁵⁵ tiːu⁴² pu³³ mø³⁵ wa²⁴ hu⁵⁵.

我　买　得　件　衣服　新　花　一

（我买了一件新的花衣服。）

ki³⁵ kai³⁵ me³³ ɣou⁴²ʔøːk³⁵ ɣai³⁵ lu³³.

些　母鸡　我们　出　蛋　（语气词）

（我们的母鸡下蛋了。）

te²⁴ mup³³ ɣaːi²⁴ poːi²⁴/pi⁵⁵ søːŋ²⁴ tu⁴² kuk⁵⁵.

他　打　死　去　　两　只　老虎

（他打死了两只老虎。）

fan²⁴ ki³⁵ tø³¹ ka:i³⁵ li:u³¹ lu³³，ki³⁵ nu:ŋ³¹ ho:i⁴² he⁵⁵ te³⁵ he⁵⁵

分 些 东西 完(语气词)些 姨妹 他 等 他

po:i²⁴ ma²⁴ li:u³¹ ɕø⁵⁵ nou⁴².

回去 （语气词）才 说

（分完了东西，他的小姨子们等他回去了才说。）

何彦诚(2006)谈到，融水苗族自治县怀宝镇盘荣村下坎屯侗语(以下称"融水下坎侗语")动词有表示动作过程的"体"和"貌"，由动词加后缀(时体助词)构成，其虚化程度不一，有的还保留原词汇意义，声调亦未轻化；但有的声调已轻化，看不出原词汇意义；可以后加"pa⁶"(原义"完成")表示"完成体"，常出现在句末(偶尔出现在句中)。例如：

ja:u² tɕa:n¹ pa⁶ pa⁶.

我 吃 完 了

（我吃过了。）

tɕhi:u³ ŋa¹ lji:u⁴ pa⁶ ɕi⁴ kɔ⁵ i⁵ tɕa:n¹ kau³ pɛla.

炒 菜 完 了 就 可以 吃 饭 了

（炒完了菜就可以开餐了。）

据李锦芳(2001)、孙宏开等(2007：1332～1333)，临桂茶洞乡茶洞语①(以下称"临桂茶洞语")的"完成体"是在动词后加"tsi⁴"或"pa²"表示，"tsi⁴"出现在句中，"pa²"出现在句末(偶尔出现在句中)。例如：

je² tsə¹ tsi⁴ tu⁶ pə¹.

我 吃 了 就 去

（我吃了就去。）

pe⁴⁽¹⁾ ki⁶ kə⁰ nuŋ⁴ tok⁸ ḽe¹ pa².

去 年 个 弟 读 书 了

（去年弟弟上学了。）

mən² phek⁷ tsi⁴ hja¹ cham² m̥i¹ pa².

他 拍 了 两 次 手 了

（他拍了两次手了。）

刀洁(2005)表示，云南金平傣语用"lɔ⁵²(了)"表示完成。例如：

tshãu⁴³ ma⁴³ lɔ⁵².

他们 来 了

（他们来了。）

---

① 茶洞语是新发现的一种语言，学界初步认定属侗台语族侗水语支。茶洞语有地理变体，但不突出，不能构成方言土语差别。茶洞乡周边几个村寨及两江镇的茶洞语受平话、官话影响较深，和壮语有些接触，发生了一些语音变异。

$\text{ʔɛp}^{55}\,\text{lɔ}^{52}$

读　了

（读了）

喻翠容（1985）对傣语（西双版纳方言允景洪话）的"完成貌"作了描写。喻文称，"完成貌"表示动作已经完成、行为已经终了或状态已经出现。傣语（西双版纳方言允景洪话）的表达形式是在动词后跟"lɛu⁴"或"hən³"，这两个成分的语法作用基本相同，都和汉语的"了""喽"相似。例如：

$\text{luk}^8\,\text{ʔən}^5\,\text{xau}^1\,\text{kin}^1\,\text{xau}^3\,\text{lɛu}^4.$

孩子　　他们吃　饭

（孩子们吃饭了。）

$\text{nam}^1\,\text{fot}^8\,\text{hən}^3.$

水　　沸

（水开喽。）

$\text{pɔp}^8\,\text{noi}^5\,\text{niʔ}^8\,\text{to}^1\,\text{xa}^3\,\text{dai}^3\,\text{ʔaːn}^5\,\text{lɛu}^4.$

书　本　这　我　　得读

（这本书我得看喽。）

喻文表示，在由两个分句组成的句子里，前一个分句动词的完成貌只能用"lɛu⁴"，不能用"hən³"。"lɛu⁴"和"hən³"不只作貌词用，还能作语气词用，必须注意句末的貌词和语气词的区别。下面的例句句末的"lɛu⁴"或"hən³"是语气词而不是貌词：

$\text{xɔi}^3\,\text{bau}^5\,\text{xai}^6\,\text{sɯ}^4\,\text{lɛu}^4.$

我　不　想　买　（语气词）

（我不想买了。）

$\text{teu}^2\,\text{pai}^1\,\text{paːi}^2\,\text{na}^3\,\text{kam}^2\,\text{nɯŋ}^6\,\text{kɔ}^4\,\text{hɔt}^8\,\text{hən}^3.$

走　去　前面　一会儿　就到　（语气词）

（向前走一会儿就到了。）

$\text{pɔi}^5\,\text{tɛn}^5\,\text{jin}^2\,\text{hən}^3.$

放　电影　（语气词）

（放电影了。）

喻文还提到，这些句子或表示还没有开始的行为，或表示可以实现但还没有实现的动作，或表示刚出现的新情况，都没有完成的意思。

李云兵（2000：138～139）讨论了居住在云南马关县的拉基人（1996

年 8 月划归壮族)所使用的拉基语①(以下称"马关拉基语")表示"完成"的动态助词。他提到，马关拉基语没有表示将来进行、现在进行的动态助词，只有表示"完成"的动态助词"lei^{44}(了)"和"ko^{31}(过)"。"lei^{44}(了)"在句法结构中一般位于句尾，表示动作的完成或状态的存在。例如：

a^{44} tje^{35} tɕo^{31} kje^{31} ȵi^{13} phin^{55} lei^{44}.

虎　　被　他　打　死　　了

(老虎被他打死了。)

lei^{35} ta^{55} phu^{31} ȵe^{44} mi^{35} ɕo^{44} lei^{44}.

块　豆腐　这　闻　酸　了

(这块豆腐馊了。)

"ko^{31}"用于动词后，表示动作的完成。例如：

kje^{31} vu^{44} ko^{31} tuŋ^{55} tsou^{44}，la^{31} ta^{55} ko^{31} tsou^{44} tsaŋ^{44}.

他　去　过　里　州　　还　见　过　州　长

(他到过州里，还见过州长。)

tei^{31} ko^{31} hje^{55} pi^{55} sei^{31}.

读　过　几　年　书

(读过几年书。)

按照马关拉基语"ko^{31}(过)"所处的句法位置和"V·ko^{31}"所表示的语法意义，结合其他特定的语境因素，我们觉得也可以理解为表示"经历"。

梁进杰(2000：247)表示，融水县洞头乡滚琴村苗语(以下称"融水滚琴苗语")的"tɕi^{6}(了)"用在动词、形容词后表示已经完成的状态。例如：

ou^{1} pu^{5} tɕi^{6}.

水　开　了

(水烧开了。)

tsei^{3} li^{6} noŋ^{2} feŋ^{2} tɕeŋ^{1} tɕeŋ^{1} tɕi^{6}.

柑子　这　黄　澄澄　　了

(这柑子熟了。)

"fa^{5}(过)"加在动词后表示动作已经完成。例如：

va^{4} nou^{2} fa^{5} ȵa^{8} na^{1}.

我　吃　过　饭　午

(我吃过午饭。)

余金枝(2011：92)称，湖南湘西土家族苗族自治州吉首市矮寨镇苗语

---

① 我们暂将拉基语列入侗台语族。

（以下称"矮寨苗语"）的"完成持续体"（属于完成体）表示动作行为在说话时已经完成，但动作完成后的状态仍在持续或动作仍在反复。在句末加助词"$ʑa^{44}$（了）"表示，"$ʑa^{44}$（了）"是语气助词和完成体助词的兼类。例如：

$te^{53}\ te^{53}\ pə^{35}\ qwe^{35}\ ʑa^{44}$.

子女小　　睡着　了

（小孩睡着了。）

$ta^{53/21}\ ba^{35}\ məŋ^{53}\ tɕɛ^{31}\ ɯ^{53}\ ne^{53}\ ʑa^{44}$.

（缀）猪病　　成　两天　了

（猪病两天了。）

$məŋ^{31}\ phu^{22}\ tɕɛ^{31}\ ta^{53}\ to^{21}\ ʑa^{44}$.

你　　说　　成　几道　了

（你说了几遍了。）（仍在说）

$pɯ^{53}\ nəŋ^{31}\ le^{35}\ ʑa^{44}$.

我们吃　饭　了

（我们吃饭了。）（仍在吃）

余金枝（2011：169～170）在谈到体助词时表示，"完成体"助词"$ʑa^{44}$（了）"用在动词、形容词、述宾短语、述补短语等成分之后，表示动作或状态的变化已经完成。以下择举两例：

$we^{44}\ nəŋ^{31}\ ʑa^{44}$.

我　吃　了

（我吃了。）

$we^{44}\ me^{53}\ ə^{44}\ ʑa^{44}$.

我　取　衣　了

（我取衣服了。）

孙宏开等（2007）谈到了云南省境内若干民族语言"完成体"的表达形式，以下分别举例说明（例句前的页码为原书页码）。

澜沧县勐朗坝拉祜语（藏缅语族彝语支，以下称"勐朗坝拉祜语"）的"完成体"是在动词后用"$pɤ^{31}\ ɕe^{31}\ o^{31}$"表示的（意思是"已经……了"）（294页）：

$ȵ o^{53}\ xɛ^{33}\ mɛ^{33}\ pɤ^{31}\ ɕe^{31}\ o^{31}$.

他　地犁　完　已经　了

（他已经犁完地了。）

绿春县大寨哈尼话将助词"a^{55}（了）"置于动词、形容词后表示行为、动作或性状的变化已经完成（318页）：

la^{55}a^{55}.

来　了

（来了。）

dza^{31}a^{55}.

吃　　了

（吃了。）

ȵi^{55}a^{55}.

红　了

（红了。）

景洪曼卡村基诺话的"完成体"是在动词后加"sɔ^6"表示（335页）：

ŋɔ^4 tsɔ^2 sɔ^6　　anœ^3.

我　吃　（助词）（语气助词）

（我已吃了。）

pu^{2}ɬɔ^3 to^4 sɔ^6　　anœ^3.

月亮　　出（助词）（语气助词）

（月亮出来了。①）

丽江坝纳西话用"siə^{33}"（或"se^{21}"）表示"完成情貌"（361页）：

thɯ^{33} ʂər^{33} tʂhɯ^{33} ʂər^{33} be^{33} siə^{33}（或 se^{21}）.

他　事　这　件　做　（助词）

（他做完了这件事。）

贡山县独龙江乡龙拉村独龙语（以下称"贡山龙拉村独龙语"）的"已行体"②是在动词后加"dʑǐn^{53}"或"luŋ^{55}"，表示已经进行但不强调其结束的动作（576页）：

ti^{55} ɟɔʔ^{55} ma^{55} gɹa̘ɹ^{55} nǎŋ^{53} gam^{53} a^{31} mɹa^{55} wa^{53} dʑǐn^{53}.

一个　　　每　好好地　　　　劳动

（每个人都在积极劳动。）

tɕi^{55} ɟa^{55} ni^{53} na^{53} mɯ^{31}　　lɔʔ^{55} a^{31} laŋ^{53}，ŋa^{53} tɔi^{55} ĭmʔ^{55} luŋ^{55}.

昨天　　　你　（前加）回来时候　　我　已经　　睡

（昨天你回来的时候，我已经睡了。）

"完成体"是在动词后加"bɯ^{31}"，表示动作已经结束（576页）：

---

① 这两例原文汉译似有误，见孙宏开等（2007）第335页。此处两例译文根据"完成体"意义重译。

② 孙宏开等（2007）的"已行体"从表达形式和标记成分看，大体上相当于我们所说的"完成体"或"实现体"。

jaŋ³¹ su⁵⁵ tɕi⁵³ a³¹ gŭi⁵⁵ bɯ³¹.

杨书记　　　走

（杨书记走了。）

福贡县木古甲乡怒族阿侬语（以下称"福贡木古甲阿侬语"）在动词后加"thaŋ³¹"表示行为动作不仅已经进行，而且已经完成。"thaŋ³¹"一般同表示"已行体"的"dʑe³¹"连用（638 页）：

ŋ³¹ a⁵⁵ a³¹ gʑɹ⁵⁵ tʂhɿ³¹ ɛm⁵⁵ thaŋ³¹ dʑe³¹ ɛ⁵⁵.

他（助词）饭　　吃　（后加）

（他吃完饭了。）

"已行体"的例子（638 页）：

tshɿ⁵⁵ dzaŋ⁵⁵ a³¹ dʑe³¹.

雨　　下　　（后加）

（下雨了！）

张蓉兰（1987）也描写了勐朗坝拉祜语表示动作行为已经进行而且已经完成的"完成体"，其表达形式是在动词后加时态助词"pɯ³¹ o³¹"，与孙宏开等（2007：294）的描写基本相同。例如：

ʒɔ⁵³ xɛ³³ mɛ⁵³ pɯ³¹ o³¹.

他 地 犁

（他犁完地了。）

张文表示，勐朗坝拉祜语在时态助词"pɯ³¹ o³¹"中可以插入"已行体"（表示某一行为动作已经进行或某一行为动作已经发生过了）助词"ɕe¹¹"，进一步强调行为动作已经完成。例如：

ʒa⁵³ mi⁵³ xɯ³³ la³¹ phɯ⁵⁴ pɯ³¹ ɕe¹¹ o³¹.

姑 娘 们 茶 采

（姑娘们已经采完茶了。）

木仕华（2002）的讨论称，纳西语动词体范畴的"已行体"或"完成体"，其语义构成是"动态＋终结＋过去的时间"，表达形式是在动词后加"已行体"体助词。体助词有"ze³¹"和"se³³"。例如：

ŋə³³　　　nɯ³³　khua⁵⁵ dɯ³³¹ɣ³³ la⁵⁵kha³³ ze³¹.

我（属格）（主助）碗　　一个　打破　　（体助）

（我打破了一个碗。）

ŋə³¹　　　ʂɿ³³ tse³³ tse³³ se³³　　　ze³¹.

我（通格）肉 剁　（完/体助）（体助）

（我剁完了肉。）

据胡素华(2001)，彝语动词的体和貌分别用不同的形式表达。胡文描写了彝语北部方言(四川凉山、攀枝花圣作话，云南丽江、怒江北部彝语圣作话，以下引用皆称"彝语圣作话")动词的体貌。彝语圣作话的"完成变化体"表示动作已经完成了变化或已经完成，可用体助词"o⁴⁴"来表示。例如：

ŋa³³ hi³¹ o⁴⁴.

我 说 (体)

(我说完了。)

tshɿ³³ dza⁴⁴ dzɯ³³ o⁴⁴.

他 饭 吃 (体)

(他吃饭了。)

彝语圣作话的"完成貌"表示动作已经完成，由于表达的侧重点不同，"完成貌"又可分为"完成保留貌"(动作完成后的结果或状态的保留，用貌助词"ta³³"表示)；"完成消失貌"(动作对其动作对象已完成并使它消失，用貌助词"ko⁴⁴ ʂa³³"表示)；"完成另行貌"(动作对一个对象完成以后又进行另一个动作，用貌助词"lo⁴⁴"表示)；"经历貌"(曾经经历过某种动作行为，用貌助词"ndzo³¹ᐟ⁴⁴"表示)四个小类。我们在这里将四个小类一并列出，以利于了解其概况。

ŋa³³ dzɯ³³ ta³³ o⁴⁴.

我 吃 (貌) (体)

(我吃了。)

i³¹ kho³³ pho³¹ ta³³.

门 开 (貌)

(门开着。)

以上为"完成保留貌"。

dza³³ tshɿ⁴⁴ ɲi³¹ kɯ⁴⁴ dzɯ³³ ko⁴⁴ ʂa³³.

饭 这 点 吃 (貌)

(把这点饭吃掉。)

ʑe³¹ ʑo⁵⁵ ndu³³ ko⁴⁴ ʂa³³ nɯ³¹ li⁵⁵ o⁴⁴.

洋芋 挖 (貌) (结)空闲 (体)

(把洋芋挖完才得空了。)

以上为"完成消失貌"。

tshɿ³³ dza⁴⁴ dzɯ³³ lo⁴⁴ bo³³ o⁴⁴.

我 饭 吃 (貌) 去 (体)

(他吃了饭走了。)

nɯ³³ hi⁵⁵ dʐo⁴⁴ mu³³ tshɿ³³ lo⁴⁴　ʑe³³.

你　快点　（结）洗　（貌）去

（你快点洗了走。）

以上为"完成另行貌"。

ŋa³³ ndʐ̩³³ ndo³³ ndzo⁴⁴.

我　酒　喝　（貌）

（我喝过酒。）

ŋa³³ he³³ ma⁵⁵ ʂa³³ ndzo⁴⁴.

我　　心　苦　（貌）

（我经历过精神上的痛苦。）

以上为"经历貌"。

胡文在谈到彝语圣作话的"接近完成瞬时貌"（属于短时、少量貌）时表示，这种貌是用动词加其否定形式的方式表示的（见下文）；如果不加否定形式时，则只表示动作完成。（按，似乎这也是表示"完成体"的一种形式，姑列于此。）例如：

gu³³ di⁴⁴ nɯ⁴⁴ tshɿ³³ tɯ³¹ ko⁴⁴ ŋga³³ bo³³.

听　（结）他　起身（结）走　了

（一听，他就起身走了。）

梁进杰（2000：522）提到，东兴江平镇沥尾京语[1]（以下称"东兴沥尾京语"）的时态助词有"joi²¹（了）""sɔŋ³³（完）""kwa³³（过）"等，它们可以用在动词、形容词后，表示完成或变化。例如：

nɔ⁴⁵ laːi²¹³ joi²¹ dəi⁴⁵？

他　来　了　吗

（他来了吗？）

toi³³ jat²¹ sɔŋ³³ kwən²¹ aːu⁴⁵ thi²¹ laːi²¹³.

我　洗　完　裤　衣　就　来

（我洗完衣服就来。）

nɔ⁴⁵ sɛm³³ kwa³³ tsiən⁴⁵ bɔŋ⁴⁵ nai²¹ ba³³ lən²¹.

他　看　过　电　影　这　三　轮

（他看过这部电影三遍。）

欧阳觉亚（1998）所讨论的"村语"，虽然我们尚不明确其"方言归属"或"系属"问题，但其中论及的现象我们觉得可以在这里略提一二。欧阳

---

① 京语系属有争议，我们暂且放在这里引述。

觉亚(1998：1)称，海南东方和昌江两个黎族自治县有 8 万余自称为"村人"的居民，其民族成分一向被认为是汉族。他们也自称为汉族，但却使用一种不同于汉语的语言。他们称自己所说的话为"tshən¹fɔn¹"，直译是"村话"（按，学界多称"村语"）。操村语的人呈聚居状态。欧阳觉亚(1998：9)表示，从语言各方面观察，村语中的汉语成分是属于中古时代的一种汉语南方方言，与湘方言以及广西北部的一些地方话很相似，但不完全相同。村语表示动作完成，也是将"lɛu⁵（了）"用在动词之后。例如（欧阳觉亚，1998：132）：

kə⁵ hiat² lɛu⁵ tsi⁴ lət⁵ naːu¹.

我　买　了　一　只　牛

（我买了一头牛。）

　　欧阳觉亚(1998：133)表示，"lɛu⁵（了）"来源于汉语，是用在动词后表示完成的时态助词，用在句末则是语气助词。我们在这里举出两例充当"语气助词"的"lɛu⁵（了）"：

bai⁴ khai¹ len⁴fon¹ lɛu⁵.

母鸡　　下蛋　了

（母鸡下蛋了。）

bɛk² dɛ¹ di² kɯn¹ vok⁴ tθen¹ lɛu⁵.

伯父　　的房子　做　好　了

（伯父的房子盖好了。）

　　欧阳觉亚还讨论了村语表示动作持续、动作已经发生或经历过等意义的时态助词，我们将在下文相应的章节中涉及。

第六节　"已然"义及相关问题

　　所谓"已然"，即表示事态或事件已经如此，多用于肯定性的陈述句中，其标志是句末语气词"了"，在汉语共同语语法的研究中，一般记为"了₂"。参照共同语句末的"了₂"，汉语方言语法研究，尤其是"体范畴"研究，大多建立了"已然体"这样的范畴并展开了相关讨论，也有的放在"完成体"中附带讨论。本研究采取后一种做法，放在"完成体"中讨论，不单立一章。这是基于我们在本研究中对体范畴的表达形式和语法意义所抱持的观点而采取的做法。其实，放在"完成体"中讨论也是不太合适的。"完成"和"已然"虽然有联系，但也有显著区别，"已然"倒是跟"实现"或"完整"有更密切的语义上的关系，但本研究并未专门设立"实现体"，因此这样做也只是权宜之计。按照我们的标准，"已然"虽是一种语法意义，可以归入相关的语法范畴，但不宜纳入"体范畴"。因此我们不称"已然体"，暂且以"已然"名之。引述其他文献时，依原文所称。

关于"已然"义，我们主要从以下三个方面进行讨论。

一、表达形式

(一)共同语的情况

"已然"意义的表达形式一般认为与"了₂"有关。吕叔湘(1999：351)有这样的表述："了₂"用在句末，主要肯定事态出现了变化或即将出现变化，有成句的作用。(按，"肯定事态出现了变化"即用肯定语气表示已然，"即将出现变化"则非已然。)依刘勋宁(2002)的看法，这种"变化"是由背景状态和当前状态的对比决定的，"了₂"的意义在于报道一个新事态(a new state of affairs)。从共同语看，典型的"已然"义或所谓"已然体"的表达形式是"[(V+O)·了₂]"(不区分主谓句和非主谓句，下同)。如吕叔湘(1999：352)举的例子：

> 刮风了(已经开始刮风)
>
> 小明也喜欢跳舞了(已经开始喜欢)
>
> 他同意我去了(已经同意)

也可以是"V·了₁₊₂"(出现在 V 位置上的 A 不再讨论，下同)，如吕叔湘(1999：354)举的例子：

> 我已经吃了，别给我做饭了
>
> 他已经来了，不用打电话了
>
> 他把自行车骑走了
>
> 这本书借出去了
>
> 衣服洗干净了

还可以是"[(V·了₁+O)·了₂]"，这种形式中的"O"可换成时量或动量成分，充当补语，变成"[(V·了₁+C)·了₂]"，如吕叔湘(1999：353)举的例子：

> 我已经写了回信了
>
> 这件事情我托了我们组长了
>
> 这本书我看了三天了，[还得两天才能看完/不想看下去了]
>
> 已经念了三遍了，[再念两遍就行了/可以不再念了]

又可以是"V·了₂"形式，这种形式在陈述句中一般表示"已然"(事态有了变化），如吕叔湘（1999：353）举的例子：

> 休息了（已经开始休息）
>
> 他又哭了（还在哭）
>
> 这道题我会做了

但在祈使句或感叹句中，这种形式表示的是未然的事态，如吕叔湘（1999：353）举的例子：

> 休息了！（可以休息了，该休息了）
>
> 来了！来了！（我这就来了）

张双庆《动词的体》所给出的"已然体"例句中，其主要的形式可以归纳为两种：[（V·了₁＋O/C）·了₂]、V/VP·了₂。广西汉语方言与共同语表达形式中，第一种形式用得少；若用，也是模仿共同语的说法。方言与共同语、方言与方言之间主要的区别是，用作所谓标记的句末语气词各有所取。

（二）西南官话的情况

广西西南官话表示"已然"意义，主要用句末语气词"喇"。① 例如：

> 我的仔考取大学喇。（荔浦话）
>
> 我的仔已经考上大学喇。（桂林话）
>
> 我仔考上大学喇。（柳州话）

上文我们提到，荔浦话（包括桂林话、柳州话）句末还可用"喇咧"，以进一步凸显"已然"意义。例如：

> （1）我喊他喇咧 我已经叫他了。
>
> （2）他来喇咧 他已经来了。
>
> （3）我讲给他听喇咧 我已经告诉他了。

邓丽（2011）谈到，桂林话表示已然，较有特色的句法结构主要有"V都V了""V了的了"。前者中的 V 一般是单音节动词，"都"表示"已经"义，V 的重复是对已然体的强调，第二个 V 后可以有附加成分或连带成分。语义上强调动作、行为或事件的绝对已然，成为不容置疑的现实；语用上，往往表达对这个既成现实的无可奈何，出现的事件结构有时并不是说话者所期望或预期的。例如：

> 那个小偷跑都跑了，哪还等倒你去抓啊。
>
> 这盆花死都死了，你还有什么法。

---

① 我们主张，谓词后的体标记，官话若与共同语相同，写作"了"，句末语气词则写作"喇"，以增加区别度。

事情做都做完了，他人还没回来。

修都修好旧的了，新的你都还没买回来。

后者中 V 后三个虚词叠加，"V了"表示动作已经完成，"V了的"是肯定动作已经完成，"V了的了"则是肯定"V了的"这种状态出现了新的变化，"V了"后可接 N。例如：

他在外头吃了饭的了。

你看他怎么高兴，肯定是得了奖的了。

广西区外的官话，如鄂西北的丹江方言（处于西南官话和中原官话之间）"已然体"的表达在形式上与共同语和桂林等地的官话大同小异。据苏俊波(2007)，丹江方言的已然体用"lau⁰（唠）"和"ti⁰（的）"表示。"唠"与"了₂"基本一致，表示事态已经出现了变化；用在小句末尾，也带有一定的语气，但它是附加在谓语形式上的，主要表示已然体范畴，而不是表示语气，不能当成语气词；用在句尾动词后时，也有"了₁₊₂"的情况。例如：

我已经吃饭唠。

他出去半天唠，还不回来。

这个电影我看唠三遍唠，很好看。

天已经开始下雨唠。

他的脸一下子斗(就)红唠。

你已经来唠，斗住下吧。

另一个已然体标记"的"用在小句末尾，表示事件已经发生，有成句作用；可与"才、将(刚)、将将儿(刚才)"、完成体标记"唠"、经历体标记"过"、已然体标记"唠"共现。它也不表示语气，其后可出现语气词"吧、吗、哪、呀"等，也可用副词"已经"。例如：

我们将(刚)吃饭的，还不饿。

你看过这个电影的，记得吧？

我们复习功课唠的，不怕考试。

天已经下雨在。

我们觉得，无论"唠"还是"的"，都是句末(包括小句末)语气词，都是表示语气的，说"它(唠)是附加在谓语形式上的"，是一种比较模糊的表述；"唠的"连用，也还都是语气词，相当于桂柳官话的"喇咧"。至于是否"表示已然体范畴"，另当别论。

(三)粤方言的情况

广西粤方言表示"已然"意义，主要用句末语气词"噜哦"(可以合音为"啰")、"嗮"、"了"等。例如：

我阿个仔已经考上大学噜哦。（桂平话）

我只仔考得大学嘞。（南宁话）

我個团早考上大学了（玉林话）

吴旭虹（2007）的讨论说，南宁白话的已然态用"嘞$_2$"，表示新的事态已经发生。例如：

佢毕业嘞$_2$他毕业了。

你拎返嚟啲嘢我放落柜嘞$_2$你拿回来的东西我放进柜子里了。

亚件事我早听讲嘞$_2$这件事我早听说了。

我终于买到亚张碟嘞$_2$我终于买到这张唱片了。

吴旭虹（2007）还谈到，已然态可表示多种动态。例如：

我食过早餐嘞$_2$。（完成体）

早餐放喺啲嘞$_2$。（持续体）

早餐我食住嘞$_2$。（进行体）

我早早就食过早餐嘞$_2$。（经历体）

早餐我哋早就食起身嘞$_2$。（起始体）

早餐应该热下嘞$_2$。（短时体）

吴文表示，"嘞$_2$"可称为事态助词，并可表示语气意义，也可称为事态语气词。当句中出现时间副词"已经""早就"时，句末一定带有"嘞$_2$"。

虽然吴文所谈的"已然态可表示多种动态"，其中标注的"某某体"是否属实还可再斟酌，但其观察与我们上文讨论的"已然"似乎并非独立的"体范畴"，"完成/实现""进行""持续""起始""继续"等都是已然的这样的观点是一致的，吴文事态语气词的说法也是可以接受的。

林亦、覃凤余（2008：325）对南宁白话的讨论也与我们的观察大体一致，只是我们不主张"某某体"的说法。他们谈到，南宁白话"嗮"做已然体标记，作用与普通话表示新情况出现的"了$_2$"相当，出现于句末。我们在第一章第二节中举过相关例子。林、覃谈到，表示新情况出现的，南宁白话还有一个"哦[a³/ɔ³/ə³]"，用于句末。例如：

你老婆肚大得几耐嗮？——六个月哦。（你老婆怀孕有多长时间了？——六个月了）

一个啱啱行，另一个又来哦。（一个刚走，另一个又来了）

"嗮"与"哦"可连用①，出现于句末，作用相当于"了$_2$"。例如：

---

① 在我们的调查中，合作人有发"呃"的，即林、覃标注的"[ə³]"。我们的调查也有"嘞呃"连用的，如"玻珠滚落窿里底去嘞呃"。

只猫崽开始捉老鼠哂哦。

你老婆肚大得几耐哂哦？——六个月哂哦。

（四）客家方言的情况

广西客家方言表示"已然"意义，主要用句末语气词"欸""了""咾"等。例如：

> 偃嘅子已经考上（了）大学欸。（陆川话）
>
> □ŋa⁵² 俫子已经考上哩大学咾。（沙田话）
>
> 我儿子已经考上大学了。（桥圩话）

广西区外的客家话选择了另外的句末语气词。据刘玉婷（2009），湖南汝城客家话的已然貌是句末加"嗳₂"或"去嗳"。例如：

> 我刚会打字嗳。（不能换成"去嗳"，不用"刚"则可换：我会打字去嗳。表示有一段时间了。）
>
> 我有钱嗳。
>
> 渠有碗嗳。

"嗳"可以有"嗳₁₊₂"的用法，既表示动态（动作实现）又表示事态（事态出现）。例如：

> 衫洗干净嗳。
>
> 细徕唧醒嗳。小孩子醒了。
>
> 粥冷嗳，快大口食下去。
>
> 搞嗳刻唧就冇搞嗳。玩了一会儿就没玩了。
>
> 渠食完嗳，太阳也下山嗳。

张桃（2004）报告说，客家方言一些点已然体的表达形式大体相同，梅县方言是"句子＋意欸""句子＋欸"，长汀方言是"句子＋唎"，连城方言是"句子＋呃"，宁化方言是"句子＋去"。

我们在温昌衍（2015）的描写中看到了江西石城客家话的"呃"。它不仅可以位于动词、形容词后表示动作完成（温文记为"呃₁"，相当于普通话的"了₁"）；还可以位于陈述句句末，主要表明事态的变化（温文记为"呃₂"，大致相当于普通话的"了₂"，广西平话有的点也用这个"呃₂"，详见下文）。例如：

> 屋下做呃₁酒呃₂家里摆了酒宴了。
>
> 学校开呃₁大会呃₂学校开了大会了。
>
> 学生发呃₁新书呃₂学生发给了新书了。

温文表示，从相邻的周边客家话（宁化话、瑞金话、宁都话）看，石城话中"呃₂"的本字是"去"（"呃₁"的本字是"来"）。

(五)平话的情况

广西平话表示"已然"意义,主要用句末语气词"哦""呃""了"等。例如:

> 我果弄都考上大学哦[uk²¹³]。(黎塘话)
>
> 我个儿已经考上大学呃。(五通话)
>
> 我儿已经考上了大学了。(土拐话)

据覃东生(2007),宾阳话(桂南平话)已然体标记是语气词"□ɐk²¹³",其语法意义是肯定句子所描述的事情是已然的事实,相当于普通话的"了₂"。例如:

> 落雨□ɐk²¹³,快□ne²⁴去收衫。(下雨了,快点去收衣服。)
>
> 菜吃齐□ɐk²¹³。(菜吃完了。)
>
> 我考上大学□ɐk²¹³。(我考上大学了。)
>
> 葡萄熟□ɐk²¹³。(葡萄熟了。)
>
> 我队两人六年冇□tshoŋ²⁴□ɐk²¹³。(我们两人六年没见面了。)

覃文表示,宾阳话的"□ɐk²¹³"只能用在表示已然的句子里,不能用于将然;若用,则要换成"□ɐk³³"(□ɐk²¹³在特殊语境下的变体)。"□ɐk²¹³"既能表达已然体意义,又能表示肯定的陈述语气,可以跟体标记"起身、落去、着₁(进行)、着₂(持续)、过"叠加使用,肯定事情已经是已然的事实。但"□ɐk²¹³"不能跟完成体标记"了"叠加使用。

梁伟华、林亦(2009:273)表示,崇左新和蔗园话的已然体标记是语气词"喽[lǝu²²/³⁵]",其语法意义是肯定句子所描述的事情是已然的事实,相当于普通话的"了₂"。语气较强时用阴去调35,较弱时用阳去调22。例如:

> 落雨喽[35],快啲去收衫。(下雨了,快点去收衣服)
>
> 菜吃齐喽[22]。(菜吃完了)
>
> 我考上大学喽[22]。
>
> 葡萄熟喽[22]。
>
> 我队两个人六年□[mi²¹]相冲喽[35]。(我们两人六年没见面了)

梁伟华、林亦(2009:273~274)说,"喽"用于句末有成句作用,既可表示已然体意义,又可表示肯定的陈述语气;可跟起始体的"起身"、继续体的"落去"、进行体的"住₁"、持续体的"住₂"、经历体的"过"叠加使用,肯定事情已经是已然的了;但"喽"不能跟完成体的"了"叠用。

肖万萍(2005:220~221)称,永福塘堡平话的陈述语气词"了[ai³³]"在句中起成句煞尾作用,同时表示变化已经实现。这个"了[ai³³]"应相当于我们这里讨论的表示已然的句末语气词。例如：

> 热十几日了。热了十几天了。

另在肖万萍(2005：243~244)中的语法例句也涉及"已然"的情况。例如：

> 我照除相了 ai³³。我照了相了。│ 下雨了 ai³³。下雨了。│ 雨冇下了 ai³³。雨不下了。│ 天晴了 ai³³。天晴了。│ 猜紧了 ai³³。猜着了。│ 捱冷着了 ai³³。着凉了。

"已然"意义的表达，基本上是在肯定性陈述句中完成的。所谓标记成分，都承担了表示语气的功能，同时也有成句作用。《动词的体》所附例句中有"你把昨天买的东西放在哪儿了？——放在桌子上"这样的问答句，有的调查合作人在问句中不用语气词，而在答句中添加相应的语气词(也可以不用)。例如：

> 昨天买的东西你放在哪块？——放在桌子高头(喇)。(荔浦官话)
> 昨日买滴嘢你放系边滴？——放系台面(啊)。(桂平白话)

(六)其他民族语言的情况

我们可以把观察的范围扩大到其他民族语言。据余金枝(2011：170~171)，矮寨苗语的"ʐa⁴⁴(了)"主要用于表示叙述语气，相当于汉语的"了"，指事件的"已然"。既可指过去的已然，也可指将来的已然。"ʐa⁴⁴(了)"只用于陈述句句末，有时也用于疑问句句末，表示疑问语气。例如：

> puɯ⁵³ lo³⁵ ʈhu²² məŋ⁴⁴ ʐa⁴⁴.
> 我们 上 野外 去 了
> (我们上山去了。)

> lje²² ta³¹ be³⁵ ləŋ⁴⁴ ʐa⁴⁴.
> 要 下 雪 来 了
> (要下雪了。)

> dʐi³⁵ mɛ³¹ tɕu³⁵ pa⁵³ tsɿ³⁵ pɛ⁵³ ləŋ⁴⁴ ʐa⁴⁴.
> 他们 去年 就 搬 来 了
> (他们去年就搬来了。)

> a⁵³ bo³¹ tɛ⁴⁴ kwa³⁵ pe³¹ tɕi⁴⁴ ʐa⁴⁴.
> 阿婆 到 过 北京 了
> (奶奶去过北京了。)

> ne³¹ du³⁵ kwən³¹ tɕu⁴⁴ ʐa⁴⁴.
> 叶 树 黄 完 了
> (树叶黄了。)

qɔ⁵³ ʈe³⁵ ʈɔ²² ʈe⁵³ kɯ⁴⁴ pə³¹ tə²² ʐa⁴⁴.

碗　　摔　弟弟　　打　破　了

（碗被弟弟摔碎了。）

te⁵³ kɯ⁴⁴ qa³⁵ tɕi⁵³ məŋ⁴⁴ ʐa⁴⁴?

弟弟　　到　哪里去　　了

（弟弟上哪里去了？）

məŋ³¹ tɕɯ⁵³ tɯ⁴⁴ taŋ³⁵ ʐa⁴⁴?

你　　没　余　钱　了

（你没有钱了？）

据张蓉兰(1987)，勐朗坝拉祜语动词的已行体有多种表示法。一种强调某一行为动作已经进行，而且语气较为肯定，在动词后加时态助词"ɕi¹¹ o³¹"。另一种是表示某一行为动作已经发生了，语气比较肯定，用"ta³⁵ o³¹"表示。两种表示法同样也有一些细微的差别，可做如下比较：

ʒɔ⁵³ xɛ³³ mɛ⁵³ ɕe¹¹ o³¹.

他　地　犁

（他已经犁了地了。）

ʒɔ⁵³ xɛ³³ mɛ⁵³ ta³⁵ o³¹.

他　地　犁

（他犁过地了。）

张蓉兰表示，"o³¹"可以单独使用，也可以和其他表示时态的助词结合，表示起始体、已行体和完成体。"o³¹"单独使用时表示行为动作已经进行，但并不强调它的结束。例如：

ɔ³¹ tʃa⁵³ o³¹.

饭　吃

（吃饭了。）

ʒɔ⁵³ qai³³ o³¹.

他　去

（他走了。）

也经常用在自然现象的出现或有规律的起始。例如：

mɤ⁵³ ka⁵⁴ ʒa⁵³ ga³¹ o³¹.

天　冷　时　到

（冬天到了。）

mɤ⁵³ xɔ³³ mɤ⁵⁴ o³¹.

风　　　刮

（刮风了。）

这两种语言与我们讨论的汉语方言情况基本相同。矮寨苗语出现在疑问句或否定句中的"已然"意义是不显豁的、不典型的。

跨境语言也有类似的情况。据刘汉武、丁崇明(2015),越南语在句末加"nūa"来对应汉语的"了₂",可用来表示新情况的出现。

二、"了₂"的语法意义与句法功能

我们在这里举共同语的"了₂"以赅各方言中与"了₂"相对应、相当或平行的句末语气词。关于"了₂"的意义和功能,学界多有讨论。曹广顺(1987)明确指出:"动＋了₁＋宾＋了₂"格式的出现标志着"了₂"的形成。在这个格式中,动作的完成由"了₁"承担,整个句子多表达的事态变化的出现由"了₂"承担。从某种意义上说,这种句式仍是对"完成"的一种双重表示,所以这种句子总带有一些加强肯定的意思。在吕叔湘(1999:351～353)中,与"了₂"相关的意义主要是"肯定事态出现了变化",其形式是"动＋宾＋了₂",宾语可以是名词、动词、小句。这种形式也可以表示"事态将有变化",其前常出现副词"快"或助动词;"动＋了₁＋宾＋了₂"中的"了₂"也表示事态有了变化,其他相应的形式还有"动＋了₂""动＋了₁₊₂"。各种形式中的动词在符合组合的条件下如果换成形容词,所表示的意义大体无别。

刘叔新(2013:19)也谈到,作为词法虚词的"了"(包括"了¹、了²"①)(按,刘著的了¹表示完成体,如"干了这种事,他很后悔"了²表示成事实体,如"改好了的文章可以刊发"),与作为语气词——一种句法虚词——的"了",是两个互不相同、根本不一样的语法成分:前者的语音形式是轻声的 le,表示"(活动)已实行并完成"或"(活动)已成事实"的意义;后者的语音形式是重读为去声调的 lè,表示"肯定主谓关系是客观事实"的语气意义。彼此的区别既明显又重要,不容混淆。相关讨论还可参见陈前瑞、胡亚(2016),胡亚、陈前瑞(2017)等文献。

"肯定事态出现了变化""肯定主谓关系是客观事实"与彭小川、周芍(2005)所概括的"了₂"的核心意义"表达对当前相关事态的肯定的语气"基本一致,只是着眼点有所不同。我们可以这样来看,"了₂"的语法意义就是"肯定事态出现了变化",这种变化也可以是将来出现的,但那是语境赋予的意义,不是"了₂"本身的意义。汉语方言中与"了₂"对应或相当的语气词也都是表示这样的意义的。

---

① 刘著原文数字上标。

石汝杰(1996)讨论了苏州方言的"已然体",文中提出,苏州话的"哉[tsE/tsə?]"相当于"了₂",用于肯定新情况的出现或事态的变化,并把它作为新的信息传达给对方。在石文所讨论的"哉"的各种用法中,"报告新情况的出现"和"表示事态发生变化"是最主要的意义(用法),其他与此相近、相关的意义的表达都要借助语境或相应的句法形式,不是"哉"本身所表示的意义。

"了₂"的句法功能归结起来还是比较单一的,表示肯定语气、有成句(结句)作用,并且这两种功能是同时实现的,方言和共同语概莫能外。举两个简单的例子:

> 来客人了。
> 客人来了。

前者的"了"可以认为是"了₂",后者的"了"是"了₁₊₂"。如果只说"来客人""客人来"不成话,没有语气,句子站不稳,也表达不出"已然"的意义。至于在"春天了""大学生了"这样的语境中,其表示语气和成句作用的功能就更明显了。"肯定事态出现了变化"和"成句"两种作用同时发生。方言所选用的语气词只是读音不同,其他无别。

三、与"已然"义相关的其他问题

本研究所讨论的其他体范畴,其表达形式皆为谓词性句法结构,标记成分(包括最高层级和第二层级的体标记)位于谓词性成分后,而"已然"义的形式是句干附加语气词(可临时记为"S干·了₂",S代表不含语气词的"句子","S干"即句干),其中的语气词,不少人认为是"已然体"的标记成分,我们不认同这种看法。"了₂"的功能就是表示肯定性语气,同时具有结句作用;它常常跟"了₁、着、过、起来"等体标记及副词"已经"等同现,而我们一般认同"了₁、着、过、起来"等位于谓词性成分后的虚成分是体标记,那么"了₂"就不应再作为真正意义上的"体标记",它也就不再有表"体"的功能。刘勋宁(2002)提出,"了₂"其实是过去时的标志,可以跟英语的"过去时"相对应。郭锐(2015)则提出"了₂"用于外部时间参照的观点。他举例说:

> 我们吃饭了。　　※我们吃饭了再去。
> 下课了。　　　　※下课了开会。

左边的两句之所以成立,是因为句中出现的是"了₂",要求是外部时间参照,不需要提供内部时间参照的后续事件,单独就能站住;右边的两句加上后续时间反而不成立。又如:

　　　　※我们吃了饭。　　　我们吃了饭了。
　　　　※下了课。　　　　下了课了。

右边的两句，"了₁""了₂"共同出现，表面上看两者的时间参照不一致，会产生冲突；但由于"了₁"在内层，是加在动词上的，"了₂"在外层，是加在整个谓语上的，外层成分的外部时间参照需求会抑制内层成分的内部时间参照需求，整个句子的时间参照仍是外部参照，不需要后续事件就可以成立。

　　其他学者对"了₂"的相关讨论有的也并不涉及体范畴的问题，如黄瓒辉(2016)认为"了₂"总是断言变化或新情况的出现，总是要赋予所关联的事件一个时间定位。"了₂"有标记事件焦点的功能（与其对事件进行存在量化的功能有密切的语义关联），即把整个事件的发生作为新信息告知听话人。何文彬(2013)则认为，要系统地理解语气助词"了"的表意和功能特征，主观性是一个重要的切入点。从表达内容方面看，虽然语气助词"了"可以表达事态变化等客观性内容，这时用在"时空轴"上，可以被称为事态助词；但它也经常表达说话人的主观性考量，主要包括对听话人知识库的评估，这时用在"知识轴"上；也包括表达说话人的决意和要求，这时用在"决定轴"上，传统上被称为表示"决定语气"；还包括表达说话人的感觉和感受，这时用在"感觉轴"上。所以，"了₂"的表意具有开放性，而主观性是多数表意的重要特征。从功能处理方面看，语气助词"了"的使用反映了说话人处理意义的主观能动性，表现了说话人对一般意义的特定陈述。概括地说就是，说话人一启用了"了₂"，他就将一般意义纳入具有潜在变化特征的"轴"上，使得它处于一个显著位置，从而具有突出、变化、对比、联系等特征。这些特征是与孤立地呈现意义的"了₁"不同的。

　　同时我们也注意到李讷、汤姆森(1994)的观点。他们认为，汉语助词"了"（即我们说的"了₂"）是已然体的话语理据，其基本交际功能是表示一种"当前相关状态"，并对"当前""相关""状态"三个概念做了说明。李讷、汤姆森谈到，（只是）为了解释的便利，由"了"表示"当前相关状态"的方式可以归为五种类型：一是一种变化了的状态（状态的变化）；二是修正一种错误的假设；三是报告"直到目前为止的进展"；四是决定下一步将发生什么；五是在当时是说话者在谈话中所讲的全部的话（结束一个陈述或结束一个故事）。五种类型表示的语境稍有不同，但每一种语境里，"了"都表明由句子表达的事态和当前的情景相关的状态。李讷、汤姆森的看法都是基于语用层面的。虽然语用与句法、语义密切相关，但我们觉得"体"这种范畴毕竟是语法层面的，至少在汉语里是属于语义—语法层面的。

无论共同语还是方言，所谓"已然体"，需要借助语气词表达，大多是语气范畴或语用范畴。一个句子之所以被认为含有"已然"义，并非由"了₂"承担，而是整个句子所赋义，即由"S干·了₂"赋予，因此"已然"似乎并非独立的"体范畴"，"完成/实现""进行""持续""经历""起始""继续"等都可以是已然的。它与其他体范畴在表达形式（手段）和语法意义上都不是一个层面的东西。

我们认同彭小川、周芍（2005）的意见：除了表示"完成"的"了₁"以外，非完成的"了"都可统一归为"了₂"。尽管"了₂"有好几种用法，但它们之间是有内在联系的，我们完全可以归纳出它们的核心语法意义。"了₂"首先是一个语气助词，所表达的语气意义才是其最核心的意义，即"表达对当前相关事态的肯定的语气"。彭、周所说的"非完成""当前相关事态"既可以是已然的，也可以是未然的。

"已然"的事态或事件不一定是"完成"或"结束"的，但肯定是实现了的。"进行""持续""经历""起始""继续"等也是已然的或实现的。这样又产生了两个问题："已然"果真是一种独立的体范畴吗？称"完成体"好还是"实现体"好？

关于第一个问题，除了上文所表达的观点外，我们还可以从其他方面，如形式与意义的对应、相互验证或从构式语法观来看，"已然"需要借助语气来表达，语气或语气词是超句法结构的实体，"已然"意义没有对应的独立的句法形式，或者说我们没有一个独立的构式来表达这样的意义，因此要建立"已然"这样的体范畴是很困难的。当然，问题也许并不这么简单，刘丹青（1996）早看到了这其中一些复杂的情况：普通话的"了₂"一般不看作体标记，若从方言对应来看，这样处理可能会碰到困难。比如，温州方言用句末语气词"罢"[ba]兼表完成和已然，而没有"了₁"的对应助词；安义赣语用动词后的助词"嘚"[·tɛʔ]兼表完成和已然，没有"了₂"的对应语气词。假如坚守取助词舍语气词的原则，那么，"罢"和"嘚"这两个语序不同、体功能较对应而且都属虚词的成分，就只有"嘚"才是体标记了，这显然不合理。

我们先看安义赣语的情况。无论哪个方言点，都会有表示不同用途的语气词，安义赣语自然也有。我们在万波（1996）中比较详细地了解了该方言体范畴的表达形式和标记成分。确如刘丹青（1996）所说，安义赣语的"嘚"（万文记为"得"）没有普通话"了₂"的对应语气词，但该方言点有一般所说的"已然体"。按照万文的定义，"已然体"主要肯定事态出现了变化或即将出现变化。肯定事态出现了变化，安义赣语在动词后用完成体标记"得"，如"我崽考取得大学"；若动词不带宾语，"得"也可以出现在句末，如"球滚到洞里去得"。事态即将出现变化的表达，安义赣语虽不能在句末加"得"，但可加其他语气词，如"要落雨哟，快拿衣裳收进来"。在万文所讨论的"完成体"中，我们注意到这样一个例句："我困得一下得就醒得。"这是"动词的体和貌例句"中的第 16 句，对应普通话的"我睡了一会儿就醒了。"那么，安义赣语例句中的三个"得"作何理解，如何定性？这是需要解决的问题。"得"虽然不能在宾语后，但必须在趋向补语后，如"渠爬上去得""渠窜出去得"。"得"还可与表示消极意义的"呱"［kuaʔ⁰］①连用，表完成兼表动作有了结果。根据不同的句法环境，"呱得"可置于句末，也可置于动词后，如"渠拿许些破烂一下撂呱得（他把那些破烂都扔了）""渠跌呱得一支笔（他掉了一支笔）"。虽然万文并未申明安义赣语的"得"兼表"完成体"和"已然体"，但从文中的描写和分析中我们自然也可以得出这样的结论。不过，我们觉得表示"完成体"是"得"的主要功能。至于"已然"，无论是否用"得"，也不管"得"的句法位置如何，总跟语气有关。

　　再看温州方言的情况。在潘悟云（1996）的讨论中，我们看到温州方言有两个"罢"。一个是语气词（温文记为"罢⁰"），表示发生了新的情况和变化，很像普通话中的"了₂"，可表示已经发生的变化，也可表示将要发生的变化。另一个是副词（温文记为"罢ˢ"），仅作补语，是"已然体"的标志。它跟普通话的"了₁"一样，实现点可能是开始、持续或终结阶段，加了"罢ˢ"表示这个事件已经是这种情状了，所以"罢ˢ"与动词的结合面很广。这个位于句末的副词"罢ˢ"可与"完成体"（表达形式是动词后加助词"爻 ɦuo⁰"）结合，表示事件已经完成（例句参见潘悟云，1996，下同）；也可与"过"结合，表示已经有过这个经历；还可与进行体、持续体、起始体以及动补短语等结合，表示相应的语法意义。潘文表示，温州话的"罢⁰"和"罢ˢ"语义有时候很接近。按我们的认识和理解，潘文的"罢⁰"是比较典型的表示"已然"意义的成分；因为缺乏语感，我们对"罢ˢ"则感到很"陌生"。刘丹青（1996）所说的温州方言的"罢"兼表完成和已然，可能是比较笼统的说法，析言则有别（潘文在"完成体"中主要讨论的是"爻 ɦuo⁰"这个助词）。

---

① 注音依万文。

　　我们似乎不能认为，普通话有"了₁""了₂"，方言就一定得有"罢₁""罢₂""嘚₁""嘚₂"，或其他"什么₁""什么₂。"方言可以有另外的选择，并且选择的空间很大。我们似乎也不能完全着眼于书面形式，有什么词可写，没有什么词可写，尤其是涉及语气的问题，口语的表达更值得重视。

　　关于第二个问题，我们觉得还是称"完成体"好，不然"实现体"与"进行""持续""经历""起始""继续"之类的体范畴无法分别；或者说，"进行""持续""经历""起始""继续"这样的体范畴都可包含在"实现体"中，可能会掩盖很多有价值的、复杂的语法现象。

第七节　小　结

　　广西汉语各方言及有关民族语言"完成体""完整体"及所谓"实现体"的表达形式，从共时层面和已有的研究成果看，都不具备印欧语那样的以形态手段表达相应语法意义的功能（其他各类次范畴亦大体如是）。汉语的"VP·了"及民族语言借用"了"或与"了"平行的成分构成的"VP·了"是主要的表达形式，都属于句法层面，有别于印欧语的形态手段。广西汉语各方言点不同于"了"的标记成分，其语法性质与"了"相类。充当动相补语的成分，其虚化程度低于标记成分而高于充当结果补语的成分，由结果补语、动相补语与动词构成的"V＋C"形式更是一种句法形式（但不是表"体"形式）。因此我们可以说，广西境内主要汉语方言和有关民族语言都用句法手段表达"完成体"及与之类似的语法意义。其中以荔浦官话为代表的"完成体""完整体"等的标记"着"颇具特点，我们从时间和空间两个向度考察了"着"的来源和分布情况。

　　从历时层面看，标记"完成体""完整体"等的成分都来源于动结式中结果补语的进一步虚化，其线索是：结果补语→动相补语→完成体标记。广西四种主要汉语方言"完成体""完整体"等的标记自然也是如此演化而来的。不过，有学者认为，汉语表示"完成体""完整体"等意义的形式也许并非滥觞于动结式。石毓智（2004：105）谈到了《诗经》中的"有"与谓词性成分直接搭配的现象。以下择举石著中的一些例句：

　　　　女子有行，远父母兄弟。（蝃蝀）

　　　　春日载阳，有鸣仓庚。（七月）

　　　　女子善怀，亦各有行。（载驰）

　　　　子兴夜视，明星有烂。（鸡鸣）

　　一般认为，这个"有"是"词头"，无实在意义，译成白话文时不必译出。石毓智(2004：105～106)表示，根据人类语言的共性和当今汉语方言的情况可以推测，这里的"有"并不是毫无意义的，而可能具有完成体的表达功能。从上下文中我们可以判断这一推测是有道理的。比如，"女子有行，远父母兄弟"可以理解为"姑娘出嫁了，远离自己的父母和兄弟"；"子兴夜视，明星有烂"可以理解为"晚上起来看天空，明星已经亮了"，等等。①

石毓智(2004：106)还强调，如果认为《诗经》时代的"有"具有完成体的表达功能，那么这将与现代汉语形成鲜明对比。古今汉语的领有动词的完成体表达都是不对称的，但是古代利用领有动词的积极一面(有＋V)，现代却利用领有动词的消极一面(没＋V)。还有一个有趣的问题是，现代方言中的领有动词的完成体用法是否继承了上古汉语的"有"的用法，由原来的不对称发展成为对称？此外，这种用法为什么会在北方方言中消失了？

我们也观察到，所谓"有＋V"在南方方言，如粤语中大量存在，并且的确可以表示"完成"或与之相关的意义，上文所举方小燕(2003)的例句可以说明这种情况。另在黄伯荣(1996：176～177)中也可看到闽方言"有＋动词"表示完成时态的现象，如福州话"我有收着汝个批"(我收到了你的信)，厦门话"伊有食我无食"(他吃了我没吃)，潮州话"你有睇电影阿无"(你看了电影没有)；李如龙(1996b)所讨论的泉州方言(闽南方言)的完成体也有类似的说法，如"您厝有饲猪无"(你家养了猪吗)，"汝批有寄出去无"(你把信寄出去了吗)。

从现实语言生活看，"有＋V"已不限于南方方言使用，这种形式已"侵入"北方方言。

改革开放以来，粤方言(主要是广州话)的影响在全国范围内逐渐扩大，加上香港与内地的交流越来越频繁、关系越来越密切，广州、香港粤语的一些常用词已进入全民共同语中，如"煲(汤)""电饭煲""焗(油)""搞定""埋单"(北方官话区多讹为"买单")，等等；一些表达形式(句法结构)也逐渐为北方人所模仿并进入日常交际中，其中"有＋VP"最为常见。在各类媒体中我们经常可以看到或听到"你有回家吗？——我有回家""你妈妈来了吗？——有来"之类的表达。朱军(2010：118～123)用专节讨论

---

① 石著所举的"有 VP"例是否都可以理解为"VP 了"，尚需进一步斟酌。我们看到，《诗经》中有多处"女子有行"，出自不同的篇目，并且跨地域，也可能是当时通用的习语或俗语，不一定是"姑娘出嫁了"的意思。下文提到的粤、闽等南方方言的"有 VP"有的可以理解为"VP了"，但与《诗经》的"有 VP"是否同质、是否有源流关系，仍需进一步探讨。

了"有＋VP"构式的使用问题，认为"有＋VP"构式具有跨体（语体）式能产性。他举出了在中央电视台各类节目中用于回答"有没有 VP""有 VP 吗"之类的问句时出现的"有 VP"的实例，如"有担心""有看到（＋O）""有在唱""有来"等，而回答者不限于南方人，有来自北京的教师、来自辽宁的航天英雄杨利伟、来自陕西的演员李琦。朱著还举出了电视剧《笑傲江湖》《橘子红了》《吕布与貂蝉》等中的"有 VP"实例。关于"有 VP"构式的来源，朱著列出了四种观点：源自港台方言、源自大陆南方方言、源自古汉语、受英语的影响。根据粤方言在全国的影响来看，我们有理由认为，当代"有 VP"形式的大量出现，应来自南方方言，尤其是穗、港粤语的影响，而其真正的源头在上古汉语。

我们的困惑是，这是"复古"呢，还是创新呢？是模仿呢，还是类推呢？

至于"已然"义，如上所述，我们觉得它不是体范畴中的一种。它没有对应的语法形式或独立的构式，需要超句法结构的语气词帮助表达，"了₂"也并非所谓"已然体"的标记。张双庆《动词的体》的作者们共同约定了"已然体"这样一个名称，并对东南诸方言的"已然体"进行了描写。但我们觉得，不管秉持什么样的观点，对与"了₂"相当的成分概括出什么样的意义，总改变不了这些成分作为语气词的性质，改变不了它们表示"已然"意义没有独立构式的事实。况且，东南有的方言并不存在表示"已然体"的成分，即没有与"了₂"相当的所谓标记，如万波（1996）报道的江西安义赣语，它是在动词后用完成体标记"得"来肯定事态出现了变化。总之，从形式（包括标记成分）上看，"已然"与"完成""进行""持续"等体范畴没有什么共同点；从意义上看，虽然"已然"义与"完成体"等范畴都与时间有关，以说话的时间为参照点，但"完成体"等范畴着眼于动作行为的过程结构，"已然"义则着眼于事态的时间结构，关注的是截至说话时刻事态是否出现了变化。凡与时间相关的体范畴，都有已然和未然的对立，这种对立有形式上（句法上）的表现，如曹志耘（1996）提到，金华汤溪方言的"罢"可用在句末表示"已然体"，但不能单独用在句末表示事态将有变化（即我们说的"未然"），表示这样的意义得用"啵"，并且动词前还要加"快""要""好"等词，如"快放假喇啵"。

下面我们将广西汉语方言、相关民族语言"完成体"的主要表达形式归纳为表 1-5、表 1-6。

表 1-5　广西汉语方言"完成体"主要表达形式一览表

方言区（片）	方言点	"完成体"主要表达形式	备注
西南官话桂柳片	荔浦话	VP·着＋O/C	从标记成分看，广西汉语方言十二个点，用"了"（皆不念轻声）的有四个点，"了"与其他成分如"开"并用的有两个点，另外六个点各具"土风"：荔浦话用"着"，桂平话用"北/开"，南宁话用"嗰"，沙田话用"开/哩"，黎塘话用"开"，五通话用"呃"。这些形式兼表"完成体"及"完整体""实现体"，当 VP 位置上是形容词时，"实现体"意义更为明显。"着""了""北""开"等都还有补语的用法。
	桂林话	VP·了＋O/C	
	柳州话	VP·了＋O/C	
粤方言	桂平话	VP·北/开＋O/C	
	南宁话	VP·嗰＋O/C	
	玉林话	VP·开/了＋O/C	
客家方言	陆川话	VP·了＋O/C	
	沙田话	VP·开/哩＋O/C	
	桥圩话	VP·开/了＋O/C	
平话	黎塘话	VP·开＋O/C	
	五通话	VP·呃＋O/C	
	土拐话	VP·了＋O/C	

表 1-6　相关民族语言"完成体"主要表达形式一览表

汉藏语系其他民族语言	"完成体"主要表达形式	备注
都安下坳壮语	①V·waːi⁴²/leːu¹³/dei⁴²/lə³¹（了）　②VP·waːi⁴²/leːu¹³/dei⁴²/lə³¹（了）	这里所列的各种表达形式，皆依据引述文献作者的描写归纳而来（下同），基本上省略了"谓词性成分·标记成分"后的宾语、补语或其他句法成分。按照我们对汉语表达形式和"体"标记的要求，如果谓词性结构后的标记成分位于句末充当语气词（非汉语普通话的"了₁＋了₂"），那么它们不再具备标记"体"意义的功能。从来源上看，这些标记成分大多借自汉语，有的也可能与汉语同源。此外，与汉语的情况相似，本表所列民族语言谓语表示的情状类型主要有活动（如矮寨苗语等）、达成（如拉祜语等）和单变（如矮寨苗语等）。所谓的"完成体"，
武鸣燕齐壮语	①V＋²dai⁵⁵（得）　②VP＋lu³³/lo³³、VP＋poːi²⁴/pi⁵⁵　③V/VP·liːu³¹	
融水下坎侗语	V/VP·pa⁶（原义"完成"）	
临桂茶洞语	①V·tsi⁴　②VP·pa²	
金平傣语	①V/A·tɕi⁶　②V·fa⁵	
傣语（西双版纳允景洪话）	①V/VP·lɛu⁴/hən³ 体标　②VP·lɛu⁴/hən³ 语助	
马关拉基语	①VP·lei⁴⁴（了）　②V·ko³¹（过）	
融水滚琴苗语	V·lɔ⁵²（了）	
矮寨苗语	V/VP·za⁴⁴（了）	

续表

汉藏语系其他民族语言	"完成体"主要表达形式	备注
勐朗坝拉祜语（孙）①	V＋ $pɤ^{31}ɕe^{31}o^{31}$	
勐朗坝拉祜语（张）	V＋ $pɯ^{31}o^{31}$	
绿春县大寨哈尼话	V・a^{55}（了）	
景洪曼卡村基诺话	V・$sɔ^6$	
丽江坝纳西话（孙）	V・$siə^{33}/se^{21}$	
纳西语（木）	VP・ze^{31}/se^{33}（ze^{31} 和 se^{33} 可连用）	实际上也还包括"完整体""实现体"等相近的语法意义。其中比较特殊的是彝语圣作话有"体""貌"的分别，这种分别或对立主要反映在高度虚化的标记成分上。尤其是对立的情形，"体""貌"的区别就是非常必要的了。至于汉语方言中的范畴，如"尝试"，在表达形式（含标记成分）完全相同的情况下，有的称"尝试体"，有的称"尝试貌"，则似乎应该再斟酌。
贡山龙拉村独龙语	①V・$dzǐn^{53}/luŋ^{55}$ ②V・$bɯ^{31}$	
福贡木古甲阿侬语	①V・$ṭhaŋ^{31}$（可与表示已行的 $dʑe^{31}$ 连用） ②VP・$dʑe^{31}$	
彝语圣作话	完成变化体：V・o^{44}；完成貌：V・ta^{33}（完成保留貌），V・$ko^{44}ʂa^{33}$（完成消失貌），V・lo^{44}（完成另行包），V・$ndzo^{44}$（经历貌）	
东兴沥尾京语	V・joi^{21}（了）/$sɔŋ^{33}$（完）/kwa^{33}（过）	
村语	①V・$lɛu^5$（了₁） ②VP・$lɛu^5$（了₂）	

---

① 括号中的姓氏为相关研究者的姓氏，余同。

第二章　广西汉语方言的"进行体"

学界一般认为,"进行体"表示动作行为正在进行,或表示句子所述的事件正在进行之中(参见钱乃荣,2000)。汉语普通话表示"进行体"的典型形式是"正/在/正在＋VP·着＋(O)",其中"着"被认为是"进行体"的标记,也有学者把副词"正/在/正在"作为"进行体"的标记成分。我们认为,副词通过词汇手段可以进入"进行体"的表达形式,作为其中的一个组成部分,并在其中贡献较虚的词汇意义以及跟其他词语组合所产生的语法意义,但它不具备"体标记"的功能,关于"体标记"的认定,我们在上文已有表述。① 刘丹青(2008:468)谈到了"进行体"的意义、形式及相关问题。他表示,进行体用于动态助词,表示行为在时间中的进行过程,不关注动作的起点和终点。普通话的"着"是兼有进行体和持续体功能的体标记,也有学者把动词前的"在"、半虚化的"在那儿"以及北京口语使用较多的语气词"呢"作为进行体标记的,这几种手段可以分别用,也可以一起用。在意义方面,"在"最符合进行体的典型意义,主要用于作为前景(foreground)内容的主句;而单用表示进行的"着"的句子常用于作背景(background)的从句,如"他唱着歌,冲上了山头";有时甚至像一个状语标记,如"笑着说""红着脸回答"。在形式方面,"着"最接近形态标记,而"在""在那儿"等是相对独立的词(被分析为副词)或短语。他认为,最能与进行体匹配的情状类型是"活动"(activity,有持续性)和单变(瞬间完成但可以反复)。用于单变情状时,进行体表达的不是某一动作的持续,而是同一种动作的反复进行,如"小冬拍着皮球","拍"的动作是瞬间完成的,但是"拍着"表示的是用手反复地拍。他强调,普通话"着"兼表进行和持续,"在""在……着"则只表示进行不表示持续,进行与持续有区别。

还有不少学者提到,"着(著)"可以标示"进行体"和"持续体"两种语法意义②,但从历时和共时层面讨论"着"的论著,似乎主张只标示"持续

---

① 有些学者的看法与我们的观点相近,认为副词"正"常用在动词前,强调某一动作、状态与另一动作、状态在时间上相契合,但它本身并不表示动作进行或状态持续;"正"是时位副词,具有非延续性;"在"是时量副词,具有延续性。可参见杨平(2000)、郭风岚(1998)。

② 丁加勇(2000)列举了"着"不表示"进行"的几个事实,并强调"着"表示状态的持续。

体"意义的篇什较多。从历时层面看，标示"持续体"的"着（著）"的产生要早于标示"进行体"的"着（著）"[①]；前者一般定在唐五代（此时期似也有少量标示"进行体"的"着/著"），后者一般定在晚些时候的两宋时期或元代。王力（1989：95～96）的观点是，东汉时"着"已经有了虚化的迹象，它位于动词之后，与动词一起构成使成式的结构；南北朝以后，"着"开始虚化；到了唐代，带"着"的动词后面开始可以有宾语，"着"含有"到"的意思。真正的形尾"着"字似乎正是继承了表示处所的"着"，真正表示行为在进行中的"着"在北宋已经存在了。李讷、石毓智（1997）以及石毓智、李讷（2001：144～147）认为，"着"在存在句中变成指动补语后，在唐代发展出表示两个动作同时进行的用法，到了宋代真正的表示进行态的"着"还没有出现，元代以后才真正出现。孙锡信（1992：135～138）的研究则将表示"持续"和"进行"的助词"着（著）"的产生提前到魏晋南北朝时期。他观察到，表示"附着"义的动词"着（著）"在《左传》中已见用例："风行而着于土"（庄公二十二年），汉魏以后继续使用；当"着（著）"后附于动词充当补语时，这样的"着（著）"已开始虚化，其语义和语法作用相当于介词"到"；唐以后出现了"着（著）"后宾语指人的用例；词尾"着（著）"表示动作的持续状态，始自南北朝时期[②]，五代时已很普遍；表示动作的进行状态，六朝时也已见到；宋元以后，词尾"着（著）"运用更为普遍。

　　关于"着"所标示的语法意义，其他学者也各自发表了看法，多有借鉴意义。龙果夫（1958：139）的观点是，语尾"着"表示状态（动作的持续状态，或者某一动作的结果所呈现的状态）。吕叔湘（1982：228）指出，"着"是方事相，方事相表示动作正在持续之中。陈刚（1980）将"着"的用法与英语进行式做了比较，认为"着"不是表示进行意义的；"着"表示持续态的作用实际上是补语作用的弱化，表示持续态的"着"仍稍微保留着一些表示安置状态的词汇意义。马希文（1987）考察了北京方言里的"着"，认为"着"在许多情况下并不表示"动作正在进行"，很可能北京方言（以及许多别的方言）里根本没有"进行态"这种东西。费春元（1992）认为，"着"表示情状，并且是所有的"V着"都表示情状，而"了"表示实现；作者还谈到，汉语中根本不存在进行体、完成体这些东西。李讷、石毓智

---

① 参见刘宁生（1985）。

② 孙著所举此时期用例，一是《齐民要术》卷前《杂说》："看干湿随时盖磨着，切见世人耕了，仰着土块。并待孟春。"为此，我们查看了缪启愉《齐民要术校释》（第二版，中国农业出版社，1998），此处读为："看干湿，随时盖磨著切。见世人耕了，仰著土块，并待孟春盖……"（22页）《齐民要术》卷前《杂说》的用例恐不足为凭（参见柳士镇 1989）。二是《百喻经·宝箧镜喻》："即便封着，谓是真实，于是堕落。"

(1997：92)认为，现代汉语的"着"主要有四种用法：一是表示动作正在进行；二是表示状态的持续；三是用于存在句；四是表示两个动作同时进行。他们提出，第一种用法的"着"才是真正的体标记。陆俭明(1999)倾向于把"着"的语法意义表述为"表示行为动作或状态的持续"。钱乃荣(2000)则认为，体词助"着"不表示进行意义。钱乃荣说，从表示附着义的动词虚化而来的体助词"着"在近代汉语中有表示存续(动作行为实现后其状态在延续或存在)、伴随和实现三个语法意义。

学者们对"着"所表示的语法意义各执己见，争议较大，这个问题还可以进一步研究。一些南方方言表示"进行体"和"持续体"的方式对我们探讨这个问题也许会有一定的参考价值和启发意义。据陈慧英(1990)、彭小川(1996a)，广州话的"持续态"和"进行态"分别用不同的助词来表示。一般情况下，表示动作的持续态时，在动词后加"住"，表示动作的进行态时在动词后加"紧"，另外还可用其他方式表达相应的意义。陈慧英(1990)谈到，动词后用什么助词，跟动词的语义和句子的形式有关。刘宁生(1985)也有相关的讨论。不过，根据其他的研究论著来看，很多南方方言中与"着"平行的成分(时态助词或动态助词)都是既表示"持续"又表示"进行"的，有的还可兼表"完成"，近代汉语遗留的痕迹比较明显，呈现出相当复杂的格局。

在 Comrie(2005：24～25)的讨论中，未完成态可以区分为"进行态"(progressive)和"持续态"(continuous)两类。"进行态"可以被认为是"持续态"的一个小类(即"进行"是"持续＋非静态")。(参见胡明扬，1996)按照汉语学界的一般做法，我们在这里将"进行体"作为一个独立的次范畴来讨论。Comrie(2005：25)还谈到，"进行态"在具体语言中是很复杂的，在有的语言中进行态和非进行态严格对立，不能互换；而在有的语言中进行态并不排除进行的意义。传统语法著作认为，进行态表示正在进行过程中的某种状态，那就是没有把"进行"和"未完成"区分开来，而这两者是有区别的。"未完成"包括了一种特殊状况，那就是"习惯性"，而"习惯性"并不一定就是"进行"。很多语言根据能不能有进行态把动词分为两大类，即状态动词和非状态动词。这样就可以将"进行"定义为"进行＋非状态"。因此，状态动词是没有"进行态"的。(参见胡明扬，1996)

第一节　西南官话的"进行体"

广西西南官话的"进行体"一般不用"着"作标记成分，而多用"倒

［tau⁵³］"或"起倒"，表示动作行为在时间过程中"进行"的形式主要是"V·倒/起倒"。

一、"V·倒/起倒＋(O)"及其他相关表达形式

(一)荔浦话、桂林话、柳州话的"V·倒/起倒＋(O)"

西南官话一般都用"倒/起倒"作为"进行体"的标记。荔浦话普遍使用"V·倒/起倒＋(O)"形式表示动作行为的进行。例如：

(1)我还在吃倒饭，等下子再去_{我还在吃饭，等一会儿再去。}

(2)我在□［tsan³¹］口剁倒骨头，你莫进来_{我在厨房剁着骨头，你不要进来。}

(3)他们还在那垱唱倒歌，冇回来_{他们还在那里唱歌，没回来。}

(4)他在那垱砍倒树子，未得空_{他在那儿砍树呢，没空。}

上面例句中的"倒"都可换成"起倒"，但以"倒"为常见。双音节的"起倒"似乎有更为强调"进行"的意味。这些句子都表示比较典型的"进行体"意义，是活动情状。以下相同、相类的情况我们不再指出谓语的情状类型。

桂林话、柳州话"V·倒＋(O)"的意义与用法与荔浦话无甚区别，例句可参见表 2-1，此处不赘举。

易丹(2012a)举出了柳州方言"进行体"的表达形式"V·倒＋(O)"的用例，可与表 2-1 的例句互参：

我们在等倒他。

我们正爬倒马鞍山。

我正在敲倒门，他就回来了［la］。

领导开倒会。

按，"在等倒他"虽然有"在"，但"等"的动感不强，可视为持续体。

(二)柳州话的"V·稳＋(O)"

如表 2-1 所示，柳州话也常用"V·稳＋(O)"表示"进行"意义。

据易丹(2012b)的研究，柳州话动态助词"稳"可能受客家话"稳"的影响，表示状态持续或动作进行，接近普通话的"着"。例如(方括号内的说明为我们所加)：

我看稳书。［进行体，也可视为持续体］

他在门口站稳。［持续体］

字典在书架上放稳。［持续体］

他在厨房炒稳饭。［进行体］

楼上住稳客人。［持续体］

车子里面坐稳两个外国人。［持续体］

你夹稳肉吃。["夹稳肉"作状语，表示方式]

她发稳气走了。["发稳气"作状语，表示方式]

大家坐稳听课。["坐稳"作状语，表示方式]

易丹(2012b)表示，柳州话的"倒"比"稳"使用频率更高，二者可同现，也可互换。例如：

他妈扶稳树站倒。["扶稳树"作状语，表示方式；"站倒"，持续体]

梯子靠稳墙放倒。["靠稳墙"作状语，表示方式；"放倒"，持续体]

他在剥稳/倒蒜米。[进行体]

二、其他相关方言点的表达形式

广西区内外西南官话"进行体"的标记成分或用"倒(到)"，或用"起""倒(到)起"，或用其他相关成分、句法形式，不一而足。

据吕嵩崧(2010)，广西百色加尤话表示动作正在进行，一般在动词前用"到"①。例如：

我到打球。(我正打着球。)

他到记音。(他正在记音。)

也可在动词后用"到起"。例如：

走到起就碰到他了。(正走着的时候就遇到他了。)

□ŋaŋ^{54}到起你来你没来。(等着你来你却没来。)(按，此句中的"□ŋaŋ^{54}到起"也可看成持续体。)

看到起都断电了。(正看着的时候断电了。)

或在动词后加"起"。例如：

看起书的时候突然下雨了。(看着书的时候突然下雨了。)(按，"看"与"等"一样，所表示的动作动感不强，也可视为持续体。)

张清源(1991)表示，成都话的"V＋倒₁"主要表示动作进行态，"V＋起₁"主要表示静止持续态。无论表示进行还是持续的形式，句末都可加语气助词"在[zai^{13}]、得[te^{13}]/[te^{21}]、哩[ni^{55}]"，这三个语气助词正与北京话表示时态的"呢"相当。"V＋倒₁＋在"是表示进行的强式框架("V＋起₁＋在"则为表示持续的强式框架)。以下是成都话表示进行的例句：

他们开倒₁会在/得/哩。

我削倒₁苹果在。

手不停地动倒₁，嘴巴不歇气地说倒₁。

---

① 从句法位置看，这个"到"可能是副词。

做倒$_1$活路(干着活儿)就不冷。

张文强调,成都话"倒$_1$""起$_1$"一般不能互换。动词后接"倒$_1$""起$_1$"不是强制性的,而是选择性的。成都话表示进行和持续有好几种可供选择的格式,如表示动作进行可在动词前加表示时间、进行意义的状语"正、正在、在、不停地、不歇气地、侭倒(老是)、直见(直)……",如"他们在开会"(表示静止持续也可说"V 得有……",如"桌子上放得有茶杯"之类)。书面语里"着"的一些用法,口语是不说的,如"胶皮大车一点不停地,只是跑着。"(艾芜《夜归》);口语只说"……只是在跑"。张文列出了动态动词和静态动词的小类,并详细分析了它们与"倒$_1$""起$_1$"的结合情况,可参看。

张一舟等(2001:64~66)也指出,成都话的进行体(属于广义的"持续体")表示动作行为在进行中的动态,可用体助词"倒""起""倒起",大致相当于普通话的"着"。进行体多用"倒",持续体(静态)多用"起","倒起"两者都用。"倒"多跟"踢、滚、跑、走、说、唱、笑、做、吃、看、听、想"等动态动词结合;"起"多跟"斜、正、反、尖、光、亮、红、绿、醒、饿、醉、冷、热"等静态动词或形容词结合。或用语气词"在""得""哩",作用与普通话"外面下雨呢"的"呢"相当。这三个成分是同义语气词,既可作进行体的句末语气词,也可作持续体(静态)的句末语气词。例如:

老刘在喝茶得。│老刘喝倒茶得。│茶,老刘喝倒得。│老刘在喝倒茶得。

老刘在做啥子? ——他喝茶得。│手不停地做倒,嘴巴不歇气地$_{不停地}$说倒。

重庆方言的"倒$_1$""起$_1$"也有表示"进行""持续"两种意义大致上的分工,详情可参见喻遂生(1990)。

据赵葵欣(2012:121),武汉方言表达"进行体"意义有两种方式:一种是将副词或介词结构"正、正在、在那里"置于动词前;另一种是用体貌标记"在"的一系列格式。

第一种方式跟普通话基本一致,其中的"在那里"已经从表示空间存在虚化为转指时间,这种用法具有语言共性。例如:

一进门就发现女儿正挖倒脑壳拖地板。

我正在犹豫,后头的人铆起来催。

你在那里搞么事啊,快过来帮个忙。

第二种方式是,"在"可出现在动词前("在$_1$"),也可出现在动词后

("在$_2$"),但语法意义完全不同。

"在$_1$＋VP"的用例:

> 他这是在$_1$考验我们哟,你还不表现好点。

"VP＋在$_2$"的用例:

> 我来找你,看你做么事在$_2$?

> 那它就是挖鼻子在$_2$,反正绝对有一只手做别的事在$_2$。

赵著(2012:122)表示,这里的"在$_2$"是必须出现的,"进行体"意义靠它来表达,若去掉就不成立。武汉方言的这种形式比较特殊,其他方言也只有合肥话、襄樊话用这种形式表示进行(用来表示持续的较多)。此外,武汉方言的"在$_1$""在$_2$"可以同现,构成"在$_1$＋VP＋在$_2$"形式。例如:

> 他正咱在$_1$学驾照在$_2$,还不能开车。

赵著(2012:122)认为,这里的"在$_2$"不是必须的,可以去掉。武汉方言由"在"构成的三种表达形式基本可以互换。

据张惠泉(1987),贵阳话单音节动词有附加词缀的间接重叠式,其中"V一V嘞"式表示动作正在进行。例如:

> 那个架架摇一摇嘞,要跨下来喔│他两个扯一扯嘞唑,又把好和好喔嘞

张文表示,"V啊V嘞"式与"V一V嘞"式相近,"V啊V嘞"式强调的是动作的连续性。例如:

> 摇啊摇嘞│搣啊搣嘞

"V倒V倒嘞"式表示在新情况发生之前,动作正在正常进行。例如:

> 想倒想倒嘞,他就把来喔│这朵花看倒看倒嘞,一下下一会儿就把蔫喔

按,张文所举的这些例子有的"进行"义比较明显,如"摇一摇嘞""摇啊摇嘞"意思似乎是"不停地摇","搣啊搣嘞"同此意。"扯一扯嘞"意思可能是"聊了一会",也可能是聊了比较长的时间,但不太可能是"不停地聊"。"想倒想倒嘞"是"正在想着"的意思,"看倒看倒嘞"似乎不是"正在看着"的意思。无论如何,这些有附加词缀的间接重叠式都不是我们所说的"进行体"的表达形式。

路伟(2006)的研究称,云南个旧方言"进行体"的表现形式是在谓词后使用"了[la^{55}]",意义相当于普通话的"着"①。例如(原文国际音标从略):

---

① 路伟(2006)谈到,云南个旧方言的"了[la^{55}]"也表示动作行为处于持续状态,我们在这里一并提出。例如,房首还亮了灯屋里还亮着灯。│她藏了一根秘密她藏着一个秘密。

小娃玩了游戏_{小孩玩着游戏。}

妈妈煮了饭_{妈妈煮着饭。}

路文表示，个旧方言还有一种完成进行体，表示的意思是谓词的动作行为完成了一部分，没有全部进行完毕，还需要继续进行，其表现形式是在谓词后使用"了$_1$[la^{33}]"（句尾语气词为"了$_2$[la^{33}]"）。例如：

工资才拿了一半儿。

才吃了半饱。[1]

根据《动词的体》所提供的"进行体"普通话例句，广西西南官话三个方言点"进行体"相关表达形式可归纳为表 2-1。

表 2-1　广西西南官话"进行体"的表达形式

方言点	普通话例句	方言点用例	表达形式	备注
荔浦话	我在吃饭，他在洗手呢。	我喫倒饭，他还在洗（倒）手。	V·倒＋O	"V·倒"是比较典型的表示动作进行（活动情状）的形式。柳州话用"稳"，也可用"倒"（下同）。
桂林话		我吃倒饭，他洗倒手。	V·倒＋O	
柳州话		我吃稳饭，他洗手。	V·稳＋O	
荔浦话	她哭着呢，什么也不吃。	她还在那垲哭倒，什么都不喫。	PP＋V·倒	"V·倒"前再加"在"或再加由"在＋宾"构成的PP，"进行体"意义更为显豁。
桂林话		她在（那垲）赖哭，什么都不吃。	（在/PP＋V）	
柳州话		她哭稳，什么了_都没吃。	V·稳	
荔浦话	我跑着呢，所以不觉得冷。	我跑倒（步）咧，未见冷。	V·倒（＋O）	"V·倒"的宾语可不出现，荔浦话在句末加了语气词，可更突显动作正在进行的意思。
桂林话		我跑倒步，所以不觉得冷。	V·倒＋O	
柳州话		我跑稳步，没觉得冷。	V·稳＋O	
荔浦话	外面下雨呢，要带伞。	外头落（倒）雨啵，带把雨伞嘛。	V·倒	"下雨"的动感不强，可视为一种状态。前一分句若说成"下雨了"，则表示状态的出现。
桂林话		外面下倒雨呢，要拿伞。	V·倒	
柳州话		外头下稳雨，带伞去。	V·稳	

---

[1]　个旧方言表示进行、持续的"了[la^{55}]"和表示完成进行的"了$_1$[la^{33}]"在语流中会逐级弱化，详见路伟（2006）。

续表

方言点	普通话例句	方言点用例	表达形式	备注
荔浦话		阿妈在门口补(倒)衣裳，阿姐在厨房煮(倒)饭。	PP+V·倒+O	两个分句的宾语必须出现。柳州话 V 后也可加标记"倒/稳"，这里属于省略现象，并非不能用。
桂林话	妈妈在门口缝衣服，姐姐在厨房里煮饭。	妈妈在门口缝倒衣服，姐姐在厨房里煮倒饭。	PP+V·倒+O	
柳州话		阿妈在门口缝衣服，阿姐在厨房煮饭。	PP+V·(倒/稳)+O	
荔浦话		我未吃饭呐，我还在扫倒地。	在+V·倒+O	前一分句为否定式，都不加标记成分。柳州话后一分句可加标记"稳/倒"。
桂林话	我没在吃饭呢，我在扫地。	我没在吃饭呢，(我)在扫倒地。	在+V·倒+O	
柳州话		我没有吃饭啊，我在扫地。	(在+V+O)	
荔浦话		日今他做什么？——他睡在床高头看书。	(V+O)——(V+PP+V+O)	"睡"之后可加"倒"，V·(倒)+PP 表示"看书"的方式，下同。
桂林话	这会儿他在干什么？——他躺在床上看书呢。	现在他在做什么？——他睡倒床上看书呢。	(在+V+O)——(V·倒+O+V+O)	这里的"倒"相当于"在"。
柳州话		现在他在做嘛？——他睡在床上看书。	(在+V+O)——(V+PP+V+O)	"嘛"是疑问代词作宾语。"睡"后可加"倒/稳"。

　　从表 2-1 可以看出，"V·倒+(O)"在广西西南官话中是最主要的"进行体"的表达形式。根据所表达的具体情况，"V·倒+(O)"前或后都可出现表示处所/方位的介词短语(PP)。与普通话一样，若"V·倒(+PP)"后还有其他动词性成分，则"V·倒(+PP)"往往表示动作行为进行的方式。至于柳州话的标记成分"稳"，从它的使用频率不如"倒"高的情况看，我们初步同意它是受客家方言的影响而出现的。需要指出的是，在我们的标准中，普通话"在+VP"形式(实例如"在吃饭""在洗手""在门

口缝衣服"等)表示的只是动作行为的"进行"义，不是"进行体"的意义。"在""正"之类的副词可看成"过程标记"。(参见郭锐，1997)由于广西官话不用"着"作标记，普通话"着呢"在三个点中没有对应的说法。关于"着呢"，孟琮(1962)有过讨论。他把"着呢"分为两类，A类是"X着＋呢"，"着"是加在动词后面的时态助词，"呢"是表示陈述语气的语气词。"着"和"呢"在这里是自由组合的，它们在一起可以说是偶然的，所以中间可以插入其他成分，也可以去掉"呢"而单用"着"。总之，A类"着呢"表示动作正在进行中，同时表示直陈语气。B类"着呢"则是个完整的成分，表示程度高，专门用在形容词后。与"体"意义相关的自然是A类"着呢"。

第二节　粤方言的"进行体"

广西粤方言的"进行体"大多用"V·住/紧＋(O)"形式表达，"住"和"紧"的语法意义和功能在各相关方言点中多数情况下没有区别，可以换用，但在区外的粤方言点如广州话中区别较明显，一个用来标记"进行"义(紧)，一个用来标记"持续"义(住)，分工比较明确(详见下文)。

一、桂平话、南宁话、玉林话的表达形式

(一)桂平话的"V·住＋(O)"

桂平话表示"进行体"主要用"V·住＋(O)"形式。例如：

(1)我食住饭，佢洗住手我在吃饭，他在洗手。

(2)佢哭住，乜嘢都唔食她哭着呢，什么也不吃。

(3)我跑住步，所以唔觉得冷我在跑着步呢，所以不觉得冷。

(4)外底落住雨，要带遮外面下着雨，要带伞。

(5)我上住课，唔得闲我在上着课，没有空。

(6)妈妈在门口车住衫，姐姐在厨房煮住饭妈妈在门口缝衣服，姐姐在厨房里煮饭。

(7)我唔有食饭啊，我扫住地我没有吃饭呢，我在扫地。

(8)佢宜家做乜嘢这会儿他在干什么？——佢睡在床睇住书/佢在床上睡住睇书他躺在床上看书呢。

以上皆为"V·住＋(O)"。V为及物动词，其后往往带宾语，如"食、车、煮、看"等；不及物动词有的也带宾语，如"跑"等。桂平话表示"进行体"一般不用"V·紧"。

(二)南宁话的"V·住/紧"

南宁话表示动作行为正在进行一般用"V·住/紧"，"住""紧"大多可

以互换，意义和功能无别。例如：

(1)我食住/紧饭，佢洗住手_{我在吃饭,他在洗手呢。}

(2)佢仲哭住，乜嘢都毋食_{她哭着呢,什么也不吃。}

(3)我跑住步，所以毋见冷_{我正在跑步,所以不觉得冷。}

(4)外面落住雨，要带遮啵_{外面下着雨,要带伞。}

(5)我扫住/紧地，边得闲食饭_{我扫着地呢,哪有空吃饭?}

也可以省略标记成分。例如：

(6)而家佢做乜嘢_{现在他做什么?}？——佢睡在床上睇书呀_{他躺在床上看书呢。}

林亦、覃凤余(2008：331～332)与我们有同样的观察，不过她们强调，南宁白话先前"进行体"的标记主要用"紧[kɐn³⁵]"。例如：

我落去阵时，阿妈切紧菜。(我进去的时候，妈妈在切菜)

冇嘈我，我数紧数。(别吵我，我数着数呢)

后来"住"的使用范围逐渐扩大，进行体用"紧"，也用"住"(持续体只用"住")。例如：

细妹插紧/住花。

佢写紧/住字。

关于南宁话"住"和"紧"出现的先后问题，可再做进一步讨论。

(三)玉林话的表达形式

玉林话"进行体"的表达形式不像桂平话、南宁话那样较为单一。先看例句：

(1)我在吃饭，佢洗手在呢_{我在吃饭,他在洗手呢。}

(2)佢哭紧在呢，是律总冇吃_{她哭着呢,什么也不吃。}

(3)我躁紧呢，冇见冷_{我跑着呢,所以不觉得冷。}

(4)外边落水呢，着带夜遮_{外面下雨呢,要带伞。}

(5)妈在门口纳衫，姐在灶门煮饭_{妈妈在门口缝衣服,姐姐在厨房里煮饭。}

(6)我冇吃饭在呢，我扫地_{我没在吃饭,我在扫。}

(7)個时佢在作是律？——佢睡在床睇书呢_{这会儿他在干什么?——他躺在床上看书呢。}

例(1)前一分句是"在＋VP"(VP 为 V＋O)，"在"为副词，不是"进行体"的标记；后一分句是"VP＋在"，这个"在"在不少方言点中都可后置，是虚化程度比较高的成分。例(2)是"V·紧＋在"。例(3)是"V·紧"。例(4)省略了形式标记，"呢"除有成句作用外，似也有帮助表达"进行"意义的作用，与普通话的情形相同。例(5)两个分句都用由"在"构成的介词短语加上述宾短语，即"PP＋VP"形式，这种形式不是"进行体"的表达形式。例(6)两个分句都是"VP＋在"，与例(1)的后一分句相同。例

(7)问句用的是"在＋VP"形式，问句和答句都不是"进行体"的表达形式。综合起来看，可以说"在＋VP""VP＋在"（包括"V·紧＋在"）是比较常见的形式。其中只有用标记成分如"紧"的形式，表达的才是"进行体"意义。当然，玉林白话也如其他粤方言点一样，"V·住/紧"亦为常用的表达"进行"意义的形式，梁忠东(2009a)有相关报告。例如：

> 佢做住/紧作业，你□[a³⁵]喊佢咧。他正在做作业，你不要叫他了。

> 我讲住/紧课，冇得闲帮你。

> 开住/紧车接手机好危险咯。

如果动词前加"正"，标记成分一般用"住"。例如：

> 你吃饭唔曾？——正吃住。

> 佢晒着衫裤唔曾？——正晒住。

梁忠东(2009b)还谈到，玉林话助词"在"直接放在动宾短语后，表示动作行为正在进行（也可表示状态还在持续，见下文）。以下是"进行体"的例句：

> 佢吃饭在，冇要喊佢。

> 佢打电话在，你冇要吵佢。

> 你做事律在你在干什么？——吃饭在正在吃饭。

> 你睇书在嘛你还在看书吗？——睇在在看。

若按照梁忠东(2009b)的认定，VP后的"在"是助词的话，则上述"VP＋在"形式应记为"VP·在"。

二、其他相关方言点的表达形式

桂平金田白话除用"V·住＋(O)"表示"进行体"外，也用"V·紧＋(O)"。例如：

> 我哋商量住(紧)个只问题。（我们正在商量这个问题。）

> 我哋养住一只鸡公同两只鸡嬷。（我们养着一只公鸡和两只母鸡。）

> 渠睡住睇书。（他躺着看书。）①

第1例"住""紧"可以互换，后两例似乎只用"住"。按，最后一例的"睡住"表示方式，不是纯粹的"进行体"意义。

据徐荣(2008)，北流粤方言的"进行体"也用"住"或"紧"作标记，句末还可以出现"在"，与玉林白话例(2)的形式相同，"在"应也是助词。

---

① 以上材料引自李晓君《桂平市金田白话研究》中的"语法例句"，广西大学硕士学位论文，2013。

例如：

  阿妈睡住觉在，冇使吵渠。

  吃住夜在，等阵就去。

  睇紧电视在，冇使来烦我。

  大体上说，玉林市及周边粤方言"进行体"的表达形式用"V·在"的情况较为常见。如果把这样的"在"看作句末助词或者语气词，则它应相当于普通话陈述句句末的"呢"，如"外面下雨呢""他们开会呢"之类的"呢"。但在我们的"系统"里，句末表示语气的成分不是"体标记"。

  根据《动词的体》所提供的"进行体"普通话例句，广西粤方言三个方言点"进行体"相关表达形式可归纳为表 2-2。

表 2-2　广西粤方言"进行体"的表达形式

方言点	普通话例句	方言点用例	表达形式	备注
桂平话		我食住饭，佢洗住手。	V·住+O	前后分句皆有标记。
南宁话	我在吃饭，他在洗手呢。	我食住/紧饭，佢洗住手。	V·住+O	调查合作人表示，第二分句只能用"住"，不能换成"紧"。
玉林话		我在吃饭，佢洗手在呢。	(在+V+O)，(V+O·在)	第一分句中的"在"是副词，第二分句中的"在"是助词。
桂平话		佢哭住，乜嘢都唔食。	V·住	粤方言"V·住"是最简单的表示"进行"的形式。玉林话句末仍用"在"。
南宁话	她哭着呢，什么也不吃。	佢而家哭住，乜嘢都毋食。	V·住	
玉林话		佢哭紧在呢，是律总冇吃。	V·紧·在	
桂平话		我跑住步，所以唔觉得冷	V·住+O	"跑"后的宾语其实都可省略。南宁话若说"□[tɐ?⁵⁵]住"，则不带宾语。
南宁话	我跑着呢，所以不觉得冷。	我跑住步/□[tɐ?⁵⁵]住，毋见冷。	V·住+(O)	
玉林话		我蹢紧呢，冇见冷。	V·紧	

续表

方言点	普通话例句	方言点用例	表达形式	备注
桂平话	外面下雨呢，要带伞。	外底落住雨，要带遮。	V·住	普通话"VP·呢"可表示非"体"的"进行"义，玉林话同此。
南宁话		外底落住雨，要带遮哦。	V·住	
玉林话		外边落水呢，着带夜遮。	(VP·呢)	
桂平话	妈妈在门口缝衣服，姐姐在厨房里煮饭。	妈妈在门口车住衫，姐姐在厨房煮住饭。	PP+V·住+O	南宁话也可在V后加"住/紧"。玉林话仍然不用标记成分，也就是不用表"体"形式。
南宁话		妈妈在门口车(住)衫，姐姐在厨房煮(住)饭。	PP+V·(住)+O	
玉林话		妈在门口纳衫，姐在灶门煮饭。	(PP+V+O)	
桂平话	我没在吃饭呢，我在扫地。	我唔有食饭啊，我扫住地。	V·住+O	三个方言点第一分句都不用普通话的"在+VP·呢"。桂平话、南宁话第二分句加了标记成分。
南宁话		我唔系食住饭，我扫住地。	V·住+O	
玉林话		我冇吃饭在呢，我扫地在。	(V+O·在)	
桂平话	这会儿他在干什么？——他躺在床上看书呢。	佢而家做乜嘢？——佢睡在床睇住书。	(V+O)——(V+PP+V·住+O)	桂平话、南宁话答语的说法有差别，表现在"住"所处的位置上，但"睡在床"和"睡住在床"都表示方式，"睇住书"和"睇书"(可视为省略标记)在此句中都表示"进行体"，只是强调的重点不同。
南宁话		而家佢做乜嘢？——佢睡住在床睇书。	(V+O)——(V·住+PP+V+O)	
玉林话		个时佢在作是律？——佢睡在床睇书呢。	(在+V+O)(V+PP+V+O)	这与普通话的表达方式相同。

从表 2-2 可以看出,"V·住/紧"是广西粤方言"进行体"主要的表达形式,有的"住""紧"可以互换,有的用"住"还是用"紧"有一定的条件,有的一般只用"住"。相比较而言,用"住"的情形更普遍一些。其中玉林话另有比较特殊的形式"VP·在"(非"进行体"形式),这种形式在北流白话中也有所见。关于"V·住""V·紧""VP·在"的使用频率、语用价值等的差异及其来源问题,尚需更多的材料才能进一步说清楚。

第三节　客家方言的"进行体"

广西客家方言"进行体"的表达形式,有的与粤方言相同,用"V·紧＋(O)",有的另用体标记(如陆川话用"稳","住"基本不用),还有的可用与普通话相同的形式。

一、陆川话的"V·稳＋(O)"及沙田话、桥圩话相应的表达形式

(一)陆川话的"V·稳＋(O)"

陆川话的"进行体"主要用"V·稳＋(O)"形式表达。例如:

(1)倨食稳饭,佢洗稳手_{我在吃饭,他在洗手。}

(2)佢叫稳咯,嘛介都没食_{她哭着呢,什么也不吃。}

(3)倨跑稳步咯,所以不见得冷_{我在跑着步呢,所以不觉得冷。}

"V·稳＋(O)"是客家话富有特征的表达形式,虽然有的方言点并不用此形式,但作为"标志性"的形式,在客家方言区的使用当是较为普遍的。

陆川话也可以用"落/落□[kɔ²⁴]＋O"构成的介词短语加上动词性成分表示"进行"义(非"进行体")。"落/落□[kɔ²⁴]"相当于普通话的"在",O 可以省略,也可以用"在"字介词短语。例如:

(4)阿妈落门口做衣裳,阿姐落早下煮饭_{妈妈在门口缝衣服,姐姐在厨房煮饭。}

(5)倨没落□[kɔ²⁴]食饭,倨落□[kɔ²⁴]扫地_{我没在吃饭,我在扫地。}

(6)现时佢落做嘛样_{这会儿他在干什么?}——佢睡在床上看书_{他躺在床上看书呢。}

也可以通过语境表示相应的意义,不用特定形式。例如:

(7)外面落水,要带伞_{外面下雨,要带伞。}

若视为省略了体标记,则这种句子的意义是"进行体"意义。

(二)沙田话的"V·紧[tin²¹]＋(O)"

沙田话表达"进行体"意义用如粤方言那样的表达形式"V·紧＋(O)",且最为常见。例如:

(1)我食紧饭,他洗紧手_{我在吃饭,他在洗手。}

(2)她叫紧嘴,嘛介也冇食_{她哭着呢,什么也不吃。}

(3)我跑紧步,所以冇知得冷_{我跑着呢,所以不觉得冷。}

(4)外面落紧水,要带雨夹_{外面下雨呢,要带伞。}

(5)阿妈在门口补紧衫裤,阿姐在厨房里煮紧饭_{妈妈在门口缝衣服,姐姐在厨房里煮饭。}

(6)我萌[maŋ³⁵]食饭,我扫紧地_{我没在吃饭呢,我在扫地。}

(7)今下他做嘛介_{这会儿他在干什么?}——他睡在眠床看紧书_{他躺在床上看书呢。}

在《动词的体》所列出的 7 个调查例句中,沙田话无一例外都出现了"V·紧"的用例,普通话不用"着"的地方,沙田话也用"紧",如例(1)、例(4)、例(5)的两个分句、例(6)的第二个分句、例(7)的答语,并且"V·紧"后都带宾语。作为标记成分,"紧"的出现频率相当高。

(三)桥圩话的表达形式

桥圩话"进行体"的表达形式中,"紧"也是主要的标记成分,但其出现频率不如沙田话那么高,它可以像普通话那样,运用非表"体"形式表达非"进行体"的"进行"义。请看相关例句:

(1)我吃紧饭,佢洗紧手_{我在吃饭,他在洗手呢。}

(2)佢□[ɔi⁴¹]着呢,什么都冇吃_{她哭着呢,什么也不吃。}

(3)我跑步,所以冇见冷_{我跑着呢,所以不觉得冷。}

(4)外面下水,要带伞_{外面下雨呢,要带伞。}

(5)阿娘在门口补衫,阿姐在厨房煮饭_{妈妈在门口缝衣服,姐姐在厨房里煮饭。}

(6)我冇吃饭,我正在扫地_{我没在吃饭呢,我在扫地。}

(7)这下佢干什么_{这会儿他在干什么?}——佢睡紧在床看书_{他躺在床上看书呢。}

例(1)用"V·紧+O";例(2)与普通话相同,用非表"体"形式"V·着呢";例(3)、例(4)可看成省略了体标记;例(5)是非表"体"形式"PP+V+O";例(6)第二分句是非表"体"形式"正在+V+O";例(7)用"V·紧",但"睡紧"表示的是动作行为进行的方式。据我们的调查,贵港的木格话、湛江镇话用"V·紧+(O)"的情况比桥圩话常见(参见表 2-3备注)。

二、其他相关方言点的表达形式

广西区内外客家方言表达"进行体"意义的形式与我们前面所讨论的并无差别,只是标记成分有些不同,其中广东梅县方言的标记成分比较丰富(详见下文)。

广西玉林高峰镇客家方言的"进行体"用"V·紧＋(O)"形式。例如：

病人冇精冇神唧行紧。（病人无精打采地走着。）

𠊎儿正谂紧一啲事。（我们正在商量这个问题。）

整齐唧坐紧。（整齐地坐着。）

东西□[kun³³⁵]知放紧。（东西乱放着。）①

邱前进(2008)报告了宾阳王灵客家方言用"V·紧＋(O)"形式表示动作"进行体"或"持续体"的情况；韩霏(2008)报告了博白沙河客家方言用"V·紧＋(O)"表示"进行体"或"持续体"的情况，可参看。例不赘举。

据陈辉霞(2008)，临桂小江客家方言用非表"体"的"正□□[tsən⁵⁴ tsʰɔŋ¹³]"（相当于普通话的"正在"）成分表示"进行"义。例如：

当𠊎倒佢屋下个时候，佢正□□食饭。_{当我到他家的时候,他正在吃饭。}

𠊎拈正□□商量这只问题。_{我们正在商量这个问题。}

按，"正□□[tsən⁵⁴ tsʰɔŋ¹³]"当为副词，其本身并不表示"进行"义，"进行"义的表达形式应为"正□□[tsən⁵⁴ tsʰɔŋ¹³]＋VP"。

林立芳(1996)表示，广东梅县方言的"进行体"表示动作行为正在进行或动作造成的状态的持续，常见形式有"V＋撑地""V＋等""V＋等歁""V＋等来"等。以下择举其中一些例句：

阿哥看撑地/等书，阿姊做撑地/等作业。（哥哥正看着书，姐姐正做着作业。）

佢叫等歁/撑地，脉个都唔肯食。（他正哭着，什么都不肯吃。）

你先食等来，𠊎做撇细正食。（你先吃着，我干完活才吃。）

外面落等/等歁/撑地雨。（外面正下着雨。）

林文表示，"撑地""等"大致相当于普通话的"着"，在很多语句中可以互换，但语法意义和用法有所不同。"撑地"强调动作行为本身的持续（按，如果动感强，则为"进行体"）；"等"表示动作行为造成的状态的持续，特别是在状态动词之后，其语法意义的不同更为明显，如"佢戴撑地帽子"是说"戴"的动作正在进行，说话时"戴"的动作还没完成，"佢戴等帽子"表示"戴帽子"的状态的持续。另外，"V撑地"可用在句末，"V等"一般不能在句末出现。

"等歁"可出现在动宾之间，强调处于某种状态。例如：

佢读等歁书，唔好搅造佢。（她正读着书，不要打扰她。）

"等来"则不能出现在动宾之间，只能变成"V等X来"，如"讲等话

---

① 引自李城宗《玉林市高峰镇客家方言研究》中的"语法例句"，广西大学硕士学位论文，2013。

来""看等书来"。"等欸""等来"还可用在形容词谓语句中表示状态持续。例如：

　　　　等佢恶等来，以后佢正知死个。（让他厉害着吧，以后他才知道要倒霉的。）

　　　　佢两侪好等欸，食饭都共只碗公个。（他俩亲密得很，吃饭都共用一只碗。）

　　按，我们在这里一并列出上面两个林文所谓表示状态持续的例子，是为了做个比较。其实这两例也不是典型的表示持续的句子，只是表示某种状态，或者持续意义只用作背景，并且不明显。林文还表示，除"等来"外，其他标记都不能用于祈使句中。

　　据项梦冰（1996、1997：177～180），福建连城客家方言用"得/着""正是得/着"表示"进行"。"得/着"相当于普通话的"在"。例如：

　　　　我得食饭，渠得洗手。（我在吃饭，他在洗手呢。）

　　　　外底得落雨，要带伞。（外面下雨呢，要带伞。）

　　　　我唔系的食饭 e^{35}，我得扫地下 a^{33}。（我没在吃饭呢，我在扫地。）

　　"得/着"还可以跟持续体标记"紧"共现，"得/着"在前"紧"在后；"得/着"也可跟另一持续体标记"稳定"共现，"稳定"位于动词后；或者"紧"与"稳定"都出现。"得/着"跟持续体标记共现都表示正在进行某种持续性行为。例如：

　　　　渠得（紧）〈哭〉（稳定），是物都唔食。（她哭着呢，什么都不吃。）

　　　　渠一个人得（紧）食（稳定）酒。（他一个人喝着酒呢。）

　　还有一个"正是得"，相当于北京话的"正在"。例如：

　　　　我去〈的〉时节，渠一家人正是得食饭。（我去的时候，他一家人正在吃饭。）

　　项梦冰在讨论中强调，"正是得/着"与"得/着"不同，它只能做体标记，没有否定式，不能跟"已然体"标记"呃"等共现，但可跟"持续体"标记"紧"或"稳定"连用。例如：

　　　　一色都正是得（紧）割（稳定），渠老子大伯一个人放下来嬲。（大家都正在不停地割着，他一个人倒歇着玩。）

　　根据《动词的体》所提供的"进行体"普通话例句，广西客家方言三个方言点"进行体"相关表达形式可归纳为表2-3。

表 2-3　广西客家方言"进行体"的表达形式

方言点	普通话例句	方言点用例	表达形式	备注
陆川话	我在吃饭，他在洗手呢。	偃食稳饭，渠洗稳手。	V·稳＋O	三个方言点都用了标记成分。木格话、湛江镇话用"V·紧＋O"。
沙田话		我食紧[tin²¹]饭，他洗紧手。	V·紧＋O	
桥圩话		我吃紧饭，佢洗紧手。	V·紧＋O	
陆川话	她哭着呢，什么也不吃。	渠叫稳咯，嘛介都没食。	V·稳（咯）	"叫稳咯"与普通话的"哭着呢"形式上似乎相同。
沙田话		她叫紧嘴，嘛介也冇食。	V·紧＋O	述宾式的"叫嘴"是沙田话对应普通话"哭"的说法。
桥圩话		佢□[ɔi⁴¹]着呢，什么都冇吃。	V·着呢	同普通话。木格话、湛江镇话用"V·紧"。
陆川话	我跑着呢，所以不觉得冷。	偃跑稳步□[kɔ²⁴]，所以不见得冷。	V·稳＋O	陆川话、沙田话的形式中，有无O不影响意义的表达。
沙田话		我跑紧，所以冇知得冷。	V·紧	
桥圩话		我跑步，所以冇见冷。	(V＋O)	木格话、湛江镇话用"V·紧"。
陆川话	外面下雨呢，要带伞。	外面落水，要带雨遮。	(V＋O)	参见表 2-1、表 2-2 的相关说明。木格话、湛江镇话用"V·紧"。
沙田话		外面落紧水，要带雨夹。	V·紧＋O	
桥圩话		外面下水，要带伞。	(V＋O)	
陆川话	妈妈在门口缝衣服，姐姐在厨房里煮饭。	阿妈落门口做（稳）衣裳，阿姐落厨房煮（稳）饭。	PP＋V·（稳）＋O	事实上，各方言点 V 后都可加标记成分(但不太自然)，因此不出现体标记的形式可视为省略。木格话、湛江镇话加了标记"紧"。
沙田话		阿妈在门口补紧衫裤，阿姐在厨房煮紧饭。	PP＋V·紧＋O	
桥圩话		阿娘在门口补（紧）衫，阿姐在厨房煮（紧）饭。	PP＋V·（紧）＋O	

续表

方言点	普通话例句	方言点用例	表达形式	备注
陆川话	我没在吃饭呢，我在扫地。	偓没落□[kɔ²⁴]食饭，偓落□[kɔ²⁴]扫地。	(落□[kɔ²⁴]+V+O)	陆川话前后分句形式相同。木格话第二分句为"正在＋V＋O"，与桥圩话相同；湛江镇话则用"V·紧＋O"，与沙田话相同。
沙田话		我萌［maŋ³⁵］食饭，我扫紧地。	(V+O)，V·紧+O	
桥圩话		我冇吃饭，我正在扫地。	(V+O)，(正在+V+O)	
陆川话	这会儿他在干什么？——他躺在床上看书呢。	现时渠落□[kɔ²⁴]做嘛样？——渠睡在床上看书。	(落□[kɔ²⁴]+V+O)——(V+PP+V+O)	问句和答句与普通话形式基本相同。
沙田话		今下他做嘛介？——他睡在眠床看紧书。	(V+O)——V+PP+V·紧+O	答语沙田话、桥圩话的说法正好分别跟桂平话、南宁话相同；木格话说"睡紧在床看书"，与桥圩话相同；湛江镇话可不用标记成分"紧"。
桥圩话		这下佢干什么？——佢睡紧在床看书。	(V+O)——V·紧+PP+V+O	

表 2-3 显示了广西客家方言三个方言点"进行体"意义及"进行"义的表达形式。从表中所涉及的情况看，陆川话的标记成分用"稳"，形式主要是"V·稳＋(O)"；沙田话及贵港的木格话、湛江镇话则常用"紧"（都不用"住"），形式主要是"V·紧＋(O)"；桥圩话杂用多种形式，但其标记成分也用"紧"，不用"住"。

第四节　平话的"进行体"

广西平话"进行体"的表达形式，有与粤方言、客家话相同的"V·紧/住＋(O)"，表达"进行"义，有与普通话相同的"正/在＋VP""VP·着呢"等形式，也呈现出较为纷杂的局面。仅从表达形式看，分不出桂南平话、桂北平话之间的差别。

一、黎塘话、五通话、土拐话的表达形式

(一)黎塘话的表达形式

黎塘话"进行体"的表达形式主要是"V·紧/住+(O)","进行"义的表达形式可以是"PP+VP"。例如:

(1)我吃紧饭,他洗紧手我在吃饭,他在洗手呢。

(2)那正哭紧喔[ok³],哪门都唔吃她哭着呢,什么也不吃。

(3)我跑紧步,唔见冷捏我跑着呢,所以不觉得冷。

(4)外边落紧雨,取带(把)伞啊外面下雨呢,要带伞。

(5)阿妈在门口车/补衫,阿姐在厨房煮饭妈妈在门口缝衣服,姐姐在厨房里煮饭。

(6)我唔是吃住饭啊,我扫紧地我没在吃饭呢,我在扫地。

(7)强时那做哪门这会儿他在干什么? ——那恋在床上高睇紧书

呢他躺在床上看书呢。

例(1)～例(4)用"V·紧+(O)";例(5)的两个分句用"PP+VP"(VP也是动宾短语);例(6)前一分句用"V·住+O",后一分句用"V·紧+O";例(7)"在床上高"(PP)表示处所,后面是"V·紧+O"形式。从这几例情况看,黎塘话"进行体"的表达形式大体与粤方言、客家方言相同。

(二)五通话的表达形式

临桂五通周边是桂林官话,其"进行体"的表达形式多受官话的影响,也受普通话的影响,因此其"进行体"的表达形式相应地用"V·倒+(O)","进行"义的形式用"在+VP""VP·呢"。例如:

(1)我在吃饭,他在洗手呢。

(2)她(在)哭倒呢,□□[ti³³tʂə?²²]都冇吃她哭着呢,什么也不吃。

(3)我(在)走倒呢,所以冇感到冷我跑着呢,所以不觉得冷。

(4)门底下雨呢,用带伞外面下雨呢,要带伞。

(5)姐在门口连衣裳,妹在灶门煮饭妈妈在门口缝衣服,姐姐在厨房里煮饭。

(6)我冇吃倒饭,我在扫地我没在吃饭呢,我在扫地。

(7)□[kʰə⁵³]会他在做□[tʂə?²²]这会儿他在干什么? ——他睡倒床上目英书呢他躺在床上看书呢。

例(1)与普通话的说法完全相同;例(2)、例(3)都用"V·倒·呢";

例(4)用"VP·呢";例(5)的两个分句用"PP＋VP(动宾短语①)";例(6)前一分句用"V·倒＋O",后一分句用"在＋VP",这是很有意思的现象;例(7)问句用"在＋VP",答语用"V·倒"(表示方式)。

(三)土拐话的表达形式

土拐话"进行体"的表达形式受普通话的影响似乎更为明显,受官话的影响可能小一些。先看例句:

(1)我在吃饭,他在洗手呢。

(2)她赖哭着呢,是乜也冇吃_{她哭着呢,什么也不吃。}

(3)我跑着呢,所以冇觉得□[lat¹²]_{我跑着呢,所以不觉得冷。}

(4)外留落水呢,□[ɐi⁴⁵]揹伞_{外面下雨呢,要带伞。}

(5)妈在门口补衫裤,姐在厨房煮饭_{妈妈在门口缝衣服,姐姐在厨房里煮饭。}

(6)我冇在吃饭呢,我在扫地_{我没在吃饭呢,我在扫地。}

(7)箇阵他在做乜_{这会儿他在干什么}?——他躺在床上高看书

呢_{他躺在床上看书呢。}

例(1)的说法与普通话完全相同;例(2)、例(3)同普通话的"VP·着呢";例(4)也同普通话的"VP·呢";例(5)的两个分句都是"PP＋V＋O",也是普通话的说法;例(6)的两个分句和例(7)的问句都用"在＋V＋O",也是普通话惯用的形式。如此看来,土拐话并没有其他平话点的形式标志,也没有纯粹的表示"进行体"的形式和标记成分。

二、其他方言点的表达形式

广西平话其他方言点"进行体"的表达形式中的标记成分与前面三个方言点大多相同,也出现另有选择的情况,相关句法格式中某个成分的位置也有所不同。以下分别引述、说明。

据覃远雄(1996),南宁平话表示动作进行或持续用"住·tsy""紧·kən"作为标记。例如(方括号内的说明为我们所加):

渠讲住话,冇得闲_{他正说着话,没有空。}[进行体]

渠拧住一本书_{他拿着一本书。}[持续体]

屋里头坐住一帮人。[持续体]

台上_{桌上}放住一盆花。[持续体]

门口开住。[持续体]

① 本研究的动宾短语有时记为"V＋O",是为了细化结构形式;有时记为"VP",或为行文的方便,或无须区别动/述宾、动/述补、主谓之类的谓词性结构。

你等下，我打紧电话。[进行体]

吃紧饭｜看紧电视｜讲紧话[皆表示进行]

覃东生(2007、2011)的研究称，宾阳平话的"进行体"用"着"(覃记为"着₁")作标记，但"着"可出现在动宾结构之后。例如(方括号内的说明为我们所加)：

呐在哭着，那门都毋吃_{他在哭着呢，什么都不吃。}[进行体]

我走着，冇冷_{我在跑着呢，不冷。}[进行体]

外面落雨着，你最好带把伞。["着"在动宾结构"落雨"之后，进行体]

我做工着，冇得空理你。["着"在动宾结构"做工"之后，进行体]

另据褚俊海等(2010)，宾阳平话可用"动＋宾·着"(即"V＋O·着")形式表示"进行"，与覃东生(2007、2011)的观察相似。例如：

外边落雨着，带把伞啊得_{外面下着雨，要带把伞才行。}

佢依门口褛衫，姐依煮饭屋煮饭着_{他在门口缝衣服，姐姐在厨房里煮饭。}

佢依房做哪门？佢睡依床看书着_{他在屋里干什么？他躺在床上看书呢。}

我上网着，不得闲_{我正在上网，没空。}

据梁伟华、林亦(2009：270)，崇左新和蔗园话的"进行体"和"持续体"都用"住[tʃoi²²]"为标记，"进行体"的标记"住"在宾语之后，与宾阳平话的"着"相同。例如：

外头落雨住，你最好带把伞。(外面下着雨，你最好带把伞。)

我□[mi²¹]吃饭呢，我扫地住。(我没在吃饭呀，我在扫着地呢。)

梁、林表示，"住"也可以不出现，但缺少了强调语气。

平南丹竹话也用"住/紧"作为"进行体"的标记，其形式是"V·住/紧＋(O)"，与粤方言相同。例如：

妹儿在村边唱住/紧歌。(姑娘们正在村边唱歌。)

我到佢屋时，佢吃住饭。(当我到他家的时候，他正在吃饭。)

我队讲住个只问题。(我们正在商量这个问题。)①

刘江丽(2008)的研究称，宜州德胜百姓话表示"进行"用"在""正在""在＋NP"等。例如：

女农儿在村边唱歌_{姑娘们正在村边唱歌。}

---

① 以上例句引自冯泉英《勾漏片方言词汇比较研究——以广西平南丹竹话词汇为基点》中的"丹竹话语法例句"，广西大学硕士学位论文，2013。

我到他屋□[kɔ³¹]时候，他正在吃饭我到他家的时候，他正在吃饭。

我哩正在商量巳粒问题我们正在商量这个问题。

所谓用"在""正在""在＋NP"等，实际上指的是我们上述多处提到的"PP＋VP"（"在村边唱歌"）、"（正）在＋VP"（"正在吃饭""正在商量巳粒问题"）等形式。它们不属于"进行体"的表达形式，"在""正在"也不是标记成分。

据梁金荣（2005：192～193），临桂两江平话表示动作行为正在进行或持续，是在动词后面用"倒 təu³³"，构成"V·倒＋O"形式。例如：

吃倒饭吃着饭 ｜ 煮倒菜 ｜ 竖倒屋正起着房子

徐国莉（2007）在其研究中表示，临桂六塘土话"进行体"用"V 倒[tau³³]""在 V"形式表达。例如：

我喫倒饭，你等下。

我走倒，不觉得冷。

外头下倒雨。

他在哭，什么也不喫。

娘在□[ly⁴⁴]衣裳，大在煮饭妈妈在缝衣服，姐姐在煮饭。

他还不曾讲了啊？——还不曾，还讲倒。

坐倒喫比立倒喫嬗点坐着吃比站着吃好些。①

按，从以上例句看，"V 倒"后可以有宾语。最后一例的"坐倒""立倒"作状语，表示动作行为的方式。用"在 V"表达的不是"进行体"意义。

凌伟峰（2008）的论文谈到，柳城古砦乡百姓话的"进行体"用"正正[tseŋ⁵⁵⁴ tseŋ⁵⁵⁴]"表示。例如：

我去糯屋肚糯阵，糯正正吃饭当我到他家的时候，他正在吃饭。

按照我们的理解，所谓用"正正"表示，其真正的表达形式也是"正（在）＋VP"（非表"体"形式）。

王琼（2008）提到，罗城长安镇牛鼻村土拐话的"进行体"也用"正正"或"正"，其形式也是我们上面说的"正（在）＋VP"（亦非表"体"形式）。例如：

我到他屋里时，他正吃饭。

夏丽珍（2010）的报告称，资源延东话"进行体"标记用"咿[i⁴⁴]"，表示动作或变化正处在进行的过程中，动词前可加副词"正、在、正在"等，宾语必须在"咿"后面，其表达形式可以记为"V·咿＋（O）"。例如：

儿夏啯呐叠做嘛啯？其觑咿书叠。（小夏在做什么呢？她看

---

① 后两例引自徐国莉（2007）中的"语法例句"。

书呢。）

全呃叠火炉奢煮咿饭叠。（我正在厨房里煮饭。）

其呃正食咿饭叠，门才开嘎。（他正在吃饭的时候，门开了。）

据肖万萍（2005：234），永福塘堡平话的动态助词"紧 kian³³"表示动作行为正在进行或表示状态持续，相当于普通话的"着"。表示"进行体"的例句如下：

他望紧书，莫喊他。他正在看书，别叫他。

等一下先，他还□tɕie⁴ 在 正在吃紧饭。等一下，他还在吃饭。

白云（2005）提到，灌阳观音阁土话用"□[kə]"加在动词后，表示动作正在进行，"□[kə]"读音轻短，实际调值为 3。例如：

他食□饭咧。tsuo³³ i⁴¹ kəp ʻan⁴¹ lie.（他吃着饭呢。）

邓玉荣（2005a：270）的相关讨论称，钟山话进行态用"倒[lo⁴²]"（城厢片又可用"住[tʃy³¹]"）作标记，构成"V·倒/住＋(O)"形式①，这个"倒[lo⁴²]"相当于普通话的"着"。例如：

佢哋正是 正在 讲倒话。

佢炒倒菜，冇得空听电话。

根据《动词的体》所提供的"进行体"普通话例句，广西平话三个方言点"进行体"相关表达形式可归纳为表 2-4。

表 2-4　广西平话"进行体"的表达形式

方言点	普通话例句	方言点用例	表达形式	备注
黎塘话	我在吃饭，他在洗手呢。	我吃紧饭，他洗紧手。	V·紧＋O	仍用本地标记成分。
五通话		我在吃饭，他在洗手呢。	(在＋V＋O)	与普通话完全相同。
土拐话		我在吃饭，他在洗手呢。	(在＋V＋O)	
黎塘话	她哭着呢，什么也不吃。	那正哭紧喔[ok³]，哪门都唔吃。	V·紧喔	"紧喔"应相当于"着呢"。
五通话		她(在)哭倒呢，□□[ti³³ tʂə?²²] 都冇得吃。	(在)＋V·倒呢	五通话用了较多的"倒"，应从官话而来。
土拐话		她赖哭着呢，是乜也冇得吃。	V·着呢	同普通话。

---

① 邓玉荣（2005a）提到，这种"V·倒＋O"形式若出现在存在句中，则表示状态正在持续，如"台上放倒一碗水"。

续表

方言点	普通话例句	方言点用例	表达形式	备注
黎塘话	我跑着呢，所以不觉得冷。	我跑紧步，唔见冷捏。	V·紧+O	宾语可省略。
五通话		我(在)走倒呢，所以冇感到冷。	(在)+V·倒呢	"倒呢"应对应普通话的"着呢"。
土拐话		我跑着呢，所以冇觉得□[lat¹²]。	V·着呢	表达形式同普通话。
黎塘话	外面下雨呢，要带伞。	外边落紧雨，取带(把)伞啊。	V·紧+O	仍用表示"进行体"的形式。
五通话		门底下雨呢，用带伞。	(V+O·呢)	表达形式同普通话。
土拐话		外留落水呢，□[ɐi⁴⁵]擸伞。	(V+O·呢)	
黎塘话	妈妈在门口缝衣服，姐姐在厨房里煮饭。	阿妈在门口车/补衫，阿姐在厨房煮饭。	(PP+V+O)	三个方言点的表达形式皆与普通话相同。
五通话		姐在门口连衣裳，妖在灶门煮饭。	(PP+V+O)	
土拐话		妈在门口补衫裤，姐在厨房煮饭。	(PP+V+O)	
黎塘话	我没在吃饭呢，我在扫地。	我唔是吃住饭啊，我扫紧地。	V·住+O，V·紧+O	两个分句皆用标记成分。
五通话		我冇吃倒饭，我在扫(倒)地。	V·倒+O，在+V·(倒)+O	第二分句可省略标记。
土拐话		我冇在吃饭呢，我在扫地。	(在+V+O)	表达形式同普通话。
黎塘话	这会儿他在干什么？——他躺在床上看书呢。	强时那做哪门？——那恋[len⁵⁵]/睡在床上高睇紧书呢。	(V+O)——V+PP+V·紧+O	问句非表"体"形式。
五通话		□[khə⁵³]会他在做□[tʂə²²]？——他睡倒床上目英书呢。	(在+V+O)——V·倒+V+O	答语同桂林话的说法。参见表2-1的相关说明。
土拐话		箇阵他在做乜？——他躺在床上高看书呢。	(在+V+O)——(V+PP+V+O)	表达形式同普通话。

从表 2-4 可以看出，广西平话的"进行体"大体上与粤方言、客家方言的表达形式"V·住/紧"相同或相当，黎塘话以及南宁话、上文提到的崇左新和蔗园话、平南丹竹话等都用这种形式。五通话受桂柳官话和普通话的影响，"进行体"用"V·倒"，"进行"义用"在＋V＋O""PP＋V＋O""VP·呢"等形式。土拐话受普通话的影响非常明显，其纷杂的表达形式都与普通话相同，有"在＋V＋O""PP＋V＋O""VP·着呢""VP·呢"等；但土拐话在日常交际中，"进行体"和"持续体"皆可用"着"为标记，如"开着会""落着雨"等，"着"也可用"倒"，恐为受桂柳官话影响而来。上文涉及的其他平话点也多受普通话影响，如"着"的使用，由"在、正在、正"构成的相关表达形式。

第五节　汉藏语系其他民族语言"进行体"的表达形式

汉藏语系其他民族语言"进行体"或"进行"义的表达形式有的用与汉语相类的"(正)在＋VP"，或借用汉语的"着"，有的用本民族特有的表达形式或标记成分。

韦茂繁(2012)的研究表明，都安下坳壮语的"进行体"是在动词前加时间名词"paːn⁴² ni¹³（现在）"或时间副词"sən¹³ juɯ³³（正在）"，表示动作行为正在进行。例如：

　　lə³³ wei²³¹ paːn⁴² ni¹³ rəːk¹³ pu³¹.
　　老韦　现在　洗　衣服
　　（老韦在/正在洗衣服。）
　　ta³¹ so²³¹ sən¹³ juɯ³³ deːn⁴² baːn⁴² ɕieŋ³³ wuːn⁴².
　　姑娘们　正在　边　村子　唱　歌
　　（姑娘们正在村边唱歌。）

据何彦诚(2006)，融水下坎侗语的"进行体"由动词后附"ɬɔ⁴"表示，多表示伴随状态。有时"ɬɔ⁴"可省略，但句中往往带有地点状语。例如：

　　mu⁶ laːu⁵ sə³ lak¹⁰ ɕiːu⁵ tɕa⁶ ɬy⁵ ɬɔ⁴ haːu¹ khɔ¹，jin³ wai¹ tɕi³ fan²
　　位　老师　年轻　那坐　着讲　课　因为　几天
　　kwaːn⁵ tɕa⁶ mu⁶ tɕak¹⁰ ljan⁴ kau⁶ tin¹.
　　前　那　他　挨　扭　关节　踝
　　（那位年轻老师坐着讲课，因为几天前他的踝关节扭着了。）
　　mu⁶ ɳaːu⁶ tɕa⁶，ɕuk⁷ ɳa¹，ni⁴ mu⁶ ɳaːu⁶ ɳ⁴ muːŋ⁵ pi¹ naːn⁴.
　　她　在　那儿　洗菜　妈她　在　一边　切肉
　　（她在那儿洗菜，她妈妈在一边切肉。）

李锦芳（2001）、孙宏开等（2007：1333）称，临桂茶洞语的"进行体"由动词后加"to³"表示。例如：

mən² θui⁶ to³ laŋ¹ le¹.

他　坐　着　看　书

（他坐着看书。）

据喻翠容（1985），傣语（西双版纳方言允景洪话）的"进行貌"表示动作正在进行或行为正在发生之中有两种方法。一是在动词前放上貌词"tɯk⁸"。例如：

xau¹ tɯk⁸ puk⁹ maːk⁹ pak⁸.

他　　　种　瓜

（他正在种瓜。）

二是在动词前放上貌词"tɯk⁸"，同时后边跟貌词"ju⁵"。例如：

xau¹ tɯk⁸ puk⁹ maːk⁹ pak⁸ ju⁵.

他　　　种　瓜

（他种着瓜呐。）

刀洁（2005）表示，云南金平傣语表示动作进行或持续用"jăŋ³³……ju⁵⁵（着）"为标记，例如：

phaŋ³³ lɛn⁴² jăŋ³³ huŋ⁴³ ju⁵⁵.

盏　灯　还　亮　着

（灯还亮着。）

据梁进杰（2000：247），融水滚琴苗语的时态助词"tiu⁵（着）"用在动词后表示动作正在进行或还在延续。例如：

vu³ tiu⁵

守　着

（守着）

xa³ tiu⁵

看　着

（看着）

梁进杰（2000：422）描写了罗城县东门乡中石村大银屯仫佬语（以下称"罗城大银仫佬语"）的时态助词"tɔ⁶（着）"表示动作、变化等正在进行的情况；他还表示，"tɔ⁶"有时可以和时间副词"tseŋ⁵（正）"配合使用。例如：

tsɛ² kɔ ho³ nja² tsaːu⁴ tɔ⁶ hwa¹.

姐姐　的　里手　拿　着　花

（姐姐的手里拿/正拿着花。）

nuŋ⁴ tseŋ⁵ nun² tɔ⁶.

弟　正　睡　着

（弟弟正睡觉。）

据余金枝（2011：95），矮寨苗语表示动作正在进行有三种形式。一是"tɯ⁵³ tɕəŋ⁵³（正在）＋动词"，表示动作行为正在进行，不强调动作行为的起始时间。例如：

bɯ⁴⁴ tɯ⁵³ tɕəŋ⁵³ nəŋ³¹ l̥e³⁵.

他　正在　　吃　饭

（他正在吃饭。）

pɛ³¹ tei²² tɯ⁵³ tɕəŋ⁵³ pʐɛ⁵³ kji³⁵.

外面　正在　　吹　风

（外面正在吹风。）

二是"khə⁵³ lə⁵³（仍在）＋动词"，表示动作行为在说话之前已经发生，说话的时候仍在进行或持续。例如：

bɯ⁴⁴ khə⁵³ lə⁵³ nəŋ³¹ l̥e³⁵.

他　还在　　吃　饭

（他还在吃饭。）

pɛ³¹ tei²² khə⁵³ lə⁵³ pʐɛ⁵³ kji³⁵.

外面　还在　吹　风

（外面还在吹风。）

三是"tɕi⁴⁴ V tɕi⁴⁴ V"双音节动词重叠式表示动作持续，不体现动作的起始时点。例如：

bɯ⁴⁴ tɕi⁴⁴/²¹ qwɯ⁴⁴ tɕi⁴⁴/²¹ qwɯ⁴⁴ ne³¹.

他　（缀）瞪　　（缀）瞪　　人

（他不停地瞪着人家。）

ta⁵³/²¹ nəŋ⁴⁴ tɕi⁴⁴/⁵³ ku²¹ tɕi⁴⁴/⁵³ ku²¹ a⁴⁴/⁵³ le⁵³ thəŋ³⁵ nəŋ⁴⁴.

（缀）鼠　（缀）咬　（缀）咬　一　个　桶　　这

（老鼠不停地咬着这个桶。）

孙宏开等（2007）谈到了云南省境内一些民族语言"进行体"的表达形式。勐朗坝拉祜语在动词后加"tɕhe⁵³"或"tɕhe⁵³ ta³¹"表示行为动作正在进行中。例如（例句前的页码为原书页码）（294页）：

ʒɔ⁵³ xɛ³³ mɛ³³ tɕhe⁵³ ta³¹.

他　地　犁　在　着

（他在犁着地。）

景洪曼卡村基诺话的"进行体"是在动词后加"kua⁶"表示。例如（335页）：

ŋɔ⁴ tsɔ² kua⁶　anœ³.

我　吃　（助词）（语助）

我正吃着。

pu² ɬɔ³　to⁴　kua⁶　anœ³.

月亮　　出　　（助词）（语助）

（月亮正在出来。）

丽江坝纳西话用"ne²¹"表示"进行情貌"。例如（361 页）：

ŋə²¹　ʂər³³　tʂhɯ³³　ʂər³³　be³³　ne²¹.

我　事　这　件　做　（助）

（我正在做这件事。）

张蓉兰（1987）的描写与孙宏开等（2007：294）大体相似。张文表示，勐朗坝拉祜语表示行为动作正在进行用"tɕhe⁵³ ve³³"，表示行为动作已经进行了一段时间，但尚未结束用"tɕhe⁵³ tɑ³¹"（"tɑ³¹"表示"持续"）。例如：

ʒɔ⁵³　xɛ³³　me⁵³　te³³　tɕhe⁵³　ve³³.

他　地　犁

（他正在犁地（做着）。）

ʒɔ⁵³　xɛ³³　me⁵³　tɕhe⁵³　tɑ³¹　ve³³.

他　地　犁

（他正在犁着地。）

木仕华（2002）在其研究中谈到，纳西语的"进行体"表示动作正在进行或状态在持续，其语义构成是"动态＋持续＋正在发生时（现在时）"，可用"动词＋体助词 ne³¹"表示现在进行。例如：

ŋə³¹　xɑ³³　ndzɿ³³　ne³¹.

我　饭　吃　（体助）

（我在吃饭。）

也可用"动词＋体助词 ne³¹＋体助词 ʐə³³"表示亲见的动作正在进行。例如：

thɯ³³　xɑ³³　thv³³　ne³¹　　ʐə³³.

他　饭　做　（体助）（体助/亲见）

（他在做饭。）

据胡素华（2001）的研究，彝语圣作话的"进行体"表示动作正在进行，用体助词"kɯ³³"表示。例如：

a⁴⁴　ʑi³³　tʂha⁵⁵　kɯ³³　o⁴⁴.

孩子　唱　（体）（体）

（孩子正在唱了。）

ŋa³³　dza⁴⁴　dzɯ³³　kɯ³³.

我　饭　吃　（体）

（我在吃着饭。）

而彝语圣作话表示动作在进行之中的"进行貌",则可根据其不同的侧重点和语法形式分为"进行状态貌"(动作在进行的状态中,用貌助词"ndʐɔ³³"表示);"进行中止貌"(正在进行的动作被外来因素干扰而中止,用貌助词"n̩i³³"表示,"V·n̩i³³"在句中只能充当状语);"进行伴随貌"(一个动作伴随着另一个动作发生,用貌助词"dɯ³³"表示,"V·dɯ³³"在句中也只能充当状语)三个小类。例如:

tshɿ³³ zo³³ ɬu⁵⁵ ndʐɔ³³.(进行状态貌)

他　羊　放　(貌)

(他在放羊。)

ŋa³³ dza⁴⁴ dzɯ³³ n̩i³³ mu³³ bo⁵⁵ li³³.(进行中止貌)

我　饭　吃　(貌)(结)跑　去

(我正吃着饭就跑去了。)

tsho³¹ ʐ̩a⁴⁴ dɯ³³ mu³³ bo³³ o⁴⁴.

他们 说　(貌)(结)　去

(他们边说边走了。)

tɕhɿ⁵⁵ dɯ³³ mu³³ bo³³ o⁴⁴.

担心 (貌)(结)走　(语)

(担心着去了。)

以上为"进行伴随貌"。

第六节　小　结

广西汉语方言的"进行体"表示动作行为正在进行,一般不用普通话的"(正/在/正在＋)VP·着＋(O)"形式。西南官话(包括广西区外的西南官话点)普遍用"VP·倒＋(O)"形式。"倒"作为"进行体"标记,是一个语法化了的成分,被西南官话包围的平话点,如临桂五通平话、桂林大河平话①,也可见到用"倒"作标记的现象,当系方言接触所致;但属粤方言的廉州方言也可用"倒"表示"进行"或"持续",如"□[ki˧]人在□[ki˧]讲倒话(他们正在说着话呢)"(表示"进行")、"门口企倒一窦人(门口站着一群人)"(表示"持续")②。柳州话可能受客家方言影响,也用"V·稳＋(O)"形式来表示"进行体"。粤方言(包括广西区外的一些粤方言点)普遍

---

① 杨焕典(1998:374～375)给出的例句是:他地正在讲倒话呢。(他们正在说着话呢。)(表示"进行")桌上放倒一碗水。门口立倒一群人。(这两例表示"持续")

② 引自杨焕典(1998:251)中的"语法例句"。

用"V·住/紧＋(O)"形式。"住/紧"作为"进行体"的标记，也已是一个语法化了的成分。客家方言、平话等也多用"V·住/紧＋(O)"形式表示"进行体"。凡用"住""紧"作标记成分的广西境内方言点，"住""紧"多数情况下可以互换。广西的粤方言、客家方言、平话是汉语典型的三种南方方言，其共同的表达形式说明了它们之间的密切关系；是有共同来源，还是互相借用，尚需更多相关证明材料和进一步考察。

官、粤、客、平四种方言在一般的"进行"义的表达上，不同程度地受普通话影响而采用相应的表达形式"在＋V＋(O)""PP＋V＋(O)""VP·呢"等。

下面我们将广西汉语方言、相关民族语言"进行体"的主要表达形式归纳为表2-5、表2-6。

表2-5　广西汉语方言"进行体"主要表达形式一览表

方言区(片)	方言点	"进行体"主要表达形式	备注
西南官话桂柳片	荔浦话	V·倒＋(O)	三个方言点的"倒"一般都不能换成"起"，表示"持续体"意义有的可互换(详见下文)。
	桂林话	V·倒＋(O)	
	柳州话	V·倒/稳＋(O)	
粤方言	桂平话	V·住＋(O)	各方言点的标记选择大体一致，玉林话只用"紧"，与广州话情形相当。
	南宁话	V·住/紧＋(O)	
	玉林话	V·紧＋(O)	
客家方言	陆川话	V·稳＋(O)	客家方言的标记成分主要是"紧"和"稳"。沙田话、桥圩话若只用"紧"，则又与粤方言的广州话相当。
	沙田话	V·紧＋(O)	
	桥圩话	V·紧＋(O)	
平话	黎塘话	V·紧/住＋(O)	三个平话点"进行体""进行"义的表达形式颇为参差。黎塘话用如粤方言、客家方言的标记成分，而五通话、土拐话受普通话影响较为明显。
	五通话	①V·倒＋(O) ②(在)＋V·倒·呢	
	土拐话	只有表示"进行"义的几种形式： ①在＋V＋O ②PP＋V＋O ③V·着呢 ④VP·呢 ⑤V＋PP＋V＋O	

表 2-6 相关民族语言"进行体"主要表达形式一览表

汉藏语系其他民族语言	"进行体"主要表达形式	备注
都安下坳壮语	①paːn^{42}ni^{13}（现在）＋VP ②sən^{13}ju^{33}（正在）＋VP	这里所列的表达形式是根据引述文献作者的描写归纳的。不少语言借用汉语的"着"为标记成分，也用本民族特有的一些附加成分。其中矮寨苗语可用动词重叠式，在其他语言和汉语方言中少见。按照我们对汉语的标准，有的形式是表示"进行"义的。彝语圣作话分"进行体"和"进行貌"，表达形式相同，但标记成分不同。这种体、貌的明确分别在其他语言尤其是汉语方言中也很少见到，值得进一步挖掘和探讨。一些学者虽然分出了汉语的体和貌，但不是在同一种次范畴之间的分别，与彝语圣作话情形有所不同。
融水下坎侗语	①V・ɬɔ^4＋VP ②PP＋VP	
临桂茶洞语	V・to^3＋VP	
金平傣语	jăŋ^{33}＋V/A・ju^{55}（着）	
傣语（西双版纳允景洪话）	①tɯk^8＋VP ②tɯk^8＋VP・ju^5	
融水滚琴苗语	V・tiu^5（着）	
矮寨苗语	①tu^{53}tɕəŋ^{53}（正在）＋VP ②kha^{53}lə^{53}（仍在）＋VP ③tɕi^{44}Vtɕi^{44}V（动词重叠式，tɕi^{44}为语缀）	
罗城大银仫佬语	①V・tɔ^6 ②tseŋ^5（正）＋V・tɔ^6（着）	
勐朗坝拉祜语（孙）	V＋ tɕhɛ^{53}/tɕhe^{53}tɑ^{31}	
勐朗坝拉祜语（张）	①V＋ tɕhe^{53}ve^{33} ②V＋ tɕhe^{53}tɑ^{31}ve^{33}	
景洪曼卡村基诺话	V・kua^6・anœ^3	
丽江坝纳西话（孙）	V・ne^{21}	
纳西语（木）	①V・ne^{31} ②V・ne^{31}・zə^{33}	
彝语圣作话	进行体： V・kɯ^{33}（o^{44}）； 进行貌： V・ndzɔ^{33}（进行状态貌） V・ŋi^{33}（进行中止貌） V・dɯ^{33}（进行伴随貌）	

第三章 广西汉语方言的"持续体"

学界对"持续体"的表达形式、标记成分和语法意义也有不同的观点和理解。多数学者谈到，汉语普通话"持续体"的表达形式是"V·着＋(O)"或"PP＋V·着"，其与"进行体"形式上的区别是"V"前不用副词"正/在/正在"，不能加状语"不停地"等。广西汉语方言"持续体"的标记与"进行体"一样，一般也不用"着"（少数方言点用"着"，或恐是受共同语影响），且各方言点有不同的标记成分。就语义而言，"进行体""持续体"的区别在于，"进行"的是动作行为本身，是动态的或侧重于动态的；"持续"的是动作行为发生后留下的状态，是静态的或侧重于静态的。不过，钱乃荣(2000)认为，"持续体"指的是事件里的动作行为呈持续不断的状态，而动作行为实现后其状态在延续或存在属于"存续体"。

关于"持续体"的意义、标记成分等有关问题，刘丹青(2008：467)有比较细致的说明。他谈到，"持续体"是对某种静态谓词所表示的持续状态的观察，不关注其起点和终点。汉语的"着"用于静态动词时表示的是较为典型的持续体，如"他坐着"（他坐的姿势保持着）、"他提着一个包"、"床上躺着一个病人"。这类动词其实也有一个动态起点，如从站着到坐下或躺下，用手把包提到悬空状态等，随后就以动态过程结束后的姿势保持下去，不显示终点。这类动词加"着"后就不再凸显其动态过程，而只截取其姿势延续的阶段。另一种常见用法是，"着"前的动词本身是动态的动词，加持续体标记后关注的是动作结束后留下的状态。与上一类不同的是，其动作义已不在观察的视野中，处于被忽略状态。比如"墙上挂着一幅画"，在句子内容中，只有画在墙上的状态在持续，而"挂"作为动作动词只是提示了画存在的起因，"挂"的动作义已很淡化。这类句子还有"黑板上画着一幅画""地上写着一个大字""碗里盛着冷饭""地板上撒着很多花瓣"等。与上一类静态动词的持续体相比，这一类也有文献称之为"成续体""存续体"——动作完成后留下状态的继续存在。刘著表示，区分这两种情况对汉语研究和方言、语言调查都有意义。从汉语内部看，单纯"持续体"仍存有动作义，若换成存在动词，句义大变，不能充分表达原意，如前面三句分别说成"他在""他有一个包""床上有一个病人"，意思就丢失很多；"成续体"的动作义已被淡化，换成存在动词句义基本

不变,如"墙上/黑板上有一幅画""地上有一个大字""碗里有冷饭""地板
上有很多花瓣"。

罗自群(2006:63)的观点是,"着"侧重于表示静态的持续,但它又
不仅仅只是表示静态的持续。在现代北京话、书面语里,它还能表示动
态的持续。只要是含有持续意义的动词,不论它是静态的还是动态的,
只要语用上有需要,都可带"着"。动态和静态应该是动词的语义性质,
绝对不是"着"的性质,但是加上"着",可以进一步强调动词的动态或静
态的特征。于根元(1987)主张以"不停地"来检验是否为"进行"。凡动词
前可加"不停地"就是动态的,表示的是"进行体"意义,否则是"持续体"
意义。像本研究所用的调查例句"他手里拿着一个茶杯","拿着"是一种
状态,是静态的,其前不能加"不停地":＊他手里不停地拿着一个茶杯。
我们赞成这种检验标准并认同"进行体""持续体"的语义分别。不过有的
学者又把"持续体"分为动态的持续和静态的持续;或者一锅煮,"进行
体""持续体"放在一起描写,只用"进行体"或"持续体"赅之,并不细分,
这种做法似乎不可取。有的方言如,广州话(陈慧英,1990;彭小川,
1996a)、重庆话(喻遂生,1990)、成都话(张清源,1991;张一舟等,
2001)、武汉话(赵葵欣,2012)等,"进行体""持续体"用不同的标记成分
(详见下文),有对立倾向,因此不宜混而论之。

作为体范畴的"进行体""持续体"与一般意义上的"动态""静态"是有
区别的,我们在讨论相关问题时应加以注意。刘一之(2001:122)表示,
就目前看,只在汉语中发现了具有静态与动态对立的这个范畴,并且在
汉语方言中普遍存在。在北京话中,这个对立是以静态用"着"做标记,
动态是零标记来表示的。其他方言也大多是这样。成都方言似乎例外,
成都话表示静态用"起",表示动态用"倒";但在表示"持续体"意义时,
都要在句末加助词"在"(按,可参见张清源,1991;张一舟等,2001:
67)。刘著(2001:170~171)还认为,北京话"着"最主要的语法功能是作
静态的标志;北京话中的句末助词"呢"表示的是在某一时点上的动作、
行为、现象的持续,无论这种动作、行为是动态的还是静态的;"在"表
示动态的进行。

关于"着"的讨论,还可参看本研究第二章开头的概述。

第一节　西南官话的"持续体"

广西西南官话"持续体"的表达,从基本的形式看,与"进行体"一样,

也多用"V·倒＋(O/C)"，"V·倒"前不能加"正在"之类的副词或"不停地"之类的状语。各方言点之间也存在一些差异性和特殊性，主要表现在标记成分上。

一、荔浦话、桂林话、柳州话的表达形式

(一)荔浦话的"V·倒＋(O/C)"及相关形式

荔浦话的"持续体"一般用"V·倒＋(O/C)"形式，"V"为单个动词，"倒"是最为常见的标记成分。例如：

　　(1)那张报纸卷倒在那垞_{那张报纸卷着(放)在那儿。}

　　(2)他还在田里头站倒_{他还在田里站着。}

　　(3)他屋闸门口贴倒对联啵_{他家院门贴着对联的哦。}

　　(4)东西我还放倒在他屋头_{东西还在他家放着。}

　　(5)那蔸树子下面踣倒三个人_{那棵树下蹲着三个人。}

　　(6)那个门是开倒的呀_{门是开着的。}

因为是动作行为进行后留下的状态，因此状态的"持续"总有[＋附着]的语义特征。这种"附着"大多需要处所或方位的支持，所以表示"持续"的句子多数情况下伴有处所或方位成分出现。例(1)和例(4)用介词结构(PP)作补语，例(2)用介词结构作状语，例(3)和例(5)用方位成分作主语，例(6)其实也可以加上处所成分："那个门开倒在那垞的"；例(5)虽然有了方位成分，但也还可以加上表处所的介词结构作补语："那蔸树子下面踣倒三个人在那垞"。

荔浦话"持续体"的标记成分还有一个"起倒"，与"倒"无甚分别，上面例(1)~例(6)的"倒"都可以换成"起倒"。用"倒"还是"起倒"，似乎跟韵律有一定的关系，但不是很明显，从经济原则考虑，以用"倒"为常。"起"也是常见的标记成分，可出现在表示"持续体"的句子中；但与"V·倒/起倒＋(O/C)"不同的是，用"V·起＋(O/C)"形式表示"持续体"意义，句子是不自足的，需要后续成分支撑，至少要再加有成句作用的语气词，或还要出现另一分句。^① 上面例(1)~例(6)，若将"倒"换成"起"，则应说成下面例(1')~例(6')：

　　(1')那张报纸卷起在那垞，你去把它铺平去。("卷起"指自然卷曲，非人为所致。)

　　(2')他还在田里头站起啵，未晓得搞什么鬼_{不知道搞什么名堂}！

---

① 当然，根据表达需要，用"倒"或"起倒"的句子，也可再加语气词或另一分句。

（3'）他屋闸门口贴起对联喇啵，蛮好看的。①

（4'）东西我还放起在他屋头，得空你去拿回来。

（5'）那蔸树子下面踏起三个人（在那垱），肯定有什么事。

（6'）那个门是开起的呀，你进来嘛。

与"进行体"实例不同的是，荔浦话表示"持续体"的句子中，"V·倒/起倒/起"后面很少出现宾语，这应与"进行体"和"持续体"意义的区别有关，或者是由于"V"对论元的要求不一样。

覃远雄（1990）表示，荔浦话动词重叠加词尾"［lε］"构成的状态形容词，只作谓语，表示的是一种状态，并不表示动作行为，能进入"VV·［lε］"格式的动词有共同的语义特征"持续性"。根据覃文的说法，我们可以把"VV·［lε］"格式看成一种表示"持续"义（非"持续体"）的形式。下面引一些覃文的例子：

　　板凳摇摇［lε］，你站上去要小心。

　　头摆摆［lε］，像个什么样。

　　楼梯动动［lε］，好慌。

　　抛抛［lε］｜笑笑［lε］｜吊吊［lε］｜跳跳［lε］

按照我们的理解，"摇摇［lε］"就是一个劲儿地摇着或者摇晃得比较厉害，"抛抛［lε］"就是一直在颠簸着或者颠簸得比较厉害，余类推。这样的意思似乎又可以理解为表示"进行"义（非"进行体"），因为也可以说成"不停地摇着""不停地颠着"，而且这些动词的动感都很强；但从"VV·［lε］"所表示的整体体意义看，似乎也有"持续"意味，究竟是"进行"义还是"持续"义，或是所谓的"延续体"（durative）意义（参见刘丹青，2008：473），这其中也许还有语境和"V"的词汇意义、"VV"的语法意义及其他相关因素的制约。比如，板凳、楼梯的自然状态是不摇、不动的，是因为人站上去、踏上去后才摇、才动的（属于因行为留下的非行为状态），与"那张报纸卷倒在那垱"表示的自然状态（没有行为参与的状态）有些不同。如何看待这一类形式所表示的语法意义，可进一步探讨。这一类动词表示的动作大多可在瞬间结束、可反复进行，因此归入"持续"义或所谓"延续体"都无大碍。

至于《动词的体》所列"持续体"的调查例句，我们觉得有的虽然也含有"持续体"义，但不够典型，如"你拿着"是祈使句，"打着伞在街上走"

---

① 此句的后续句"蛮好看的"若说成"我们也贴一副嘛"，则"起"相当于普通话的"上"，表示的是"完成"之类的意义。

"站着吃"的"V·着"表示"走""吃"的方式，语义重心不在表"体"。

（二）桂林话的"V·倒＋(O/C)"

桂林话的"持续体"也常用"V·倒＋(O/C)"形式表达。例句参见表3-1，此处不赘举。

赵媛(2011)考察了桂林话的"倒"，结果与我们的观察相仿，同时她还有另外一些发现。先看赵文"V·倒＋(O/C)"的实例(序号a、b……为我们所加)：

> a. 那边凳子上坐倒几个人。
>
> b. 我们开倒会等他。
>
> c. 开倒窗户通风。
>
> d. 他正做倒运动。
>
> e. 他们正讲倒话。

按照我们的语感和看法，除a例是"持续体"的用例外，其他都有一些问题。b例、c例的"开倒会""开倒窗户"都是表示方式的，d例、e例有副词"正"，整个句子应该是动态的，表示的应该是"进行体"意义。

赵文另外还描写了"(先)V·倒＋先"的用例：

> 你帮我看倒先，我等下就来。
>
> 你忙倒先，我走了。
>
> 你们先开倒会先，我出去一下。

按，这些用例的前一分句祈使意味较浓，"持续体"意义不典型。

赵文还谈到了"V倒V倒"作谓语表示"持续体"意义的情况。例如：

> 这个东西在这垱杠倒杠倒的。
>
> 板凳放这垱总是碰倒碰倒的。

还有"V倒V倒就"形式表示持续。例如：

> 讲倒讲倒就吵起来了。
>
> 看倒看倒就要变天了。
>
> 走倒走倒天就黑了。
>
> 吃倒吃倒就卡倒了。
>
> 她想倒想倒就哭了。
>
> 喝到喝倒就吐出来了。

我们觉得，无论是"V倒V倒"还是"V倒V倒就"，皆为动词的生动重叠式(不是真正的句法层面上的动词重叠式)，在句子中表示的仅仅是一种状态，或者说是一种"事相"，是"文学性"的描写，其"持续体"意味很弱；尤其是"V倒V倒就"，似乎总有"眼看着"的意思："眼看着就吵起来了""眼看着就要变天了",其余类推。

赵文还描写了形容词与"倒"构成"A 倒"形式表示性状延续的情况。例如:

> 他忙倒应付考试。

> 瞎倒(个)眼睛｜聋倒(个)耳朵｜散倒(个)头发｜低倒(个)头

按照《现代汉语词典》(第 7 版)的解释,"延续"的词汇意义是"照原来样子继续下去",一般的"持续"是延续不断的意思;就词汇意义来说,二者可以看成有细微差别的同义词;就作为"持续体"的意义而言,"延续"和"持续"似有一定的区别。刘丹青(2008:473)谈到,大体上"延续体"是指有行为性但动作性不强的行为的持续,动感不如"进行体",状态性不如"持续体",大致介于二者之间。此说可参考。

(三)柳州话的"V·稳＋(O/C)"和"V·倒＋(O/C)"

"V·稳＋(O/C)"和"V·倒＋(O/C)"形式在柳州话中都既可用来表示"进行体"意义,也可用来表示"持续体"意义;判断是"进行体"还是"持续体",要看"V"前是否有附加成分、有什么样的附加成分以及"V"的语义特征、语境制约等因素。我们的调查合作人在说出与普通话例句对应的柳州话时,一般都将"着"换成"稳"(参见表 3-1)。我们也随机询问了柳州中年以上的居民,他们认为是可以用"稳"的,因此,作为"持续体"的标记成分,"稳"用得还是比较普遍的。

与荔浦话、桂林话一样,柳州话"持续体"的标记自然也可用"倒"。易丹(2012a)谈到了这种情况,她表示,"倒"可用在动词后,表示状态持续,前面不加"正""在""正在"等副词。例如:

> 他还在房间睡倒。

> 水龙头的水一直流倒。

> 她穿倒一条新裙子。

> 他屋里的灯还亮倒。

易文称,"V 倒"用于存现句时,则表示某种状态存在(按,自然也表示"持续体"意义)。例如:

> 门口围倒一堆人。

> 外面下倒雨。(按,《动词的体》将此类说法归入"进行体"例句。)

> 沙发上坐倒两个阿姨。

> 屋里面亮倒灯。

> 墙上挂倒一幅画。(按,可归入所谓"成续体"。)

二、其他相关方言点的表达形式

"V·倒+(O/C)"是汉语西南官话中最常见的"持续体"的表达形式，在其他西南官话方言点中，"倒"也是最常见的标记成分，与"倒"功能相当的"起倒""起"等出现频率也比较高。

据吕嵩崧(2010)，属于西南官话的百色加尤话表示"持续体"的标记一般用"起"。例如：

坐起吃好，还是站起吃好？

趴起睡。

戴起帽子找帽子。

我们觉得，这里的"坐起、站起、趴起、戴起"都作状语，表示后一动作行为的方式，虽有状态性和"持续体"义，但不典型。

张一舟等(2001：68)称，成都话的"持续体"（静态）表示动作行为的静止状态或动作行为结束以后事物的存在状态，句型通常是"V+起……（+得/在/哩)"。例如：

他在屋头坐起得。

纸上写起字得。

缸头_{缸里}装起水。

床上铺起新床单。

张一舟等(2001：69)还表示，成都话表示静态的"持续体"，也可在存在句中用助词"了[no²]"，如可以说"缸头装了水｜床上铺了新床单"，用"了"来代替"起"。但是用"了"以后，句末不能再用语气词"得/在/哩"。成都话表示"持续体"的形式和相关问题，还可参见张清源(1991)。

赵葵欣(2012：123～124)认为，"持续体"表示某种状态在某一段时间内保持不变，它是对事件构成中的持续段观察的反映。"状态"大概包括两种情况：一是某一动作完成后造成的状态，如普通话的"墙上挂着一幅画"，是动作"挂"完成后造成的"画在墙上"的状态；二是与动作无关的静态的状态，如普通话的"他醒着呢"。这两种状态在武汉方言中多用不同格式表达。"持续体"用体貌标记"倒"和"在₂"表达。以下分别举例（句法格式的描写依赵著）。

处所+V倒+O+(在₂)：

茶几高头放倒一张报纸。

炉子高头煨倒汤在₂。

门口站倒好几个人在₂。

N+V 倒+O/处所:

　　一个老爹爹牵倒一个白汪了的狮毛狗,小狗还穿了一件小衣裳。

　　一个男将坐倒我的位置高头,正津津有味地吃我的烧梅。

N+V 倒+在₂(这种格式的"在₂"是必须出现的):

　　门开倒在₂,你自己进来吵。

　　鱼还活倒在₂,刚买回来的。

　　赵著(2012:124~125)表示,武汉方言体貌系统中,"进行体""持续体"分得很清楚,"进行体"的体貌标记是"在₁""在₂","持续体"的体貌标记是"倒"。但句尾"在₂"比较复杂,两种体都可以出现,且有时是强制性的,有时可省略,这在汉语方言中也比较特殊。她说,吕叔湘在《释〈景德传灯录〉中"在""著"二助词》(见《汉语语法论文集·增订本》)中曾谈到现代四川方言里有"睡倒在""放倒在""忙倒在"的说法,并从历史上阐明了这个句尾"在"是"呢"的来源,而"在"又是由"在里"这个表示处所的副词发展而来的。不过四川方言的"在"用在句尾,而武汉方言的句尾"在₂"使用范围显然比四川方言大,更多保留了古汉语的痕迹,还没有发展成"呢",事实上,地道的武汉方言中至今也还没有语气助词"呢"。

　　根据《动词的体》所提供的"持续体"普通话例句(属于同一句型/句式,如祈使句、"V·标记成分"作状语或属于同一动词小类的部分句子未选入,以下其他方言点同),广西西南官话三个方言点"持续体"相关表达形式可归纳为表 3-1。

表 3-1　广西西南官话"持续体"的表达形式

方言点	普通话例句	方言点用例	表达形式	备注
荔浦话		他手高头拿倒一个茶杯。	V·倒+O	荔浦话"倒"可换成"起倒"(下同)。换成"起"则另有讲究,参见上文论述。桂林话、柳州话情形同荔浦话。柳州话"稳"可换成"倒"(下同)。
桂林话	他手里拿着一个茶杯。	他手里拿倒一个茶杯。	V·倒+O	
柳州话		他拿稳个茶杯。	V·稳+O	
荔浦话		他在廊底下站倒。	PP+V·倒	柳州话的说法似更强调"站"的处所,也可如荔浦话、桂林话那样表达。
桂林话	他在屋檐下站着呢。	他在屋檐底下站倒呢。	PP+V·倒	
柳州话		他站在廊檐下面。	(V+PP)	

续表

方言点	普通话例句	方言点用例	表达形式	备注
荔浦话	我带着雨衣，不怕下雨。	我带倒雨衣，未怕下雨的。	V·倒＋O	"带"与"提、拖、夹、骑、坐"等动词带上标记成分和宾语所表示的行为一样，是由动作留下的没有动感的行为，应归入所谓"延续体"。（可参见刘丹青，2008：473～474）
桂林话		我带倒雨衣，不怕下雨。	V·倒＋O	
柳州话		我带稳雨衣，没慌下雨。	V·稳＋O	
荔浦话	门开着，里面没有人。	门是开倒的，里头没得人。	V·倒	柳州话前一分句的说法似乎更强调静止状态。
桂林话		门开倒，里面没得人。	V·倒	
柳州话		开稳门，里头没有人。	V·稳＋O	
荔浦话	你拿着！	你拿倒！	V·倒	在祈使句中，"持续体"意义是不显豁的。
桂林话		你拿倒！	V·倒	
柳州话		你拿稳！	V·稳	
荔浦话	他们打着伞在街上走。	他们撑倒伞在街上走。	V·倒＋O（＋PP＋V）	"V·倒/稳＋O＋PP"是"走"的两层状语，这不是典型的"持续体"句子；若将"V·倒＋O＋PP＋V"视为连谓结构，则"持续体"意义较为明显；"V·倒/稳＋伞"似也可理解为伴随行为。
桂林话		他打倒伞在街上走。	V·倒＋O（＋PP＋V）	
柳州话		他们挡稳伞在街上走。	V·稳＋O（＋PP＋V）	
荔浦话	他喜欢站着吃。	他喜欢/中意站倒喫。	V·倒＋V	"V·倒/稳"作后面"V"的状语，表示方式。
桂林话		他喜欢站倒吃。	V·倒＋V	
柳州话		他爱站稳吃。	V·稳＋V	
荔浦话	他们手拉着手，一边走一边唱。	他们牵倒手，一路走一路唱。	V·倒＋O	"（手）V·倒/稳手"也还有一定的方式性质，亦可视为伴随行为。
桂林话		他们手拉倒手，边走边唱。	V·倒＋O	
柳州话		他们拉稳手，一路走一路唱。	V·稳＋O	

方言点	普通话例句	方言点用例	表达形式	备注
荔浦话		墙高头挂倒一张画。	V·倒＋O	按照有关论著的
桂林话	墙上挂着一幅画。	墙上挂倒一幅画。	V·倒＋O	说法，这是典型
柳州话		墙头挂稳幅画。	V·稳＋O	的所谓"成续体"。
荔浦话		门口站倒三个人（在那垱）。	V·倒＋O	这种表达若要细
桂林话	门口站着三个人。	门口站倒三个人。	V·倒＋O	分，则可归为所
柳州话		门口站稳三个人。	V·稳＋O	谓"延续体"。

从表 3-1 可以看出，"V·倒＋(O)"是广西西南官话"持续体"最强势的表达形式。其中柳州话的"持续体"与"进行体"一样，用了客家话的"V·稳＋(O)"形式。这些例句总体上都可看成表示"持续体"意义的句子，若要细加区别，其中也有所谓的"成续体""延续体"之类相关的意义。就表达形式而言，官话（及其他方言）的"持续体"似乎不及"进行体"复杂。

第二节　粤方言的"持续体"

广西粤方言的"持续体"一般用"V·住＋(O)"形式表达，这在广州话中最为突出。广西境内粤方言除用"V·住＋(O)"表示"持续体"外，有的也用"V·紧＋(O)"形式，"住"和"紧"的分工不像广州话那么严格。

一、桂平话、南宁话、玉林话的表达形式

(一)桂平话的"V·住＋(O)"

桂平话表示动作行为完成后所保留状态的持续一般用"V·住＋(O)"形式。例如：

(1)佢攞住一只茶杯_{他(手里)拿着一个茶杯。}

(2)佢在屋檐下底企住_{他在屋檐下站着。}

(3)佢戴住假发_{他带着假发。}

(4)佢箍住牙，唔得食甘蔗_{他箍着牙，不能吃甘蔗。}

(5)我带住雨衣，唔怕落雨_{我带着雨衣，不怕下雨。}

(6)门开住，里底唔有人_{门开着，里面没有人。}

(7)小明低住头，唔讲话_{小明低着头，不说话。}（也可说"佢头低低，唔讲话。"）

(8)车里底坐住两个鬼佬车子里坐着两个外国人。

(9)墙上高挂住一幅画墙上挂着一幅画。

(10)门口企住三只人门口站着三个人。

以上都是"V·住(＋O)"形式。与例(1)相同的实例还可以说"佢攞住一张报纸""佢捧住一碟菜"等；例(2)的意思也可以说成"佢仲在屋檐下底企住哦他还在屋檐下站着呢"，强调持续状态的时间长。

桂平话表示"持续体"意义似乎可以省略标记成分"住"，或者用别的形式表示非"持续体"的"持续"义。例如：

(11)佢企在屋檐下底。（这是例(2)意思的另一种表达。）

(12)佢坐在地底，唔肯企起身她在地上坐着，不肯站起来。

(13)我行一行开，你睇实行李我走开一会儿，行李要好好儿地看着。

(14)石头上高(刻)有字石头上刻着字儿呢。

(15)枕头上(绣)有一只雀儿枕头上绣着一只小雀。

这些多是《动词的体》中我们未选入表格里的例句，例(1)～例(8)中也有一些未选入。例(13)的"睇实"是动结式。例(14)、例(15)用了存在动词"有"，则正应了刘丹青(2008：467)的说法："成续体的动作义已被淡化，换成存在动词句义基本不变。"用"V·住＋(O)"表示方式的例子，比如，佢哋撑住伞在街上行他们打着伞在街上走 | 佢中意企住食他喜欢站着吃 | 佢挨住墙食烟他靠着墙抽烟，我们并不把它们作为典型的"持续体"例句，有的也未选入表中①。

据谢蓓(2011)，桂平话的动词重叠形式如"VV""VV下""VV住""V下V下""VAVB""AABB"等都可表示"持续体"。谢文所举的部分"持续体"例句或状态延续例句如下（序号a、b……为我们所加）：

a. 只仔喊喊轮晚，真系心涨。（儿子整晚哭，真心烦。）

b. 个袋米挨杂物房放放住，你自己去捐。（那袋米放在杂物房，你自己去拿。）

c. 揾下揾下，越揾越火滚。（找着找着，越找越生气。）

d. 拣来拣去，拣得个烂灯盏。（千挑万选，挑了个破玩意儿。）

e. 你咪要成日吟吟沉沉，人家唔中意。（你不要整天啰啰唆唆的，别人不喜欢。）

我们觉得，除b例是比较典型的"持续体"意义外，其他也都还可再斟酌。a例是表示"进行"义的(非"进行体")，c例的"进行"义(亦非"进行

---

① 未选入表格里的例句，以下各点与桂平话大体相同。

体")也比较明显。不过,谢蓓(2011)表示,从本质上说,"V下V下"虽然也有动作持续的含义,但与普通意义上的"持续体"标记"住"有所不同。"V下V下"是一种"短暂体"的叠用,通过这种叠用获得一种短暂的持续的语法意义——反复,这是"持续体"所没有的。如果把所谓"反复"也看成一种"持续"的话,d 例可以算作表示"持续"义(非"持续体")。当然,我们还是不能模糊"反复"与"持续"的界限。至于 e 例的"成日吟吟沉沉",表示的应该是一种惯常行为或状态,与"持续体"意义依然有别。

(二)南宁话的"V·住＋(O)"及相关表达形式

南宁话表示状态的持续一般也用"V·住＋(O)"形式。例如:

(1)佢拎住只茶杯。他(手里)拿着一只茶杯。

(2)佢在屋边企住。他在屋檐下站着。

(3)佢着住身新衫裤。他穿着一身新衣服。

(4)佢在地底坐住,毋肯起身。她在地上坐着,不肯站起来。

(5)我带住雨衣,毋怕落雨。我带着雨衣,不怕下雨。

(6)门开住,里底有有人。门开着,里面没有人。

(7)车里底坐住两只鬼佬。车子里坐着两个外国人。

(8)墙上挂住一幅画。墙上挂着一幅画。

(9)石头上雕住字。石头上刻着字。

(10)门口企住三只人。门口站着三个人。

例(5)的前一分句可以说成"我(带)有雨衣",例(8)可以说成"墙上(挂)有一幅画",例(9)可以说成"石头上(雕)有字",例(10)可以说成"有三只人企在门口底"或"门口底有三只人",亦即可以用相应的方式表示非"持续体"的"持续"义,这些表达皆可归入所谓的"成续体"。

"V·住＋(O)"表示方式或伴随行为等意义,南宁话的说法是:佢哋撑住遮在街上走。他们打着伞在街上走。｜戴住帽揾帽。戴着帽子找帽子。(这个意思南宁人常说"揿住仔揾仔"。背着小孩儿找小孩儿。)｜佢中意企住食。他喜欢站着吃。｜佢挨住墙烧烟。他靠着墙抽烟。｜佢哋手拉(住)手,边行边唱。他们手拉着手,一边走一边唱。

其他一些研究成果对南宁话的"V·住＋(O)"等表达形式多有描写。比如,林亦、覃凤余(2008:329～330)谈到,南宁白话"住[tʃy²²]"附着在动词、形容词后表示"持续体"。例如(方括号内的说明为我们所加):

有得指住人讲话,有有礼貌嘅。(别指着别人说话,不礼貌的)["指住人"表示方式,第一分句是祈使,表示劝说或禁止]

细张唱住歌行落来。(小张唱着歌走进来)["唱住歌"表示方式或伴随行为]

你喺哪等住，睇住啲嘢先，我一阵就翻来。（你先在这儿等着，看着这些东西，我一会儿就回来）[有"V·住"形式的两个分句含有祈使义，说话时这种状态也可能还没有出现，祈使所表示的一般为未然的动作行为]

只壳挂住喺墙啲。（水瓢在墙上挂着）[所谓"成续体"]

林亦、覃凤余（2008：330）表示，南宁白话的"VV 住/V 住 V 住"等形式也可用来表示"持续"。例如：

佢讲讲住就哭哦。（他说着说着就哭了）

佢洗洗住凉就昏过去哦。（他洗澡洗着洗着就昏过去了）

佢望望住啲嘢，冇出声到。（他望着这些东西，没出声）

睇住睇住就睡着咊。（看着看着就睡着了）

"VV 住"表达的意义与我们在上文中提到的桂平白话相同，"V 住 V 住"形式则类似我们前面谈到的桂林话"V 倒 V 倒（就）"，其"持续体"意义都是不典型的。虽然我们非常重视标记成分的有无，但也不能"唯标记论"，还要考虑标记出现的句法环境，其语法意义和功能等因素。从范畴化的角度看，原型（或典型）与非原型的区分也是必要的。我们似乎不必逮住一个与标记同形的成分就是表"体"的东西，就要归入某个"体范畴"。

吴旭虹（2007）的讨论也涉及南宁话的"持续体"。吴文描写了南宁白话表示静态持续用"住₁"[①]的情况。例如（序号 a、b……为我们所加）：

a. 小云揽住₁只公仔，唔肯放手。<small>小云抱着那个娃娃，不愿放手。</small>

b. 墙上挂住₁好多画。

c. 我见佢亚阵时，佢戴住₁顶红帽<small>我看见她的时候，她戴着顶红帽子。</small>

d. 信封上黏住₁几张邮票<small>信封上边贴着几张邮票。</small>

e. 我间房向住₁南边<small>我的房间向着南边。</small>

f. 两栋楼之间隔住₁一条马路。

g. 佢争住₁我一百文，下个月还俾我<small>他欠着我一百块，下个月还给我。</small>

a～d 这四个用例表示所谓静态持续没有问题；e、f 两例的"住"，我们觉得不好看成体标记，"向住"相当于普通话的"朝着、向着"，"隔住"

---

① 吴旭虹（2007）将南宁白话表示"持续体"（包括所谓静态持续、动态持续）和"进行体"的标记"住"分别记为"住₁""住₂"。"住₂"（表示"进行体"）的例子如：阿姨挂₂画。｜佢黏₂邮票。亦即下面的 b 例、d 例若换成这两例，则表示"阿姨正在挂画""他正在贴邮票"，也就是说，若主语是指人的名词，再结合语境，在口语中"住"就可以理解为表示"进行体"，否则就表示"持续体"；c 例若换成"住₂"（其他不变）则表示"正在戴着一顶红帽子"，也要结合语境来理解，在口语中要结合语境来化解歧义。

也就是"隔着"，说的都是一种自然状态，与我们所说的"持续体"不太一样。普通话的"朝着、向着"以及"隔着"都可以看成双音节词，"着"自然不是体标记，与此相应的"向住""隔住"的"住"（应是仿普通话的"向着""隔着"的"着"而来）似乎也不好认为是体标记。至于"争住"（欠着），对应普通话的说法，可以说成"欠了"，这个例子也不是典型的"持续体"的用例。

吴文又谈到，南宁白话表示动态持续可用"V住₁V住₁""V嚟V去"。例如（序号 h、i……为我们所加）：

h. 佢讲住讲住就砸只瓶过嚟_{他说着说着就扔了个瓶子过来}。

i. 我听住听住就睡着嗰。

j. 有个人喺窗口啲望嚟望去_{有个人在窗口那儿不停地张望}。

k. 佢一直喺啲讲嚟讲去，未停过_{他一直在那儿讲个不停}。

h、i 两例中的"V住₁V住₁"与上述林亦、覃凤余（2008：330）所讨论的一样，我们仍然把它视同于桂林话的"V倒V倒（就）"，其语义并非典型的"持续体"；j、k 两例还是看成表示所谓"反复"义为好。

上文我们讨论过"持续"意义有［＋附着］的语义特征，表示"持续体"意义的句子一般伴有方位、处所成分。吴文也提到了南宁白话介词结构"喺啲"（相当于普通话的"在这/那"），认为"喺啲"虚化程度不高，还不能完全表示动作、状态的"持续"或"进行"义，作体标记的同时，兼带"在这、在那"的处所意义。吴文所举的例子如下：

你喺啲做乜嘢_{你在（在这儿）干什么}？

我返嚟亚阵时佢喺啲睇（住）电视_{我回来的时候，他正在（在那儿）那儿看电视}。
"喺啲"前也可以加"仲"（相当于普通话的"还"）：

我仲喺啲难受_{我还在这儿难受呢}。

佢仲未决定，仲喺啲犹豫。

按照我们的标准，即使"喺啲"的虚化程度很高，它也不能成为"体"的标记成分。

（三）玉林话的"V·紧＋（O）"

跟桂平话、南宁话的标记成分不同，玉林话常用"紧"，"V·紧＋（O）"是"持续体"最常见的表达形式。例如：

（1）佢穿紧身新衫_{他穿着一身新衣服}。

（2）佢在地上坐紧，冇肯企起身_{她在地上坐着，不肯站起来}。

（3）坐紧，冇企起身_{坐着，不要站起来}！

（4）我行开时先，着好好睇紧行李_{我走开一会儿，行李要好好儿地看着}！

（5）佢傍紧墙根吃烟_{他靠着墙抽烟}。

（6）车里坐紧两只外国佬_{车子里坐着两个外国人。}

（7）门口企紧三只人_{门口站着三个人。}

当然，玉林话并非只用"紧"标记"持续体"意义。作为在粤方言中普遍使用的标记成分"住"，玉林话也可以用，调查合作人也申明了这一点。梁忠东（2009a）的研究揭示了同样的现象。他表示，玉林话的"住""紧"作为表示"持续体"（含动态、静态）的标记不少情况下是可以互换的。例如（方括号内的说明为我们所加）：

门开住/紧，你自己入来啰！

十一点半咧，佢仲开住/紧电视在。["在"与"进行体"句末的"在"相同，下文还将出现]

吃住/紧饭睇书冇好。["吃住/紧饭"表示方式]

出门时我一直拧住/紧书。

而在存在句中多用"住"。例如：

门口对住/紧南江流。["对住/紧"与上文分析的"朝着、向着"相同]

冰箱上高放住/紧盆花。

在连动句中也多用"住"。例如：

佢流住眼泪讲故事。["流住眼泪"表示方式或伴随行为]

我戴住眼镜睇书。["戴住眼镜"表示方式]

我收住篙张纸作草稿。["收住篙张纸"应属于由行为留下的非行为状态，在句中仍表示方式]

梁忠东（2009b、2010）还举出了玉林话"VP·在"的用例：

老师企在讲台在_{老师还站在讲台。}（2009b，以下为2010）[表示的是"持续"义，非"体"的意义，下同]

佢吃饭在，□ma$^{24-35}$喊佢_{他吃着饭,不要叫他。}[表"进行"义]

佢听电话在，你□ma$^{24-35}$吵佢_{他打着电话,你不要吵他。}[表"进行"义]

门开在，你自己入来啰_{门开着呢,你自己进来吧。}！[表"持续"义]

后面的三个例子也可以在动词后加"住"，如"吃住饭在"，如此，则有了"持续体"的意义。

二、其他相关方言点的表达形式

汉语粤方言的代表点广州话表示"持续体"意义，一般用"住"作为标记成分。彭小川（1996a）表示，广州话的动态助词"住"在体范畴中属于"持续体"，表示与动作、行为有关的某种状态的持续。例如：

佢用力噉_地[kɐm^{35}]握住李老师嘅手。（他用力握着李老师的手）

佢坐住做气功。（他坐着做气功）

彭文谈到，动作可均质持续进行的动词，可与"住"结合，也可与"紧"结合，但表示的语法意义不同。用"住"的句子强调具体的动作、行为所形成状态的持续，如前面所举二例。用"紧"的句子强调的是动作行为所表示的事件正在进行中，动作者当时的情态如何则无关紧要。我们在这里一并引出彭文中"进行体"的例子：

我入去嗰时，佢同李老师握紧手。（我进去的时候，他正与李老师握手呢）

佢而家坐紧飞机。（他现在正坐着飞机呢）

彭文进一步讨论了广州话"住""紧"所表示的语法意义的区别，由于其中的情况比较复杂，我们在此做如下概括，并择举若干例句。

若是瞬间性动作动词，广州话只用"紧"表示"进行体"。例如：

佢切紧菜。（他正在切菜）

阿嫲［ma²¹］喂紧个孙食粥。（奶奶正在喂孙子吃粥）

啲细路女跳紧芭蕾舞。（那些女孩儿正在跳芭蕾舞）

细佬［lou³⁵］吹紧气球。（弟弟正在吹气球）

表示放置义的动词，广州话也可跟"住""紧"结合，用"住"时，与可均质持续进行的动词语法意义略有差别：

花樽［tsøn⁵⁵］入便插住好多花。（花瓶里插着很多花）

图章上便刻住佢嘅名。（图章上刻着他的名字）

彭文说，这里的"住"表示动作已经完成了，如"插住好多花"，插花的动作已经完成了，是"插花"的结果——"花瓶里插着不少花"这种状态在持续着。而"握紧手"则表示"握手"的动作还没有完成。

用"紧"与可均质持续进行的动词一样，表示动作正在进行：

细妹插紧花。（小妹正在插花）

佢刻紧图章。（他正在刻图章）

表示静态的动词，如果是表示长期延续倾向的，可带"住"，不能带"紧"：

佢间屋向住南便。（他那间房子向着南面）

表示一段时间内延续的，两者都可带，但意义有异：

我等紧你嘅好消息。（我正等你的好消息呢）

我等住你嘅好消息。（我等着你的好消息）

用"紧"强调说话时行为者正处于什么样的情状，用"住"则强调情状的延续。

经过彭文的这番讨论，我们可以更具体地了解广州话体标记"住""紧"的分工："持续体"标记用"住"，"进行体"标记用"紧"，与广西境内粤方言点"住""紧"大多可以换用的情况不同。

张维耿（1988）也有相关的讨论，认为普通话"持续体""进行体"都用"着"，但广州、梅县与此不同。"看着他"，广州话可以说"睇紧佢"，也可以说"睇住佢"，但"贴紧标语"表示正在贴标语，是"进行体"，"贴住标语"是指贴有标语，是"持续体"；梅县话动词后的"唐逮"只表示"进行体"，"等"可兼表"进行体""持续体"。

三、近代粤方言相关的表达形式

上文讨论"完成体"时，我们提到清代粤方言的书面文献有《粤讴》《花笺记》《俗话倾谈》等。杨敬宇（2010）讨论了清代曲艺作品中表示动作持续用"住"的情况，"V＋住"表示动作持续依附着某物。例如（例句出处依照杨文的标注形式，下同）：

> 远望有个游人在个边，倚住柳荫愁默默，有些情绪锁眉尖。（花笺记）

> 木兰双桨载住神仙。（粤讴·容乜易之四）

> 珊瑚点灯来引，扶住归房安歇。（横纹柴）

也可以是仅表示动作持续：

> 个阵伤情真恶抵，凄凉对住一盏断肠灯。（花笺记）

> 幸得花爱临汝，又向住他。（粤讴·镜花）

> 世界之中，有等帮住老婆，所以共成忤逆。（横纹柴）

杨文表示，此类文本不用"着"表示"持续体"意义，"着"只充当结果补语，表示到达或接触到。汉语普通话"持续体""进行体"的语法意义来自"着"的"附着"义。从粤方言的书面材料看，粤方言表示"持续体"的动态助词来自"住"的"停驻"义。《粤讴》中有极少数例子表示"持续体"是用"着"的。例如：

> 君呀，你是必硬着心肠，唔多愿睬。——还花债

> 但得我梦中唔叫醒我，我就附着你同行。——听春莺

关于汉语粤方言"进行体""持续体"普遍使用的标记成分"住""紧"的来源问题，学界有过一些讨论。比如，吴旭虹（2007）认为，"住"的本字是中古的"著"，"住"是其在白话中的替代字。上述杨敬宇（2010）则认为粤方言表示"持续体"的动态助词来自"住"的"停驻"义。具体情况如何，有待进一步探讨。

　　根据《动词的体》所提供的"持续体"普通话例句，广西粤方言三个方言点"持续体"相关表达形式可归纳为表 3-2。

表 3-2　广西粤方言"持续体"的表达形式

方言点	普通话例句	方言点用例	表达形式	备注
桂平话		佢攞住一只茶杯。	V·住+O	"V·住+O"表示的是由动作留下的无动感的行为。
南宁话	他手里拿着一个茶杯。	佢手里底□[nəŋ⁵³]住一只茶杯。	V·住+O	
玉林话		佢手里搦紧只茶杯。	V·紧+O	
桂平话		佢在屋檐下底企住。	PP+V·住	"V·住/紧"也是一种由动作留下的无动感的行为。
南宁话	他在屋檐下站着呢。	佢在瓦檐底/屋边企住。	PP+V·住	
玉林话		佢在屋檐企紧呢。	PP+V·紧	
桂平话		我带住雨衣，唔怕落雨。	V·住+O	前一分句的形式和意义皆与第1例相同。
南宁话	我带着雨衣，不怕下雨。	我带住雨衣，毋怕落雨。	V·住+O	
玉林话		我带紧雨衣，冇怕落水。	V·紧+O	
桂平话		门开住，里底唔有人。	V·住	"门开着"这种状态可以是没有行为参与的状态，也可以是由行为留下的非行为状态，说是"持续体""延续体"应该都成立。
南宁话	门开着，里面没有人。	门开住，里底冇有人。	V·住	
玉林话		门开紧，里中冇人。	V·紧	
桂平话		你攞住！	V·住	祈使句的"持续体"意义不显豁。可参见表3-1的相关说明。
南宁话	你拿着！	你□[nəŋ⁵³]住（喂）！	V·住	
玉林话		你搦紧！	V·紧	
桂平话		佢哋撑住遮在街上行。	V·住+O（+PP+V）	"V·住+O"表示后一行为的方式，可参见表3-1的相关说明。
南宁话	他们打着伞在街上走。	佢哋撑住遮在街上行。	V·住+O（+PP+V）	
玉林话		佢人撑紧夜遮在街上行。	V·紧+O（+PP+V）	

方言点	普通话例句	方言点用例	表达形式	备注
桂平话	他喜欢站着吃。	佢中意企住食。	V·住＋V	"V·住/紧"作"V"的状语，表示方式。
南宁话		佢中意企住食。	V·住＋V	
玉林话		佢中意企紧吃。	V·紧＋V	
桂平话	他们手拉着手，一边走一边唱。	佢哋拉住手，边行边唱。	V·住＋O	前一分句形式上与第1例和第3例相同。
南宁话		佢哋拉住手，一路行一路唱。	V·住＋O	
玉林话		佢人拉紧手，边行边唱。	V·紧＋O	
桂平话	墙上挂着一幅画。	墙上高挂住一幅画。	V·住＋O	这两例是"地道"的"持续体"用例，但其中的动作义已被淡化，皆可以换说为"有"字存现句。
南宁话		墙上高挂住一幅画。	V·住＋O	
玉林话		墙壁挂紧幅画。	V·紧＋O	
桂平话	门口站着三个人。	门口企住三只/个人。	V·住＋O	
南宁话		门口企住三只/个人。	V·住＋O	
玉林话		门口企紧三只人。	V·紧＋O	

从表 3-2 可以看出，广西粤方言中的桂平话、南宁话"持续体"的标记主要用"住"；玉林话主要用"紧"，根据我们的调查和有关学者的研究，该方言点同时也用"住"，"紧""住"在不少情况下可以互换，只是在存现句、连动句中一般用"住"不用"紧"。而在广州话中"住""紧"分别标记"持续体"和"进行体"，分工甚为明确。或许我们的调查还不够深入全面，在广西粤方言各点中，"住""紧"的标记作用可能也不尽相同，若进一步细究和挖掘，当会发现其中的一些区别和有相关价值的材料。

第三节 客家方言的"持续体"

仅从我们初步调查的三个点来说，广西客家方言"持续体"的主要表达形式只有两种："V·稳＋(O)"和"V·紧＋(O)"，不计标记成分的选择，实际上只是一种形式。

一、陆川话、沙田话、桥圩话的表达形式

(一)陆川话的"V·稳＋(O)"

陆川话表示动作行为发生后所保留状态的"持续"与表示动作行为"进

行"的形式一样，都用"V·稳＋(O)"，亦即"持续体""进行体"同形。例如：

(1)佢着稳一身新衣裳他穿着一身新衣服。

(2)佢在地上坐稳□[kɔ²⁴]，没肯企上来她在地上坐着,不肯站起来。

(3)倕行开一下，看稳行李哦我走开一会儿,行李要好好儿地看着！

(4)车子里坐稳两只外国人车子里坐着两个外国人。

普通话用"着"的地方，陆川话也可以换成"有"，变为存现句。例如：

(5)石头上雕有字。

(6)门口站有三个人。

(7)倕带有雨衣，没怕落水我带着雨衣,不怕下雨。

从总体上看，陆川话用"稳"标记"持续体"意义比标记"进行体"意义更为常见，也更为"稳定"。如同有的学者所认为的，共同语的"着"先是标记"持续体"意义，再进而标记"进行体"意义。我们初步认为陆川话的"稳"也是先用来标记"持续体"，再扩大到标记"进行体"的。从共时状态下的使用频率看，这种先后次序比较明显。

(二)沙田话的"V·紧＋(O)"

沙田话的"持续体"一般用"V·紧＋(O)"形式表达。例如：

(1)他着穿紧一身新衫裤他穿着一身新衣服。

(2)她在地泥坐紧，冇愿企起身她在地上坐着,不肯站起来。

(3)我走下子，行李要好好给(地)看紧我走开一会儿,行李要好好儿地看着！

(4)他靠紧墙壁食烟他靠着墙抽烟。

(5)车子里边坐紧两只外国人车子里坐着两个外国人。

(6)石头上边刻紧字石头上刻着字儿呢。

"V·紧＋(O)"在不同句法环境中所表示的意义及语法功能与其他点相同，此处不赘述。

(三)桥圩话的"V·紧＋(O)"

桥圩话的"持续体"也用"V·紧＋(O)"形式表达。例如：

(1)他靠紧墙壁烧烟他靠着墙抽烟。

与沙田话有所不同的是，桥圩话用"紧"作标记的情况似乎并不是很普遍，普通话用"着"的地方，桥圩话不用"紧"对应的情况比较多。例如：

(2)车子里坐有两个外国人。

(3)墙上挂有一幅画。

(4)石头上刻有字呢。

(5)门口站有三个人。

这改变了普通话原句的意义，不再是"持续体"的表达形式了。有时干脆不计较普通话是否用"着"，只按本方言的习惯表达，或者隐去相应的标记成分。例如：

（6）佢着_穿一身新衣服。

（7）佢坐在地上，不肯起身。

以上我们涉及不少用"有"对应普通话的"着"而改变"持续体"意义的现象（下文将讨论的平话也有这种现象）。这个问题还可以到其他方言点去观察。据夏俐萍（2009），在广东、广西以及浙江等地区的汉语方言中，都有以加"有"的方式表示"路上停着一辆车"的相对应或相关的意义："路上停有一辆车"。"路上停有一辆车"这种夏文称为"零标记类型"的例子在广西的其他方言点中还可以见到。以下是夏文举的例子：

象州：路上停有［iɐu⁵³］一架车/路上有一架车停倒。

防城港：路上停有［iu⁵⁵］一架车。

合浦：路上停有［iu⁵⁵］一架车。

从认知心理的角度说，说话者将"NL（名词性处所成分）＋V·着＋O"看成与"NL＋V＋有＋O"同义的构式，在表示"成绩"意义上没有什么差别。但从"体范畴"的角度看，"有"字句改变了原来的"持续体"意义，不再是表示"持续体"的形式。

二、其他方言点的表达形式及相关问题

广西境内其他客家方言点"持续体"的表达形式或标记成分有异于我们所调查的三个方言点。据杨焕典（1998：543），陆川大桥客家话可用"着"来标记"持续体"。例如：

桌上放着一碗水。

门口企着一帮人。

"着"也可标记"进行体"。例如：

佢地正在讲着话。（他们正在说着话呢。）

陈辉霞（2008）表示，临桂小江客家话用"倒"来标记"持续体"（按，与其他一些非官话方言点一样，用"倒"标记"持续体"应该是受官话的影响）。例如：

门口待倒一个学生_{门口站着一个学生。}

邓玉荣（2011）的研究称，贺州莲塘客家话与北京话"着"相当的动态助词有"典［tɛn³¹］"（同音字，本字待考）和"倒"，都可表示动作正在进行和状态的持续，但在一定条件下有细微差别。以下是"典""倒"可以互换

的用例：

> 倻食典/倒饭。（我正在吃饭。）

> 渠做典工/果做倒工。（他正在做工。）

以上表示"进行体"。

> 灯着典/倒，人又唔见。（灯亮着，人又不见。）

> 介只门开典/倒咩，你落去啊。（那门开着，你进去啊。）

以上表示"持续体"。

邓文表示，"典"多用于表示"进行体"，"倒"多用于表示"持续体"。如果主语是表示处所的词语，"典""倒"表面上一样，但潜藏意义不同。例如：

A	B
镬头烧典水。	镬头烧倒水。
桌摆典满桌菜。	桌摆倒满桌菜。
壁头贴典地图。	壁头贴倒地图。

A类侧重于主语正承受动词对宾语的动作，或正承受动词对宾语动作完成后产生的状态，不能再承受另一个动作。B类侧重主语承受动词对宾语动作完成后产生的持续状态，并可以利用这一状态。比如，"镬头烧典水"，是说烧水这一动作正在进行；潜藏意义可以是：甲准备用锅煮稀饭，乙告诉甲"镬头烧典水"，意为正在烧水，尚未烧热，不能用锅煮稀饭。"镬头烧倒水"，是说烧的动作已经完成，或虽在烧但已烧热，是一种状态的持续；潜藏意义可以是：甲告诉乙"镬头烧倒水"，意为锅里烧好有热水，你可以洗澡了。而在语气较为温和的祈使句中，"典""倒"可以互换，基本意思不变。例如：

> 你坐典/倒，涯等下就来。（你坐着，我等一会儿就来。）

在带有强制性、命令性的祈使句中，则一般用"倒"不用"典"，语气温和的用"典"不用"倒"。例如：

> 企倒！（站着！）

> 在介企倒！（在那站着！）（语气重）

> 在介企典！（在那站着。）（语气轻）

如上文所述，我们一般不考虑祈使句中的所谓"进行体""持续体"意义，邓文所描写的相关例句可供参考。

其实，我们所记录的沙田话"进行体"和"持续体"的"紧[tin²¹]"也就是邓文所说的"典[ten³¹]"。从读音上说，记为"典"更为接近；从意义上或与粤方言、平话的联系上看，按多数学者的做法，记为"紧"也是可行的，语音上也还比较接近。

据项梦冰(1996、1997：182～193)，福建连城客家方言可以用形态手段——重叠，表示"持续"(按，重叠手段表达的不是"持续体"意义)；也可以用词汇手段——虚词，表示"持续"(也不是"持续体"意义)。连城客家方言相当于北京话"着"的词是"倒"(为示区别，项著在称说时记为"倒₂")、"稳定"和"紧"。虚化程度高的"倒₂"是表示存在的结果性补语，状态持续只是它的隐含意义，如"壁上挂倒一张画"。为什么说状态持续只是它的隐含意义？项在其论文和专著中给出了如下几条理由。

一是在肯定句中，"倒₂"后可出现"有"字(非强制性共现)。例如：

车腹底坐倒(有)两个外国人。(车子里坐着两个外国人。)｜壁上挂倒(有)一张画。｜门口〈站〉倒(有)三个人。(门口站着三个人。)

按，这与我们前面所说的陆川话、桥圩话的情形差不多。

二是在否定句和疑问句中，"倒₂"后必须出现"有"字(强制性共现)。例如：

壁上唔曾挂倒有画。(墙上没挂着画。)

三是"倒₂"必须出现在存现句中(其后是无定宾语)，如上面所举的相关例句。

四是当"倒₂"后的宾语转换为主语或动词前"有"的无定宾语时，"倒₂"要换成表示"持续"的体标记"稳定"，说明"倒₂"只用于表示存在的句子中。例如：

(有)两个外国人在车腹底坐稳定。(有两个外国人在车里坐着。)

五是"倒₂"不能用于动作性较强的存在句，不能说"天上飞倒一只鸟子"，只能说"天上有一只鸟子得飞"，说明"倒₂"主要是说明一种存在状态，虽然也隐含着持续意义，但也只是静止状态的持续。

项梦冰的论著表示，"稳定"在连城方言里是个唯补词，只能出现在动词后，作为体标记，它相当于北京话的"着"。例如：

门开稳定，内底无人。(门开着，里面没有人。)

你捏稳定。(你拿着！)

坐稳定，唔要〈站〉起来。(坐着，不要站起来。)

小明头脑壳〈低〉稳定懒声。(小明低着头，不说话。)

渠侪举稳定伞得街路上行。(他们打着伞在街上走。)

渠侪手拖稳定手，一边行一边唱。(他们手拉着手，一边走一边唱。)

渠一个人争稳定三个位置。(他一个人占着三个位子。)

连城客家方言的"紧"用作"持续体"标记时位于动词前（紧＋V）。① 例如：

　　　打净饭紧扒。（[不就着菜]光往嘴里不停地扒拉着饭。）

　　　得烧水薮底紧浸。（在热水里泡着。）

　　　风紧吹，雪紧落，出门都唔得。（风不停地吹着，雪不停地下着，出不了门。）

　　项的论著提到，"紧＋V"与"V·稳定"不同，"紧＋V"更强调动作长时间地持续着，有"不停地、不断地、拼命地进行着某种持续动作"的意味（按，这种意味似乎更接近"进行体"的意义）。连城方言还可通过动词重叠表示"持续"（按，单从形式上看，这不是"持续体"的意义）。这有两种情况。一是少数单音动词可用嵌音重叠成"V·ə³⁵V"形式表示"持续"。例如：

　　　舌头子〈伸〉ə³⁵〈伸〉。（小舌头一伸一伸的。）

　　　两只脚得水薮底踢ə³⁵踢。（两只脚在水里踢着。）

二是一些单音动词可通过三叠或四叠表示动作持续，相当于普通话的"V着V着"。例如：

　　　我侪一边行一边讲，讲讲讲（讲）紧到呃。（我们边走边说，说着说着就到了。）

　　　渠唱唱唱（唱）忽然间紧喉咙都哑撇。（他唱着唱着忽然哑了喉咙。）

　　除广西陆川话"持续体"标记用"稳"以外，广西区外不少客家方言点也多用"稳"作为标记。罗自群（2006：106）对现代汉语方言的"持续体"进行了探讨，描写了相关的一些表达形式。她提到，江西客家话"持续体"的表达有"V稳"式。例如：

　　　小张话稳事。（小张正说着话）

　　　我做稳工夫。（我正在干活）②

　　另据项梦冰（1996），李如龙、张双庆（1992）等文献，福建的连城、武平、长汀等地客家方言"持续体"的标记都用"稳"。

　　广东境内若干客家方言点"稳"的使用也较为普遍，以下分别举例。

　　连平话：

　　　老张正打稳麻将。（老张正在玩着麻将。）｜细姑在□[kai¹²]煮稳

---

① "紧"位于动词前的情况，在广西的客家方言中似未见到。位于动词前的"紧"，不容易看成动态助词，也就不好作为"体标记"。

② 这两例罗著引自刘纶鑫《江西客家方言概况》，南昌，江西人民出版社，2001。

饭呢，走唔开。（细姑正在那儿煮着饭呢，走不开。）①

新丰水源话：

其早捞（跟）人家讲稳话咧。｜坐稳食好过企稳食。｜好远睇到福水坳，有八介神仙围稳作棋（下棋）。②

河源话：

门口落稳水。③

关于"持续体"与"进行体"语义上的联系与区别，不同的方言点或恐有不同的具体情况。林立芳（1996）认为，"持续体"强调说话人说话的时刻之后动作或事件仍在继续，"进行体"强调说话人说话的时刻动作或事件仍在继续，在梅县话的语感中很难把这两种"体"区别开来，在形式上这两种"体"也没有什么差异，因此，可以认为梅县话的"持续体"就是"进行体"，或者说这两种"体"可以合并为一种。④

三、客家方言标记成分"稳"的相关考察

无论"进行体"还是"持续体"意义的表达，广西区内外的客家方言点都可以用"稳"作标记。"稳"的历时来源问题引起了一些学者的关注，取得了一定的研究成果。其中值得重视的是杨永龙（2005）的讨论。杨文认为，在汉语史上，"定"可作表示"持续"的助词。例如（例句出处的标注形式依照杨文）：

闷抵着牙儿，空守定妆台。眼也倦开，泪漫漫地盈腮。（《古本董解元西厢记》卷7）

红裙舞女，尽随着象板鸾箫；翠袖歌姬，簇捧定龙笙凤管。（《水浒传》2回）

须史，安排酒菜上来，桌上无非是些鸡鸭鱼肉嘎饭点心之类，妇人陪定，把酒来斟。（《金瓶梅词话》38回）

又见桌上堆定八封银子，俱是西纸包妥，上面影影绰绰有花押。（《七侠五义》29回）

杨文表示，"持续体"助词"定"来源于"稳紧"义形容词"定"，其语法化路径是："稳紧"义形容词（结果补语）＞唯补词（动相补语）＞持续体助

---

① 引自傅雨贤《连平话谓词的体貌探究》，林立芳主编《第三届客家方言研讨会论文集》，韶关大学学报，2000年增刊。

② 引自周日健《新丰方言志》，广州，广东高等教育出版社，1990。

③ 引自李如龙、张双庆（1992）。

④ 梅县话的情况可能比较特殊，但"合并"总有不合适之处。若能找到其中的区别，还是分开为好。

词(＞进行体助词)①。

杨文谈到，连城客家话的"稳定"、苏州吴语的"牢"、香港粤语的"实"都有"稳紧"义形容词用作结果补语、唯补词用作动相补语、"持续体"助词三种用法；江西上犹客家话的"稳"，广州、香港粤语的"紧"既是"稳紧"义形容词，又可以用作"进行体"助词。汉语的"持续体"和"进行体"密切相关，二者都是把事件加以分解，从内部进行观察。但是"持续体"不直接与说话时间或某一情境的当时相联系，更常用于背景事件；而"进行体"把事件与说话时间或当时联系起来，更常用于前景事件。联系当时是主观性的表现，其语法化程度高于不联系当时者。由此可知，标记"进行体"的"稳"语法化程度高于标记"持续体"的"稳"（按，有的学者所主张的"着"先用来表示"持续"后用来表示"进行"的观点似乎从这个侧面得到了印证），是后者主观化的结果。可见，客家方言表示"进行体"的"稳"与形容词"稳"并非偶然同音，而是经由表示"持续"的阶段从形容词一步步语法化而来的。

杨文进一步认为，"稳紧"义形容词经由中间阶段演化为"持续体"助词，或进而演化为"进行体"助词，这是一种语义演变的类型，也是产生"持续/进行体"标记的一条语法化路径。它与世界语言普遍存在的"持续/进行体"标记源于处所表达结构的路径属于不同类型。

联系我们以上所讨论的情况和相关方言点的实际，杨文的看法是值得肯定的。

根据《动词的体》所提供的"持续体"普通话例句，广西客家方言三个方言点"持续体"相关表达形式可归纳为表 3-3。

表 3-3　广西客家方言"持续体"的表达形式

方言点	普通话例句	方言点用例	表达形式	备注
陆川话	他手里拿着一个茶杯。	渠手里拿稳一只茶杯。	V・稳＋O	参见表 3-2 的相关说明。木格话、湛江镇话用"V＋紧＋O"。
沙田话		他手上拿紧只茶杯。	V・紧＋O	
桥圩话		佢手上拿紧一只茶杯。	V・紧＋O	
陆川话	他在屋檐下站着呢。	渠落屋檐下企稳。	PP＋V・稳	参见表 3-2 的相关说明。木格话、湛江镇话用"PP＋V＋紧"，在湛江镇话中，句末可加语气词"欸"。
沙田话		他在屋檐下企紧。	PP＋V・紧	
桥圩话		佢在□[jaŋ³⁵]□[xuən⁴¹]站紧。	PP＋V・紧	

---

① 根据杨文的论述，"（＞进行体助词）"为我们所加。

续表

方言点	普通话例句	方言点用例	表达形式	备注
陆川话		㑇带有雨衣，没怕落水。	(V+有+O)	"有"和"紧"是"不同质"的，"紧"是体标记，"有"不是。木格话、湛江镇话用"V+紧+O"。
沙田话	我带着雨衣，不怕下雨。	我带紧水衣，冇怕落水。	V·紧+O	
桥圩话		我带紧雨衣，冇怕下水。	V·紧+O	
陆川话		门开稳□[kɔ²⁴]，里面没有人。	V·稳	从本表所列例句看，只有陆川话以"稳"为标记。其他参见表 3-2 的相关说明。木格话、湛江镇话用"V+紧"。
沙田话	门开着，里面没有人。	门开紧，里面冇人。	V·紧	
桥圩话		门开紧，□[ti³³]□[pɔi⁴¹]没有人。	V·紧	
陆川话		你拿稳！	V·稳	参见表 3-1 的相关说明。陆川话也说"你拿好！"木格话、湛江镇话用"V+紧"。
沙田话	你拿着！	你拿紧！	V·紧	
桥圩话		你拿紧！	V·紧	
陆川话		渠哋打稳雨遮落街上走。	V·稳+O(+PP+V)	调查合作人囿于普通话的表达而用 PP+V，在他们的口语中一般说"行街"。参见表 3-1 的相关说明。木格话、湛江镇话用"V+紧+O"。
沙田话	他们打着伞在街上走。	他都[tiau²⁵¹]擎紧雨夹在街上行。	V·紧+O(+PP+V)	
桥圩话		佢哋打紧伞在街上行。	V·紧+O(+PP+V)	
陆川话		渠想企稳来食。	V·稳+来+V	陆川话、桥圩话都加"来"，是韵律的需要；沙田话用双音节动词"中意"，因此不加"来"。木格话、湛江镇话用"V+紧+V"。
沙田话	他喜欢站着吃。	他中意企紧食。	V·紧+V	
桥圩话		佢爱站紧来吃。	V·紧+V	

续表

方言点	普通话例句	方言点用例	表达形式	备注
陆川话		渠哋手拉手，一边行一边唱。	[(S+)V+O]	参见表 3-1 的相关说明。因为是表示方式或伴随行为，其他方言点也可如陆川话那样不用标记成分。木格话、湛江镇话用"V+紧+O"。
沙田话	他们手拉着手，一边走一边唱。	他都[tiau²⁵¹]手拉紧手，一边行一边唱。	V·紧+O	
桥圩话		佢哋手拉紧手，一边行一边唱。	V·紧+O	
陆川话		墙上挂稳一幅画。	V·稳+O	参见表 3-1、表 3-2 的相关说明。木格话、湛江镇话用"V+紧+O"。
沙田话	墙上挂着一幅画。	墙壁挂紧幅画。	V·紧+O	
桥圩话		墙上挂有一幅画。	(V+有+O)	
陆川话		门口站稳三只人。	V·稳+O	参见表 3-1、表 3-2 的相关说明。陆川话也说"站有/站了"；木格话、湛江镇话用"V+紧+O"。
沙田话	门口站着三个人。	门口企紧三只人。	V·紧+O	
桥圩话		门口站有三个人。	(V+有+O)	

从表 3-3 及上文的相关讨论可以看出，陆川话"持续体"的表达形式主要是"V·稳+(O)"，也可用"有"对应普通话的"着"从而改变"持续体"意义。作为标记成分，"稳"在福建、广东的若干客家方言点比较常见。贺州沙田、贵港桥圩以及贵港的木格、湛江镇的客家话多用"V·紧+(O)"形式，与粤方言相同，标记成分"紧"的分布比较广泛；与陆川话一样，用"有"对应普通话"着"的现象在桥圩话中也比较常见。

第四节 平话的"持续体"

广西平话"持续体"的表达形式常见的有三种："V·紧/住+(O)""V·倒+(O)""V·着+(O)"，不计标记成分的选择，实际上也只是一种。"V·紧/住+(O)"与粤方言、客家方言相同，"V·倒+(O)"与官话相同，"V·着＋（O）"与普通话相同。

一、黎塘话、五通话、土拐话的表达形式

（一）黎塘话的表达形式

黎塘话的"持续体"用"V·紧/住＋（O）"形式，标记成分"紧""住"一般可以互换。例如：

（1）那着紧/住一身新衫他穿着一身衣服。

（2）那在地底坐紧/住，唔肯企起来她在地上坐着,不肯站起来。

（3）小明坎［ŋem³⁴］/低紧/住头，唔讲话小明低着头,不说话。

（4）车内边坐紧/住两只外国人车子里坐着两个外国人。

例（2）也可以说成"那坐紧/住在地底，唔肯企起来"。

可以用"有"代替标记成分，改变"持续体"意义。例如：

（5）石头上高刻有字喔石头上刻着字儿呢。

（6）门口企有三只人门口站着三个人。

例（6）也可如表 3-4 所示，说成"门口有三只人企紧"。其他例句的形式和意义问题与上述各点相同，此处不赘述。

（二）五通话的表达形式

五通话的"持续体"用"V·倒＋（O）"形式。虽然广西境内的一些客家方言点和福建连城客家话也用"倒"作为标记成分，但我们觉得至少五通话的"V·倒＋（O）"形式是受官话影响而来的[①]。以下略举几例，相关分析说明参见以上方言点。

（1）他着倒身新衣裳他穿着一身新衣服。

（2）她在地底坐倒，有肯立起来她在地上坐着,不肯站起来。

（3）小明勾倒头，有出声小明低着头,不说话。

（4）车肚坐倒两个外国人车子里坐着两个外国人。

（5）石头上边刻倒字呢石头上刻着字儿呢。

（6）门口立倒三个人门口站着三个人。

（三）土拐话的表达形式

土拐话的"持续体"用"V·着＋（O）"形式。以下亦略举几例，相关分析说明参见以上方言点。

（1）他穿着一身新衫裤他穿着一身新衣服。

（2）她在地泥上坐着，有肯立起来她在地上坐着,不肯站起来。

———————

① 卢小群（2007）表示，湘语南部的邵阳、隆回、绥宁等方言点也都可用"倒"表示持续。

（3）小明低着头，冇讲话_{小明低着头,不说话。}

（4）车底留坐着两个外国人_{车子里坐着两个外国人。}

（5）石头上高刻着字呢_{石头上刻着字儿呢。}

（6）门口立着三个人_{门口站着三个人。}

二、其他相关方言点的表达形式

广西境内其他平话点表示状态持续的形式与上述各点相同，在标记成分上各有取舍。张均如、梁敏（1996）的报告称，南宁心圩平话表示"持续体"用"V有""V住"形式。例如（方括号内的说明为我们所加）：

屋中间放有张台_{屋子中间放着一张桌子。}［成续体］

他企住看报_{他站着看报。}［"企住"表示方式］

融安平话表示"持续体"用"ken⁴⁴"（着）为标记。例如：

他们整齐地坐着。［由动作留下的无动感的行为，持续体］

我们屋里养着些鸭_{我们家中养着一些鸭子。}［延续体］

灵川平话表示"持续体"用"tau⁴⁴"（倒）为标记。例如：

他坐倒看书。［"坐倒"表示方式］

狗咬倒他不放。［延续体］

据覃东生（2007、2011），宾阳平话"持续体"标记用"着₂"。例如：

你拎着。

细王在屋檐底边企着。

我意企着吃饭_{我喜欢站着吃饭。}

细王低头着冇讲话。

我带雨衣着，冇怕落雨。

细王手上拎一个书包着。

以上覃文所举的例子比较"杂"，有祈使性的，有陈述性的，陈述句中的"V（O）着"有的是表示方式的。与其他平话点不同的是，当宾语和补语都出现时，宾阳平话的基本语序是VOC，与此相应，宾阳平话体标记是置于宾语后的。从这个意义上说，我们觉得所谓"着₂"应该还具有补语的性质，或者是在补语位置上进一步虚化的。

闭思明（2000）的研究称，横县平话的"持续体"用"紧""住"为标记。例如：

跑步紧｜哭紧｜扫紧地｜坐紧｜你帮我睇住嘅呢嘢咧｜挂住

从以上例子看，横县平话的标记成分"紧"可位于宾语后（跑步紧），也可位于宾语前（扫紧地），其句法位置似乎比较自由。

梁伟华、林亦(2009：272)的研究表明，崇左新和蔗园话的"持续体"也用"住[tʃoi²²]"为标记，且"住"放在宾语之后。例如：

我带雨衣住，□[mi²¹]怕落雨。（我带着雨衣，不怕下雨。）

据徐国莉(2007)，临桂六塘土话的"持续体"用"V 倒/起/着"形式。例如：

他喜欢立倒喫。

他还不曾讲了啊他还没有说完呐？——还不曾，还讲倒还没呢，还在说着。

他手里捏起个茶盅他手里拿着个茶杯。

日头晒着嘅地方太阳照着的地方。

这些例子有的也不够典型，如表示方式的"立倒(喫)"；最后一例的"着"也可理解为结果补语(就桂柳官话来说，结果补语与作为助词的"着"的语音形式是相同的，六塘土话应该也是如此)。

肖万萍(2005：234)说，永福塘堡平话"持续态"的形式是在动词后加动态助词"紧 kian³³"(同"进行态"的"紧 kian³³")，表示状态在持续。例如：

西边长紧好多几十年四季常青的枞树。西边长着很多几十年四季常青的枞树。

她就那□nən³³那样望紧我。她就那那样望着我。

夏丽珍(2010)表示，资源延东话"持续体"标记有"咿 i⁴⁴""倒 təu³³"两个。"咿"用在动词后，表示动作或状态的持续，与普通话的"着"对应。例如：

其呃个面赤咿，一句话□ja³⁵唔讲。（她红着脸，一句话也不说。）

其抓咿笔唔肯放。（她抓着笔不肯放。）

墙上挂咿一只包。（墙上挂着一个包包。）

根据《动词的体》所提供的"持续体"普通话例句，广西平话三个方言点"持续体"相关表达形式可归纳为表 3-4。

表 3-4 广西平话"持续体"的表达形式

方言点	普通话例句	方言点用例	表达形式	备注
黎塘话	他手里拿着一个茶杯。	那手内边拿紧/住一只茶杯。	V·紧/住＋O	黎塘话"紧""住"可互换。参见表 3-2 的相关说明。
五通话		他手肐搁倒只茶杯。	V·倒＋O	
土拐话		他手里搁着一个茶杯。	V·着＋O	

续表

方言点	普通话例句	方言点用例	表达形式	备注
黎塘话	他在屋檐下站着呢。	那在屋檐底边企紧/住。	PP+V·紧/住	黎塘话不用语气词。参见表3-2的相关说明。
五通话		他在屋檐底立倒呢。	PP+V·倒	
土拐话		他在屋檐底下立着呢。	PP+V·着	
黎塘话	我带着雨衣,不怕下雨。	我带紧/住雨衣,唔怕落雨。	V·紧/住+O	其实与"着"对应的成分也都可用"有"。参见表3-3的相关说明。
五通话		我带倒雨衣,冇怕下雨。	V·倒+O	
土拐话		我带着雨衣,冇怕落水	V·着+O	
黎塘话	门开着,里面没有人。	门口开紧/住,内边冇有人。	V·紧/住	黎塘话说"门口",这是习惯表达。其他参见表3-2的相关说明。
五通话		门开倒,落肚冇得人。	V·倒	
土拐话		门开着,底留冇有人。	V·着	
黎塘话	你拿着!	你拿紧/住!	V·紧/住	出现在祈使句中的"V·标记"与表示方式、作状语的"V·标记"还是有一定区别的,一般语境下,说话时持续状态并未出现,当然也可以是原来就"拿着"的,说话人叫他继续"拿着"。
五通话		你搦倒!	V·倒	
土拐话		你搦着!	V·着	
黎塘话	他们打着伞在街上走。	那队扛/撑紧/住伞在街上行。	V·紧/住+O(+PP+V)	仅仅从"打着伞"看,它是有"持续体"意义的。可参见表3-1的相关说明。
五通话		□[to¹²]撑倒伞在街上行。	V·倒+O(+PP+V)	
土拐话		□[ta²¹³]撑着伞在街上行。	V·着+O(+PP+V)	

方言点	普通话例句	方言点用例	表达形式	备注
黎塘话		那噎企紧/住吃。	V・紧/住＋V	只看"V・标记"自然是表示"持续"或"延续"的。参见表3-1或表3-2的相关说明。
五通话	他喜欢站着吃。	他中意立倒吃。	V・倒＋V	
土拐话		他喜欢立着吃。	V・着＋V	
黎塘话		那队手拉紧/住手，边行边唱。	V・紧/住＋O	前面几个点都提到"V・标记＋O"方式或伴随行为，与"打着伞在街上走"一例比较，它的状态持续义似乎更为明显。
五通话	他们手拉着手，一边走一边唱。	□[to¹²]手牵倒手，一边行一边唱。	V・倒＋O	
土拐话		□[ta²¹³]手牵着手，一边行一边唱。	V・着＋O	
黎塘话		墙上高挂住一幅画。	V・住＋O	三个点都可换说为"有"字存现句，表示所谓"成续体"。
五通话	墙上挂着一幅画。	墙上挂倒幅画。	V・倒＋O	
土拐话		墙上挂着一幅画。	V・着＋O	
黎塘话		门口有三只人企紧。	有＋O＋V・紧	可换说为"有"字存现句。黎塘话的说法是不太典型的兼语式。
五通话	门口站着三个人。	门口立倒三个人。	V・倒＋O	
土拐话		门口立着三个人。	V・着＋O	

　　从表3-4以及我们的相关讨论可以看出，广西平话"持续体"的表达形式似乎都不具备"个性特征"。黎塘话的"V・住/紧＋(O)"同粤、客两种方言，五通话的"V・倒＋(O)"同桂柳官话，土拐话的"V・着＋(O)"同普通话，"着"也可换用"倒"，但不常见，应是受官话影响。其他相关方言点在此基础上也都各有取舍。孰源孰流，有待进一步考证。如此种种也反映了广西境内汉语方言之间密切接触的现象和受共同语影响的情况。

第五节　汉藏语系其他民族语言"持续体"的表达形式

汉藏语系诸语言，如侗台语族的壮语、傣语，藏缅语族的彝语、怒苏语、纳西语等，"持续体"的表达形式虽与汉语方言不尽相同，但标记成分多借自汉语的"着"或用本民族与"着"平行的成分。

韦茂繁(2012)的研究称，广西都安下坳壮语在动词后加"$juɯ^{33}$"或"so^{33}（着，借自汉语）"表示动作行为的持续状态。例如：

$$tɕaːŋ^{42} \ raːn^{231} \ soːŋ^{33} \ so^{33} \quad nəːn^{42} \ tɕoːŋ^{231} \ mən^{31} \ deu^{42}.$$

当中　屋　　放　（动态助词）张　　桌子　小　一

（屋子当中放着一张小方桌。）

$$tshe^{55} \ juɯ^{33} \ pai^{31} \ roːk^{13} \ təːŋ^{13} \ juɯ^{33}.$$

车　在　外面　　停　　　（动态助词）

（车子在外面停着。）

据韦景云等(2011：140～141)，武鸣燕齐壮语的"持续体"用"$lɯk^{55}$（着）"（本读 $tɯk^{55}$，为别于动词"$tɯk^{55}$［打、添（火）］"而变读为"$lɯk^{55}$"）表示。例如：

$$tou^{24} \ hoːi^{24} \ lɯk^{55}.$$

门　开　着

（门开着。）

韦景云等(2011：141～142)表示，"$lɯk^{55}$"借自汉语。除"$lɯk^{55}$"表示持续外，武鸣燕齐壮语还经常用"mi^{42}（有）"表示动作或状态的持续。例如：

$$ɣou^{42} \ ɕuːŋ^{31} \ mi^{42} \ tu^{42} \ kai^{35} \ pou^{31} \ hu^{55} \ ɕou^{35} \ søːŋ^{24} \ tu^{42} \ kai^{35} \ me^{33}.$$

我们　养　有　只　公鸡　　一　和　两　只　母鸡

（我们养着一只公鸡和两只母鸡。）

$$ɕiŋ^{35} \ kjaːŋ^{24} \ ɣaːn^{42} \ ɕuːŋ^{35} \ mi^{42} ʔan^{24} \ taːi^{42} \ ʔi^{35} \ fuːŋ^{24} \ hu^{55}.$$

中间　　房子　放　有　张　桌子小方　一

（房子当中放着一张小方桌。）

喻翠容(1985)称，傣语（西双版纳方言允景洪话）的"持续貌"表示动作在绵延的过程中，或这种动作在特定时间内呈现持续状态，或表示客观事物的持续存在，其表达形式是在动词后加貌词"vai^{4}"。"vai^{4}"由动词虚化而来，作动词时是"留、存放"的意思，作貌词时其语法作用和汉语的"着呐"相类似。例如：

ti⁶ni³ bau⁵ huɯ³ saːn⁶kwaːn⁶, tɛm³ to¹ tit⁷ vai⁴, su¹　bau⁵ han¹ ʔa⁶.

这里　不　给　参观　　写　字　贴　　你们　不　见　（语气词）

（这里不让参观，写字贴着呐，你们没看见啦？）

lau⁴ kai⁵ hap⁷ vai⁴.

笼　鸡　关

（鸡笼关着呐。）

梁进杰（2000：579）表示，隆林县德峨乡彝语（以下称"隆林德峨彝语"）的时态助词"ɕi⁵³（还）"表示"持续态"，即动作还在持续进行。例如：

the³³ dʐaɯ⁵⁵ mbɯa⁵³ ɕi⁵³.

他　针　打　　还

（他还在打针。）

孙宏开等（2007：479）表示，云南碧江怒语（怒族怒苏语）（以下称"碧江怒苏语"）的"持续体"分别在动词后加"di⁵⁵、ta⁵⁵、ɕi³¹、dʐɑ³¹"等助词构成。以下分别说明。

在动词后加"di⁵⁵"，表示行为动作正在延续中。例如：

ȵo³¹ dɯ³¹ nu⁵⁵ su³⁵ a³⁵ su³¹ khɹu⁵³ ɕi⁵³ di⁵⁵　　gɑ³¹　　vi⁵⁵/⁵¹?

你们　怒族　现在　年　过　（助词）（助词）（语气词）

（现在你们怒族正在过年吧？）

在动词后加"ta⁵⁵"，表示行为动作的结果仍保留着。例如：

tɕhɑ⁵⁵ tshɑ³⁵ tshɑ³⁵ do³⁵　ȵe³⁵　thi⁵³ iǎ³⁵ ʔuě³¹ tɑ³⁵ɑ³¹.

碓臼　　上面　（助词）竹篾　一　圈　挂　（助词）

（碓臼上面挂着一圈竹篾。）

在动词后加"ɕi³¹"，补充说明行为动作的延续。例如：

lu⁵⁵ ɹɑ³⁵ mi³¹ɑ³¹ ɕi³¹ ʔiu⁵³ tshɑ³⁵ chɔ⁵⁵ ɕi³¹　　gɑ³¹.

女青年　　这　个　碓　春　（助词）（助词）

（这个女青年春着碓了。）

在动词后加"dʐɑ³¹"，表示原来没有的，现在有了；或者原来没有进行的，现在进行了。例如（这种情况属于"进行体"，我们在这里一并列出）：

ŋɑ³⁵ dɯ³¹ sɤ³¹　　lɔ⁵³ khue³⁵ pɹɤ³¹　tɕi³¹　dʐɑ³¹.

我们　（语气词）农活　商量　（助词）（助词）

（我们正在商量农活儿。）

据木仕华（2002）的研究，纳西语的"持续体"表示说话者在说话的当时及之后动作或状态仍在继续，用"前缀＋动词＋体助"形式，前缀"a³¹-"有表示状态持续的意蕴，但已彻底虚化。例如：

thɯ³³ lɑ³¹ phə³³ tɕɒr³³ dɯ³³ ly³³ ɑ³¹　　tshər⁵⁵ zi³³.

他　手　里　杯子　一　个　（前缀）拿　（体助词/亲见）

（他手里拿着一个杯子。）

thɯ³³ ndzo³¹ mbv³¹ ɑ³¹　　ɕy⁵⁵ zi³³.

他　桥下　　　（前缀）站　（体助词/亲见）

（他站在桥下。）

　　欧阳觉亚(1998：131)称，海南村语的时态助词"tsa⁵（着）"用在动词后，主要表示动作的持续。例如：

ka⁵ tsa⁵ hɔ⁵ lət⁵ si⁵ phɔ³ naːu¹.

躺　着　那　只　是　公牛

（躺着的那头是公牛。）

tsɛn⁴ kɯn¹ phuəŋ³ tsa⁵ tsi⁴ lət⁵ da(i)¹.

里面屋　放　着　一　个　台

（屋里放着一张桌子。）

　　欧阳觉亚(1998：132)提到的一些形容词之后也可带"tsa⁵"的情况值得重视。村语形容词加"tsa⁵"之后，其所表示的性质状态进一步得到强调。例如：

hon⁴ na⁵ fɔ³ fau³ tsa⁵.

今天　天　热　着

（今天天气太热了。）

　　欧阳觉亚(1998：132)提到的另一种情况似乎更应注意：如果动词前有否定词"vɛn³（不）"，动词后的"tsa⁵"不表示持续，倒像语气助词了。例如：

na⁵ kan³ vɛn³ bən⁴ tsa⁵.

他　还　不　来　（着）

（他还没来呢。）

na⁵ kan³ vɛn³ ka⁵ tsan¹ tsa⁵.

他　还　不　睡着　（着）

（他还没睡着呢。）

　　我们觉得，这种表达形式类似前面讨论的西南官话否定句中用"着"表示"完成"的情况。这其中有无联系，尚待进一步考察。

第六节　小　结

　　广西汉语方言的"持续体"表示动作行为完成或实现后保留的状态，

我们一般框定在静态的范围，不主张有所谓动态的"持续"。就表达形式而言，广西汉语方言的"进行体"和"持续体"差别不大。西南官话点的荔浦话、桂林话"V·倒＋(O/C)"形式是强式，"倒"可以说成"起倒"；荔浦话中将"倒"换为"起"则表示后面还有话要说，单单是"S＋V·起＋(O/C)"不成句；柳州话除用"V·倒＋(O/C)"外，还用客家方言常用的"V·稳＋(O)"形式。粤语"持续体"的表达形式主要是"V·住＋(O)"和"V·紧＋(O)"，"住"和"紧"在有的方言点中可以比较自由地互换，有的互换需要一定的条件，受一定因素(句式、语境等)的制约。广州话的"住""紧"则有较为明确的分工，分别表示"持续体"和"进行体"两种既有一定联系又有区别的语法意义。这种用不同表达形式或标记成分区分"持续体"和"进行体"的情况不唯粤方言的广州话存在，别的方言也有。据陈泽平(1996)，在福州方言中，虽然动词的"进行体"和"持续体"标记都用"咦"[1]，声母和韵母也相同([lɛ])；但"进行体"的"咦"总是出现在动词前(大致相当于普通话的副词"在"或"正在"，但虚化程度高，已完全没有实词意味)，"持续体"的"咦"总是依附在动词后；前者不轻读，后者永远是轻声音节。形式有区别，语法意义也不同。(比如，"进行体"：我咦食饭，伊咦洗手。"持续体"：车裡势坐咦两隻外国人。)粤、闽方言的这种形式上的情况，我们可以看作"进行体"和"持续体"意义上对立的表现。客家方言各点的"持续体"，除陆川话以"稳"作标记外，其他基本用"V·紧＋(O)"，即以"紧"为标记。平话则从不同的方言或共同语中"拿来"相关的表达形式："V·紧/住＋(O)""V·倒＋(O)""V·着＋(O)"等。在表达所谓"成续体"意义时，各方言点都可以将普通话的"着"换成"有"，构成我们所说的"有"字存现句，这样的句式不再表示"持续体"意义。一些民族语言多从汉语借用相关的标记成分，如壮语等，这是语言接触的常见现象。

　　由于持续的状态一般要有一个"着落"，要有相应的空间，表现在话语中就需要相应的表示处所、方位的成分同现或者由语境显示，因此表示处所的介词结构(主要是"在这/那里")或方位短语常常"伴随"在"持续体"句的左右。若"在"字介词结构位于句末，为了语言表达的经济、省力，介词"在"后面的成分逐渐脱落，只留下"在"并进一步虚化为助词，于是形成了如玉林话的"VP·在"这样的表达形式。吕叔湘(1984)对这个"在"有过讨论，蒋冀骋、吴福祥(1997：566～568)也有

---

① 　这个字陈文是"口"旁加"礼"，为减少造字的麻烦，我们暂用"咦"。

相关描写，可参看。

　　又由于"持续"是一种状态，是动作行为结束后所保留的状态，且这种状态不间断地存在着，因此"持续"往往与"完成"有语义上的联系。夏俐萍（2009）注意到了这种情况并做了相关讨论，提出了汉语方言有"完成持续体"这一范畴。夏文以"路上停着一辆车"的标记类型为例，联系多种方言的实际说法讨论了"完成持续体"的相关问题。夏文表示，总的来说，汉语方言"完成持续体"的表达有两个来源，一个是来源于"持续体"，另一个是来源于"完成体"；但有的方言中的"完成体"进一步虚化，已经具备了"持续体"的功能。"完成持续体"的两种来源是与其表示"完成"和"持续"的意义分不开的。夏文说，对于"完成持续体"表达类型的共时平面上的考察给我们带来了以下问题：第一，"完成持续体"标记的各种类型之间是一种什么样的关系，它们在汉语方言中更替的情况如何？第二，造成零标记"持续体"的原因是什么？第三，来源于处所结构的"持续体"标记跟专用"持续体"标记"着"之间有没有来源上的关系？我们觉得，这些问题值得进一步探讨，若能将考察范围扩大，结合汉语方言乃至其他民族语言的材料和实际使用情况做深入挖掘，定会有新的发现。

　　"持续体"与"进行体"以及所谓"延续体""成续体"等次范畴也有交叉。无论持什么样的观点，"持续体"和"进行体"两种范畴在形式和意义上都有不易割开的联系，这是事实。我们要做的是，如何更好地去区别彼此之间形式和意义上的异同，进一步认清相关的语言事实。关于这个问题，陈月明（1999）谈到，"进行"与"持续"的共同特征是时间上的延续性，活动进行与动作持续①反映不同的事件情况。动作持续是一个均质连续反复的情状，活动进行侧重于事件整体的过程，不一定是一个均质的情状。从形式上看，动作用动词指称，活动则可能是动词，也可能是动宾组合；从内涵上看，活动往往包含了动作，如"刷牙"包含了动作"刷"。陈文表示，"在"表示活动的进行，"着"表示动作的持续；"在"的句法、语义辖域是谓语 VP，而"着"的辖域是 V。

　　下面我们将广西汉语方言和相关民族语言"持续体"的主要表达形式归纳为表 3-5、表 3-6。

---

① 陈文将"活动"和"动作"看作行为的次范畴或下属概念。

表 3-5　广西汉语方言"持续体"主要表达形式一览表

方言区(片)	方言点	"持续体"主要表达形式	备注
西南官话桂柳片	荔浦话	①V·倒+(O/C) ②PP+ V·倒	标记成分"倒"都可换用"起倒""起",语义上无甚区别。
	桂林话	①V·倒+(O/C) ②PP+ V·倒	
	柳州话	①V·稳/倒+(O/C) ②PP+ V·倒	
粤方言	桂平话	①V·住+(O) ②PP+ V·住	标记成分是"住"还是"紧",各点只是使用频率问题,并无严格分工。
	南宁话	①V·住+(O) ②PP+ V·住	
	玉林话	①V·紧+(O) ②PP+ V·紧	
客家方言	陆川话	①V·稳+(O) ②PP+V·稳	与粤方言略有区别的是,陆川话"稳"是比较稳定的标记,另两个点"紧"是比较稳定的标记。
	沙田话	①V·紧+(O) ②PP+V·紧	
	桥圩话	①V·紧+(O) ②PP+V·紧	
平话	黎塘话	①V·紧/住+(O) ②PP+V·紧/住	受周边方言及共同语的影响,三个方言点标记成分各有取舍,功能则无分别。
	五通话	①V·倒+(O) ②PP+V·倒	
	土拐话	①V·着+(O) ②PP+ V·着	

表 3-6　相关民族语言"持续体"主要表达形式一览表

汉藏语系其他民族语言	"持续体"主要表达形式	备注
都安下坳壮语	①V·jɯ^{33}/so^{33}(着) ②PP+V·jɯ^{33}/so^{33}	广西壮语、海南村语借用汉语的"着"。都安下坳壮语的"PP+V·jɯ^{33}/so^{33}"、武鸣燕齐壮语的"V+mi^{42}(有)"跟汉语方言的相关结构是同形的。纳西语有附加前缀,不同于其他语言。
武鸣燕齐壮语	①V·lɯk^{55}(着) ②V+ mi^{42}(有)	
傣语(西双版纳允景洪话)	V·vai^4	
碧江怒苏语	V·di^{55}/tɑ^{55}/ɕi^{31}	
隆林德峨彝语	V·ɕi^{53}(还)	
纳西语(木)	a^{31}-V·zi^{33}	
村语	V·tsa^5(着)	

第四章　广西汉语方言的"经历体"

汉语普通话表示"经历体"意义的语法形式是"（曾/曾经＋）VP·过＋（O）"。"过"为"经历体"的标记。关于标记成分"过"的产生和成熟的时代，学界的看法不尽一致。相关研究成果表明，"过"的产生似乎稍晚于另外两个体标记"了"和"着（著）"。学界一般认为，"过₁"（表示动作行为的"完成/结束"，充当补语）的产生早于"过₂"（"经历体"标记）。多数学者认为，"过₂"在宋代以后才逐渐成熟。

王力（1989：99）指出，"过"也是表示动向的。它表示的是从甲处到乙处的过程；当它虚化以后，表示行为已成过去；它还往往表示一种经历，其后可再加"了"，这样的"过"还不能认为是形尾，这个"过"在唐代有了萌芽，在宋代的使用逐渐多起来。

刘坚等（1992：103～110）则表示，以"过"在"动＋过"和"动＋过＋宾"两种格式中出现为标准，动态助词"过"的产生可能在唐代。唐代"过"字使用的结构特点是以"动＋过"为主，"动＋过＋宾"较为少见；宋代"过"的使用还不是很多；元代以后，"过"表示"曾经"或"完结"的用法都继续使用，例子逐渐多了起来；明代以后，"过"在意义和功能上仍维持着宋以后的情况，表示"完结"和"曾经"的用法继续存在。孙锡信（1992：138）表达的观点是，"过"在六朝时尚未虚化为词尾，"唐代以后'过'开始用于表示时间，这样的'过'表示经历，是词尾，但还不多见"。他认为，宋代以后词尾"过"的使用才逐渐增多。曹广顺（1995：40～43、2000）谈到，在唐代，"过"所表达的语法意义主要是动作的"完结（结束和完成）"；在宋代，助词"过"使用并不多，以"动＋过"为常，出现较为集中的典籍是《朱子语类》；从《朱子语类》中的用例看，表示"曾经"的"过₂"似乎可以看作表示"完结"的"过₁"在特定语境条件下的产物。

李讷、石毓智（1997）的研究认为，当"过"在唐代发展出指动补语的用法时，由于受动词、宾语、补语三者之间语义和语序上的限制，宾语不能出现在"过"的后面，在"动＋过"这样的句法环境中，"过"在从唐代到元代四五百年的时间内逐渐失去自己独立的词汇成分，与动词形成一个句法单位，到元代虚化为一个体标记，可以自由带宾语。后来石毓智、李讷（2001：142～143）再次申说了这个观点："动＋过"后排斥宾语的现象一直持续到宋代，"过"在元明时期才真正成为一个体标记。

对标记成分"过"产生的"时代说"的讨论，还有不少学者积极参与，表达各自与上述相同或相异的看法。比如，蒋冀骋、吴福祥（1997：534～536）认为，助词"过"由动词"过"语法化而来；到唐代的时候，"过"进一步虚化，由用作动词的趋向补语、表示空间的位移趋向演变成表示动作完成、结束的动态助词；唐代的助词"过"主要表示动作结束、完成，有个别用例表示"过去的经历"或"已有的经验"；到了宋代以后，助词"过"被普遍使用，在用法和分布上也有显著变化。国外学者如香坂顺一认为，在旧白话典籍如《水浒传》中，"过"尚未虚词化，还保持着"经过→终了"的实义，现代汉语仍然有这种"过"。《水浒传》中的"过"常常可以后加时态助词"了"，说明"过"没有虚化；由于"过"的意义接近于"完"，多用于过去的事情，因此它跟表示过去的副词"曾"呼应而用。作者举出的例子是《水浒传》第三回的"不曾禀过相公"、第十二回的"年纪小时，曾应过举，做到殿司制使官"等。[①] 关于这个问题，伍和忠（2005：18）表示，"过"与"曾"呼应而用，是典型的表示"经历体"的形式，这种形式中的"过"当是一般所说的"过$_2$"，其意义与"完"应该是不同的。一般所说的另一个成分"过$_1$"大致与"完"意义相通。

关于"过"所标记的语法意义，前辈学者，如赵元任、王力、高名凯、吕叔湘等，都有过开创意义的讨论，可参看相关文献，此处不赘述。杨永龙（2001：231）对《朱子语类》中的"过"做了较为详细的考察。他认为，从句法格式上看，"过$_1$"和"过$_2$"都可以处于"V 过""V 过 O""VO 过"三种格式中。从语法意义上说，"过$_1$"是对事件终结点加以观察，表示事件在参照时间之前完毕；"过$_2$"是将事件作为一个整体加以观察，表示事件在参照时间之前结束并与参照时间脱离了联系。此说甚审。孔令达（1986）主要从现代汉语的共时层面进行考察，认为"过$_1$"表示动作完毕，不受任何时间限制；"过$_2$"表示曾经有某事，它总是同过去时间相联系。刘月华（1988）也从共时层面进行了讨论，刘文比较了动态助词"过$_2$""过$_1$""了$_1$"的用法，把"过$_2$"的意义概括为"曾然"，即表示曾经发生某一动作或存在某一状态，"过$_1$"表示动作完结。王士元（1990）谈到，粗略地说，"过"表示行为至少已经发生过一次。

总体上说，对"过"的语法意义的看法，歧见不多也不大。广西汉语各方言受普通话的影响，"经历体"除用有本方言特点的形式外，一般也用"过"作为标记。

---

① 参见香坂顺一：《白话语汇研究》，见江蓝生、白维国，译，北京，中华书局，1997，第130～131页。

第一节　西南官话的"经历体"

　　"经历"总是与过去的时间相联系，"经历体"表示在过去某个时间曾有过某种动作行为或发生过某事、出现过某种状况，它们作为动作行为主体的某种经验或某种认识而留存下来，或成为某种客观的事实，其意义与"完成体"及"尝试"等意义都有联系。

　　汉语共同语"经历体"的表达形式是在动词或形容词后加体标记"过"，"过"后可以出现宾语，构成"V/A·过＋(O)"形式。吕叔湘(1999：247)做了这样的说明："过"用在动词后，表示过去曾经有这样的事情，动词前可加副词"曾经"。所举的例子是：

　　　　这本小说我看过｜去北京的事他跟我提起过｜我们曾经谈过这个问题｜我们走过了不少地方，就是没有到过桂林

　　吕叔湘(1999：247)表示，这类"动＋过"都表示过去的事，句子里可以不提时间；如果提时间，必须用指确定时间的词语，如"前年我去过长城"。其否定式是"没[有]＋动＋过"，如"这本小说我没看过"。形容词带"过"，一般需要说明时间，有同现在相比较的意思，如"他小时候胖过"；其否定式是"没[有]＋形＋过"，"没[有]"前常加"从来、过去"等，形容词前常加"这么"，如"这孩子从来没这么安静过"。

　　广西西南官话"经历体"的表达形式多与共同语一样，用"V/A·过＋(O)"，动词前常出现表示过去时间的副词"曾/曾经"，否定形式是在动词前加"未"或"未曾"，相当于普通话的"没(有)"。其中较为特别的是荔浦话，"完成体""经历体"都可用"V·着＋(O)"形式表达。

一、荔浦话的"V·着＋(O)"及桂林话、柳州话的"V·过＋(O)"

(一)荔浦话的"V·着＋(O)"

　　荔浦话的"V·着＋(O)"形式除表示"完成体""完整体"意义外，还可表示"经历体"意义。作为"经历体"的标记，"着"大致相当于普通话的动态助词"过₂"。荔浦话用"着"作为"经历体"的标记，但也并不排斥"过"的使用。

　　表示"经历体"的"V·着＋(O)"一般出现在陈述句尤其是否定性陈述句中，是对过去曾经有过某种动作行为、曾经存在某种状态的肯定或否定。除表 4-1 中的 6 个例句外，我们还可再看几个否定性陈述句的例子：

(1)那次闹架子，我亦未恨着你呀<small>那次吵架，(后来)我也没怨过你呀。</small>

(2)三叔即回亦未怪着你呀<small>三叔这次也没怪过你呀。</small>

(3)我总未去着他屋头咧<small>我从来都没去过他家。</small>

(4)那个地方我还未曾去着<small>那个地方我还/一直没去过。</small>

例(1)、例(2)是针对某个具体事件说的，即"N_1这一次没 V 过(N_2)"；例(3)、例(4)是针对惯常的事件或行为说的，即"N_1从来没 V 过(N_2)"。荔浦话表达例(3)、例(4)这样的意思，"着"可换成"过[ko^{13}]"，或者在动词后加"着"，再加"过"，形成"着过"连用的格局。这样，"着"就成为结果补语，相当于普通话的"到"，"过"则充当"经历体"标记。例如：

(5)我还未曾得吃过/着过他屋头的饼子<small>我从来都没/还没吃过他家的米饼。</small>

(6)我屋头的瓦还未曾检过/着过。<small>我家屋上的瓦从来都没/还没重新码过。</small>①

(7)好像他未看过/着过《王三打鸟》那个戏。

例(5)、例(6)如果要强调"从来没……"的意思，"过"要重读（"着过"连用的"过"也要重读）；如果表示的是"还没……"，则不必重读。例(7)没有前两例那样的多义情况。

也可以是针对过去的某一件事，动词前往往有表示过去时间的词语，"过""着过"可互换。这种情形可用肯定形式。例如：

(8)他那时来过/着过我垌<small>他那个时候到过我这儿。</small>

(9)阿德那天跟我讨过/着过咧<small>那天阿德跟我要过(东西)的。</small>

(10)四奶那年来过/着过我屋头一轮<small>四奶奶那年来过我家一次。</small>

(11)前几天他讲过/着过给我听咧。

这样的"着"也是结果补语，但似乎比例(5)～例(7)的"着"意义更虚，视为动相补语更为合适，或者比动相补语更虚一些（类似昆明方言的"着₃"，见下文）。

荔浦话形容词性成分也可进入"V"的位置，构成"A·着"形式，表示某种性状曾经出现过，也多用于否定性陈述句或疑问句中。例如：

(12)那几个冻子果总未见红着<small>那几个柿子一直没见红过。</small>

(13)我的车子未慢着啊<small>我的车没慢过啊(意即"一直开得比较快"，普通话一般不这样表达)。</small>

(14)阿大的鱼塘未见浑着喔<small>阿大鱼塘的水没见浑过(意即水一直是那么清)。</small>

(15)你见那条街宽着咩<small>你见那条街宽过吗(意即"它一直是那么窄"，有反问的意味)</small>？

形容词带"着"表示"经历体"意义是有限制的，一般为单音节性质形

①　过去农村居民住的泥瓦房，每年冬天要爬上屋顶"检瓦"，即把瓦重新码一遍，以防漏雨。

容词，这也可能是受韵律的制约。带"过"则没有这样的限制，如可以说"总未见你好看过"。

"V"的位置上还可以是动结式，构成"V＋C结·着＋(O)"形式。例如：

(16)我一次都未打伤着他我一次也没打伤过他。

(17)即条月我都未得喫饱着这个月我都没能吃饱过。

(18)我捱他搞死着几回我被他整过几次。

在这样的表达中，"着"可换成"过"，但不可换成"着过"，如例(16)不能说"我一次都未打伤着过他"，因为已经有了结果补语"伤"，例(17)的"着"换成"过"似乎更为自然。这种情况再次说明，荔浦话的"着"另有结果补语的用法，是个半虚化的成分，也可看成所谓的动相补语。为描写方便，我们在下文及今后的相关讨论中，可以把作补语表示"完成"或"完毕"义的"着"记为"着₁"（大体上接近普通话的"过₁"），作"经历体"和"完成体""完整体"标记的"着"记为"着₂"（对应普通话"经历体"的"过₂"）。普通话说"我晚上吃过饭就去找你"，这个"过"是"过₁"，因此也可以说"我晚上吃了饭就去找你"；但这里的"过"，荔浦话不能用"着₁"，更不能用"着₂"，而用"完"。由此看来，荔浦话的"着₁"只是大致上对应普通话的"过₁"，"着₁"结果补语的用法更为常见。

(二)桂林话、柳州话的"V·过＋(O)"

桂林话、柳州话"经历体"的表达形式都用"V·过＋(O)"，有时可以省去标记成分"过"，如普通话说"我找过他好几次"，柳州话可以说"我找他好多轮了"；普通话说"前几天冷过，今天又热了"，柳州话可以说"前几天还冷，今天又热了"。例句参见表4-1，此处不赘举。

值得一提的是，如果句中有宾语，柳州话的"过"可以放在宾语后，构成"V＋O·过"形式。蓝利国(1999)有过这种观察，他提到，柳州话动态助词"过"表示"曾经"义的时候，其句法位置可与普通话相同，也可以是"VO过"，例如（序号及普通话译句为我们所加）：

a. 讲是在一个城市，但阵久我还没有碰倒他过说是待在一个城市里，但这么长时间我都还没碰见过他。

b. 我去喊他过了，他未来我去叫过他了，他没来。

c. 我长阵大，还未看到奶老有病过我长这么大，还没看见奶奶生过病。

d. 我吃饭饱过了我吃过了。

柳州话的这种说法很有特点。a例的"碰倒他过"，其形式实际上是"V＋C结＋O·过"，"倒"是结果补语，相当于荔浦话的"着₁"；这种表达式或可记为"VP＋O·过"。b例"喊他过"、c例"有病过"都是"V＋O·过"形式。d例"吃饭饱过"是"V＋O＋C$_结$·过"形式，普通话没有对应的说法，只能大致译为"我吃过了"。

二、其他方言点用"V·着$_2$＋(O)""V＋着$_1$·过"表示"经历"的情况及相关问题

用"着$_2$"及与之相关的成分来标记"经历体"意义在地域上有着比较广的分布，不只限于官话方言区。随着田野调查的进一步展开，我们还将会发现更广的区域分布、更复杂的使用情况，挖掘出更有价值的材料。

廖恩喜(1996)的研究称，桂林市郊北芬话的"着$_2$"可附在动词后，表示行为动作已成过去，成为一种经验或经历。例如：

我去过好多城市，就是没去着上海。（按，此句肯定形式用"过"，否定形式用"着$_2$"。）

他从来没有拿着你的字典。

丁崇明、荣晶(1994)较为详细地描写了昆明方言的"着$_3$"（相当于我们这里的"着$_2$"）所处的句法环境和用法。"着$_3$"表示过去曾经有这样的经历或曾经具有某种状态。例如：

他当着知青，当着工人，还上着大学。

那幕电影我看着了。

张云说着他今天要来看你。

今年只热着七八天，我连裙子都有$_{没有}$穿。

丁、荣表示，"着$_3$"作为动态助词，它的后面还可以加上一个动态助词"过"，起强调作用。例如（为方便对照，我们调整了例句排列方式）：

小王当着知青。　小王当着过知青。

他年轻的时候开着飞机。　他年轻的时候开着过飞机。

昆明方言"着$_3$"后加"过"还有调节语气的作用，因为"着$_3$"用在句末，语气太紧凑而有突兀之感，加了"过"，语气较舒缓，并且在"V着过"后还可加语气词"了"，这样语气显得更舒缓。例如：

畹町我前年去着。

畹町我前年去着过。

畹町我前年去着过了。

按，昆明方言"V着过"的"着"与上文荔浦话例(8)～例(11)的"着"更为相似，而与例(5)～例(7)的"着"即"着$_1$"区别较大。丁、荣还表示，昆明方言的动态助词"着$_3$"与"过"有同也有异，其中最重要的区别就在于

"着₃"的语法意义与普通话"过₂"相当，而不能表示"过₁"的语法意义。昆明方言"着₃"和"过₂"的使用频率也不同，"着₃"明显高于"过₂"，特别是"老昆明"，绝大多数情况下使用"着₃"，较少使用"过₂"，而受北京话影响大的一些"新昆明"用"过₂"的略多些。另外一点就是"着₃"与"着₂"（相当于我们所记的"着₁"）在分布上有相同的地方，有时"着₃"兼有"着₂"的意义（按，荔浦话"着₂"是个语法化了的体标记，并不兼有"着₁"的意义）。

非官话方言也有用"着₂"作为"经历体"标记的，闽语的一些次方言常见这种现象。比如，林连通（1993：256）提到闽南泉州方言的经历时态用"着"，如"捌当着"（当过）、"捌去着"（去过）、"捌食着"（吃过）。谭邦君（1996：150）也说到，厦门方言表示过去做过什么，可用"过"，也可用"着"，用"着"时往往与"八"（林的泉州方言记为"捌"）搭配。厦门方言用"着"的例子有"伊八做着班长"（他曾当过班长）、"伊八坐着飞机"（他曾乘过飞机）、"伊八去着比利时"（他曾去过比利时）等。

据郑懿德（1996），福州方言可以用"V＋过/著"表示"经历体"。下面转引郑文中的几个福州方言"著（着）"的用例：

　　我有食著榴槤。［我吃过榴槤］

　　榴槤这水果汝有食著没？［榴槤这种水果你吃没吃过？］

　　这只总编，我有共伊讲话著。［这位总编我曾经跟他说过话］（按，以上三例出现了我们上文提到的"有VP"。第3例的"著"处于句末。）

　　汝毛看我住北京，去年冥我方去著长城。［别看我住在北京，我去年才（第一次）去长城］

郑文还提到，福州方言"过"和"著"语法意义虽然相同，但使用情况不尽一样。"著"似乎更偏重于表达"首次经历"或"不易有的经历"，"过"似乎更偏重于动作本身的经历（荔浦话的"着₂"和"过"即普通话的"过₂"似乎没有这种区别，福州方言不说"伊结著两回婚"，荔浦话则可以说"他/她结着两回婚"）。

此外，闽南方言有类似荔浦话"V＋着₁·过"这样的说法。比如，福建南安方言：

　　迉种鱼我带云南有食着₂着₃那种鱼我在云南吃到过。

　　冬虫我八买着₂着₃冬虫我曾经买到过。

　　即项事志陈先有说着₂着₃这件事情陈老师提到过。①

---

① 例句引自吕晓玲（2013）。吕文称，"着₂"是唯补词（相当于荔浦话的"着₁"），"着₃"为"经历体"标记（相当于荔浦话的"着₂"、普通话的"过₂"）。

广西西南官话的"着₂"普遍存在既可以表示"完成体"又可以表示"经历体"的现象，有时在一句话中是表示"完成体"还是表示"经历体"，需要更大的语境才能确定。下面以荔浦话为例说明这个问题。先看例句：

你打伤着他咩？ₐ.你打伤他了吗？ b.你打伤过他吗？

——我未打伤着他。ₐ.我没打伤他。 b.我没打伤过他。

问句如果问的是眼前已发生的一次特定的行为，"着"则对译为普通话的"了"，并且这个"了"似应放在宾语"他"之后，如译句 a 所示；答句的"着"不能对译为"了"，普通话的"没 V"是"V 了"的否定，"没""了"不能同现，如译句 a 所示。如果问的是某段时间以来的行为，则表示"经历体"意义，问句的"着"对译为普通话的"过"，如译句 b 所示（与前面荔浦话例(16)的情形相同）；答句的"着"也对译为"过"，如译句 b 所示。因此，这个例子中的问句和答句都是多义的，须根据具体的语境确定"着"是普通话的"了"（"完成体"）还是"过"（"经历体"）。

廖恩喜(1996)的研究表明，桂林北芬话的"着"也有"完成体"与"经历体"两种标记功能，有时会产生歧义，如这样的句子：我没有吃着龙虾（我从来没有吃过龙虾/我没有吃龙虾）。这种说法在具体语境中可以消除歧义，如下面的对话：

A：你以前吃过这种水果没有？ B：没有吃着。

A：你刚才吃了这种水果没有？ B：没有吃着。

这种情形与我们前面分析的荔浦话的例句一样。第 1 例表示"经历体"，第 2 例的"着"应为"着₁"，充当结果补语。

广西区外的官话和非官话方言也都存在"着"既可以标记"完成体"又可以标记"经历体"的情况。据丁崇明、荣晶(1994)，昆明方言作补语的"着₂"和动态助词"着₃"声母、韵母都相同，声调大体一致，分布也有许多共同之处，所以这两个"着"会造成歧义。比如"我找着他了"这句话，既可理解为"我找到他了"，也可理解为"我找过他了"。这种歧义可利用语境消除，如"我找着他了，他躲在沙发背后"（着₂），"我找着他了，他不在"（着₃）。路伟(2006)也有同样的观察，路文谈到，云南个旧方言"经历体"的表现形式是在谓词后使用"着[tso⁴²]"。例如：

我住着之间房子。我住过这间房子。

雨才下着一小点儿。雨才下过一点儿。

路文称，个旧方言的"着"还有其他一些意义，有些意义可以用在谓词后作结果补语。由于表示"经历体"的"着"和作结果补语的"着"出现的位置相同，语音形式也相同，所以会引起歧义，有如下三种情况。

一是"着"的"燃烧"义引起歧义。例如：

> 他点着烟_{香烟}了。

此例可理解为"他点过香烟"，是"经历体"；也可理解为"他点燃了香烟"，"着"是结果补语。二者同现时区别很明显。例如：

> 我点着烟了，就是点不着_{我点过香烟了，就是没有点燃}。

按，荔浦话对应的说法是"我点了，就是点不着"，前一分句不用"着"，在特定语境中，宾语也省略了。

二是"着"的"到"义引起歧义。例如：

> 我找着主任了。｜小张去买着书了。

二者同现时区别很明显：

> 我找他找着三回了，一回都没有找着_{我找过他三次，一次也没有找到}。

> 小张去买着书了，没有买着合适呢_{小张去买过书了，没有买到合适的}。

按，这两例在荔浦话中前一分句也不用"着"（第 1 例一般也不用动词拷贝结构，第 2 例省略宾语）：我找他三轮喇，轮轮都找不着。｜小张去买喇，未买着合适的。

三是"着"与"睡"连用，表示入睡义，可作结果补语，从而引起歧义。例如：

> 他睡着了。

二者同现时区别很明显：

> 我睡着了，就是睡不着_{我睡过了，但没法入睡}。

按，荔浦话前一分句也不用"着"。

以上荔浦话前一分句不用"着"的情况，可能是出于习惯说法，也可能是为了避免歧义。

福建闽方言也有这种情况。据吕晓玲（2013），福建南安方言的"着"有文白异读，白读［tioʔ₂］的功能比较复杂，可以作唯补词（吕文记为"着₂"），表示动作有结果，可以充当"经历体"标记（吕文记为"着₃"）。有时一个句子中的"V 着"结构既可以理解为"V＋唯补词"，也可以理解为"V＋经历体标记"，这样句子就会有歧义，而且这种歧义现象很常见。例如：

> 冬虫我无买着_{冬虫我没买到/冬虫我没买过}。

> 我有食着龙虾_{我吃到龙虾了/我吃过龙虾}。

> 伊八掠着涂虱_{他曾经抓到鲶鱼/他曾经抓过鲶鱼}。

> 伊抽着唠_{他抽中了/他抽过了}。

南安方言的情形则与我们提到的个旧方言相仿。

湘语使用频率很高的"哒""咖"等标记成分与西南官话的"着"基本平行，也是多能、多义的成分，可参见卢小群(2007)、伍云姬主编的《湖南方言的动态助词》(湖南师范大学出版社，2009)等文献。

有的方言虽然不用"着"，但与"着"平行的成分也可以既标记"完成体"也标记"经历体"，且有时会产生歧义。张桂权(2005：235)表示，资源延东直话肯定句的经历态与完成态都用"嘎"，且共用一种句型，只能根据语境来理解，如"仁呃到嘎桂林勿"有两种意思，一是"你(以前)到过桂林没有"，二是"你(现在)到了桂林没有"。是何种意思，靠语境确定。"其呃到嘎桂林"也有两种意思，需靠语境确定。又如：

全呃到嘎桂林，其呃勿到过。我到过桂林，他还没到过。

全呃到嘎桂林，其呃还勿到。我到了桂林了，他还没有到。

三、广西区内外其他西南官话的表达形式

广西区内的其他西南官话点除用"着"为"经历体"标记外，也有用"过"的，如郑石磊(2012)谈到，宾阳县新宾南街官话的"经历体"用"过[ko²⁴]"作标记。一般情况下，动词后无宾语，"过"在动词后；有宾语，则"过"在宾语后，与宾阳平话相同。例如：

小李来过。

这本书我看过。

昨天下雨过。

我去南宁做生意过。

昨天我去学校找你过。

我吃榴梿过了，不想再吃了。

郑文表示，"过"在句子的末尾更像一个语气词。

四川、湖北等地西南官话"经历体"的标记成分也多用"过"。据张一舟等(2001：75)，成都话除跟普通话一样，有"V过""V过O""VC过(O)"等形式外，另有一种"VO过/VCO过"形式，其语序与我们前面提到的柳州话的情况相同。例如：

昨天下午我去找你过。

他硬是再也没有害病过。

你昨天去人民商场过没有？那里东西在打折哦。

张一舟等(2001：76)表示，"VO过"的语义重点是肯定或否定"V过"，而O在语义上只是附属于V的成分，不是句义的焦点；这跟"V过O"不同，后者的O也可以成为语义重点，如"我看见过你，但没有

看见过他";而"我从来没有看见你过"语义重点是"没有看见……过",
而不是"你"。

张一舟等(2001：77)称,成都话常用的格式是"V过O","VO过"
是口语中一种弱势的形式,不如"V过O"活跃,它是古汉语"VO过"的
历史遗痕。关于古汉语的"VO过",可参见刘坚(1998)。

赵葵欣(2012：117)认为,"经历体"表示动作行为曾经发生,但不关
注对现在是否有影响。武汉方言用体貌助词"过"表示。例如：

> 这种水果我在海南吃过,但是叫么事想不起来了。

> 我在我们大学食堂打过两年菜_{卖过两年菜}。

> 出去打工五六年了,春节他只回过一次家。

> 为这个事我不晓得着过几多急,她不听,你也有得法。

根据《动词的体》所提供的"经历体"普通话例句,广西西南官话三个
方言点"经历体"相关表达形式可归纳为表4-1。

表4-1　广西西南官话"经历体"的表达形式

方言点	普通话例句	方言点用例	表达形式	备注
荔浦话		他去着好多地方喇,就是未去着北京。	V·着＋O	荔浦话的"着"对应普通话"过₂",无歧义。
桂林话	他到过很多地方,就是没到过北京。	他去过好多地方,就是没去过北京。	V·过＋O	
柳州话		他去过好多地方,就是没有去过北京。	V·过＋O	
荔浦话		我找着他好多轮喇。	V·着＋O＋C	荔浦话可用"过",用"着"时一般也没有歧义。柳州话习惯上说：我找他好多轮了。
桂林话	我找过他好几次。	我找他蛮多次。	V·过＋O＋C	
柳州话		我找过他好多轮。	V·过＋O＋C	
荔浦话		他以前做过点生意咧。	V·过＋O	荔浦话一般不用"着",而用普通话的"过"。
桂林话	他从前做过生意。	他从前做过生意。	V·过＋O	
柳州话		他以前做过生意。	V·过＋O	

续表

方言点	普通话例句	方言点用例	表达形式	备注
荔浦话	我早就看过这本书了。	我早就看过这本书喇。	V·过＋O	荔浦话一般也不用"着",否则显得别扭。
桂林话		我早就看过这本书了。	V·过＋O	
柳州话		我早就看过这本书了。	V·过＋O	
荔浦话	我吃过这种菜,不大好吃的。	我喫过这种菜喇,未当好喫咧。	V·过＋O	荔浦话不用"着",用"着"的话,会造成歧义。
桂林话		我吃过这种菜,没什么好吃啊。	V·过＋O	
柳州话		我吃过这种菜,没恁子好吃。	V·过＋O	
荔浦话	前几天冷过,今天又热了。	前几天冷着一下子喇咧,今天又热起来喇。	A·着＋C	荔浦话"着"可换用"了",但一般不用"过",补语必须出现,"喇咧"可以只用其中一个。这个分句似乎是"完整体"意义。柳州话说的是"冷"的现象到今天终止了,不表示"经历体"意义;荔浦话、桂林话也可这么说。
桂林话		前几天冷过,今天又热了。	A·过	
柳州话		前几天还冷,今天又热了。	(副＋V)	

从表 4-1 和我们的相关讨论可以看出,广西西南官话"经历体"的标记成分主要有"着"和"过"两个。由于荔浦话"着"有两种功能,使用情况比较复杂,如果语境不足以制约语义,"着"是标记"经历体"还是"完成体"或者表示"完毕"义会引起歧解,这种情况不唯荔浦话存在,其他一些方言点(包括官话和非官话)也有表现。桂林话、柳州话"V·过＋O"形式则基本与普通话相同,但如果有宾语的话,柳州话(还有成都话等)的宾语可以放在"过"的前面,构成"V＋O·过"形式,按照张一舟等(2001:77)的说法,这是古汉语"VO 过"的历史遗痕。

第二节　粤方言的"经历体"

粤方言"经历体"的表达用的都是"V·过＋(O)"形式，形容词后也可以加"过"，表示曾经出现过某种性状。

一、桂平话、南宁话、玉林话的"V·过＋(O)"及相关问题

如表4-2所示，广西粤方言三个点都以"V·过＋(O)"(O的位置上也可以是C或者O＋C)形式表示过去发生过的某种动作行为或出现过的某种性状。我们在调查中未发现其他形式或语序方面的特殊之处。

其他研究文献对南宁话、玉林话的"经历体"也有一些讨论，与我们的观察基本相同。吴旭虹(2007)说，南宁白话的"经历体"用"过"作为标记。例如：

> 我去过两次香港。
>
> 边个唔年轻过？
>
> 细时候大家都曾经天真过。
>
> 佢哋从来唔见过。
>
> 我唔问阿冰借钱过。

吴文表示，类似"我唔问阿冰借钱过"这种"过"后置的情况(即我们前面提到的"V＋O·过"形式)带有主观色彩，隐含着说话人对相关人物或事件、行为的不屑之情。

梁忠东(2010：179～180)称，玉林话也在动词后加"过[kuo^{42}]"表示"经历体"。例如：

> 我吃过北京烤鸭。
>
> 佢去过上海。
>
> 陈明坐过泥水工。
>
> 前日落过水。

近代粤方言的书面材料也有用"V·过＋(O/C)"形式表示"经历体"的实例。据杨敬宇(2010)的研究，清代《粤讴》等典籍用"过"表示动作已经经历过了。例如(语料出处标注依照杨文，下同)：

> 月月系咁月圆，你妹经看过几遍。(粤讴·多情月)
>
> 横纹柴曰："点样笠法？我几十岁唔曾食过咁好味道。"(横纹柴)
>
> 思前想后，试睇待薄过你唔曾？(粤讴·累世)

杨文表示，表示动作经历的用例，有的包含非常明显的周遍性。例如：

> 只话唔挂你去投生，想过唔做得咁笨。(粤讴·心肝)

掌柜先生看过，变色怒曰："尽是铜银，此人定必光棍。"（横纹柴）

二成将银儿箩抬来，箩换箩，尽行换过。（横纹柴）

杨文分析说，"想过"意味着思前想后、各个方面都考虑过；"看过"意味着仔仔细细地查看；"换过"前用了表示全部范围的副词"尽行"。

杨文谈到，"过"作动态助词，是典型的由空间向时间发展的虚化例子。《花笺记》中"过"只有表示空间的用法，另两部（按，指《粤讴》和《俗话倾谈》）则有较多与时间相联系的动作过程的表达。"过"表示时间、动作过程的两种用法，仍存在于今天的广州方言中，一般前者被称为"经历体"，后者被称为"重行貌"。"经历体""重行貌"同时用"过"，有时间上的已然和未然帮助区分。杨文说，相关文献中还有一种表示"未然的经历体"。例如：

唉，须想过，好息心头火。——粤讴·烟花地

这种表示"未然的经历体"的句子常常带有尝试意味，这应该是句中的假设语境引发的。又如：

就俾佢真心来待我，我都要试过佢两三勻。——粤讴·拣心

亚哥，你唔在笑我，你终须要被人打过。——横纹柴

这说明"经历体"和"重行貌"之间有逻辑关系。

杨文还认为，这些文本中的多种用法显示，"过"标记"重行貌"的用法应该是"未然的经历体"进一步发展的结果。

二、其他方言点的表达形式

其他粤方言点的"经历体"也多用"V·过＋（O）"形式。据徐荣（2008），北流粤方言用"过"标记"经历体"。例如：

我吃过荔枝了，重未吃过龙眼在。

徐文还谈到，北流话的"着"表示过去发生了某事（徐文称"过去体"，与我们讨论的"经历体"相当）。例如：

你吃着夜未曾啊？——吃了。

时间有够，我未去着长城荡。

小学五年级嗰时候，你得着三好学生嘛？

按，第3个例子应该是典型的"经历体"。如此，则用"着"标记"经历体"意义的分布地域又有所扩大。徐文的描写，在一定程度上突破了以往一些学者所认定的"着"的使用区域（方言区）。

陈晓锦、林俐（2006）说，广州话"经历体"的标记是"过₂"（表示动作或变化的过程已经经历过、尝试过，但并未持续到现在，绝对用于过去

时，可以跟表示过去时间的词同现）。例如：

  佢去过美国。

  我见过佢阿妈。

  条街旺过一排。这条街兴旺过一段时间。

陈、林表示，当句中指明了过去的时间或标明了动作发生的次数或在"A＋过₂＋C（时间数量）"格式中，"过₂"可以与"咗"替换。例如：

  佢旧年去过/咗美国。

  佢去过/咗美国三次。

  条街旺过/咗一排。

根据《动词的体》所提供的"经历体"的普通话例句，广西粤方言三个方言点"经历体"相关表达形式可归纳为表 4-2。

表 4-2　广西粤方言"经历体"的表达形式

方言点	普通话例句	方言点用例	表达形式	备注
桂平话	他到过很多地方，就是没到过北京。	佢去过好多地方，就是唔去过北京。	V·过＋O	肯定、否定、陈述、疑问等句子标记成分皆用"过"。
南宁话		佢去过好多地方，就是毋去过北京。	V·过＋O	
玉林话		佢去过极多处在，就是冇去过北京。	V·过＋O	
桂平话	我找过他好几次。	我搵过佢好多次。	V·过＋O＋C	玉林话也说"我搵过好几云佢"，宾语、补语位置互换。
南宁话		我搵过佢好多次。	V·过＋O＋C	
玉林话		我搵过佢好几云。	V·过＋O＋C	
桂平话	他从前做过生意。	佢以前做过生意。	V·过＋O	"经历"总是与过去的时间相联系，因此表示"经历体"的句子中大多出现表示过去时间的词语。各方言点大都如此，共同语亦如是，只是时间副词的选用不同。
南宁话		佢以前做过生意。	V·过＋O	
玉林话		佢头前做过生意。	V·过＋O	
桂平话	我早就看过这本书了。	我早就睇过箇本书了。	V·过＋O	
南宁话		我早啊（都）睇过箇本书呃。	V·过＋O	
玉林话		我早睇过個本书了。	V·过＋O	
桂平话	我吃过这种菜，不大好吃的。	我食过种菜，唔几好食揰。	V·过＋O	
南宁话		我食过啊种菜，毋好食几多。	V·过＋O	
玉林话		我吃过個种菜，冇几好吃。	V·过＋O	

方言点	普通话例句	方言点用例	表达形式	备注
桂平话	前几天冷过，今天又热了。	前几日冷过，今密又热返。	A·过	"A·过"之后似也可加表示时量的补语。
南宁话		前几日冷过，而家再热返。	A·过	
玉林话		前几日冷过，今日又热了。	A·过	

表 4-2 明确显示，广西三个粤方言点"经历体"的表达形式用的都是"V·过＋O"，形容词可出现在"V"的位置上。至于像北流话可用"V·着＋O"表示"经历体"的现象，我们觉得是值得关注的，应该沿着这样的线索做进一步的调查。近代粤方言的相关现象也是值得重视的。

本研究还注意到，玉林话有"佢去过极多处在"这样的说法，徐荣（2008）也举了"我吃过荔枝了，重未吃过龙眼在"这样的例子，句末都有"在"，这个"在"的语法性质（句末助词）应该跟粤方言表示"进行体""持续体"的"VP·在"的"在"是相同的。

第三节　客家方言的"经历体"

广西客家方言陆川话、沙田话和桥圩话"经历体"的表达形式亦尽如粤方言那样用"V·过＋(O)"（O 也可以是 C 或者 O＋C）。例句参见表 4-3，因各方面情形相同，此处不再举例分析。

其他相关研究文献对广西区内外客家方言"经历体"的表达形式和"经历体"的意义有过讨论。陈辉霞（2008）的研究称，临桂小江客家话"经历体"用"过[kʷɔ⁵⁴]"。例如：

佢两年前见过佢一次。

佢就到过这兹，言到过别个地方。

林立芳（1996）也表示，广东梅县客家话的"经历体"表示动作行为曾经发生，用的是"V＋过"形式。例如：

阿叔原先教过书。（叔叔先前曾教过书。）

佢到过好多地方，就系唔田到过北京。（他到过很多地方，就是没到过北京。）

佢早都看过欸〈这〉本书。（我早就看过这本书。）

项梦冰（1996、1997：193～196）指出了福建连城客家方言"经历体"

标记用"过"(还可用作"重行貌"标记)的情况。"过"表示事件的经历，即某个事件一度存在，但在参考时刻以前，事件已经终止。例如：

我寻过渠好多回。(我找过他好几次。)

渠超先做过生意。(他从前做过生意。)

我早紧〈看〉过这本书。(我早就看过这本书了。)

我食过这种菜，无几好食。(我吃过这种菜，不大好吃的。)

渠得这角住过三年。(他在这里住过三年。)

头个月日寒过一阵。(上个月冷过一阵。)

根据《动词的体》所提供的"经历体"普通话例句，广西客家方言三个方言点"经历体"相关表达形式可归纳为表4-3。

表4-3　广西客家方言"经历体"的表达形式

方言点	普通话例句	方言点用例	表达形式	备注
陆川话		渠去过好多地方，就是没去过北京。	V·过+O	客家方言与粤方言无别，标记都用"过"。木格话、湛江镇话同此。
沙田话	他到过很多地方，就是没到过北京。	他到过好多地方，就是冇到过北京。	V·过+O	
桥圩话		佢到过好多地方，就是没去过北京。	V·过+O	
陆川话		偓跟过渠好多次。	V·过+O+C	在日常口语中，不一定按普通话的语序。木格话、湛江镇话同此。
沙田话	我找过他好几次。	我寻过渠好多次。	V·过+O+C	
桥圩话		我寻过佢好多遍。	V·过+O+C	
陆川话		渠以前做过生意。	V·过+O	除人称代词的使用外，其他无差异。木格话、湛江镇话同此。
沙田话	他从前做过生意。	他以前做过生意。	V·过+O	
桥圩话		佢以前做过生意。	V·过+O	
陆川话		偓早就看过即本书。	V·过+O	陆川话不用语气词。木格话、湛江镇话亦用"过"。
沙田话	我早就看过这本书了。	我早就看过这本书哩。	V·过+O	
桥圩话		我早就看过这本书了。	V·过+O	

续表

方言点	普通话例句	方言点用例	表达形式	备注
陆川话		佢食过即种菜,没几好食。	V・过+O	木格话、湛江镇话与这三个方言点完全相同。
沙田话	我吃过这种菜,不大好吃的。	我食过即种菜,冇几好食。	V・过+O	
桥圩话		我吃过即种菜,没有几好吃。	V・过+O	
陆川话		前几日(噉)冷过,今日又热了。	A・过	沙田话的说法类似柳州话。木格话、湛江镇话用"A・过"。
沙田话	前几天冷过,今天又热了。	前几日冷,今日又热。	(S+A)	
桥圩话		前几日冷过,今日又热了。	A・过	

　　表 4-3 所显示的广西客家方言"经历体"的表达形式,无论是我们重点关注的三个方言点还是贵港木格、湛江镇的客家话,都用"过"作标记,形容词可以出现在"V"的位置上,"A・过"表示过去曾出现过某种性状。

第四节　平话的"经历体"

　　广西平话的"经历体"如粤方言、客家方言一样,都用"V・过+(O)"(O 的位置上也可以是 C 或者 O+C)形式表示,可参见表 4-4 中的例句。因表达形式、标记成分与粤方言、客家方言无明显差异,此处也不再举例分析。

　　其他相关文献的讨论也大多描写了广西平话"经历体"的表达形式及用例,其中标记成分一般为"过",但"过"的句法位置有的也可以是在宾语或补语之后,即有"V+O/C・过"的形式,这方面宾阳平话比较典型。据覃东生(2007、2011),宾阳平话的"经历体"用"过"作标记,"过"一般都出现在宾语之后。例如:

　　　　呐来过他来过。

　　　　本书我看过。

　　　　我凑你讲件事过我跟你说过这件事。

　　　　我打枪过。

　　　　我去南宁做生意过。

昨日我去学校罗_我你过。

褚俊海等(2010)对宾阳平话也有同样的描写。例如：

佢凑你讲个件事过_{他跟你说过这事情。}

我打枪过_{我打过枪。}

我看一铺过_{我看过一次。}

佢去南宁做生意过_{他去南宁做过生意。}

昨日我去学校罗你过_{昨天我去学校找过你。}

梁伟华、林亦(2009：272)提到，崇左新和蔗园话的"经历体"用"过[ku³⁵]"作为标记，动词带宾语时，"过"也可在宾语或补语后(即"V＋O/C·过"形式)。例如：

嗰本书我上个月啱看过。（这本书我上个月刚看过。）

□[koi³³]里前几日啱冷过啊棍。（这里前几天刚冷过一下。）

我凑你讲件事过喽。（我跟你说过这件事情了。）

嗰两公婆曾经为啊啲细事争起身过。（这夫妻俩曾经为这点小事吵起来过。）①

据刘江丽(2008)，宜州德胜百姓话的"经历体"也是用"过[kʷa³³]"作为标记。例如：

他去过北京，□teŋ²¹⁴去过长城_{他到过北京,还去了长城。}

我两年前见过他一次。

徐国莉(2007)谈到，临桂六塘土话的"经历体"用"V过[ku⁵³]"形式表达，标记成分也是"过"。例如：

他以前做过生意。

我□piau³³去过北京_{我没去过北京。}

有的平话点可用其他标记成分。据闭思明(2000)，横县平话"经历体"的标记既可以用"过"，也可以用"零"。例如：

我揾过佢几下_{我找过他好几次。}

佢行早做过生意_{他以前做过生意。}

你去零上海么_{你去过上海吗?}

佢行先吃零只苍蝇_{他刚才吃到了一只苍蝇。}（按，此例或许还应包括上一例中的"零"，我们怀疑不是体标记，而是结果补语，或者至少是有歧解的。）

---

① 此例在梁伟华、林亦(2009：274)中是作为"起始体"的例句的，其中有表示"经历"的意义，我们在这里引作"经历体"的例子。普通话似乎不说"曾经……吵起来过"。

梁金荣(2005：194)的研究称，表示经历过某一动作行为，临桂两江平话用"过"和"着[tɕi¹³]"作标记，前者是主动性经历，后者是事与愿违、不情愿性的被动性经历。如果被动性经历是一个经历过的过程，后面还可再加"过"。例如：

他看过我本书他读过我那本书——他看着我本书我那本书被他看见啦——他看着过我本书我那本书被他看见过

遇过一个熟人——遇着一个熟人被一个熟人遇见——遇着过一个熟人被一个熟人遇见过

吃过个饼——吃着个饼本该吃糖却吃了一个饼——吃着过个饼

按，这几个例子"着"与"过"同现时，"着"应是结果补语。

夏丽珍(2010)的研究提到，资源延东话"经历体"标记有"嘎[ka⁴⁴]"和"过[kuo³⁵]"两个。例如：

仁呃去嘎深圳勿？（你去过深圳吗？）

其呃去嘎南昌三次尔。（她去过南昌三次了。）

夏文表示，资源延东50岁以上的人一般用"嘎"，年轻人认为"嘎""过"通用，但大家认为否定句中只能用"过"。例如：

仝呃勿去过北京。（我没去过北京。）

夏文还论及，资源延东话肯定句中的"经历体"和"完成体"都用"嘎"，因此会造成歧义。比如，"仁呃去嘎北京勿"这句话，可以理解为：①你（以前）去过北京吗？②你（现在）去了北京吗？这需要根据语境来推断。

据肖万萍(2005：235)的考察，永福塘堡平话除在动词、形容词后加"过[kuə⁵³]"表示"经历态"外，动词后还可加"着[tʰiə¹³]"（相当于普通话的"过"）来表示（按，形容词后不能加"着"，这一点不同于荔浦话）。例如：

你去着永福冇？你去过永福吗？

他奶得吃着他买归来的□vei³¹□kʰin³³东西。他奶奶吃过他买回的东西。

我听着他讲这□kian³³量词事。我听过他讲这回事。

白云(2005)称，灌阳观音阁土话表示"经历体"的标记是"过"，用法与普通话同。

根据《动词的体》所提供的"经历体"普通话例句，广西平话三个方言点"经历体"相关表达形式可归纳为表4-4。

表 4-4　广西平话"经历体"的表达形式

方言点	普通话例句	方言点用例	表达形式	备注
黎塘话	他到过很多地方，就是没到过北京。	那去过认真多地方，就是冇去过北京。	V·过＋O	仅从表中所列的例句看，广西平话"经历体"的表达形式及其中的标记成分与普通话没有什么差别，除少数词语具有方言特征外，句义的表达(包括语气词的使用)也跟普通话没有什么不同。虽然我们不能单凭这几个与普通话对照的例句，就断定平话受普通话的影响很大，但至少可以说有影响，或者这些方言点本来也就选用了"过"。
五通话		他去过好多□[tou²¹]垓，就是冇去过北京。	V·过＋O	
土拐话		他去过好多地方，豆是冇去过北京。	V·过＋O	
黎塘话	我找过他好几次。	我摞过那几多次去哦。	V·过＋O＋C	
五通话		我寻过他好多次。	V·过＋O＋C	
土拐话		我捞过他好多次。	V·过＋O＋C	
黎塘话	他从前做过生意。	那以前做过生意。	V·过＋O	
五通话		他以前做过生意。	V·过＋O	
土拐话		他以前做过生意。	V·过＋O	
黎塘话	我早就看过这本书了。	我早就睇过果本书哦。	V·过＋O	
五通话		我早就目英过□[khə⁵³]本书呃。	V·过＋O	
土拐话		我早豆看过箇本书了。	V·过＋O	
黎塘话	我吃过这种菜，不大好吃的。	我吃过果种菜，唔好吃几多。	V·过＋O	
五通话		我吃过□[khə⁵³]呲菜，冇见怎好吃。	V·过＋O	
土拐话		我吃过箇种菜，冇乜好吃嗝。	V·过＋O	
黎塘话	前几天冷过，今天又热了。	前几日冷过呕，咁日又热哦。	A·过	
五通话		前几日冷过，今日又热呃。	A·过	
土拐话		前几日□[lat¹²]过，今日又热了。	A·过	

从表 4-4 可以看出，"V·过＋O/V·过＋O ＋C"(含形容词带"过"作标记)是广西平话三个方言点表达"经历体"的主要形式。其他方言点的研究文献还表明，标记成分"过"可位于宾语或补语之后；除"过"以外，广西平话还有用"着""嘎"等成分作为标记的，但应该不是主要的成分，"过"仍然是最常见、使用频率最高的标记成分。

第五节　汉藏语系其他民族语言"经历体"的表达形式

汉藏语系其他民族语言表达"经历体"意义时，其标记成分主要借用汉语的"过"。

韦茂繁(2012)的研究称，广西都安下坳壮语在动词后加助词"wa:i^{42}"表示曾经发生过某种事情或出现过某种情况。例如：

te^{42} so:ŋ^{231} la:i^{231} di^{42} li^{13} wa:i^{42} nə:n^{42} ro:k^{13} ba:n^{42} ni^{13}.

他 从来　　 没 离 (动态助词)个 外面 村子 这

(他还没离开过他的村子。)

te^{42} həm^{31} nə:n^{231} tɕua:ŋ^{231} wa:i^{42} di^{33}？

他 晚上 睡觉 吼　　 (动态助词)(助词)

(他睡觉打过鼾吗？)

te^{42} tɕɛ:i^{231} lə^{31} wei^{13} wa:i^{42}，pa:n^{42} ni^{13} di^{42} tɕɛ:i^{231} te^{42} wa:i^{42}.

他 爱 老韦　　 (动态助词)现在 (否定词) 爱 他 了

(他爱过老韦，现在不爱他了。)

据韦景云等(2011：143)，武鸣燕齐壮语表示"经历体"用"kwa^{35}"作为标记。例如：

kou^{24}ʔbou^{55}ʔjaŋ^{42} ɣan^{42} he^{55} kwa^{35} ne^{31}.

我 还没有 见 他 过 (语气词)

(我还没有见过他呢。)

te^{24} taŋ^{42} kwa^{35} pɯ^{42} kiŋ^{33}，ɕa:i^{35} po:i^{24} kwa^{35} ɕa:ŋ31ɕiŋ^{42}.

他 到 过 北京　　 再 去 过 长城

(他到过北京，还去过长城。)

韦景云等(2011：143~144)表示，"kwa^{35}"可出现在动宾之后，类似汉语方言说的"到北京过"；也可出现在动补(V+C)之后。例如：

kou^{24} po:i^{24} ɣa:n^{24} he^{55}ʔba:t^{35} hu^{55} kwa^{35}.

我 去 家 他 次 一 过

(我去过他家一次。)

何彦诚(2006)的研究称，广西融水下坎侗语由"ta^6(渡过)"虚化后附加于动词之后构成"曾行体"(与我们所讨论的"经历体"相当，以下提到的"曾行体"同此)的表达形式，"ta^6"是一个体标记。例如：

pun^3 le^2 na:i^6 ja:u^2 ŋɔ^3 ta^6 ja^2 ma:t^9 pa^6.

本 书 这 我 看过 两次 了

（这本书我看过两次了。）

njɛn² mu⁶ tau⁵ ta⁶ ku³ lim² ɬaːm¹ maːt⁷.

去年 他 到 过桂林 三 次

（去年他到过桂林三次。）

李锦芳（2001）、孙宏开等（2007：1333）所描写的临桂茶洞语的"曾行体"也是由"ta⁶（渡过）"虚化后附在动词后面表示的，有时也在动词后加"tsiːk⁸"表示。例如：

mən² taŋ¹ ta⁶ kwe⁴ ljam²，pe¹ za² aŋ⁵ taŋ¹.

他 来 过桂林 明 年 还 来

（他来过桂林，明年还来。）

hja¹ pe¹ jiⁱ⁴θien² je² laŋ¹ tsiːk⁸ mən² jiⁱ⁴ to⁶.

二 年 以前 我 见 过 他 一 次

（两年以前我见过他一次。）

梁进杰（2000：422）表示，罗城大银仫佬语的"ta⁶（过）"用在动词后表示以前曾经有过什么经验或情况。例如：

həi² kau⁵ ta⁶ pən³ lɛ² naːi⁶.

我 看 过 本 书 这

（我看过这本书。）

据喻翠容（1985），傣语（西双版纳方言允景洪话）"经历貌"的表达形式是在动词后跟貌词"hɔt⁸"或"thɯŋ¹"。"hɔt⁸""thɯŋ¹"由动词虚化而来，作动词时，它们的意义是"到、到达"，与汉语的"过"相似。例如：

to¹ xa³ mə² hɔt⁸ siⁱ⁷ sɔŋ¹ pan² na² saːm¹ pɔk⁸.

我 去 西双版纳 三 次

（我去过西双版纳三次。）

xau¹ ma² thɯŋ¹ ka⁶ tiⁱ⁶ni³，bau⁵ dai³ pai¹ thɯŋ¹ tiⁱ⁶ʔɯn⁵.

他 来 只 这里 不 得 去 别处

（他只来过这里，没去过别的地方。）

据刀洁（2005）的讨论，云南金平傣语用"ko⁵⁵（过）"表示"经历"。例如：

phǎk⁵⁵jaŋ⁵⁵niⁱ³¹dǎi²⁵tsin³³ko⁵⁵.

菜 种 这得 吃 过

（这种菜吃过。）

jəm⁴³ko⁵⁵

看 过

（看过。）

梁敏、张均如(1996：900～901)谈到，侗台语族诸语言表示"曾经貌"(按，相当于我们说的"经历体")的方式，除泰语用助词"khəːi²"放在动词前面作修饰语的方式表示外，台语支的语言，如壮语、布依语、傣语、临高话等语言都直接用汉语借词"kva⁵(过)"放在动词后面表示；侗水语支虽不直接使用汉语的"过"，但也用与汉语"过"词义相同的"ta⁶、te⁶、ty⁶"(这几个词同源，都是"过河"的"过")放在动词后面表示，黎语的"dua³"和毛南语的"waːi¹"也是"过"的意思。看来这种表示法很可能是受汉语的影响而产生的。从上面所引的材料看，梁、张的认定是符合实际的。

余金枝(2011：92～93)在其著作中称，矮寨苗语的"完成经历体"(余著归入"完成体"，根据其标记成分与汉语的对应关系，我们在这里并入"经历体")表示动作行为在说话时已经完成，但不持续。这主要有两种表示方式。一是"动词＋kwa³⁵(过)"，表示动作行为已经完成，不强调行为对现在的影响。"kwa³⁵(过)"借自汉语。例如：

　　　　bɯ⁴⁴ tɛ⁴⁴ kwa³⁵ pe³¹ tɕi⁴⁴.

　　　　他　到　过　北京

　　　　(他去过北京。)

　　　　we⁴⁴ ʈhu²² kwa³⁵ pu⁵³ tɕu³⁵ kjəŋ⁵³.

　　　　我　做　过　三　年　兵

　　　　(我当过三年兵。)

若在动词前加"to³⁵(得)"，构成"to³⁵(得)＋动词＋kwa³⁵(过)"结构，则既表示动作行为已经完成，又强调对现在的影响。在语流中"to³⁵(得)"读重音。例如：

　　　　bɯ⁴⁴ to³⁵ tɛ⁴⁴ kwa³⁵ pe³¹ tɕi⁴⁴.

　　　　他　得　到　过　北京

　　　　(他去过北京。)

　　　　we⁴⁴ to³⁵ ʈhu²² kwa³⁵ pu⁵³ tɕu³⁵ kjəŋ⁵³.

　　　　我　得　做　过　三　年　兵

　　　　(我当过三年兵。)

二是"动词＋to²²(中)"。"to²²"的本义是"打(中)"，用在动词后语义泛化，既表示动作触及某物，又表示动作完成，强调动作对现在的影响。例如：

　　　　a⁴⁴ᐟ⁵³ le⁵³ ɓe⁴⁴　nəŋ⁴⁴ ne³¹ nəŋ³¹ to²² ʑa⁴⁴.

　　　　一　个　粑粑　这　人　吃　中了

　　　　(这个粑粑别人吃过了。)

a$^{44/53}$ dɛ^{53} ə^{44} nəŋ^{44} we^{44} nəŋ^{44} to^{22} za^{44}.

一　件　衣　这　我　穿　中了

（这件衣服我穿过了。）

余金枝（2011：170）在讨论相关的"体"助词时表示，矮寨苗语借自汉语的"经历体"助词"kwa^{35}（过）"用在动词后，表示动作曾经发生过。以下择举两例：

məŋ^{31} qɛ^{22} kwa^{35} ba^{22} tɕi^{44} me^{31}？

你　见　过　　女蛊　（语助）

（你见过女蛊婆吗？）

a$^{44/21}$ do^{35} tu^{35} nəŋ^{44} məŋ^{31} phu^{22} kwa^{35}.

一　句　话　这　你们　说　过

（这句话你们说过。）

余著所说的情况比较复杂，我们没有苗语语感，不宜置论。仅从皮相上说，"动词＋kwa^{35}（过）"（tɛ^{44} kwa^{35} pe^{31} tɕi^{44}、qɛ^{22} kwa^{35} ba^{22} tɕi^{44}）所表示的行为或事件无现时相关性，可被看成"完整体"；"to^{35}（得）＋动词＋kwa^{35}（过）"（to^{35} tɛ^{44} kwa^{35} pe^{31} tɕi^{44}）所表示的行为或事件有现时相关性，是"完成体"；"动词＋to^{22}（中）"是达成的情状类型，且具有现时相关性，也可被看成"完成体"。

在梁进杰主编（2000：579）中，我们还看到广西隆林德峨彝语的"no^{55}（曾经/过）"可以用于表示"曾经经历过某种动作、行为"这样的意义。例如：

ɕu^{33} the^{33} ɤa^{21} kha^{53} khɯ^{21} le^{21} no^{55}.

人家他们　对　喊　来 曾经

（人家曾经来喊过他们。）

ɤo^{33} tha^{21} ni^{53} ʑu^{53} me^{53} ne^{55} no^{55}.

那　几　人　兵　做　过

（那几人当过兵。）

孙宏开等（2007）的相关文献谈到了云南省一些民族语言表示"经历体"的情况。以下分别说明。

勐朗坝拉祜语是在动词后加"dʒɔ^{33}""mɤ^{31}"表示曾经做过。例如（294页）：

ʒɔ^{53} xɛ^{33} mɛ^{53}（dʒɔ^{33}）mɤ^{31}.

他　地　犁 过　了

（他曾经犁过地。）

绿春县大寨哈尼话将助词"be³³(过)"(当借汉语"go⁵⁵")置于动词、形容词后，表示曾经做过某种行为、动作或有过某种变化。例如(318页)：

xu³³ be³³

看　过

dzo⁵⁵ be³³

读　　过

n̠i⁵⁵ be³³

红　过

lɔ⁵⁵ be³³

热　过

张蓉兰(1987)也谈到了勐朗坝拉祜语表示某一行为动作曾经发生过的"曾行体"，用的是两个意义基本相同的时态助词"dʒɔ³³"和"mɤ¹¹"。例如：

na³¹ va²¹ li²¹ xe⁵³ dʒɔ³³.

娜　娃书　学习

(娜娃学习过。)

li²¹ tɕhi³³ te⁵³ dɔ³³ ŋa³¹ n̠i³³ mɤ¹¹ o³¹.

书 这　一　本　我　看

(这本书我看过了。)

木仕华(2002)表示，纳西语的"经历体"表示曾经进行过某种动作或曾经亲身经历过某种事件、状态，比如，用"动词＋ndʑi³³"表示。例如：

ŋə³¹ mba³³ la³¹ z̩ˑl³¹ ndʑi³³.

我　衣服　　缝　到(经验/体助)

欧阳觉亚(1998：132～133)提到的海南村语时态助词中也有一个"kuə³(过)"，我们在这里一并列出。按照村语的语序，"kuə³(过)"放在"V＋O＋(C)"之后，表示动作发生过或者经历过。例如：

ba⁵ na⁵ kə⁵ la(i)³ na⁵ tsi⁴ bən¹ kuə³.

今 年 我 见　　他 一 次　过

(今年我见过他一次。)

kə⁵ vɛn³ bən⁴ nɛi³ di² kuə³.

我 不　来　这　里过

(我没来过这里。)

kə⁵ kan³ vɛn³ la(i)³ tseŋ¹ na⁵ kuə³ tsa⁵.

我　还　不见　脸　他　过　（着）

（我还没见过他呢。）

最后一例的"着"我们认为就是前面讨论"持续体"时所引欧阳觉亚
(1998：132)提到的"倒像语气助词"的"着"。

第六节　小　结

广西汉语方言"经历体"的含义与一般学者的讨论无别，其表达形式
多与普通话相同，"V·过＋O"及其相关变式是使用最广泛的形式，部分
形容词能进入"V"的位置，表示曾经出现过某种性状。其中，荔浦话可
以用"V·着₂＋(O/C)"表示"经历体"，在多数情况下"着₂"可以换成
"过"（普通话的"过₂"）。"V·着＋(O/C)"作为一个多义构式既可以表示
"经历体"又可以表示"完成体"的情况，在官话和非官话的一些方言点都
存在。除我们所考察的三个方言点外，广西其他官话和非官话方言点有
的标记成分仅为该方言点所见，但其句法功能和语法意义与"过"无甚差
异，应该是"过"的平行字，或许其来源不尽相同。在句子中出现宾语、
补语的时候，有的方言点，如柳州话及平话的一些方言点，其标记成分
"过"的句法位置是在宾语或补语之后，我们基本认同这种现象是古汉语
语法发展过程中留下的痕迹。汉藏语系其他民族语言与汉语及其方言的
表达形式差异性不大，其标记成分多借自汉语的"过"或用与"过"平行的
成分。

"经历体"的意义、表达形式、标记成分等问题近些年来受到不少学
者的关注，取得了较为可喜的研究成果，其中的讨论或对某些问题的看
法对我们相关的研究颇有启示意义，值得进一步关注和探讨。例如，曹
茜蕾(2009)表示，汉语中习惯上称为"经验体"（我们称"经历体"）的标记
应被重新归入显指标记。她说，"经验体"的研究相对来说是世界各语言
的体类型研究中较薄弱、较不为人知的领域。它的基本功能定义为表示
事件已在过去的某个时间至少发生过一次。它还有其他的定性，如常常
标示主语（人类语义范畴）通过状态结果获得经验或认识。她谈到，虽然
"经验体"在世界语言中极为少见，但在汉语各分支语言①中普遍存在，

---

① 根据曹文译者的题注，曹茜蕾把汉语当作一个语族概念，在进行类型学分析时，把汉语各
大方言看作这个语族群中有自己独立地位的分支语言来作比较分析的对象。

表现在官话里为"过 guo"，粤语里为"过 kwo"，台湾闽南语里为"罢 bat"，吴语上海话里为"过 ku（歇 ɕiʔ）"。曹文讨论到，虽然汉语语族中大部分语言拥有所谓的"经验体"标记，但是它（"经验体"标记）表达了比简单的"体"意义更多的意义。而且，过去义或完成义是通过直接的和推理性的显指义完整地表达出来的。显指义属于认识情态范畴，表达了说话人对话语的真实性的态度，如肯定的程度或对一个已发生的事件的确认。显指义还能指出这种已获的信息的来源和方式。曹文进一步谈到，汉语中的"经验体"助词不应该被看作一个体标记，而应该被当作一种显指标记。这种显指义由直接即时类（亲眼观察或亲身经历）和推理类构成，但不具有告知类和听说类。它还可以进一步分出第一人称和其他人称的差别。

　　陈振宇、李于虎（2013）认为，"经历"的基本意义是某种类型的事件在某个时点之前的一段时间里至少发生一次，并且这一事件是可重复的。汉语"过₂"的语法化程度相当深，所以有许多被认为是有"经历"意义的用例，实际上只有汉语才有此用法。[①] 陈、李表示，世界语言的"经历"（experiential）标记各不相同，如日语"koto ga aru"称为"形"，是个复杂形式；泰语动词前的"khey"则是副词。汉语方言中除副词"曾（经）、尝"等外，有两大表示"经历"意义的标记："过₂"与"来"（包括"来着"）。一些方言同时使用多个标记，如成都话的"过₂、来、来着"，普通话的"过₂、来着"。不过，往往只有一个是最常用的。无论从汉语方言，还是从世界语言看，"过₂"都是分布最广、语法化程度最高的"经历"标记。但从语法性质上看，它依然是混合的"时—语气—体"标记，因为它不但兼具过去时和"经历体"意义，而且有时像语气词那样，只能位于 VP 结构的外围（如"他爬起来过""她从没打扮得这么漂亮过"）。陈、李指出，各家关于"经历"的观点基本上都可归入两种："终结性假说"（包括静态事件的终止、动态事件的完成、结果状态的非延续等）和"可重复性假说"（包括事件的可重复、"类"事件、不定指意义等）。"可重复性假说"具有很大的优势，应看作"过₂"的基本语法意义之一，其"例外"很少。"可重复性"比"终结性"具有更强的解释力。我们认为，这是对"经历"或"经历体"意义的进一步认识。

　　下面我们将广西汉语方言和相关民族语言"经历体"的主要表达形式归纳为表 4-5、表 4-6。

---

① 我们前面列举的一些民族语言的用例，相关研究文献多称"曾行体"，这是民族语言与汉语不尽相同之处。为方便比较，我们暂时将其归入"经历体"。

表 4-5　广西汉语方言"经历体"主要表达形式一览表

方言区（片）	方言点	"经历体"主要表达形式	备注
西南官话桂柳片	荔浦话	V·着/过＋O(＋C)	荔浦话更多用"着"，桂林话更多用"过"，柳州话一般也用"过"。
	桂林话	V·过/着＋O(＋C)	
	柳州话	V·过＋O(＋C)	
粤方言	桂平话	V·过＋O(＋C)	或许不太好断定，方言用"过"就是受普通话或北京话的影响。这种情况我们也可以看成是各方言都继承了"过"在演变过程中各个阶段的意义和用法，或者说"过"的发展演变在各方言中是平衡的、平行的。
	南宁话	V·过＋O(＋C)	
	玉林话	V·过＋O(＋C)	
客家方言	陆川话	V·过＋O(＋C)	
	沙田话	V·过＋O(＋C)	
	桥圩话	V·过＋O(＋C)	
平话	黎塘话	V·过＋O(＋C)	
	五通话	V·过＋O(＋C)	
	土拐话	V·过＋O(＋C)	

表 4-6　相关民族语言"经历体"主要表达形式一览表

汉藏语系其他民族语言	"经历体"主要表达形式	备注
都安下坳壮语	V·wa:i^{42}	借自汉语的"过"在相关民族语言中各自有不同的语音形式，其功能和语义则与汉语相当。这些语言基本上用"过"作标记的情况与汉语方言都可用"过"之间有无联系？我们前面关于"过"的发展演变在各方言中是否平衡、平行的疑问能否得到解答？也许这又是一个疑问。另，矮寨苗语后两种形式似乎可以表示一般的"完成"或"完成体"意义。
武鸣燕齐壮语	V＋O/C·kwa^{35}	
融水下坎侗语	V·ta^6	
临桂茶洞语	V·ta^6 / tsi:k^8	
罗城大银仫佬语	V·ta^6（过）	
傣语（西双版纳允景洪话）	V·hɔt^8/thuɯ^1（相当于汉语的"过"）	
金平傣语	V·ko^{55}（过）	
矮寨苗语	①V·kwa^{35}（过）②to^{35}（得）＋V·kwa^{35}（过）③V＋to^{22}（中）	
隆林德峨彝语	V·no^{55}（曾经/过）	
勐朗坝拉祜语（孙）	V·dʒɔ^{33}/mɣ^{31}	
勐朗坝拉祜语（张）	V·dʒɔ^{33}/mɣ^{11}	
绿春县大寨哈尼话	V·be^{33}（过）	
纳西语（木）	V·ndzi^{33}	
村语	V＋O＋(C)·kuə^3（过）	

第五章　广西汉语方言的"重行体"

　　"重行体"即由于人们主观上对过往的动作或事件不满意或由于某种客观因素影响导致失败或失效而需要重新进行一次。"重行体"的施事可以是说话者，也可以是听话者，还可以是说听双方。"重行体"的动作或事件可以是已然的，但更多情况下是未然的，因此表示"重行体"的句子除陈述性的以外，更多的是带有祈使意味的。

　　对"重行体"意义的理解，学界尚有一些分歧。人们一般要求前后相同的动作或事件的重复进行才能归入"重行体"范畴，但也有的放得较宽，前后的动作或事件不一定要相同。

　　对"重行体"的名称，学界也有不同的提法。有的学者称之为"再次体"；有的学者将其归入"反复体"中讨论，不单立"重行体"。普通话表示"重行"意义，一般用词汇手段，可在动词前加副词"再"。吕叔湘(1999：642)提出，"再"表示一个动作(或一种状态)重复或继续。多指未实现的或经常性的动作。例如：

　　　　这次失败了，下次再来。

　　也可在动词前加"重新"。吕叔湘(1999：121)提出，"重新"(包括"重""从新")的意思是"从头另行开始，再一次"。例如：

　　　　治疗一个多月以后，头发重新长出来了。

　　　　你再重新检查一次。

　　　　我又把这篇文章重新读了一遍。

　　　　计划已经重新修改过了。

　　"又"似乎也可以表示与"再""重新"相同的意义，但综合起来看，与"重行体"意义还是有区别的。它凸显的意义主要是"再一次"，一定程度上消弭了"重行"意义，与我们上面所定义的"重行"意义差别明显。我们可参见吕叔湘(1999：633)："又"可以表示一个动作(状态)重复发生。例如：

　　　　这个人昨天来过，今天又来了。

　　　　他去年犯过这种病，今年又犯了。

　　　　哥哥猜错了，弟弟又猜错了，这个谜语可难了。

　　普通话没有用于"重行体"的标记成分，南方方言普遍使用的"过"在普通话中没有用于标记"重行体"的功能。刘丹青(1996)表示，"过"在许多东南方言中兼作"重行体"标记，其意义不同于一般的反复或重复，而是指在上一次无效、失效或不理想的情况下再做一次。普通话用副词表示的"重行"意义，若要从严，则不应属于"重行体"。

第一节　西南官话的"重行体"

严格来说，广西西南官话并没有纯粹形式上的表达"重行体"的格式，多半是在动词前加"再"或"重新"表示"重行"意义（非"重行体"）。粤、客等方言中的标记成分"过"在官话方言中可以出现但不常用。

一、荔浦话、桂林话、柳州话的表达形式

荔浦话可以用"过"来标记"重行体"意义，但一般要与"再"同现，而用"再"的句子可以不再用"过"。常见的形式可以记为"再＋V·（过）＋O"。例如：

(1)即个汤忒咸喇，加点水再煮（过）一下 _{这汤太咸了，加点水再煮一下。}

(2)即块手表不准的，喊他再给（过）一块 _{这只手表（走时）不准，叫他再给一只。}

(3)锅盖还门盖贴，再盖（过）一次 _{锅盖还没盖好，再盖一次。}

以上三例，我们都可以将施事理解为听话者，都可以在后续句的动词前加第二人称"你"，其中的"过"可以不出现，三例皆可以省去"过"，而省去"再"则不自然。在桂林话和柳州话中也大体如此。[1] 这可以初步说明"重行体"在广西西南官话中是一个不典型的体范畴。

二、其他方言点的表达形式

郑石磊（2012）称，地处平话区的宾阳县新宾南街官话（西南官话方言岛）的"再次体"用"过[ko²⁴]"表示。例如：

菜没够干净，喊他再洗过。

猪脚不够□[nən²¹]，拿去再煮过。

题没做对，再做过。/题没做对，再做一次。

我们可以很明显地看到，南街官话的"过"也都与"再"同现，也可以单独用"再"，但需添加补语"一次"。

李永新（2007）对湖南永州南六县（宁远、蓝山、新田、道县、江永、江华）西南官话动词后所带的"回"做了较为详细的描写。李文说，这个"回"表示动作重复，相当于"再"，如"吃回一碗"意思是先前已经吃过，

---

[1]　在三个官话点的调查中，合作人在自然的说话状态下都是不用"过"的，经过提示后他们认为，"过"也可以加到动词后边。

但是不够,接下来还要添一碗。又如,"写回一个字""看回一遍""去回一回""起回搞(重新开始)""去回(回来后又去往某地)",其中的"回"与实义动词"回"音同,但并不一定是这个"回"字。"回"位置固定,动词前可以出现表示再一次的状语,如"再来回一趟""还讲回一句"。

李文认为,"回"是一种体标记,其理由是:第一,用"回"必然表示重复。动词后的"回"标示了动作的再次发生,可以是未实现的,也可以是实现的。它只是表示动作的进行方式,与时间没有必然联系,即它不是时的范畴,而是体的范畴。第二,"回"除了表示重复外,没有别的意义。不同于实义动词"回",也不同于动量词"回",其意义完全依附在动词之上。第三,"回"是词的内部的结构成分,附在动词及可以表示动程意义的形容词如"冷"后,与原来的动词合成一体,共同构成动作的进行方式,却又不构成一个新词。在整个结构的意义中,"重复"只是一个附加意义。"回"是汉语中一个典型的构形成分,它脱离了动词就毫无意义。

我们观察到,这个"回"与广西官话点可用可不用的"过"在有的句法环境中(出现"再"的时候)可以对应,如"再来回一趟";而不出现"再"的时候它又相当于"再"(只是语义上,句法上却很不一样)。它既不同于广西汉语方言的"过"("回"有"再"的意义,"过"没有),也不同于普通话和其他方言的"再"("回"位于动词后,"再"位于动词前),是个比较复杂的成分。从句法位置上看,将其视为体标记应该还是合适的;若从语义上看,将其当作体标记似乎又不太合适。

根据《动词的体》所提供的"重行体"的普通话例句[1],广西西南官话三个方言点"重行体"相关表达形式可归纳为表 5-1。

表 5-1　广西西南官话"重行体"的表达形式

方言点	普通话例句	方言点用例	表达形式	备注
荔浦话	我的手表掉了,想再买一只新的。	我的表搞跌去喇,想再买(过)一块新的。	再+V·(过)+O	官话一般较少用"过",有时"再"也可以不用,说成"想买(一)块新的"也无不可,但那已不是表"体"形式。
桂林话		我的手表掉喇,想再买(过)一块新的。	再+V·(过)+O	
柳州话		我的手表跌喇,想再买(过)一个。	再+V·(过)+O	

---

[1] 《动词的体》所附体和貌的例句并未明确标出"重行貌"。我们认为,比较典型的表示"重行体/貌"的例句是放在"其他"中的第 94 例:"我的手表掉了,想再买一只新的。"为保持体例一致,本章各表仅以此例作为参照,不再另拟其他例句。

表 5-1 提供了三个官话点"重行体"的表达形式。虽然都可以用"过"来作标记，但这个标记的隐现是比较自由的，即便动词后不带宾语，也可以省去，另加语气词，如荔浦话：手表跌去就跌去喇，再买嘛/呗。官话点很少用"重新"这个副词，也许由于"重新"书面色彩较浓。

第二节　粤方言的"重行体"

粤方言有一个很常用的"重行体"标记"过"，与表示"经历体"的"过"同形。有的论著记为"过₃"，因为我们是在不同的章节中讨论，不至于引起混乱，无须特别标注，因此本研究在此只记为"过"。

一、桂平话的表达形式

桂平话可以用"过"标记"重行体"，一般也需要有"再"同现，"再＋V·过＋O"是最常见的表达形式。例如：

（1）头先一杯不算，再饮过一杯_{刚才喝的那杯不算数,再喝一杯}。

（2）手表坏北了，再买过一只_{手表坏了,再买一只}。

例（1）中的"过"必须出现；例（2）中的"过"可有可无，后续句也可说成"再买多一只"。虽然两例中的"过"之后都有宾语，但为何例（1）的"过"需要强制性出现，可能是先行句抑或整个语境的制约，需凸显"重行"意义。

我们发现，桂平话在用"过"标记"重行体"的句子中，先前的动作或事件并非不令人满意或是失败的、无效的；恰恰相反，它是得到说话者高度认可或赞赏的。这种情况似乎"反复""重复"的意味更浓，"重行"义被削弱，其中的一个表现是副词"再"，多说成"又"，有时也可用"再"。例如：

（3）今日阿滴粉好好食，明日又食过_{今天这个米粉很好吃,明天又去吃一次}。

（4）好好迾，明日又来过_{很好玩儿,明天又玩一回}。

（5）今日够瘾了，明日再整过_{今天真是过瘾,明天再玩儿}。

很明显，这种"反复"不同于一般的"V着V着"，"V着V着"是同一动作在同一时间内的反复进行，它或多或少还有一些"重行"义。

二、南宁话、玉林话的表达形式

与桂平话相同，南宁话、玉林话"重行体"的表达也可以用"过"作为标记，并且一般需有"再"之类的副词同现。例如，南宁话：

（1）阿只表坏嘞，再买（过）阿只这只表坏了，再买一只。

（2）茶冻嘞，再换（过）阿杯茶凉了，换一杯吧。

以上两例中的"过"其实可以不出现，说成"再买阿只""再换阿杯"，或者用"过"就可以不用"再"，亦即在动词后有宾语的情况下，"再""过"可以只用其中一个。

玉林话的情况与南宁话相仿。①

林亦、覃凤余（2008：333）的讨论与我们前面所说的情况大体一致。她们表示，南宁白话的"再次体"标记"过"可单用，也可与"再、重新"一类的副词共现。例如：

杯茶冻晒，换过杯啦。（这杯茶凉了，再换一杯吧）

印冇得清楚，再印过。（印得不清楚，再印一次）

支歌我哋唱得冇整齐，重新唱过一次。（这歌我们唱得不整齐，再唱一次）

第 1 例不用"再"，"过"后有宾语；第 2 例"再""过"同现，"过"后无其他成分；第 3 例"重新"与"过"同现，"过"后有补语。

粤方言的"重行体"用"过"作标记，在清代的典籍中就可以见到。杨敬宇（2010）的研究称，清代《粤讴》等典籍有用"过"表示"重行体"的实例，列举如下（出处标注形式依杨文）：

劝汝的起心肝，寻过个好佬。（粤讴·真正恶做）

我唔要我个的，我要你个的。将银换过方得。（横纹柴）

表示这样的"重行体"意义，动词前还可出现重复义的副词（这种情况很多）。例如：

呢阵半世叫我再拣过个知心，都唔系乜易。（粤讴·思想起）

呢回从新相好过，免俾别人谈。（粤讴·义女情男）

三、其他方言点的表达形式

广西区外的粤方言点也多用"过"作为标记，表示相应的"重行体"意义。"过"与副词"再、重新"的隐现与广西粤方言并无二致。据陈晓锦、林俐（2006），广州话的"过"（陈、林记为"过₃"）用在动词后，表示整个动作过程从头重复，可用于将来时、现在时或过去时。例如：

唔得就嚟过。不行就再来一次。

---

① 与三个官话点不同，三个粤方言点的调查，合作人在自然的说话状态下基本上都用了"过"；调查者提示"可以不用'过'吗"，合作人表示也是可以的。但当"V·过"后没有别的成分时，"过"不能省略，这是调查者和合作人都注意到的情况。

　　佢而家同你开过一张发票。他现在给你再开一张发票。

　　抄过都抄得咁乱。再抄一遍还抄得这么乱。

这种句子谓语前可加副词"再""重新"，与"过₃"照应。句子若带宾语，"过₃"与副词可任意省略一个，意思相同。例如：

　　重新开过一张发票。＝开过一张发票。＝重新开一张发票。

句子若不带宾语，动态助词"过₃"一定要出现，即使有副词，句子也不自足。例如：

　　唔得就再嚟过。＝唔得就嚟过。≠唔得就再嚟。

这种"V＋过₃"同"V＋过₁"（按，"过₁"表示动作结束、完毕）一样，也是一种不同于一般的动结式，中间不能插入"得、唔"；但它有否定的说法，即在谓语前加否定副词"唔使"，相当于普通话的"不用"。例如：

　　你唔使同佢开过一张发票喇。（你不用重新给他开一张发票了）

　　严丽明（2009）谈到了类似的情况，认为广州话助词"过₃"的核心语义是表示对之前相关动作行为的不如意结果的修正或调整。以下择举几例（例句重新编号）：

　　（1）件衫洗得唔干净，攞去洗过这件衣服洗得不干净，拿去重洗。

　　（2）呢张收据写错咗，你再写过张这张收据写错了，你再重写一张。

　　（3）A：找翻三蚊畀你找你三块钱。B：呢张烂嘅，畀过张我啦这张钱烂了，重新给我一张吧。

　　（4）A：找翻三蚊畀你找你三块钱。B：呢张烂嘅，换过张畀我啦这张钱烂了，给我换一张吧。

　　严文表示，例（4）"换过张畀我"的"换"与之前所发生的动作"畀"并不相同，它在所述事件当中是第一次出现的动作。严文认为，凡是说话者对之前相关动作行为的结果不满意的都可以用"过₃"，反之都不能用"过₃"。带来不如意结果的动作行为与为了修正这一结果而施行的动作行为可以相同，也可以不同，如例（4）。"过₃"不但可以表示对已然事件的不如意结果的实践性修正，还可以用于表示对未然事件潜在的不如意结果的前瞻性调整。

　　根据《动词的体》所提供的"重行体"的普通话例句，广西粤方言三个方言点"重行体"相关表达形式可归纳为表5-2。

表 5-2 广西粤方言"重行体"的表达形式

方言点	普通话例句	方言点用例	表达形式	备注
桂平话		我只表跌北了,想买过阿只新略。	再+V·过+O	南宁话的"过"多数情况下都可以换成"返"。桂平话的"过"也可以说成"返"。"返""过"是同义的。
南宁话	我的手表掉了,想再买一只新的。	我只手表跌嘅,想买过/返只新嘅。	再+V·过/返+O	
玉林话		我个手表倷(儢)开了,想再买(过)只新个。	再+V·(过)+O	

粤方言"过"的使用频率比官话高,"重行体"的标记性更强。虽然玉林话在表中的例句可以省略"过",但在日常其他口语表达中,"过"的使用也是常见的。应该说,作为标记成分,"过"主要出现在粤方言区,其他方言区或方言点表示"重行"意义(不一定是"体"意义),使用更多的是副词"再""重新"等,或者利用语境赋予"重行"义,或者用其他的表达形式或手段。

第三节 客家方言的"重行体"

客家方言在表达"重行体"意义时,亦如粤方言,用"过"以及与"过"相仿的成分附于动词后,动词前可加"再"。

一、陆川话的表达形式

陆川话的表达形式,最常见的是"再+V·过+O"。例如:

(1)茶冷了,再换过一杯_{茶凉了,换一杯吧。}

(2)表坏了,再买过一只_{手表坏了,再买一只。}

"过"也可省略,如例(1)可说成"再换一杯"。与粤方言一样,动词后无宾语时,"过"是不能省略的,如例(2)后续句可说成"再买过",不能说成"再买"。

二、沙田话、桥圩话的表达形式

在沙田话中,"过"可说成"转",构成"再+V·转+O"形式,"转"是标记成分。例如:

(1)□le⁴⁵只手表烂□hɛ⁵²哩咾,再买转一只_{这只手表坏了,再买一只。}

(2)茶冷□hɛ⁵²哩咾,再换转一杯_{茶凉了,重倒一杯吧。}

桥圩话的表达形式与陆川话相类,此处不赘述。

三、其他方言点的表达形式

与粤方言一样，广西区外的客家方言点，也多可见到用"过"作标记的。比如，刘玉婷(2009)描写了湖南汝城话的体貌系统，其中谈到汝城客家话的"重行体"，其标记刘文记为"过₂"；主要表达形式是"V＋过₂＋O/C"，宾语或补语可以不出现。例如：①

> 换过一个杯子。
>
> 我给你再拿过一个碗。
>
> 我咯件衫烂哎，要重新买过一件新咯。
>
> 咯杯茶冷哎，换过一杯。
>
> 我冇听清，唱过一遍。
>
> 咯盘唔算，来过。这盘不算，重新来。

刘文报告说，汝城话的"重行体"还有"V₁＋过＋V₂"形式。例如：

> 换过一支笔写更快点唧。

我们认为，"换过一支笔"已是"重行体"的意义，如同刘文举的"换过一个杯子"这样的例子，并不需要后边的成分帮助表达。

根据《动词的体》所提供的"重行体"的普通话例句，广西客家方言三个方言点"重行体"相关表达形式可归纳为表 5-3。

表 5-3　广西客家方言"重行体"的表达形式

方言点	普通话例句	方言点用例	表达形式	备注
陆川话		佢嘅手表跌欸，想再买(过)只新嘅。	再＋V·(过)＋O	沙田话的"转"较为特别，从语义上说，与"过""返"是相当的。这个"转"与"过"一样，也是不必强制出现的。
沙田话	我的手表掉了，想再买一只新的。	佢嘅手表跌□he⁵²哩，想再买(转)一只新嘅。	再＋V·(转)＋O	
桥圩话		我的手表掉开了，想再买(过)一只新的。	再＋V·(过)＋O	

客家方言的表达形式与粤方言无本质区别，只是如表 5-3 所示，沙田话选择"转"为标记，与粤方言用"返"一样，似乎可以名之为"训用"。三个方言点的标记成分都有可以省略的情况，强制性不足。

---

① 这里选择了其中一些例句。刘文例句皆有标音及普通话译文，此处从略。个别难懂的例句附上普通话对译句。

第四节　平话的"重行体"

平话"重行体"的意义和形式与前面三种方言基本相当，其标记成分是"过"，"过"的强制性也不足，副词"再"的使用频率较高。

一、黎塘话的表达形式

黎塘话表达"重行体"意义，可以用"过"作为标记，构成"再＋V·过＋O"形式。例如：

(1)果只手表坏呃，再买过一只 这只手表坏了，再买一只。

(2)茶吉[kɛt⁵]呃，再换过一杯 茶凉了，换一杯吧。

这两例都是动词带宾语，"过"在动词后、宾语前。

二、五通话、土拐话的表达形式

五通话、土拐话表达"重行体"意义，表示"再次"的副词"再"一般要出现，标记成分"过"可省可不省，其形式可描写为"再＋V·(过)＋O"，与黎塘话及其他非平话方言点相同，此处不赘述。

三、其他方言点的表达形式

广西区内其他平话点与我们所讨论的三个点大体相同。覃东生(2007)的研究说，宾阳平话的"再次体"表示重新进行某一动作行为，用"过[kəu⁵⁵]"作为标记(覃文记为"过₂")。若动词后有宾语、补语，"过₂"位于其后。例如：

有够净，喊□na⁴¹洗过。（不够干净，叫他再洗一次。）

猪脚有够熟，□on²⁴去煮过。（猪脚不够熟，拿去再煮一下。）

手表跌□ɐk²¹³，我再去买个过。（手表掉了，我再去买一个。）

做有对，再做一□pʰəu²⁴过。（没做对，再做一次。）

我们注意到，宾阳平话表达式中，宾语、补语可以位于"过"之前，"过"往往居于句末，与其他方言点有所不同。其表示"经历"的"过"也是位于句末(参见"经历体"一章)。

覃文表示，"过"经常与"再""重新"等表示"重复、再次"的副词同现，但不会与"重"同现。与这些词同现时能更好地把"过"的语法意义表现出来。

梁伟华、林亦(2009：275)报告说，崇左新和蔗园话"再次体"标记是"过[ku³⁵]"(原著记为"过₂")：

　　□[mi²¹]够净,喊佢再洗过。(不够干净,叫他再洗一次。)

　　菜□[mi²¹]够熟,□[nəu⁵⁵]去再煮过。(菜不够熟,拿去再煮一下。)

　　手表跌喽,我再去买过啊只。

　　做□[mi²¹]对,再做过一□[pɐi³¹]。(没做对,再做一次。)

　　我们看到,崇左新和蔗园话"过"的使用与粤方言、客家方言是一致的。

　　另外,在曹志耘(1996)讨论的金华汤溪方言中,"过"可以用在动宾短语、动补短语或单个动词后,表示出于上文所提及的理由(含否定意义),另外进行一次该动作,以便改换现有的状态。动词前可加"再",加"再"后有时表示"再重复一次该动作",有"再一次"的意思,有时只表示"另外进行","再次"义已虚化。但无论哪种意义,从曹文所举的例句看,都类似我们所说的"重行体"。① 这个"过"用在宾语后,不能用在动宾之间。以下是曹文所举的四个例子:

　　〈这〉支笔弗好写,换支过。

　　〈这〉笔账算错罢,算遍过。

　　〈这〉个日子也弗好,再择个日子过。

　　〈这〉件衣裳着破罢,再做件过。

　　根据《动词的体》所提供的"重行体"的普通话例句,广西平话三个方言点"重行体"相关表达形式可归纳为表5-4。

表5-4　广西平话"重行体"的表达形式

方言点	普通话例句	方言点用例	表达形式	备注
黎塘话		我果手表跌呕,想买(过)只新果。	再+V·(过)+O	与其他方言点一样,平话的"过"也无强制出现的情况,而副词"再"一般要出现,这多少让"重行体"带上了一些"词汇"性质。
五通话	我的手表掉了,想再买一只新的。	我□[kueʔ²²]手表跌去呃,想再买过[kueʔ²²]新啊。	再+V·过+O	
土拐话		我啊手表擗了,想再买(过)一个新啊。	再+V·(过)+O	

　　表5-4显示的情况是,平话的"重行体"与其他几个非平话方言点在表达形式上并无大的区别,标记成分用的也是"过",平话内部也比较一致(宾阳平话的"过"位于句末,有一定的类型学特征)。

----

① 曹文放在"经历体"中讨论这种情况。

第五节　汉藏语系其他民族语言"重行体"的表达形式

在已有的研究成果中，关于"重行体"范畴的报道或描写不太容易见到，也许这种"体"并不好归纳或者多半用词汇形式表达。

我们在张雷（2010）的讨论中看到了黎语志强话（我们暂将黎语归为汉藏语系侗台语族黎语支）的"重复体"。根据张文的描写，黎语志强话的"重复体"是在动词前加助词"lom¹¹（再）"（可对应汉语的副词"又"），表示动作、行为或变化重复进行，有的句子所表达的意义的确是"重复"或者"反复"。兹择举一例：

fa¹¹ lom¹¹ fun³⁵ Пbe¹¹.

天　再　雨　了

（天又下雨了。）

张文表示，"lom¹¹（再）"往往和"l Nŋ³¹（返回）"互相搭配，表示动作、行为的重复。格式是"lom¹¹＋动词＋l Nŋ³¹"。其中所举的第二个例句引起了我们的注意：

τa³¹ fui³¹ τo，lom¹¹ roNŋ l Nŋ³¹.

不　熟　助词再　煮　回

（还没熟，再煮煮。）

这样的表达形式就相当于我们所讨论的"重行体"了，其中"l Nŋ³¹（返回）"与汉语的体标记十分类似，如粤方言的"返"或"过"，可以看成"重行体"的表达法。

据黄布凡（2000），四川茂县曲谷羌语的"状体"分"重行体""曾行体""常行体""续行体"。其中"重行体"表示动作行为的重复进行和状态的重复发生，在动词词根后加后缀"-ji"表示。动词的各种时体形式都可加"-ji"表示。在"进行体"形式后加"-ji"。例如：

pəʂ mujy ɖie-ji-jy.

现在 雨 下（重行）（情体）

现在又在下雨了。

qupu ɕi thə-ji-jy.

他　酒 喝（重行）（情体）

他又在喝酒了。

在"已行体"形式后加"-ji"。例如：

pəʂ mujy de-ɖie-ji-jy.

今天 雨　（已行）下（重行）（情体）

今天又下了雨了。

qupu de-tshe-ji-jy.

他　（已行）错（重行）（情体）

他又犯了错误了。

在"将行体"形式后加"-ji"。例如：

pəʂ mujy ɖie-ji-jy-æː.

今天雨　下（重行）（情体）（将行）

今天又要下雨了。

ʔū tɕila kə-ji-jy-æː-n.

你 哪里 去（重行）（情体）（将行）（人称2单）

你又要去哪里？

黄文虽然名之为"重行体"，但与我们所讨论的"重行体"语义有别。

第六节　小　结

汉语南方方言表示"重行体"意义，与共同语在形式上有相似之处，其中用副词"再"是彼此共同的方式；但以"过"为标记构成"V·过＋（O）"并作为"重行体"的表达形式则是南方方言特有的，共同语无"过"这样的标记成分。但"过"在南方方言中也不是强制出现的，尤其是在西南官话中。

我们这里讨论的"重行体"与所谓的"反复体"有区别，也有一定的联系。林立芳（1996）曾表达了这样的观点："反复貌"表示一种动作行为反复进行到中途逐渐转变到另一种动作行为或发生另一件事情。而项梦冰（1996）在讨论连城（新泉）方言的"体"时，则把以"过"为标记的"重行貌"看作"反复貌"的一类。石汝杰（1996）在讨论苏州方言的"体"和"貌"时，似乎不区分"反复"与"重行"两种意义，认为（反复貌）表示动作的反复，主要用于指动作的重新进行，助词是"过"，句中一般用"重新"等副词，其例子是"耐个作业做得忒马虎，搭我重新做过！"平田昌司、伍巍（1996）在讨论休宁方言（徽语）的"体"时，对"反复貌"的表述是，（反复貌）用动词反复形式，表示某种动作反复地进行或者在主观上继续了比较长时间。

根据我们的认识，所谓"重行体"，如前面的定义所述，是人们对动作或事件主观上不满意或者动作或事件被认为已经失败或无效而需要再另外进行一次；而"反复"或"重复"是相同动作的简单反复，并且是短时间内的反复，其施事可以是有生命的人，也可以是其他，如"又下雨了""又刮风了"之类。"重行"与"反复"在语法意义上是有区别的，统而言之恐不合实际，似应分开讨论。

下面我们将广西汉语方言和相关民族语言"重行体"的主要表达形式归纳为表 5-5、表 5-6。

表 5-5 广西汉语方言"重行体"主要表达形式一览表

方言区（片）	方言点	"重行体"主要表达形式	备注
西南官话桂柳片	荔浦话	再＋V＋·过＋O	各方言点的"再"一般都出现（南宁话有时用"重新"），而"过"或与"过"相当的标记成分常常可以省略。其他次范畴的表达式中也存在用副词的情况。如果我们把只添加副词而谓词性成分后再无相应标记成分看成词汇手段的话，则不应把这些意义纳入"体"这样的语法或形态范畴。从副词"再"或"重新"与标记成分"过"或"返""转"的隐现情况看，各方言点有较强的一致性，即副词出现频率高，标记成分出现频率低。
	桂林话	再＋V＋·过＋O	
	柳州话	再＋V＋·过＋O	
粤方言	桂平话	再＋V·过/返＋O	
	南宁话	再＋V·过/返＋O	
	玉林话	再＋V·过＋O	
客家方言	陆川话	再＋V·过＋O	
	沙田话	再＋V·转＋O	
	桥圩话	再＋V·过＋O	
平话	黎塘话	再＋V·过＋O	
	五通话	再＋V·过＋O	
	土拐话	再＋V·过＋O	

表 5-6 相关民族语言"重行体"主要表达形式一览表

汉藏语系其他民族语言	"重行体"主要表达形式	备注
黎语志强话	$lom^{11}＋动词＋1 N\eta^{31}$	黎语志强话的这种表达形式，如上文所述，并非都是表示"重行体"的，也可以表示动作行为的"重复"。曲谷羌语的形式虽然简单，但它与其他"体"结合所表示的意义不同于我们所讨论的体范畴意义，似乎不宜纳入我们所讨论的范围。
曲谷羌语	动词词根·-ji	

第六章　广西汉语方言的"起始体"

在我们的讨论中，从标记成分的虚化程度考量，"起始体"与"继续体"都属于"类体范畴"。"起始体""继续体"意义都与时间过程密切相关。普通话表示动作行为开始的"起始体"的形式是"VP＋起来"。"起来"（以及表示"继续"的"下去"）是否可以看作动态助词，能不能视为"体"标记，学界还有一些争议。

高顺全（2001）认为，由于"下来""下去"本来是表示空间位移的方向，动词后的"下来""下去"尚未、也不可能完全虚化为表示时间意义的体标记，动作的方向、终点都可能不同程度地激活其空间意义，这时它更像一个趋向补语。因此，只有在该动词明显不具备空间意义以及与之有关的隐喻意义时，或者该动词的动作意义弱于事件意义时，"下来""下去"的时间意义才能得到充分的体现。高文还表示，在形容词后，"下来""下去"基本上都表示时间意义，因此可以说，形容词后的"下来""下去"比动词后的"下来""下去"更像是体标记。多数学者的看法是，"起来""下去"虚化的程度不及"了""着""过"，其表示"起始""继续"用法的出现也相对较晚，大约在元明时期。张国宪（1999）的研究称，"下来"可用于"继续体"，表示某种新状态的继续，有较强的过程意味，可有终止点，常与负量形容词同现，这种用法至少在元代已经开始出现；"下去"是个动向性极强的动作动词，随着语法化的发展，逐渐由空间域向时间域过渡，已不是某种已有状态的延续，即"下来"可用于"延续体"。张文强调，高度语法化的体标记应该是放在谓词之后单纯表述体意义的，对谓词的选择只能是情状类型的选择，而不是谓词语义次范畴的选择。形容词的典型体标记"了""着""过"体现了这一点；而非典型的体标记"起来""下来""下去"有所不同，它们对延续性形容词语义次范畴的选择有明显的倾向性。关于形容词的"体"及形态化问题，可另参见张国宪（1998）。

王力（1989：100～101）指出，"起来""下去"在某些情况下也是表示情貌的。"起来"表示开始貌，"下去"表示继续貌。"起来"大约在元明时期产生，"下去"表示情貌是由于"起来"的类化，在《儿女英雄传》中才出现其表示继续貌的例子。但黄盛璋（1952）却发现早于《儿女英雄传》的《红楼梦》里已经有了表示"继行"的"下去"的例子。黄文举的例子是："便觉薛蟠的气概渐渐低矮了下去。"（第八十四回）如果将黄文所举的例子形式化，则这种结构是"A＋了＋下去"。我们发现《红楼梦》里还有这样一例："士隐乃读书之人，不惯生理稼穑等事，勉强支持了一二年，越觉穷了下去。"（第一回）钟兆华（1985）对趋向动词"起来"在近代汉语中的发展情况做了考察，认为以文字的记载而言，动词"起来"的形成大致在唐代，敦煌变文就有较早的记录；"起来"用在动词后，表示动作、行为或情感的发生和延续，用在形容词后，表示出现某种情状，这是"起来"在近代的新兴用法。他还指出，"动词＋起＋宾＋来"形式形成于宋代。[①] 张国宪（1999）也谈到，就文字史料的记载而言，动词"起来"大致形成于唐代，是由作为人体起立动作的"起"黏附于表示趋向动作的"来"而形成的，敦煌变文里可以发现较早的记录。大约从晚唐五代开始，"起来"可以移位于主要动词之后，充任趋向动词（作补语），以后进一步虚化；至元代特别是明代以后，"起来"的用法逐渐变得丰富起来，出现了位于形容词后以表示出现某种情状的新兴用法。

关于"起来"的演变及其语义后果，顾鸣镝（2013：165）认为，处于谓语位置上的"V起来"，作为一个动趋式黏合述补结构，语义的虚化主要体现在"起来"的演变上，其中"起来"的语义分解为三类：位移义、起始义、结果义。从认知角度看，位移义（表示人或物体由下向上的空间位置移动）显然是原型义，属于"空间域"，而空间的位移过程必然伴随时间的推移，基于同一意象图式的"空间域"投射到"时间域"，衍生了其他两种含义，即起始义和结果义。其中起始义（表示动作开始进行并继续下去）是用动态位移过程的整段时间来转喻时间序列上的起点及其延续的。

据我们对古代典籍相关用例的调查，宋代佛教典籍和《朱子语类》中的"起来"多半表示动作行为的实现或性状的出现，但有的用例（《朱子语类》较多）似乎可以理解为表示动作行为的开始或某种性状开始出现。例如：

（1）上堂："祖师只教保护，若贪嗔痴起来，切须防禁，莫教振触。"（《五灯会元·卷第五·药山惟俨禅师》）

（2）若识得些路头，须是莫断了。若断了，便不成。待得再新整顿起来，费多少力！（《朱子语类》卷第八）

（3）欲变齐，则须先整理了已坏底了，方始如鲁，方可以整顿起来，这便隔了一重。（同上，卷第三十三）

① 钟兆华（1985）的相关讨论详见下文。

（4）如颜子"克己复礼"工夫，却是从头做起来，是先要见得后却做去，大要著手脚。（同上，卷第四十二）

如果说例（1）的"贪嗔痴起来"（AP＋起来）可以是表示实现的，那么《朱子语类》中的三个用例则不太好理解为"实现"了；例（2）动词前有"再新"、例（3）有"方可以"、例（4）有"从头"，"V＋起来"的"起始"意义比较明显。若诸位认同这种看法，那么汉语"V＋起来"表示"起始"意义的时代就要往前推了。到了明代，表示"起始"的"V＋起来"实例似乎更多了，"A＋起来"也不乏见。我们在陆人龙的《型世言》中找到一些，兹择举几例：

（5）王世名道："这一尺天、一尺地，人是活活打死的，怎说得这话！"便痛哭起来。（第二回）

（6）只见祖母道："儿，这碗粥好似几帖药，这一会我精神清爽起来了。"（第四回）

（7）更苦是一个耿埴，一个在床上，一个在床下，远隔似天样。下边又冷飕飕起来，冻得要抖，却又怕上边知觉，动也不敢动，声也不敢做。（第五回）

（8）单是耿埴听得这日杀老白，心上便忿激起来，想道……（第五回）

（9）这牵常的病已费调理，不期阮胜因母亲病，心焦了，又在田中辛苦，感冒了风寒，又病将起来。（第三十三回）

以上例（6）～例（8）三例都是"A＋起来"，表示某种性状开始出现。

"起来""下去"与其他次范畴的标记成分不同，它们尚未语法化，因此我们在描写相关表达形式时，动词、形容词与"起来""下去"之间用"＋"而不用"·"。

总的看来，对"起来""下去"历时的专题探讨目前还不多见。"起来"在汉语一些方言如西南官话中意义和用法都非常丰富，口语中可以说成"起"，表示"起始"，如"吃起""喝起"，既有祈使意味，也有"开始吃""开始喝"的意思。"起来"或"起"用在动词后还可表示"进行""持续""完成"等意义，吴、赣等方言也有类似的用法。这些都可能是汉语历时演变过程不同阶段遗留下来的现象，值得进一步探究。

第一节　西南官话的"起始体"

广西汉语各方言表示"起始体"的形式大多与普通话平行。西南官话的“起始体”一般用“V/A＋起来”的形式表达，其他相关形式少用或有限制。这与共同语基本一致。先看看共同语的情况。

据吕叔湘(1999：441～442)，“动＋起来$_{趋}$［＋名词］”(名词一般为受事，间或有施事)除表示动作完成等意义外，还表示动作开始，并有继续下去的意思。动词和“起来”中间一般不能加入“得、不”。例如：

欢呼起来｜说起话来｜飞轮旋转起来了｜一句话把屋子里的人都逗得笑了起来｜讨论不起来

如果是“形＋起来”，则表示一种状态在开始发展，程度在继续加深。其中的形容词多为积极意义的。例如：

坚强起来｜忙起来｜他的身体正一天天好起来｜参加冬季长跑锻炼的人多了起来｜天冷起来了，得多加点衣服｜我这个人随便吃什么滋补品，也胖不起来｜他本来就理亏，怎么硬得起来?

我们说“基本一致”，也就是还有一些差别。西南官话的“起始体”在“V/A＋起来”后往往还要加语气词，否则句子不易站稳，因此其表达形式可记为“V/A＋起来·(喇)”。

一、荔浦话、桂林话、柳州话的“V/A＋起来·(喇)”

先说动作行为的情况(V＋起来)。荔浦、桂林、柳州三个西南官话点表示动作行为的开始(并继续下去)一般用“V＋起来·(喇)”形式，句末语气词有时也用“嘛”“啊”之类。如荔浦话(举荔浦话以赅桂林话、柳州话，下同)：

(1)他们都喝起来喇，你还在即垲搞什么他们都开始喝(酒)了，你还在这干嘛！

(2)好，我们走起来！

(3)那你们就唱起来嘛！

(4)他屋头起起来喇他家的房子开始盖了。

例(4)如果在另一种语境下，也可以如普通话那样表示动作行为的完成，即表示他家的房子盖好了。动词前可以出现表示频度的副词“又”。例如：

(5)雨又下起来喇。

(6)日头又出起来喇太阳又出来了/又出太阳了。

(7)他们又吵起来喇。

(8)咦，又打起来喇啊?

这种说法表示的情形是，某种动作行为或现象出现后有短暂的中断，然后又重新出现。例如，“雨又下起来喇”表示不久前下过雨，停了一会儿，现在又开始下了。例(8)的"打"可以指打架、玩扑克、做米饼、做糍粑等，无论碰到哪种情况，都可以这样说。

以上例句大多有语气词"喇"。"喇"表示新情况的出现，即上文所谓的"已然"。动作行为的开始往往是在瞬间"实现"的，"实现"了也就成为"已然"的情况，它们之间语义上是相容的，因此可以共现。句末除用语气词"喇"外，还可再加一个更虚的表示语气的成分"啵"，如例(5)可以说"雨又下起来喇啵"，例(6)、例(7)及前面的例(1)、例(4)也都可以加"啵"。加和不加"啵"的区别在于，加了总有表示强调的意味，以更好地提醒听话者注意。

"起始体"还可以用于否定性疑问句中，有的否定性疑问句同时含有祈使(催促)意味，因此是用疑问的方式表示祈使。这种情况下，"起始"义并未"现实"。因为说的是未然的事情，所以句末不能用语气词"喇"。否定词前还需出现副词"还"。例如：

(9)那个水还未曾开起来呀（水还没(开始)开吗）？

(10)他们还未曾打起来呀（他们还没开始玩(扑克)吗）？

(11)你们还未做起来啊（你们还不开始干啊）？

(12)你还去耍，还未赶快挖起来（你还去玩儿?还不赶紧挖起来）？

(13)那个闸还未曾开起来呀（闸还没开吗）？

例(9)、例(10)表达的是，从时间上推算，水(烧的时间比较长了)应该开了，(准备的时间挺长了)他们应该玩起来了，但似乎水没开、他们没开始玩，故有此问。这两例也可以说成肯定性的疑问："水开起来未曾""他们打起来未曾"，如此便没有与"推算"似乎不符的意味了。例(11)～例(13)是用疑问的方式表示祈使，说话者心里很清楚，"你们"还没开始做、"你"还没开始挖、"闸"还没打开，因此语义中心不在疑问，而在"催促"，故"还"与否定词都需要重读，以突显说话者的"催促"意图。

为简洁起见，有时标记成分可以省略，如例(3)、例(9)、例(10)。

在一般的祈使句中，表示动作行为开始，三个官话点都可以用"V＋起"，"起"的作用同"起来"。比如，荔浦话"跑起""开起""喝起(喇啵)""吃起(喇啵)""做起喇啵"等，说"跑起"(开始跑)、"开起"(开始开)时，不加句末语气词("起"重读)，说"喝起""吃起"时，句末语气词可用可不用，但说"做起"时一般要加语气词，以加强祈使意味。

三个官话点都可以用"开＋V"形式表示动作行为的开始，如"开吃""开喝""开跑"等，"开"用的是词汇意义，不是"体标记"，因此"开＋V"表示的"起始"意义是词汇层面的意义。

像普通话那样，"起来"中间可插入宾语，构成"V＋起＋O＋来"形式，如桂林话"客人还没到他就喝起酒来""你郎子做起生意来了"。荔浦话很少这样说，柳州话一般也不说。

以上说的是表示动作行为的"起始"。性状的出现也是一种"起始"，因此形容词后也可加"起来"表示"起始体"，句末语气词"喇"往往也要出现，构成"A＋起来·（喇）"形式，"A"一般是单音节的性质形容词，偶尔可以是双音节的，如下面例（22），可用于一般的肯定性陈述句和疑问句。三个官话点无甚差别。如荔浦话：

（14）那块田的果子红起来喇。

（15）你日今_{现在}肥_胖起来喇，少喫点啵。

（16）他屋头养的那个鸭子看见大起来喇啵_{他家养的鸭开始长大了}。

（17）天黑起来喇啵。

（18）你的崽工喇，你屋头也慢慢好起来喇_{你儿子工作了，家里（的境况）也开始好转了}。

（19）吨，你看，即边轻起来喇爱_{哎，你看，这边开始轻了}。

（20）即条河亦清起来喇啵_{这条河也开始变清了}。

（21）那条路宽起来未曾_{那条路变宽了吗}？

（22）那坮闹热起来未曾_{（那里）开始热闹了吗}？

这些例句中的"A"有的有点儿特别，例（16）的"大"译成普通话要用动词"长大"，例（18）的"好"也要译成动词"好转"，例（21）、例（22）两个正反问句对译为普通话也要相应变为动词"变"才比较自然。否定性陈述句、疑问句也可用"起始体"，因为说的是未然的情况，句末不用"喇"。如荔浦话：

（23）下更久的雨菜都未见贵起来_{下了这么久的雨菜也没贵呀}。

（24）他做恁多生意，钱亦未见多起来啵_{他做了那么多买卖，钱也没见多呀}。

（25）鱼仔还未曾干起来呀_{小鱼还没（开始）干吗}？

（26）天还未曾见晴起来呀。

否定性陈述句、疑问句的"起始体"表示的多半是与预期不太相符的情况，即按预期应该开始出现的性状而没有出现，如例（23）说的是，按一般的事理，雨下久了，菜就会涨价，但这次这种情况却没有出现；例（24）说的是，生意做得多，一般赚钱也多，但"他"似乎例外；例（25）说的是，从时间、火候上推算，那些小鱼烘烤了一段时间，应该被烤干了，但这回似乎不是这样，也许是说话者看到小鱼没干，故有此问，这种情况与前面例（9）、例（10）相类似。例（26）要表达的是，按往常的天气变化，这个时候天应该晴了，却并没有开始放晴的意思。

在荔浦话中，"下来"也可加在形容词后（不能加在动词后）表示某种性状的出现，且"下来"的语法性质与"起来"无别，因此它也算是一个"第二层级"的"体标记"，句末语气词一般也要出现，构成"A＋下来·(喇)/(喇啵)"形式。肯定性、否定性的陈述句、疑问句都可以用。例如：

(27)天黑下来喇啵。

(28)你看起倒瘦下来喇啵_{你看起来变瘦了}。

(29)天未曾见黑下来呀。

(30)他整天喊减肥减肥，亦未曾见他瘦下来呀。

(31)天黑下来未曾？

(32)天还未曾黑下来呀？

吕叔湘(1999：570)中也谈到，"形＋下来"表示某种状态开始出现并继续发展，强调开始出现。形容词限于表示消极的意义。例如：

天色渐渐黑下来｜碰到困难就软下来，那还行？｜声音慢慢低了下来

荔浦话的形容词也多半是表示所谓消极意义的，能与"下来"结合的形容词很少。有的形容词无所谓积极、消极，像天黑，就自然界现象来说，没有正面、负面的价值评判。天黑往往给人的行动带来不便，所以才被视为"消极"。从减肥或健康的角度看，"瘦"就属于"积极"意义的形容词了。

荔浦话能用"下来"的地方，有的能用"起来"，如例(27)可说"天黑起来喇啵"，其他例子一般不用"起来"。

二、其他方言点的表达形式

"V＋起来·(语气词)"是共同语和官话方言共有的表达形式，使用非常广泛。张一舟等(2001：57)的研究称，成都话的"起始体"表示行为动作、事件开始启动、发生。常用三种句法结构。一是"V＋起来"。例如：

娃娃哭起来了。

雨下起来了/下起雨来了。

等下儿人多了，挤起来就买不到票了。

二是"V＋开＋了"。例如：

外头闹开了。

我们干开了再说，不必等他。

三是"开＋V"。例如：

> 那条狗见了生人就开咬叫。
>
> 老师说"开始！"学生一齐开写。
>
> 你听哨子一吹就开跑，不要分神。

张一舟等(2001：57～58)表示，普通话"开＋V"主要见于一些复合词，如"开学""开演""开讲""开赛"，有的可离可合，如"开了学"。而成都话的"开＋V"纯粹是一种句法结构，可以自由组成很多短语；从语义上来看，成都话的"开＋V"不是简单的"开始V"，而是"瞬间开始V"的意思；从语用上来看，"开＋V"常有一种预设，即另有一个行为、事件先发生，接着才有后一个行为、事件立刻开始发生，因而成都话的"开＋V"常用于"……就……"或"一……就……"这样的框架里，如"抬起脚就开走""话都没听清楚就开骂""你一逗她就开笑""锣鼓一响就开演"。前两种形式的行为、事件不限于生物的自主行为，而"开＋V"总是表示自主行为，可以说"孙悟空举棒就开打"，但不能说"天上一闪，雷就开打"。凡能进入"开＋V"结构的动词都是表示动作的自主动词，如"拿""推""翻""打""搬""跑""跳""写""笑""哭"等(按，荔浦话等广西西南官话亦如是)。张一舟等(2001：58)还指出，"开＋V"的"开"是一个黏着成分，类似一个半虚化的语法词，"开＋V"也是黏合式结构，中间不能嵌入别的成分，比第一式的语法化程度高。

按照我们的标准，"开＋V"不是表示"起始体"意义的形式(结构)，即便成都话的"开"类似一个半虚化的语法词。荔浦话等西南官话的"开＋V"虽然也是相对凝固的结构，单"开"似乎仍然保留比较实在的词汇意义，在"开＋V"结构中，其意义就是"开始"。成都话"V＋开＋了"中的"开"似乎相当于"起来"；若如是，则可看成我们所说的第二层级的"体标记"，相应地，其所表示的是"类体范畴"的意义。

赵葵欣(2012：125)认为，"起始体"表示动作行为开始发生，事件开始启动。武汉方言用动词后加"起来"的形式表达。例如：

> 一进屋，老婆就吼起来："你还晓得回来？"
>
> 武汉那个天啦，你又不是不晓得，说热就热起来了的。
>
> 晚饭一吃完，老公就跷倒胯子歪倒沙发高头看起报纸来。
>
> 酒过三巡后，发了财的阿威跟我们大谈他的创业史起来。

赵著(2012：125)谈到，若动词后有宾语，武汉方言一般跟普通话一样用"V起O来"，也用"VO起来"，但极少。

根据《动词的体》所提供的"起始体"普通话例句,广西西南官话三个方言点"起始体"相关表达形式可归纳为表 6-1。

表 6-1　广西西南官话"起始体"的表达形式

方言点	普通话例句	方言点用例	表达形式	备注
荔浦话	天气冷起来了,要多穿一件衣服。	天冷起来喇(啵),穿多件衣裳。	A+起来·喇	在时间进程中,"起始"与"实现"有重叠的部分,所以句末的语气词都相当于普通话的"了₁+了₂"。荔浦话、桂林话也可如柳州话那样,省去标记成分"起来",并不影响句子基本意义的表达。
桂林话		天气冷起来喇,要多穿一件衣服。	A+起来·喇	
柳州话		天冷(起来)喇,多穿件衣服。	A+(起来)喇	
荔浦话	他们打起来了,你去劝一劝。	他们打起来喇,你去劝下子。	V+起来·喇	"起来"若省去,会影响"起始体"意义的表达。
桂林话		他们打起来喇,你去劝一劝。	V+起来·喇	
柳州话		他们打起来喇,你去劝下子。	V+起来·喇	
荔浦话	客人还没到他就喝起酒来。	客人门来他就喝起来喇。	V+起来·喇	这里我们可以说桂林话的表达方式是受普通话的影响,桂林话也可说:客人没曾到他就喝酒了。荔浦话也可用"起"。
桂林话		客人还没到他就喝起酒来。	V+起+O+来	
柳州话		客人还门来他就自己喝起喇。	V+起·喇	
荔浦话	你怎么做起生意来了?	你恁子做生意(起来)喇(咧)?	VP+(起来)·喇	荔浦话跟柳州话的说法相似,可以省略"起来"。
桂林话		你郎子做起生意来喇?	V+起+O+来·喇	
柳州话		你恁子做生意(起来)喇?	VP+(起来)·喇	

从表 6-1 可以看出,广西西南官话"起始体"一般用"V+起来·(喇)"表达,"起来"有时可以用"起"替换。桂林话可如普通话那样,在"起来"

中间插入宾语，构成"V＋起＋O＋来"格式，荔浦话、柳州话不常用这种格式。

第二节　粤方言的"起始体"

广西粤方言三个点"起始体"的表达形式虽各有一些特点，但仍以"V/A＋起身/起来·语气词"为主。

桂平话表示动作行为的开始或性状出现的"起始体"，可用"V＋起身·了/咯"形式。若"V"后有宾语，则"起身"可以省去，"V"前加动词"开始"，如表 6-2 中的"你几时开始做生意咯"。加"开始"来表示相应的意义，也就是不用语法手段而用词汇手段，这种意义不属于"体"的语法范畴，可以笼统地说是语义范畴。有时也可不加"开始"，如"客人仲密到，佢就饮咯"。如果"V"位置上为形容词，"起身"也可以不用，如"天冷了，要穿多件衫"，如此，则是表示"已然"义了。也就是说，在日常语言中，如果桂平话从来不用"A 起身了"之类的表达，那就不好说是省略了标记成分，也就不好说是"起始体"；若是可以用的，只是有时省略了，则仍应视为"起始体"的用例。

南宁白话表示动作行为的开始或性状的出现，动词后的成分可用"起身"，也可用"起来"，如表 6-2 的"佢哋打起身/起来嗰（喔），你去劝啊下喂"；也可省略"起身/起来"，如"客人啊未到，佢就先饮酒先呃""你做乜嘢开始做生意嗰"，后一例加了"开始"。形容词后也可不用"起身/起来"，如"天冷啊喔，要着多件衫喔"。这些情况都与桂平话相同。非语法形式表示的"开始"或"起始"意义，不属于语法意义，不宜归入"体范畴"。

玉林话表示动作行为的开始或性状的出现，动词后的成分如南宁话一样，可用"起身"，也可用"起来"。与桂平话、南宁话不同的是，若动词后有宾语，玉林话可用"V＋起＋O（＋来）"形式，如表 6-2 的"你是哝做起生意了"；或用"V＋开"形式，如"人客总有到佢就吃开酒了"（"开"相当于"起"或"起来"）。表示某种性状的出现，玉林话在形容词后也用"起身"或"起来"，如"天冷起身了，要穿多件衫"。由此推断，广西粤方言表示性状出现的"起始体"，形容词后是可加标记成分的，"不用"的情况属于省略。

梁忠东（2010：178）的研究与我们的观察相似：玉林话的"起始体"，传统的表达是在动词后加"起身"，受普通话的影响，也用"起来"。句末一般有语气词。例如：

一到工地，佢地就做起身/起来咧_{一到工地，他们就干起来了。}

时间一到，大家就唱起身/起来咧_{时间一到，大家就开始唱了。}

冇到立春，佢就趁起身/起来咧_{没到立春，他们就开始忙了。}

关于句末语气词的问题，我们在这里顺便做一些申说。无论是我们已讨论的官话、粤方言，还是下面将要讨论的客家方言、平话，在表达"起始体"意义时，只要是"已然"的情况，句末一般都要加上语气词。这些语气词有的相当于普通话的"了₁＋了₂"，既表示动作行为、性状的"实现"（非完成）和动作行为的开始、性状的出现，又有成句作用。有时为了加强语气，还可再增加一个纯粹的语气词，如荔浦话的"啵"，南宁话、桂平话的"喔"等。我们前文所说的"起始体"等次范畴有"实现"义，是"已然"的情况，在这里又得到了一个例证。否定性陈述句和疑问句也与"已然"有关：对"已然"的否定、对是否"已然"表示关注。

根据《动词的体》所提供的"起始体"普通话例句，广西粤方言三个方言点"起始体"相关表达形式可归纳为表 6-2。

表 6-2　广西粤方言"起始体"的表达形式

方言点	普通话例句	方言点用例	表达形式	备注
桂平话	天气冷起来了，要多穿一件衣服。	天冷(起身)了，要穿多件衫。	A＋(起身)·了	桂平话、南宁话都可省略标记成分。当然，语境也可赋予"起始"意义。
南宁话		天冷(起身)啊喔，要着多件衫喔。	A＋(起身)·啊喔	
玉林话		天冷起身了，要穿多件衫。	A＋起身·了	也用"起来"。
桂平话	他们打起来了，你去劝一劝。	佢哋郁起身嘞哦，你去劝一下啦。	V＋起身·嘞喔	一般情况下只用"起身"。
南宁话		佢哋打起身嗰(喔)，你去劝啊下喂。	V＋起身·嗰(喔)	也用"起来"。
玉林话		佢人打起身了，你去劝劝。	V＋起身·了	也用"起来"。
桂平话	客人还没到他就喝起酒来。	客人仲密到，佢就饮咯。	(就＋V·咯)	"就＋VP·语气词"有"开始"和"实现"的意义，这种格式有一定的能产性。
南宁话		客人啊未到佢就先饮酒先呃。	(就＋先＋VP＋先·呃)	
玉林话		人客总冇到佢就吃开酒了。	(就 V＋开＋O·了)	

续表

方言点	普通话例句	方言点用例	表达形式	备注
桂平话	你怎么做起生意来了？	你几时开始做生意咯？	（开始＋VP·咯）	用词汇手段，属一般语义范畴。桂平话似乎不说"做生意起身"。
南宁话		你做乜嘢开始做生意嗰？	（开始＋VP·嗰）	
玉林话		你是哝做起生意了？	V＋起＋O·了	"V＋起＋O"是"V＋起＋O＋来"的变体。

从表 6-2 可以看出，广西粤方言"起始体"的表达形式呈多样化局面，撇开词汇手段不论，"V＋起身/起来"应是主要的形式。在表达"起始体"意义时，句末语气词一般不可缺少，如上所述，这样的语气词兼有多种作用。

第三节　客家方言的"起始体"

客家方言"起始体"的表达形式多如普通话一样，主要用"V＋起来·（语气词）"或将宾语插入"起来"之间构成"V＋起＋O＋来·（语气词）"形式。

一、陆川话、沙田话、桥圩话的表达形式

(一)陆川话的表达形式

陆川话表示动作行为开始的"起始体"意义，可用"V＋起来·（了）"形式，如表 6-3 中的"佢哋打起来了，你去劝一劝"；或用"V＋起＋O＋来·（了）"，如"吾做嘛样做起生意来了"，这两种形式都沿袭普通话而来；或在动词前加"就"，句末加"欸"，如"人客都还没到，佢就饮酒欸"，这种情况表示的是"已然"义，非"起始体"意义。若"V"位置上为形容词，则表示某种性状的出现，用"A＋（起来）·了"形式，如"天冷了哦，多着一件衣裳"，标记成分可省略。

(二)沙田话的表达形式

沙田话表示动作行为开始的"起始体"意义，可以用"V＋起来·（哩）"形式，如表 6-3 中的"他都打起来哩，你去劝下子"；也可用"V＋起＋O＋来·（哩）"，如"客人还有到他就食起酒来""你怎么做起生意来哩"。与陆川话一样，这两种形式都是受普通话影响而出现的，系后起的形式。如

果"V"位置上为形容词，则表示某种性状的出现，用"A＋起来·(哩)"形式，如"天气冷起来哩，要多着件衫"。

(三)桥圩话的表达形式

桥圩话表示动作行为开始的"起始体"意义，多与陆川话、沙田话相类，只是句末语气词不同，可用"V＋起来·(欵)"形式，如表 6-3 中的"佢哋打起来，你去劝一劝"；或用"V＋起＋O＋来·(欵)"，如"你为什么做起生意来欵"。如果不用标记成分(不一定是省略)，表示一般的"已然"义，则在动词前加"就"，句末加"了"，如"人还没到，佢就吃酒了"。若"V"位置上为形容词，则表示某种性状的出现，用"A＋(起来)·欵"形式，如"天气冷欵，要多穿件衫"，标记成分可省略。

广西客家方言三个点"起始体"的标记成分都选择"起来"，句末语气词则各有所选，但其语义和功能是相同的。

二、其他相关方言点的表达形式

广西区外的一些客家方言点与广西境内的上述三个方言点"起始体"的表达形式大多一致，受普通话的影响也比较明显。

林立芳(1996)表示，广东梅县客家方言的"起始体"表示动作行为的开始，用"V＋起事"形式。例如：

大齐家唱起事欵。(大家开始唱起来了。)

先理做起事一家人就爱齐心滴欵。(生意既然做起来了，一家人就要齐心点。)

林文提到，"V＋起事"后面一般不能出现宾语，梅县话没有"唱起事歌""做起事先理"的说法，而用"V＋起＋X＋来"形式。例如：

佢等人晒起谷来欵。(他们开始晒谷了。)

人客还无来佢自家就食起酒来欵。(客人还没有来，他自己就开始喝酒了。)

"起事"也可用在形容词后表示一种状态在开始发展，程度在继续加深，意义相当于普通话的"起来"。例如：

天寒起事欵，你爱着多件衫正做得。(天冷起来了，你要多穿件衣服才行。)

蛮古乖起事来欵哟。(蛮古开始变得听话了。)

据项梦冰(1996、1997：196～197)，福建连城客家方言用"起来"接在动词、形容词后表示事态的起始。先看"起来"在动词之后的例子：

细人刚刚正〈哭〉起来。(小孩才刚刚哭起来。)

　　　　渠侪打起来呃，你去劝一下。（他们打起来了，你去劝一劝。）

　　　　咱侪一色先食起来紧好。（咱们大伙儿先吃起来得了。）

　　　　有兜人都开始担起来呃。（有些人已经开始挑起来了。）

如果动词后有宾语，就得说成"V起X来"（按，同普通话的"V＋起＋O＋来"），不说"VX起来"。例如：

　　　　渠兴到唱起曲来。（他高兴得唱起歌来。）

　　　　客人还唔到渠紧食起酒来。（客人还没到他就喝起酒来。）

　　　　你狭得做起生意来呃 a^{55}？（你怎么做起生意来了？）

再看"起来"在形容词之后的例子：

　　　　天意寒起来呃，要加着一件衫。（天气冷起来了，要多穿一件衣服。）

　　　　渠食到面颊都红起来呃。（他喝得脸都红了。）

　　项著提到，连城方言表示起始还可用"开始＋V"形式。例如：

　　　　天意开始寒呃，要加着一件衫。

　　根据前面的相关讨论，"开始＋V"形式用的是词汇手段。

　　在项著的讨论中，连城方言也可用"开始＋V＋起来"形式表示"起始体"。例如：

　　　　开始担起来。

　　这种表达，同时使用了词汇、语法手段。我们认为，两种手段共用，因为有标记成分，可以视为"起始体"意义，"开始"的词汇意义进一步加强了"体"的意义。其实在其他方言区的方言点中也可这样说，如荔浦话也说"开始做起来喇啵""开始放起来喇啵"，动作性强的单音节动词都可出现在这种说法的"做"的位置上。

　　根据《动词的体》所提供的"起始体"普通话例句，广西客家方言三个方言点"起始体"相关表达形式可归纳为表6-3。

表6-3　广西客家方言"起始体"的表达形式

方言点	普通话例句	方言点用例	表达形式	备注
陆川话	天气冷起来了，要多穿一件衣服。	天冷（起来）了哦，多着一件衣裳。	A＋（起来）·了	省略标记成分的说法，大体上是一种习惯的表达。木格话也可省略，湛江镇话一般用标记成分，句末语气词都用"欸"。
沙田话		天气冷起来哩，要多着件衫。	A＋起来·哩	
桥圩话		天气冷（起来）欸，要多穿件衫。	A＋（起来）·欸	

方言点	普通话例句	方言点用例	表达形式	备注
陆川话		渠哋打起来了，你去劝一下。	V+起来·了	除句末语气词外，主体形式与普通话同。木格话、湛江镇话同桥圩话。
沙田话	他们打起来了，你去劝一劝。	他都[tiɑu²⁵¹]打起来哩，你去劝下子。	V+起来·哩	
桥圩话		佢哋打起来欸，你去劝一劝。	V+起来·欸	
陆川话		人客都还没到，渠就饮酒欸。	(就+VP·欸)	对于动词后有宾语的情况，各点表达形式差别较大。在这种句法环境中，没有出现标记成分，并非省略，而是本来就这样说。这就不是"起始体"的表达了。木格话用"就+V·紧+O·了"，湛江镇话同沙田话。
沙田话	客人还没到他就喝起酒来。	客人还冇到他就食起酒来。	V+起+O+来	
桥圩话		客人还没到，佢就吃酒了。	(就+VP·了)	
陆川话		吾做嘛样做起生意来了？	V+起+O+来·了	与上例不同的是，此例动词后带宾语，各点表达形式皆依普通话。木格话用"又+VP·欸"形式，湛江镇话同沙田话。
沙田话	你怎么做起生意来了？	你怎么做起生意来哩	V+起+O+来·哩	
桥圩话		你为什么做起生意来欸？	V+起+O+来·欸	

从表 6-3 可以看出，广西客家方言"起始体"的表达形式与粤方言甚为接近，用如同普通话的"V+起来·(语气词)""V+起+O+来·(语气词)"，前者的语气词有时可省略。我们另外调查的贵港木格话、湛江镇话也多用"V+起来·(语气词)"形式。也有用非"起始体"的表达形式表示"起始"或"开始"意义的情况，如陆川话、桥圩话。

第四节 平话的"起始体"

广西平话"起始体"意义的表达，基本上用普通话常见的两种形式"V+起来·(语气词)""V+起+O来·(语气词)"，只是有的方言点"起来"用如粤方言的"起身"。其他与官话、粤方言、客家方言等没有什么差异，不必一一举例说明。

一、黎塘话、五通话和土拐话的表达形式

如表 6-4 所示，黎塘话表示"起始"一律用"V+起身·(呕)"形式；五通话和土拐话除用"V+起来·(语气词)"以外，还用"V+起+O+来·(语气词)"。三个方言点都共用与普通话相同的表达形式，句末语气词的语法性质和功能与前面所讨论的粤方言、客家方言相同。

二、其他方言点的表达形式

广西平话其他方言点"起始体"的表达形式与我们所调查的三个点差别不大。

据覃东生(2007)，宾阳话的"起始体"用"起身[xəi³³ sən²⁴]"加在动词、形容词后，表示动作行为开始并有继续下去的意思。例如：

我正碰□ne²⁴□na⁴¹□o³³，□na⁴¹就哭起身□uk²² 我刚碰他一下，他就哭起来了。

□na⁴¹坐在那□ne²⁴忽声就喊起身 他坐在那里忽然就喊起来。

□na⁴¹队打起身□ɐk²¹³，快□he²⁴去拆架 他们打起来了，快点去劝架。

紧起身了，就那门都不记得□o³³ 一紧张起来，就什么都不记得了。

□hok²²天瘦□ne²⁴有要紧，冷天就肥起身

□ɐk²¹³ 夏天瘦一些不要紧，天气冷了就会肥起来了。

梁伟华、林亦(2009：274)报告了崇左新和蔗园话表示"起始"用"起身[hoi³³ ʃen⁵⁵]"置于动词后的情况。例如：

我啱碰佢啊棍，佢就哭起身噢。（我刚碰他一下，他就哭起来了。）

我啊紧张起身，就哪门都不记得噢。（我一紧张起来，就什么都记不得了。）

闭思明(2000)称，横县平话的"起始体"也是用"起身[xi³³ sən²⁴]"加在动词后表达，例句从略。

据徐国莉(2007)，临桂六塘土话"起始体"用"V起来"形式表达。例如：

他人□pa²⁴起来吗? □piau³³□pa²⁴他们打起来了吗?还没有。

根据《动词的体》所提供的"起始体"普通话例句,广西平话三个方言点"起始体"相关表达形式可归纳为表 6-4。

表 6-4 广西平话"起始体"的表达形式

方言点	普通话例句	方言点用例	表达形式	备注
黎塘话		天冷起身呕,取多着件衫阿。	A+起身·呕	除语气词的语音形式及所对应的书面形式不同以外,主体表达形式(V/A+标记成分)在平话各方言点中没有什么差别。我们上文粗略提到,在涉及动词后有宾语的现象时,各方言点(含官话、粤方言、客家方言的九个点)就表现出差别和特点来了,或与普通话相同,或用本地的习惯说法,但平话都还用标记成分。
五通话	天气冷起来了,要多穿一件衣服。	天冷起来呃,用多着领衣裳。	A+起来·呃	
土拐话		天气□[lat¹²]起来了,□[ɐi⁴⁵]多穿一领衫。	A+起来·了	
黎塘话		那队打起身呕,你去劝劝喂。	V+起身·呕	
五通话	他们打起来了,你去劝一劝。	□[to¹²]捆起来呃,你去劝呃。	V+起来·呃	
土拐话		□[ta²¹³]抉起来了,你去劝劝。	V+起来·了	
黎塘话		客人仲萌到那先就饮起身呕。	V+起身·呕	
五通话	客人还没到他就喝起酒来。	客都不曾到他就吃起酒来呃。	V+起+O来·呃	
土拐话		客人还冇到他豆嗍起酒来。	V+起+O来	
黎塘话		你做门做生意起身呕啊?	V+O+起身·呕啊	
五通话	你怎么做起生意来了?	你见恁做起生意来呃?	V+起+O来·呃	
土拐话		你为乜做起生意来了?	V+起+O来·了	

从表 6-4 可以看出,广西平话"起始体"的表达,包括动作行为的开始和某种性状的出现,与普通话及官话、粤方言、客家方言等的表达不存在明显的差异。只是在动词后有宾语时,宾语的隐现情况有所不同,但都出现标记成分,这一点与官话、粤方言、客家方言各方言点又有了一些差异。

第五节　汉藏语系其他民族语言"起始体"的表达形式

汉藏语系其他民族语言"起始体"的表达形式亦多借用汉语的结构方式，动词后的成分与汉语的"起来"基本平行，汉语的"开始＋动词"（词汇形式表达词汇意义上的"起始"）在民族语言中也有反映。

韦茂繁（2012）的研究称，都安下坳壮语用"hə:n^{23}ɬtou^{42}"或"hai^{42}"表示事情或动作行为的开始。例如：

　　　　te^{42} tei^{42} hə:n^{231} tou^{42}.

　　　　他　哭　起来

　　　　（他哭起来了。）

　　　　te^{42} ŋuən^{231} lien^{231} hai^{42} pei^{42} ɕo^{31} ɕia:u^{13}.

　　　　他　昨天　　　开始去　学校

　　　　（昨天他开始去学校了。）

按，第2例似是词汇形式。

孙宏开等（2007）考察了云南、贵州等地民族语言的"起始体"。比如，贵州榕江县车江乡的侗话（侗语南部方言）（以下称"车江侗话"）用"ɬən^{2}ma^1"（起来）表示开始。例如（1208页）：

　　　　la:k^{10} ni^5 ɬa^5 ne^3 ɬən^{2}ma^1 la^4.

　　　　小孩　那哭起来　了

　　　　（那个小孩哭起来了。）

云南勐朗坝拉祜语在动词后加"te^{33}ta^{31}"表示动作开始。例如（294页）：

　　　　ɜɔ^{53} xɛ^{33} tʃʌ^{33} mɛ^{33} te^{33} ta^{31} o^{31}.

　　　　他　地　去　犁　做　开始了

　　　　（他开始犁地了。）

张蓉兰（1987）谈到了云南勐朗坝拉祜语表示某一行为动作已开始进行或催促某一行为动作可以开始进行，是在动词后加时态助词"ta^{31}"或"ta^{11}"，"ta^{31}"或"ta^{11}"一般需和语气助词"o^{31}"连用。例如：

　　　　ɜɔ^{53} xɛ^{33} mɛ^{53} ta^{31} o^{31}.

　　　　他　地犁

　　　　（他开始犁地了。）

张文说，"ta^{31}"与"ta^{11} o^{31}"还可连接使用，强调行为动作的肯定语气。连接使用时，"ta^{31}"可放到动词前。例如：

ɔ¹¹ ta³¹ tʃa³⁵ ta¹¹ o³¹.

饭　　煮

（开始煮饭得了！）

木仕华（2002）表示，云南纳西语的"起始体"表示动作或状态的开始、发生，用"趋向前缀＋动词＋体助"形式，趋向前缀的实词原来语义上为"上、下、前、后"等，意义已虚化，仅作趋向标记。例如：

zy⁵⁵　gə³¹　　　　ŋv²⁴ tshı³¹.

孩子　（趋向前缀）哭　（来/体助）

（孩子哭了起来。）

muɯ³³　ka³³　　　　tɕhi⁵⁵ tshı³¹.

天　　（趋向前缀）冷　（来/体助）

（天冷起来了。）

第六节　小　结

广西汉语方言"起始体"的语法意义是表示动作行为的开始或新的性状的出现。因"起始体"用比较晚近才出现的、并未完全虚化的"起来"作为标记成分，所以我们把"起来"作为第二层级的"体"标记，"起始体"属于"类体范畴"。我们认为，"开始＋VP"以及"开＋V"结构所表示的意义不能归入语法范畴中的"体范畴"，不能列入"起始体"的表达形式，因为这是用的词汇手段。有的方言点"V＋开"形式中的"开"，有较高的虚化程度，与"V＋起来·语气词"中的"起来"性质相似，这样的"开"似乎可以视为"第二层级"的"体"标记。各个点主要表达形式都是"V/A＋第二层级的标记成分·语气词"，"V＋起＋O＋来·语气词"之类的形式可看成"V/A＋第二层级的标记成分·语气词"的一种变体。

就广西汉语方言相应的表达形式而言，类似普通话"起来"的成分主要是"起身"。"起身"在我们所讨论的非官话方言点中，与普通话的"起来"平行。"起身"是"起来"的方言说法，其语法性质与普通话相同，因此"起身"用在动词、形容词后表示"起始体"意义，应该是仿共同语而来的，也有可能都是从近代汉语的相关用例发展而来的。

关于趋向动词"起来"在近代汉语中的发展情况，钟兆华（1985）有过比较详细的讨论。钟文谈到，动词"起"在古代文献中很常见，动词"起来"的形成大致在唐代，敦煌变文中可以见到。"起来"用在动词之后，作动词的辅助成分，在《祖堂集》中可以看到，如"夹起来"（卷十四）。钟文

还举出了其他典籍中的用例(引例出处的标注依照钟文):

  维那,维那,拽起我来。(景德传灯录,卷十二)

  十字街头醉翁子,扶起来与伊系絛(古尊宿语录,卷四五)

  钟文表示,可以说,趋向动词"起来"是由动词"起来"过渡而来的,也可视为动词"起来"的另一种用法。表示由低往高的趋向是趋向动词"起来"最基本的用法。例如:

  须臾苏醒,便跳起来。(宣和遗事,上)

  你家原(缘)何打死了董小二,丢在新河桥内?如今泛将起来。(清平山堂话本·错认尸)

  提起来把荆州摔破,争奈小兄弟也向壕中卧。(新校元刊杂剧三十种·关张赴西蜀梦)

  呆子忽抬头,见没了人家,慌得一毂辘爬将起来。(西游记,二十一回)

  钟文说,元明以来,"起来"的用法逐渐丰富,与表示动作由低向高运动的基本意思仍相距不远,但已经明显看出表示动作的发生和行为的开始这一种新的意义。[①] 例如:

  他那一灵不散,怨气难消,长起一棵树来。(元曲选·红梨花)

  酾这么滚汤般热酒来烫我,把我的嘴唇都烫起料浆泡来。(元曲选·生金阁)

  宋江阵上,关胜出马,舞起青龙刀来与方杰对敌。(水浒传,九十九回)

  钟文还讨论了与"起来"相关的其他问题,可参看。

  关于"起来"和"起始体"的讨论还在继续,我们期待出现更多有价值的成果。

  下面将广西汉语方言和相关民族语言"起始体"的主要表达形式归纳为表 6-5、表 6-6。

表 6-5　广西汉语方言"起始体"主要表达形式一览表

方言区(片)	方言点	"起始体"主要表达形式	备注
西南官话桂柳片	荔浦话	V+起来·(喇)	在荔浦人看来,"V+起+O+来"比较"文",一般口语里不说。柳州话的第二种形式,荔浦话、桂林话也用。
	桂林话	①V+起来·(了) ②V+起+O+来·(了)	
	柳州话	①V+起来·(了) ②V+起·(了)	

————————

① 我们在本章开头举出了南宋以来典籍的相关用例,可与钟文例句相参。

方言区(片)	方言点	"起始体"主要表达形式	备注
粤方言	桂平话	V+起身·(了/咯)	三个方言点一般都用"起身"作为标记,有的也用"起来"。南宁话的句末语气词较丰富,玉林话可用宾语插入"起来"之间的形式。
	南宁话	V+起身/起来·(语气词)	
	玉林话	①V+起身/起来·(了) ②V+起+O(+来)·(了)	
客家方言	陆川话	①V+起来·(了) ②V+起+O+来·(了)	客家方言和平话虽跨方言区,但各点的表达形式若不计语气词,则一致性较强;在涉及动词后有宾语的情况时,基本形式大体上是"V+起+O+来"。
	沙田话	①V+起来·(哩) ②V+起+O+来·(哩)	
	桥圩话	①V+起来·(欸) ②V+起+O+来·(欸)	
平话	黎塘话	①V+起身·(呕) ②V+O+(起身)·(呕)	
	五通话	①V+起来·(呃) ②V+起+O+来·(呃)	
	土拐话	①V+起来·(了) ②V+起+O+来·(了)	

表 6-6　相关民族语言"起始体"主要表达形式一览表

汉藏语系其他民族语言	"起始体"主要表达形式	备注
都安下坳壮语	V+ hə:n²³ 1tou⁴²	除张蓉兰所描写的拉祜语、木仕华所描写的纳西语动词后可直接跟助词之类的虚成分外,其他相关表达形式与汉语无异。纳西语动词前还用了趋向前缀,由此可窥"起始"义与"趋向"义密切关联之一斑。
车江侗话	V+tən² ma¹	
勐朗坝拉祜语(孙)	V+te³³ ta³¹	
勐朗坝拉祜语(张)	①V·ta³¹/ta¹¹·o³¹ ②ta³¹+V·ta¹¹ o³¹	
纳西语(木)	趋向前缀-V·tshɿ³¹	

第七章　广西汉语方言的"继续体"

　　因"继续体"的标记成分"下去"与"起始体"的"起来"语法性质相同，因此它也属于我们所说的"类体范畴"。普通话表示动作行为开始以后继续下去的"继续体"，用"V＋下去"形式。关于"继续体"的标记成分"下去"的产生及其语法性质，上一章已有相关概述。对于其出现的时代问题，据我们的调查，虽然《朱子语类》中已有"V＋下去"的用例，但似乎并未出现表示"继续体"的用法。在明代小说《型世言》中，我们找到了两例处于谓词性成分后的"下去"，出现在同一段话中，疑似表示"继续体"意义，但联系其所写的具体对象，趋向意义也比较明显，兹列如下：

　　　　谁想他遏得蚤，毒毕竟要攻出来，作了蛀梗，一节节儿烂将下去，好不奇疼。……那根头还烂不住，直烂下去。这日一疼疼了个小死，竟昏晕了去。（第三十七回）

　　有些学者主张，表示"继续体"的"下去"比表示"起始体"的"起来"应该出现得稍晚一些，从近代典籍的用例看，应该还是有事实根据的。

　　作为一种语法范畴，汉语"继续体"的表达形式比"起始体"更为单一，基本上就是一个"V＋下去"（与"开始＋V"一样，"继续＋V"结构表达的"继续"意义，如"继续说、继续干、继续走"之类，用的是词汇手段，不宜混同于语法范畴）。学界似乎也不太关注这种范畴，原因也许在于它作为一种语法范畴不是很"够格"，虽然其表达形式中"下去"这一成分的发展演变情况以及在现代汉语中的语法性质和功能与"起来"大致相同；或者有些学者认为没有必要设立"继续体"这一范畴，因为"起始"往往意味着继续下去；《动词的体》也只给出了三个调查例句。吕叔湘（1999：442～443）对"动＋起来""动＋下去"两种情况做了比较，认为前者表示动作开始，并有继续进行的意思，强调的是开始；后者表示动作已在进行并将继续进行，强调的是继续。例如：

　　　　这个实验室既然已经搞起来了，就要坚持搞下去。

同时还比较了"形＋起来""形＋下去"两种情况，认为前者表示状态开始出现并含有继续发展的意思，强调的是开始；后者表示状态已经存在并将发展下去，强调的是继续。例如：

　　　　天热起来了｜再这么热下去可怎么得了！

"起来"多用于积极意义的形容词，"下去"多用于消极意义的形容词（也有例外）。例如：

好起来：坏下去｜胖起来：瘦下去｜硬了起来：软了下去｜紧张起来：松懈下去｜富裕起来：贫困下去｜亮起来：暗下去

仅表示状态已经存在时，"下去"限用于消极意义的形容词，如果还表示状态将继续发展时，则不受此限。例如：

他已经瘦下去（＊胖下去）很多了｜再这样瘦下去（胖下去）可不行

不管学界对"继续体"的看法如何，我们还是结合广西汉语方言"继续体"表达形式及意义的具体情况做些简要的讨论。

第一节　西南官话的"继续体"

一、荔浦话、桂林话、柳州话的表达形式

我们所调查的广西西南官话的三个点，都可用"V＋下去·（语气词）"形式表达动作行为开始后继续下去的意义。"继续体"意义一般用陈述句、祈使句表达，有时也可出现在感叹句中；可以是肯定性的，也可以是否定性的。"V"一般是具有［＋持续］特征的或表示具体或表示抽象动作的单音节动词。如荔浦话（举荔浦话以赅桂林话、柳州话，下同；为避免重复累赘，以下粤、客、平各方言点的"继续体"如无特殊现象，皆不再一一举例分析）：

(1)你给他读下去嘛你让他念下去。

(2)酱子搞下去哪得啰这样搞下去怎么得了！

(3)更子想下去就对路喇这样想下去就对喽。

(4)即个学看来你是上不下去喇学看来你是上不下去了。意为：看来你是不能继续上学了。

(5)莫想怎多，做下去就得喇别想那么多，继续做就行了。

(6)即个雨可能还要落下去哦雨看来还要继续下。

除例(4)外，其他用例多有祈使意味，例(2)在感叹中含有劝阻的成分。表示继续做某事，荔浦话往往用词汇手段，如"继续说""继续想""继续看"等，用"继续体"形式表达的并不多见。例(1)在动词前还可加"继续"：你给他继续读下去；例(5)也可说"继续做下去"；例(6)要加"继续"的话，得把"下去"删除：即个雨可能还要继续落哦。这似乎说明，"下去"的确不像"起来"那样有较高的虚化程度，其标记功能还比较弱，词汇

意义还比较实在，主要用作动词，表示动作行为的趋向。

在表 7-1 中，这种情况也比较明显。"要看的人看下去，我们先走了"这一例，三个点有三种不同的说法。桂林话受普通话影响最大，因此一般仍用"V＋下去·（语气词）"形式；荔浦话实在不能像普通话那样说，所以只能用词汇手段，以"继续"的词汇意义来表达；柳州话也可以用词汇手段，说成"想看的继续看"，不过似乎不如表 7-1 中的说法自然。"想看的就看，我们走先"这种说法利用语境的制约来表达"继续"意义（非"继续体"）。其实，表 7-1 中所有"V＋下去·（语气词）"的例子都可用"继续＋V"这样的词汇形式来说。由此，至少在广西西南官话中，所谓"继续体"似乎还不够"成熟"。

再看形容词方面。荔浦话能带"下去"表示性状出现后继续存在的形容词比较少，其范围仍然是表示性质的单音节词。例如：

（7）即个天看来还要晴下去哦。

（8）你更子瘦下去未妥咧啵 你这样瘦下去（好像）不合适嘿。

（9）再晒几天它又会软下去咧。

（10）你更子搞，它未会小下去咧 你这么弄，它不会变小的。

无论是"V＋下去"还是"A＋下去"，多数情况下表示的都是假设的"继续体"意义，句末语气词只是对谓词性结构所表示的有可能继续存在的动作行为或状况给予肯定或否定，且所谓的"继续体"意义，或多或少总还带有趋向意义，即便是"A＋下去"。

相对于"起始体"来说，荔浦话的"继续体"对句末语气词的共现要求不那么严格，前面的一些用例可省去这个成分，如例（1）、例（2）、例（6），且语气词不限于"咧"。对于语气词与"体"的关系问题，学界似乎重视不够。我们的意思是，语气词与"体范畴"意义的表达有哪些内在的关联性，值得进一步深入探讨，并不是说要把语气词作为"体"标记加以重视。

二、其他方言点的表达形式

广西区外的一些西南官话点表达"继续体"意义，一般也都用"V＋下去"形式。赵葵欣（2012：125）讨论过武汉方言的"继续体"，认为"继续体"是指动作或变化进行了一段时间并将继续下去，它指出事件内部的继续延伸。武汉方言是用动词后加"下去"的形式表达。例如：

拐了 糟了，像这样搞下去，肯定会变成青皮豆 肯定会完顶的。

唉，有得法，只有坚持等下去了，我就不信他不走。

赵著（2012：126）表示，能进入"继续体"的多是一些非瞬间动词，形容词在武汉方言里比较少进入这一格式（按，与广西西南官话的情况相合）。

根据《动词的体》所提供的"继续体"普通话例句，广西西南官话三个方言点"继续体"相关表达形式可归纳为表7-1。

表7-1　广西西南官话"继续体"的表达形式

方言点	普通话例句	方言点用例	表达形式	备注
荔浦话	让他说下去，不要插嘴。	给他讲下去（嘛），莫多嘴。	V＋下去·（嘛）	如上所述，官话"继续体"意义的表达可以不需要句末语气词的帮助，若需强调，也可加上相应成分，如荔浦话可说"给他讲下去嘛"。其他两个点也可这样处理。
桂林话		给他讲下去，莫插嘴。	V＋下去	
柳州话		给他讲下去，莫插嘴。	V＋下去	
荔浦话	你要这样干下去，我明天就走。	你更子[kən³⁵ zɿ²¹]这样搞下去的话，我明天就走喇啵。	V＋下去	
桂林话		你要正子做下去，我明天就走。	V＋下去	
柳州话		你再更子做下去，我明天马上走。	V＋下去	
荔浦话	要看的人看下去，我们先走了。	想看的人继续看，我们走先喇。	（继续＋V）	
桂林话		要看的人看下去，我们先走了。	V＋下去	
柳州话		想看的就看，我们走先。	[（S＋）就＋V]	

表7-1显示了广西西南官话三个方言点"继续体"用"V＋下去·（语气词）"形式的情况。官话方言往往用词汇手段表达非"继续体"的"继续"义，或由语境赋予相应的意义。因此，"V＋下去·（语气词）"形式不如"起始体"的"V＋起来·（语气词）"那样常用，不是一种强势的表达形式。

第二节　粤方言的"继续体"

广西粤方言对应普通话趋向动词"下去"的成分是"落去"，因此与"下去"的虚化相应，"落去"在一定程度也上有所虚化，"继续体"的表达形式用"V＋落去"[1]。与官话方言相类，粤方言的"V＋落去"也不是强势的表

---

[1] 句末语气词大多不出现，因此其表达形式记为"V＋落去"，以下客家方言、平话同此。

达方式。下面逐一分析。

普通话"让他说下去"，桂平话可以相应说"等佢讲落去"；南宁话既可说"畀佢讲落去"，也可说"等佢讲"，意即"让他说（下去）"，不用"体"的表达形式；玉林话则可说"分佢讲齐先"，"讲齐"是动结式，这个分句的意思是"先让他说下去，说完再说"或"先让他讲完再说"，其中隐含着非"体"的"继续"义。

普通话"你要这样干下去"，除玉林话用"V＋落去"外，桂平话用词汇形式"继续＋VP"，南宁话则利用语境表达相应意义（非"体"意义）。

普通话"要看的人看下去"，三个方言点都可以不用相应的表达形式，桂平话和玉林话由语境赋予非"体"的"继续"义；南宁话用词汇形式，也可以是词汇手段和句法手段同时用，说成"想睇的人继续睇落去"。

根据《动词的体》所提供的"继续体"普通话例句，广西粤方言三个方言点"继续体"相关表达形式可归纳为表7-2。

表7-2　广西粤方言"继续体"的表达形式

方言点	普通话例句	方言点用例	表达形式	备注
桂平话	让他说下去，不要插嘴。	等佢讲落去，唔要插嘴。	V＋落去	除不用语气词帮助外，粤方言"体"的表达形式也用得很少，像官话方言那样，也都可以用词汇形式。
南宁话		等佢讲，毋插口／畀佢讲落去，毋插话。	V＋落去	
玉林话		分佢讲齐先，冇使捜嘴。	V＋齐＋先①	
桂平话	你要这样干下去，我明天就走。	你继续系咁做啊话，我明日度且。	（继续＋V）	
南宁话		你如果再像咁做，我听日就行。	（再＋状＋V）	
玉林话		你想个样作落去，我明日就扯人。	V＋落去	
桂平话	要看的人看下去，我们先走了。	想睇度睇，我哋且先了。	（想＋V＋度就＋V）	
南宁话		想睇嘅继续睇，我哋行先呃。	（继续＋V）	
玉林话		要睇个人就睇紧先，我人行先了。	（V·紧＋先）	

---

① 粤方言句末的"先"似乎已进一步虚化为语气词，但描写时我们仍在其前用"＋"，暂不作语气词处理。

从表 7-2 可以看出，广西粤方言"继续体"的表达一般用"V＋落去"。近代汉语的"V＋下去"结构，在发展中表示趋向的"下去"意义有所泛化、虚化，可以表示抽象的由高往低的运动，衍生出所谓"继续体"意义。于是根据共同语"V＋下去"的表达形式，粤方言相应地用"V＋落去"，但更多的时候用的是词汇手段，或将非"体范畴"的"继续"义隐含在语境之中，亦即由语境赋义。

第三节　客家方言的"继续体"

客家方言"继续体"的表达形式也多如普通话的"V＋下去"。标记成分"下去"，陆川话、桥圩话用如粤方言的"落去"，沙田话则用"下去"。

一、陆川话、沙田话、桥圩话的表达形式

如表 7-3 所示，广西客家方言的三个方言点大多用与普通话平行的形式(陆川话、桥圩话)或直接用与普通话相同的形式(沙田话)表达"继续体"意义，也出现用词汇形式的，如桥圩话的"要看的人就继续看"。我们另外调查的贵港木格、湛江两镇的客家话或用"V＋落去"，或用"V＋下去"，或用词汇形式，格局大体与粤方言相仿。

二、其他方言点的表达形式

广西区外的一些客家方言点表达"继续体"意义与区内的方言点大致相同。据林立芳(1996)，广东梅县客家方言用"V＋落去"表示动作行为继续进行。例如：

等佢讲落去，莫插嘴。(让他讲下去，不要插嘴。)

你系爱唉样欸做落去，偓天光日就走。(你要是再这样做下去，我明天就走。)

爱看个人就看落去，偓等人先走欸。(喜欢看的人就继续看下去，我们先走了。)

项梦冰(1996、1997：197～198)的研究称，福建连城客家方言用"落去"接在动词、形容词后表示事态的继续。例如：

留渠讲落去，唔要插喽。(让他说下去，不要插嘴。)

尔紧系这得做落去时，我晨晡就走。(你要这样干下去，我明天就走。)

天意敢还要寒落去都敢。（天儿可能还要冷下去吧。）

看渠一日日紧瘦落去时，一家人都心肝疾死。（看着他一天天不断地瘦下去，全家人都心疼死了。）

根据《动词的体》所提供的"继续体"普通话例句，广西客家方言三个方言点"继续体"相关表达形式可归纳为表7-3。

表 7-3　广西客家方言"继续体"的表达形式

方言点	普通话体例句	方言点用例	表达形式	备注
陆川话	让他说下去，不要插嘴。	俾渠讲落去，没要插嘴。	V＋落去	跟粤方言相比，客家方言的表达形式较为"整齐"。木格话用"给佢讲"，湛江镇话用"V＋下去"。
沙田话		等他讲下去，冇插嘴。	V＋下去	
桥圩话		等佢讲落去，冇插嘴。	V＋落去	
陆川话	你要这样干下去，我明天就走。	吾还这样做落去，偓□[ŋiau³⁵]日就走。	V＋落去	木格话用"V＋落去"，湛江镇话用"V＋下去"，都用标记成分。
沙田话		你要这样做下去，我明日就走。	V＋下去	
桥圩话		你要这样做落去，我明早日就走。	V＋落去	
陆川话	要看的人看下去，我们先走了。	要看的人看落去，偓哋先走了。	V＋落去	木格话同桥圩话，用的是词汇形式，湛江镇话用"V＋下去"，用标记成分。
沙田话		要看（的）人看下去，我都[tiɑu²⁵¹]先走了。	V＋下去	
桥圩话		要看的人就继续看，我们先走。	（继续＋V）	

表7-3显示了广西客家方言表达"继续体"的相关形式。无论是"V＋落去"还是"V＋下去"，其性质都与我们前面讨论的粤方言相同，也与普通话无异。客家方言表达非"体"的"继续"意义，也都可以在动词前加"继续"或与"继续"同义的词。

第四节　平话的“继续体”

广西平话“继续体”的表达形式与客家方言无别，与粤方言也大多相似。

一、黎塘话、五通话、土拐话的表达形式

如表 7-4 所示，黎塘话表示“继续体”意义用与粤、客一些方言点相同的“V+落去”，五通话、土拐话用与普通话相同的“V+下去”。有的(也可能是多数情况下)可用词汇形式或由语境赋予相应的非“体”意义，如五通话的“用目英的人就目英”。

二、其他方言点的表达形式

广西境内其他一些平话点亦多用“V+下去”形式表达“继续体”意义，“V”位置上可以是形容词，表示某种性状的继续留存。

覃东生(2007)表示，宾阳话“继续体”用“V/A 落去[$øk^{22}$ xu^{55}]”表达。例如：

有插嘴，由□na^{41}讲落去。

你接这个处写落去。

你再这样赌落去，我翌朝日就走。

你同样这样做落去，有事我负责。

正五月尾，都同样火喔，再□hok^{22}落去同样做□o^{33}刚五月就这么热了，再热下去该怎么得了。

人一有胃病，就慢慢瘦落去。

梁伟华、林亦(2009：274～275)称，崇左新和蔗园话的“继续体”可用“落去[lak^{21} hoi^{35}]”作标记。例如：

眯[$mɐi^{35}$]使插嘴，由佢讲落去。(不要插嘴，让他说下去。)

你再啊耿赌落去，我明朝就凑你离婚。(你再这样赌下去，我明天就跟你离婚。)

啱五月份，都啊耿焗噢，再热落去啊□[$mɐŋ^{33}$]做得。(刚五月就这么热了，再热下去该怎么得了。)

根据《动词的体》所提供的“继续体”普通话例句，广西平话三个方言点“继续体”相关表达形式可归纳为表 7-4。

表7-4　广西平话"继续体"的表达形式

方言点	普通话例句	方言点用例	表达形式	备注
黎塘话	让他说下去，不要插嘴。	留那讲落去，咪插嘴。	V＋落去	从总体上看，广西平话与客家方言表示"继续体"或"继续"意义的手段大体无别。四个方言区各方言点一般都用词汇手段表达"继续"意义，"继续体"形式相对用得比较少。
五通话		分他讲下去，靡插嘴。	V＋下去	
土拐话		□[heŋ⁴⁴]他讲下去，莫要插嘴。	V＋下去	
黎塘话	你要这样干下去，我明天就走。	你要是系咁做落去，我栗朝日就走。	V＋落去	
五通话		你用□[khə⁵³]恁做下去，我来朝就行。	V＋下去	
土拐话		你□[ɐi⁴⁵]箇样做下去，我起日豆去了。	V＋下去	
黎塘话	要看的人看下去，我们先走了。	哪个想睇就睇落去□[ue¹¹]，我队行先呃。	V＋落去	
五通话		用目英的人就目英，□[tui¹²]先行呃。	[(S＋)就＋V]	
土拐话		□[ɐi⁴⁵]看啯人看下去，伍行先了。	V＋下去	

　　表7-4 显示了广西平话方言点比较一致的"继续体"表达形式"V＋落去/下去"的用例。我们在调查中，合作人在对着普通话例句时虽未说出"继续＋V"之类的话，但在日常生活中不乏这样的用词汇形式表达非"体"的"继续"意义的说法。

第五节　汉藏语系其他民族语言"继续体"的表达形式

　　汉藏语系其他民族语言"继续体"的表达形式多与汉语相平行。讨论民族语言"继续体"的文献不多，研究"完成体""进行体"等体范畴的论著大多不涉及这种范畴，可资利用的材料比较少。韦茂繁(2012)的研究称，都安下坳壮语用动词加趋向动词"roːŋ¹³ pei⁴²（下去）"表示情况继续进展或动作继续进行下去。例如：

　　　　kai³³ joːn⁴² lau⁵⁵ kun¹³ nan³¹，jo³¹ roːŋ¹³ pei⁴² pə³¹.

　　　　别　　畏　　困难　　　学　下去　　　（语气助词）

　　（别畏难，学下去吧。）

te⁴² tsai¹³ di⁴² dei⁴² ha³¹ ni¹³ piŋ³¹ roːŋ¹³ pei⁴² teːm⁴².

他　　再　不　得　这样　病　　下去　　（助词）

（他不能再这样病下去了。）

ku⁴² hai⁴² tɕou⁴² di⁴² waːi⁴²，　məːŋ²³¹ tɕi³¹ su³¹ pɛːn⁴² roːŋ¹³ pei⁴².

我　　开头　　　好　了　　你　　继续　编　　下去

（我起好头了，你继续编下去吧。）

　　木仕华（2002）谈到，云南纳西语的"继续体"表示已经开始的动作或状态将继续存留进行，用"体助＋动词"形式。例如：

thɯ³³ ŋgu³¹ ma⁵⁵ ka³¹　　　ndzər³³.

他　　跟　（继续/体助）　唱

（跟他继续唱。）

第六节　小　结

　　广西汉语方言的"继续体"表示动作行为开始后继续进行，或某种性状出现后继续存在，因此，动词、形容词都可进入"继续体"表达形式。无论官话还是非官话方言，所用的表达形式皆与共同语的"V＋下去"相类。粤、客、平等非官话方言点与普通话"下去"对应的成分是"落去"，因此"V＋落去"成为这些方言"继续体"的表达形式，官话和其他一些非官话方言点都直接用"下去"作为标记成分。

　　从对广西四种汉语方言的相关调查中，我们明显感觉到，不管是"V＋下去"还是"V＋落去"，普通话及其方言都可以不用这种语法形式表达与"继续体"相关的非"体范畴"的"继续"意义，如用"继续＋V"这种词汇形式表达"继续"意义，在特定的语境中甚至可以不用"继续"一词。"V＋下去/落去"这种形式在表达"继续做某事"的意义上不具有优势，不如表示"起始体"的"VP＋起来·（语气词）"使用频率高、运用普遍。"继续体"标记成分的虚化程度尚不及"起始体"的"起来"，但毕竟有所虚化，因此我们还是将"继续体"作为"类体范畴"看待。

　　下面我们将广西汉语方言和相关民族语言"继续体"的主要表达形式归纳为表7-5。

表 7-5 广西汉语方言及相关民族语言"继续体"主要表达形式一览表

方言区(片)	方言点	"继续体"主要表达形式	备注
西南官话桂柳片	荔浦话	V+下去	各方言点的标记成分大多与普通话相同，表达形式也与普通话基本一致。表面上看，各点都可以用相应的形式表达"继续体"意义，但在日常交际中，很少用"继续体"形式去表达"继续"意义，用得比较多的是"继续+V"，句法上是偏正结构，而表达上是词汇手段；或者利用上下文语境、情景语境等表达"继续"意义。虽然我们把"起始体""继续体"都作为"类体范畴"看待，但在标记成分的虚化程度上，应该说，"起来"比"下去"高一些；在交际中的使用频率上，"V+起来·(语气词)"也要比"V+下去"高。壮语和纳西语标记成分的句法位置不同，但也都可能仍处在虚化过程中。
	桂林话	V+下去	
	柳州话	V+下去	
粤方言	桂平话	V+落去	
	南宁话	V+落去	
	玉林话	V+落去	
客家方言	陆川话	V+落去	
	沙田话	V+下去	
	桥圩话	V+落去	
平话	黎塘话	V+落去	
	五通话	V+下去	
	土拐话	V+下去	
汉藏语系其他民族语言		"继续体"主要表达形式	
都安下坳壮语		V+ $ro:\eta^{13} pei^{42}$（下去）	
纳西语(木)		$ma^{55} ka^{31}$ （继续/体助）+V	

第八章　广西汉语方言的"尝试体"

　　"尝试体"表示试着去做某件事或试着施行某种动作行为，普通话"尝试体"的表达形式是"VP＋看"（VP 可以是动词重叠式、动宾结构、动补结构等）。"尝试"这种语法意义是否能作为一种"体范畴"，关键是对"VP"后的"看"如何认识。按照我们的标准，"看"并非最高层级的"体标记"，至多与"起来""下去"相类，属于第二层级，或可叫"准体标记"，因此"尝试体"可暂时归为"类体范畴"。"看"虽然经常位于句末，但它不是语气词，这涉及语序（语法）及语义的问题，不是纯粹的语用问题。① 李宇明（1985）对"VP 看"做过综合考察，认为"VP"所表示的动作或事件，一般都是未然性的，即"VP"所表示的动作要么是假设性的，要么是将来才发生的；"VP 看"一般都含有祈使意义，多出现在祈使句中；其中的"看"一般都不重读，而且在许多情况下还可省去；从词汇意义上看，这种"看"已经虚化，不再限于表示"使视线接触人和物"，而是抽象为"通过各种感知渠道对事物进行观察体验"。李文表示，并非所有的"VP 看"结构都含有"尝试"义，对于那些含有"尝试"义的"VP 看"结构来说，"尝试"义也不能认为是由"看"负载的，而是由整个"VP 看"结构负载的，或是由语境赋予的；"看"用在动词或动词性结构后面，表示通过各种感知渠道对事物进行观察体验的意思，有些已虚化为祈使语气词。

　　李文的观点大多可以接受，但"有些已虚化为祈使语气词"似乎还可以再讨论。毋庸置疑，"看"是一个已经虚化的成分，它越过了与视觉有关的动作行为，扩大到了其他感官的动作行为；或如李文所说，"通过各种感知渠道对事物进行观察体验"，虽然是"抽象"的，但它的词汇意义并未完全消失，只是"虚化"了，而没有"语法化"为一个语气词，它的动词性质并没有改变，尽管它在语音表现上念轻声。我们还是坚持这样的观点："看"是一个半虚化的动词，可以作为"准体标记"看待。我们所调查的四个方言区各个方言点，无论是选用"看"还是其他与"看"同义的词，其语法性质皆与共同语的"看"无别，语音上一般不念轻声，我们一律视

---

① 我们把这种形式描写为"VP＋看"，而不是"VP·看"，也就表明了我们对"看"的性质的认识。我们认为，位于"VP"后的"看"在现代汉语中仍处于虚化过程中，还不是助词或者纯粹的语法标记，其语法性质与"了、着、过"等标记成分是有区别的。

为"准体标记"。

关于表示"尝试体"的"VP＋看"结构产生的时代，我们认为它与位于谓词性成分后面的所谓三大体标记"了、着、过"一样，似乎也在唐代以后，有一些学者将其定在魏晋南北朝时期。陆俭明(1959)将这个"看"称为"语助词"，认为"看"是从唐代开始逐渐在口语中出现的，从《水浒传》以后，完全虚化为语助词；这个"看"是在北方话中逐渐发展起来的，但在其他方言中也存在这种现象，特别是在吴方言中用得很普遍。后来劳宁、心叔相继在《中国语文》发表文章，参与讨论。劳宁(1962)据《项氏家说》一书所引用的《宋徽宗实录》中的例子认为，"看"用作"助语"早在北宋时就形成了。劳文同时证明陆文的"看""是在北方话中逐渐发展起来的"的观点。而心叔(1962)举出了南朝梁代刘孝先"谁家有明镜，暂借照心看"的诗句，认为这个"看"是绝不能解作"观看"的，且语助词"看"并非北方话专有。不过我们认为，心叔所举例子中的这个"看"似乎仍然有"看视"义，并未完全虚化，还不是所谓语助词"看"。蔡镜浩(1990a、1990b)也讨论了"看"的问题。他认为，表示"尝试"义的语助词"看"在南北朝时期已成了助词。"看"原是与视觉有关的动词，后来词义扩大，不限于用眼，有了"观察、测试"之义；再由此进一步虚化，黏附于动词之后，就失去了动词性，而成为语助词，它的语法意义是表示"尝试"。蔡说，今所谓"吃吃看""读一读看"之"看"，即发端于南北朝时期，只是当时"看"的这一用法可直接附着于单音节动词之后，而无须使动词重叠。蔡举了《齐民要术》《百喻经》《洛阳伽蓝记》《佛本行集经》等中土、汉译佛典中的用例来证明他的看法。吴福祥(1995)也提出了类似的观点，认为"尝试态"助词"看"产生于魏晋六朝，发展于唐宋，而成熟于明清。(按，说"看"在南北朝或魏晋六朝就已是助词，我们认为为时尚早。根据我们的看法，"看"在现代汉语中仍是一个半虚化的动词。)

柳士镇(1992：264)谈到，作为动词的"看"表示视觉的动作，魏晋南北朝时期逐渐扩大词义范围，兼可表示视觉之外以其他感官进行感受的"测试"义的动作。当这类"看"字用于谓语动词之后时，与现代汉语"说说看""尝一尝看"的"看"表示"尝试"的语法意义相近，从而初步具备了助词的性质。

孙锡信(1992：129)，向熹(1993：191)，吴福祥(1996)，蒋冀骋、吴福祥(1997：547～549)，汪维辉(2000：118～130)等学者对动词和助词"看"都有论述。他们的讨论主要集中在中古时期，讨论的结果基本一致：大体上说，动词"看"在魏晋南北朝时期扩大了词义范围，不仅仅限于表示视觉的动作，它还可以指所有用感官测试的动作；由于"看"扩大了词义范围，因而逐渐产生了"测试"义，助词"看"就是在这个基础上演变而来的。

关于动词重叠形式是否表示"尝试"意义或"尝试体"，学界也有不同的认识和主张。我们同意单音、双音动词的重叠形式本身不表示"尝试"义，也不是"尝试体"表达形式的看法（详见下文）。

广西汉语方言的"尝试体"有多种表达形式，但归结起来，与普通话差别不大，至多是将"看"换成与本方言对应或相当的成分。

第一节 西南官话的"尝试体"

广西西南官话表达"尝试体"意义，可用"VP＋看"形式。非"体"的"尝试"意义有时可以由语境赋予。

一、荔浦话、桂林话、柳州话的表达形式

(一)荔浦话的表达形式

荔浦话表示尝试进行某种动作行为或试着去做某事，一般用"VP＋看"形式。"VP"是一个述补（动补）短语，补语由"一下子"充当，口语中"一下子"可省略成"一下、下子、一子"等，都可作为"一下子"的变体。"看"不重读，但也不念轻声，也不是所谓"语助词"，而是处于虚化状态中的动词。① 当主语为第二人称代词时，这种形式的句子往往含有祈使意味；若为第一人称代词，那也可理解为"自我祈使"。例如：

(1)你问一下子(他屋头人)看嘛，可能他出门喇

咧 你问问(他家的人)看,也许他已经出门了。

(2)不信你就喫一子(它)看 不信你就吃吃(它)看。

(3)即双鞋子你穿一子看先，未合脚就莫买 这双鞋你先穿穿看,不合脚就别买了。

(4)你讲他会来咩？你喊下子(他)看 你说他会来吗?你叫叫(他)看。

(5)你帮安下子(那个插座)看，应该未难咧呀 你给装装(那个插座)看,应该不难的。

以上几例表示"尝试体"意义没有问题，但似乎光是"VP＋看"形式，"尝试体"意义并不显豁，还要结合更大的语境，这种"体"意义才能充分

---

① 荔浦话没有普通话或北京话意义上的轻声音节。我们这里说"看"非重读、非轻声，表示的是"VP＋看"的"看"比在其他句法环境中念得轻一些，但不是真正意义上的轻声(调值轻短而模糊的调子)，若说得比较快，与所谓次轻音节相仿。另,伍和忠(2002)曾表示,荔浦方言"V一下子看"的"看"是助词、念轻声,现在看来这个认识需要"修订"。

表达出来。如果脱离特定语境，单是一个"VP＋看"形式的实例，如"问一下子看""喫一子看"等，并不一定就是表示"尝试体"，或者并不仅仅表示"尝试"意义，还有"随意"的意味。因此在表达"尝试体"意义时，常常需要后续成分配合，如前面例（1）、例（3）、例（5）；也可用其他形式配合，如例（2）前有"不信"这样的假设性插入语，例（4）则以疑问形式提起话题。由此，我们可以得出这样一个看法："尝试体"意义的表达，除必须有"VP＋看"形式外，"VP＋看"之后或之前还需有其他成分的配合。

荔浦话"V＋一下子"之后、"看"之前往往可以出现宾语，如前面例句中括号内的成分，例（3）的宾语提到了句首充当话题。

"一下子"表示的是时量短，时量短也就意味着动量少，而"物量少"的意义正与此相当。因此，荔浦话"尝试体"表达形式中的"一下子"可以说成表示"物量少"的"点"，构成"V＋点＋看"形式，这种形式也可表示"尝试体"。与"V＋一下子"一样，当"V"为及物动词时，"V＋点"后也可出现宾语，有的宾语也可移到句首作话题。这样的句子同样有祈使意味。例如（只下标个别方言词普通话的说法，不再整句对译）：

（6）你舔点（那颗药）看，好苦咧/那颗药你舔点看，好苦咧。

（7）你买点（那个东西）看，蛮贵咧/那个东西你买点看，蛮贵咧。

（8）你去扯披点（那个蒜子大蒜）看，可能老喇/那个蒜子你去扯点看，可能老喇。

（9）你来喫点（即个鱼仔）看，我觉得够咸喇/即个鱼仔你来喫点看，我觉得够咸喇。

上面几例在一定的语境中，宾语是可省去的。用话题句表达，话题也可省去。例（8）、例（9）的"去＋扯点……""来＋喫点……"是连动结构。

伍和忠（2002）提到，荔浦话"V＋点"后有宾语的话，"点"是修饰或限制后面宾语的，其结构层次是"[V＋（点＋宾语）]"，后面还可再接其他动词性成分，构成比较复杂的连动式。以下是伍和忠（2002）的例子：

你去舀点（汤）来喝看，好像咸点了。

去问三哥讨点药来吃看。

你去要点片子来放看。

说"点"是修饰、限制后面宾语的，表示宾语所指事物的量少，上面所引的三个例子恰好如此。但有的例句却不尽然，如上面的例（6）及下面的例（13），"舔点（那颗药）"可以是指舌头接触那颗药的面积不要太大，也可以是指舔的动作不要太长，或二者兼而有之，例（9）也是这种情况。所以"点"有时并不完全表示物量。其实，"点"表示什么"量"，只要拿"一下子"来替换，就可以清楚地显示出来。例(6)及下面的例(13)可说成"你舔下子(那颗药)看"，例(9)也可说成"你来喫下子(即个鱼仔)看"，说明这两例"时量""动量""物量"都有，是多义的。但无论如何，"尝试体"意义总是与"量少"(含时量、动量、物量)相关联的。

前面我们所举的例子，都把"看"属上或属前，即"VP 看，……"；其实"看"也可属下或属后，即"VP，看……"，书面上有逗号隔开，口语中则有相应的停顿。前面例句所表达的意思大多可用"VP，看……"的形式来表达：

(10)你去问下子，看他出门未曾。[对照例(1)]

(11)你穿下子，看即双鞋子合脚咩。[对照例(2)]

(13)你舔点那颗药，看苦不苦。[对照例(6)]

(14)你喫点那个鱼仔，看咸不咸。[对照例(9)]

其他例句大多也可以这样对照。"看"属前或属后，句子所表达的意义并没有什么区别，"看"的语法性质也没有改变，① 在荔浦话中，其语音形式也都保留类似次轻的读法。实际上，共同语的这个"看"也是既可属前也可属后的，如"舒服不舒服，你坐坐看"和"你坐坐，看舒服不舒服"，"你走两步看，挺结实的"和"你走两步，看结实不结实"，"你吃一口看，味道不错"和"你吃一口，看味道如何"。共同语的"看"属前，虽说念轻声，但也不是像名词后缀"一子""一头"、结构助词"的""地""得"以及句末语气词等的那种轻短模糊的调子。因此，无论共同语还是方言，"VP＋看"的"看"并不是助词。

作为"尝试体"意义的标记成分，"看"有时可省略，如前面例(1)、例(2)、例(3)、例(5)。若省略"看"，"V"后的"一下子"一般要重读。

荔浦话的单音、双音动词一般不重叠，因此表示"尝试体"的形式没有"VV＋看"。能够重叠的动词或许只有"看"。伍和忠(2002)谈到，荔浦话可以说"看一下子看"(前一个"看"诉诸视觉，后一个"看"表示"试探"义)，这似乎是"看"能够重叠的原因。这种说法有一定道理，但还可再进一步讨论。即使"看"可重叠为"看看"，但荔浦人也很少说"看看"，而说"看下子"，如"你去看看他来未曾""你去看下子他来未曾"，似乎后一种说法比较自然，"给我看看嘛"和"给我看下子嘛"也是如此。作为标记成

---

① "看"可属前、属后的情况，在中古农学典籍《齐民要术》中就有表现。其中"条脯须尝看味彻乃出"(《脯腊》)一例，缪启愉的《校释》本(中国农业出版社，1998)，缪启愉、缪桂龙的《译注》本(上海古籍出版社，2006)，以及商务印书馆发行的国学基本丛书简编本，"看"后都无标点。我们认为，停顿的地方既可在"看"后，也可在"看"前。《译注》本译为"切成条的脯须要尝过，味道够透了才拿出来"。其他情况详见伍和忠(2011)。

分,"看"有时也可重叠为"看看"(属后的"看"一般不重叠)。例如:

　　(15)你踩下子看看,还好硬咧。

　　(16)你来锯下子看看,哪据得断!

　　(17)我打你咧啵,不信你试下子看看_{我会揍你的,不信你试试看}!

　　重叠的标记"看看",往往有强调的意味。例(17)全句有吓阻的意味,动词"试"本身含有尝试义(词汇意义)。这样的重叠,语用色彩更浓。

　　(二)桂林话的表达形式

　　前面我们对荔浦话"尝试体"的讨论大多可用于桂林话、柳州话。下面仅就表8-1中的例句做相应的分析。

　　桂林话表达"尝试体"意义,也是用"VP＋看"形式,"VP"一般为述补或述宾短语,其中的"补"多用"下子",如"你猜下子看"。与荔浦话不同的是,桂林话的"VP"可以是动词重叠方式,如"给我再想想先"(省略"看"),结合前一分句"有什么好办法",整个句子表达的是让我试着再想想,看看是否能想出好办法。句末的"先"仍然含有时间或方位在前的意思,但已经开始虚化了。略去"先",说"给我再想想(看)"也成立,但有些不自然。撇开整个语境,"想想"并不独立表示"尝试体"意义。

　　(三)柳州话的表达形式

　　柳州话表达"尝试体"意义,其形式也是"VP＋看","看"在特定语境中可省略。表8-1中"有嘛办法,我再想下子"一例就是省略了"看",但句子所传达的仍是"我试着再想一下"的意思。另一例"你猜看,这是嘛",由单个动词与"看"组合表达"尝试体"义,"你猜看"(V＋看)也可说成"你猜下子看"(VP＋看)。即便是单个动词,后边的"看"也可省去,"你猜,这是嘛"依旧是"尝试体"意义,这时"猜"的词汇意义起了一定的作用。

　　柳州话似乎也用动词重叠形式加"看"表达"尝试体"。马骏(2001)在讨论柳州话的重叠时谈到了相关情况。马文提出,柳州话的"AA看"^①表示动作行为的尝试,举的例子是:

　　　　这个东西你先用用看,没好就没用你付钱。(按,很明显,"尝试体"意义是由"先用用看,……"表达的,单是"用用"本身并无"尝试体"意义。)

　　马文也提到了柳州话"A下子"可表示尝试做某事("AA下子"不行)的情况。例如:

　　　　拉下子开关,看灯亮没亮。(按,此例"看"属后,与我们前面讨

---

① 马骏(2001)将动词记为"A",动词重叠式记为"AA"。

论荔浦话时谈到的情况相同。有"尝试"意义，但不是"尝试体"的表达形式。）

二、其他方言点的表达形式

除我们所论及的单个方言点外，广西区内外其他西南官话点"尝试体"的表达形式与荔浦方言等有相同之处，同时也各具一定的"土风"。以下就我们所收集到的相关材料做一些补充说明。

张婷（2010）的研究涉及龙胜官话和武鸣官话等方言点。张文说，龙胜官话动词"尝试态"用"V点看/V敢［kan⁵⁴］看/V下看"表示，动词后可接宾语。例如：

你重新讲敢看他的号码。（你重新说说看他的号码）

我去问下看。（我去问问看）

你尝点这个菜看。（你尝尝看这个菜）

武鸣官话动词"尝试态"的表达形式为"V看""VV看""V下看"，动词后也可接宾语。例如：

你讲看这件事哪门子办。（你讲讲看这件事怎么办）

你逛逛看广西大学有几大。（你逛逛看广西大学有多大）

这盒磁带你拿回去先听下看。（这盘磁带你先拿回去听听看）

你走广西大学看它有几大。（你走走看广西大学有多大）

张文表示，龙胜官话"尝试态"动词不重叠，一般是动词后接量词。武鸣官话动词可重叠也可不重叠，不重叠可能是受周边白话或平话影响。张文强调，武鸣官话"看"后可以有修饰成分（按，从张文所举的例子看，"看"后并无所谓修饰成分，只有并非起修饰作用的后续成分），可见"看"的语法化程度并不是很高。

张一舟等（2001：86～87）表示，成都话"尝试体"跟"短时体"常常是相通的，"V（一）下（子）"也可表达尝试的意义，特别是当"V"是具有尝试、比量等意义的动词时，更为明显。例如：

你告ₜₛ下这件衣服，看穿不穿得。

尝下我的手艺嘛！

叫他们来称下子体重。

我摸下子你的额脑ₙₐₒ头，看是不是发烧。

但成都话更常用句末语气词（或称助词）"看"或"看看"①，这是"尝试体"的

---

① 如前所述，我们不认为句末的"看"或"看看"是语气词或助词，无论共同语还是方言。

显性标记，相关的表达形式是"V(一)下(子)看/看看"，如"你告下看 | 我尝一下看看"，也可用"V 看/看看"。例如：

　　你为啥子缺课？你说看。

　　我不晓得唱得好不，我来唱看看。

　　张一舟等(2001：87)认为，成都话"你拿来看看"有歧义，"看看"可以是动词"看"的重叠式(受普通话影响)，也可以是动词"看"连着语气词"看"，还可以是语气词"看看"(无论哪种情况，"看看"都读[kan⁴kan⁴⁻¹]，后一字变读为阴平)。张一舟等(2001：87～88)表示，成都话还可用"VV 看/看看、V 一 V 看/看看"等带重叠的形式，"VV、V 一 V"是受普通话影响的形式，因此这两种形式多用于书面语中。例如：

　　二天以后他来了，问问他看。(《死水微澜》)

　　你闻闻看，这多香呵！(《艾芜短篇小说选》)

　　站一站，等我听一听看。(同上)

　　张一舟等(2001：88)强调，"看"虽是表示"尝试体"的标记，但"VP 看"不一定都有尝试义。"尝试体"和"短时体"有时不易区分，而"短时体"又可表示委婉语气，所以"VP 看"有时只表示一种委婉语气，避免直接、生硬，如"你想下看，我哪儿对不起你？""你想下看"就是"你想下""你想想"，语气比"你想"委婉得多。

　　张宁(1987)在其讨论中谈到，昆明方言无论是及物的或不及物的单音节动词，都可以有"VV"形式的重叠，这一类重叠式含有尝试的意思，重叠的动词后也可加表示尝试意义的助词"瞧"①。例如：

　　这匹马性子烈，我来骑骑(瞧)。

　　他说不清，你说说(瞧)。

　　你猜猜(瞧)，他是哪个？

　　关于动词重叠表示"尝试"形式上的问题，张宁(1987)表示，昆明方言"VV"式中间不能加"一"，不说"瞧一瞧""想一想"之类；荣晶(2005)也谈到这一情况，说昆明方言只有"VV"和"V 一下"，没有"V 一 V"和"V 一会儿"，也没有"V 了 V"；昆明方言可用"V(一)下"表示尝试，还可在"VV""V 一下"两种形式之后加上"瞧、瞧瞧、看、看看、试试"等成分。例如：

　　你吃(一)下这份儿梨，保你喜欢。(按，此例若有"尝试"意义，是语境赋予的，并非由"V(一)下"承担。)

————————

① "瞧"与普通话及官话的"看"平行、同质，也不是助词。

你穿穿瞧/瞧瞧/看/看看/试试。

你穿一下瞧/瞧瞧/看/看看/试试。（按，"试"有"尝试"的词汇意义，作为句法重叠，"试试"与其他动词重叠所表示的语法意义一样，"VP"后的"试试"不宜视为标记成分。）

根据《动词的体》所提供的"尝试体"例句，广西西南官话三个方言点"尝试体"相关表达形式可归纳为表 8-1。

表 8-1　广西西南官话"尝试体"的表达形式

方言点	普通话例句	方言点用例	表达形式	备注
荔浦话	有什么好办法，让我再想想看。	有什么好办法，我想下子看。	VP＋看	我们前面的讨论与《动词的体》给出的例句相合，即"尝试体"意义的表达，单靠"VP＋看"是不够的，其前或其后还需有别的成分。第二个例子，荔浦话、桂林话也可省去"V"后的补语，用"V＋看"形式。
桂林话		有什么好办法，给我再想想(看)先。	VV＋(看)	
柳州话		有嘛办法，我再想下子(看)。	V＋下子＋(看)	
荔浦话	你猜一下看，这是什么。	你猜一子看，即是什么。	VP＋看	
桂林话		你猜下子看，这是什么。	VP＋看	
柳州话		你猜看，这是嘛。	V＋看	

表 8-1 简单显示了广西西南官话三个方言点"尝试体"的表达形式。在日常交流中，要表达"尝试"意义，有多种形式或手段，包括词汇的、语法的、语境的，而涉及"尝试体"，则只能用"VP＋看"（包括"VV＋看"）。

第二节　粤方言的"尝试体"

粤方言表达尝试进行某种动作行为的"尝试体"，其形式是在"VP"后加与普通话"看"平行的"睇"，记为"VP＋睇"。"VP"可以是动词重叠形式、动补式或动宾式。

一、桂平话、南宁话、玉林话的表达形式

如表 8-2 所示，桂平话表示"尝试体"意义，可用"V＋睇过"，或用"VV＋睇"。"睇过"的作用同"睇"，"过"无实义，也无语法意义，不是"重行体"的标记"过"，也不是补语，似乎只起韵律作用，其他方言点的

"睇过"同此。谢蓓(2011)还提到桂平话的"VV""VV 睇""ABAB"(按,此指双音动词的重叠形式)可表示"尝试"。若表示"尝试体",我们只认可"VV 睇"形式。

南宁话的"VP+睇"中的"睇"省略的情况比较多。省略"睇",是因为有语境或动词的词汇意义的帮助,如"有乜嘢好办法,等我……""你估……"之类。

南宁话也有将"睇"属后的说法,如表 8-2 中的第 2 例可说成"畀我再谂谂,睇有乜嘢好计"。桂平话、玉林话也完全可以这样说。

其他论著有的也涉及南宁话的"尝试体"。吴旭虹(2007)称,南宁话的"尝试貌"是在动词性成分后加"睇/睇过"表示。例如:

> 我去问问睇/睇过。
>
> 再等阵睇。
>
> 你踢几脚睇,牢固嘛。
>
> 你试两唥睇,仲食得嘛。

林亦、覃凤余(2008:333)也谈到,南宁白话用"V 睇过"表示尝试。例如:

> 你冇食饭系嘛?试睇过,我叫你鬼出龙州。(你不吃饭是吗?试试看,叫你鬼出龙州。)

林、覃表示,受普通话影响,南宁白话的"VV 睇过"也表示尝试。例如:

> 阿丙带你拧翻去听听睇过先。(这盒磁带你拿回去听听看)
>
> 尝尝睇过啲菜先,入味嘛?/尝尝啲菜睇过先,入味嘛?(这菜尝尝看,入味吗)

玉林话的"VP"也可以是动词重叠形式,标记成分用"睇"。例不赘述。

二、其他方言点的表达形式

其他粤方言点的"尝试体"表达形式大多也是在动词性成分后加"睇"或与"睇"相仿的成分。据徐荣(2008),北流粤方言用"V 睇""VV 睇"形式表示"尝试体"意义。例如:

> 我试睇过件衫_{我试一下这件衣服。}
>
> 乜嘢电视啲好睇,我来望睇喎。
>
> 个条题好难,你来做睇。
>
> 米助_{包子}包好了,你吃睇好吃嘛?

　　　　电话坏了？等我来试试睇。

　　　　你锤锤睇，块石头几硬啊！

　　　　你试个件衫睇。

　　　　我冇有办法，你揾第二只人睇_{我没有办法，你找其他人看看。}

　　陈晓锦、林俐（2006）的研究称，广州话可以用"过"（该文记为"过₄"）表示要去尝试做一下该动作或决意要干某事，多跟在单音节谓语动词后，相当于普通话的"V一V"或"V一下"，多用于将来时。例如：

　　　　咁恶作嘅人都有嘅，唔话过佢都唔得喇。_{怎么有如此凶的人？非教训他一下不可。}

　　　　再学是学非，信唔信我打过你阿啦！_{再搬弄是非，我就打你。}

陈、林说，这样的"过"可省略，意思不变。老派倾向于保留，新派倾向于省略。

　　按照我们的理解，第1例是表示"决意要干某事"，第2例在语境的制约下，似乎有一定的"尝试"意义。这种结构形式若相当于普通话的"V一V"或"V一下"，自然不是"尝试体"的表达形式，林、陈也并未指明它们是"尝试体"。说这些形式在一定的语境中可表示"尝试"义，自然没有什么问题，但若是在"体范畴"研究的背景下说"V一V"或"V一下"之类是表示"尝试体"的形式或表示"尝试"义，都可能会造成认识上的模糊，其描写本身也是不够准确的。

　　根据《动词的体》所提供的"尝试体"普通话例句，广西粤方言三个方言点"尝试体"相关表达形式可归纳为表8-2。

表8-2　广西粤方言"尝试体"的表达形式

方言点	普通话例句	方言点用例	表达形式	备注
桂平话	有什么好办法，让我再想想看。	有乜嘢好办法，等我谂睇过。	V＋睇过	桂平话的"V＋睇过"的V可以重叠。玉林话的"恁"同桂平话、南宁话的"谂"。比起桂柳官话来，粤方言动词重叠的现象较为常见，因此"VV＋睇"的实例也比较常见。
南宁话		有乜嘢好计，等我谂阵/下（睇）先。	VP＋（睇）	
玉林话		有是律好办法，等我恁恁睇。	VV＋睇	
桂平话	你猜一下看，这是什么。	你估估睇，啊啲系乜嘢。	VV＋睇	
南宁话		你估下（睇），啊啲系乜嘢。	VP＋（睇）	
玉林话		你诠诠睇，是是律。	VV＋睇	

表 8-2 基本反映了广西粤方言"尝试体"的表达形式。"V/VV＋睇/睇过"形式中的"睇"与普通话的"看"平行，不宜看成助词，南宁话可说"畀我再谂谂，睇有乜嘢好计"，则进一步表明了这一点。从表面上看，"V＋下"似乎可表示"尝试体"，实际上是省略了"睇"；若非省略，仅就"V＋下"形式来说，它可利用语境让听话者或读者"体会"出"尝试"义，但非"尝试体"的表达形式。

第三节　客家方言的"尝试体"

广西客家方言"尝试体"表达形式"VP＋看"中，"VP"可以是动词重叠式、动补式或动宾式，"看"可以重叠，与其他方言无大区别。

一、陆川话、沙田话、桥圩话的表达形式

三个客家方言点"尝试体"表达形式总体上都是"VP＋看"，但在具体使用中，"VP"和"看"都有一些差异。陆川话的"VP"可以是动词重叠形式，"看"也可重叠为"看看"；沙田话的"VP"一般为动补式，"看"常可省略；桥圩话可以是"VV＋看"。例见表 8-3，此处不赘述。

二、其他方言点的表达形式

广西区内外的其他客家方言"尝试体"的表达形式与我们所调查的三个点基本相同，动词可重叠，可带补语或宾语，标记成分也大多用"看"。玉林市高峰镇客家方言可用"VV＋看"形式表示"尝试体"。例如：

　　偓惗惗看。（我想想看。）[1]

韩霏（2008）认为，博白沙河客家话"V 下"可表示尝试、短时。表示尝试的例子如：

　　你来饮下几瓶酒你来喝喝这瓶酒。

邱前进（2008）表示，宾阳王灵客家话动词无论用哪种方式重叠，都能表示重复、短暂或尝试。以下是邱文认为可表示尝试的形式：

　　AA 式：望望、想想、打打、聊聊。

　　A 一下：想一下、看一下、试一下、商量一下。

---

[1]　例句引自李城宗《玉林市高峰镇客家方言研究》"语法例句"，广西大学硕士学位论文，2013。李文还举了动词重叠的例句，认为是表示"尝试"的：偓儿出去行行（咱们出去走走），拿来分偓看看。（拿来给我看看）。我们觉得，结合语境来看，这两例都可理解为"随意"。若认为可表示"尝试"义（不是我们所说的"尝试体"），还要有其他语境因素的支持。

A 紧 A 紧：望紧望紧、讲紧讲紧。

ABAB：研究研究、商量商量。

陈辉霞（2008）称，临桂小江客家话用"一下""下兹"（按，"下兹"如同官话的"下子"）表示尝试，"V 下兹"后可加"看"。例如：

这件衫先看一下再讲这件衣服先看看再说。

分偃看下兹让我看看。

这盘磁带你先拿归去听下兹看。

林立芳（1996）的研究认为，"尝试貌"表示试着做一做的意义。广东梅县话有两种表示尝试的方式，一是"V 阿歇"。例如：

大齐家先听阿歇再来做。（大家先听一听再动手干。）

偃去外背行阿歇。（我先去外面走一走看。）

林文表示，梅县话"V 阿歇"表示短时也表示尝试，两者很难截然分开。一般来说，在说话人说话的时刻已经实现的行为则多表示短暂；在说话人说话的时刻尚未实现的行为则多表示尝试，也兼有短暂意义。典型的"尝试貌"是用体助词"阿胜/阿胜歇"附在动词后，构成第二种方式"V 阿胜/阿胜歇"。例如：

汽车分偃开阿胜歇。（汽车让我开一开试试看。）

偃来去田里看阿胜有水无。（我到地里看看有水没有。）

你去看阿胜歇阿公过好歇好无。（你去看看爷爷身体好点了没有。）

你尝阿胜歇偃煮个菜。（你尝一尝我煮的菜。）

谢永昌（1994：302）提到的梅县客家方言表示动作的尝试意味，动词后附加的成分记为"呀哩[$a^{52}e^{11}$]"和"呀盛哩[$a^{52}sən^{52}ne^{11}$]"，应分别是林立芳（1996）的"阿歇"和"阿胜歇"。谢著所举的例子如"看呀哩"（看一看）、"听呀哩"（听一听）、"想呀盛哩"（想想看）、"着呀盛哩"（穿穿看）。[①]

项梦冰（1996、1997：203~204）谈到，福建连城客家方言用"V＋一下"表示"尝试貌"。例如：

我来尝一下这碗菜。

尔来食一下这罐酒。

为了强调，后面还可加表示尝试的貌标记"〈看〉"。例如：

我举一下〈看〉。（我举举看。）

我来开一下〈看〉。（我来开开看。）

---

① 谢著所举的梅县话例子有国际音标注音，此从略。

有滴物好办法，我〈想〉一下〈看〉。（有什么好办法，让我再想想看。）

　　尔〈猜〉一下〈看〉，这系是物。（你猜一下看，这是什么。）

以上所引其他方言点的表达形式，若无标记成分（不含省略），我们不认为是表示"尝试体"的构式。即使"VV""V 一下"之类，语法形式本身也不具备"尝试"意义，还需要语境的支持。相关论著的作者们认为它们表示"尝试"意义或直接表明表示"尝试体"意义，恐怕是忽略了语境因素。

根据《动词的体》所提供的"尝试体"普通话例句，广西客家方言三个方言点"尝试体"相关表达形式可归纳为表 8-3。

表 8-3　广西客家方言"尝试体"的表达形式

方言点	普通话例句	方言点用例	表达形式	备注
陆川话	有什么好办法，让我再想想看。	有嘛介好计，俾我谂谂（看）（呗）。	VV＋（看）	客家话的"看"应与普通话无异。木格话同桥圩话，湛江镇话同沙田话。
沙田话		有嘛介好办法，等我□[tɕiaŋ⁵¹]₍ᵣₑ₎谂[nən²⁵¹]下子（看）。	VP＋（看）	
桥圩话		有什么办法，等我想想看。	VV＋看	
陆川话	你猜一下看，这是什么。	你估一下（看/看看），即点是嘛样。	VP＋（看/看看）	三个点的形式与上一例有比较整齐的对应。木格话同桥圩话，湛江镇话同沙田话。
沙田话		你猜下子（看），这是嘛介。	VP＋（看）	
桥圩话		你猜猜看，这是什么。	VV＋看	

表 8-3 所显示的情况似乎说明，只有桥圩话的"看"是经常出现的，而另两个点都可省略。是省略还是本来就不用，关系到我们对是否为表"体"形式的判定。桥圩话在未经提示的情况下，合作人在动词性成分后用了"看"，我们自然认为该方言点是有这种说法的。陆川话、贺州沙田话在未经提示的情况下，合作人没说出"看"，我们特别提示：普通话用"看"的地方，你们平常说话用不用？合作人认为可以用，也有人这么说，我们就能够据此判断这是属于省略的情况。

第四节　平话的"尝试体"

广西平话表示"尝试体"意义，总体上都可归结为"VP＋标记成分"，标记成分一般都是与"看"相仿的半虚化动词，分其他方言点相同。

一、黎塘话、五通话、土拐话的表达形式

广西平话三个方言点"尝试体"的表达形式，具体来看，各有一些特点。黎塘话用动词重叠加"掂""睇"或"掂""睇"的重叠形式，构成"VV＋掂/掂掂/睇/睇睇"，或是单个的动词后加"掂/掂掂/睇/睇睇"。"睇"与"看"同义，"掂"有"掂量"义，与"试探""测试"等意义相近，正可用来标记"尝试体"意义①。

土拐话与官话相同，用"VV＋看"或"VP（多为"V＋一下"）＋看"形式。

作为桂北平话的五通话似乎比较特别。经我们确认，五通话表示"尝试"意义是在动词（主要是单音动词）后加"儿"[nʲi³⁴]，"儿"与表示量少的"一下"相当，"V 儿"后不再加与共同语"看"相当的标记成分，如表 8-4 所示。② "V 儿"可重叠为"V 儿 V 儿"。周本良（2005：225）也谈到，义宁话（即我们所说的"五通话"）的"V 儿"可重叠为"V 儿 V 儿"，表示的时间更为短暂，尝试的意味更深，有"问儿问儿、想儿想儿、尝儿尝儿、睽儿睽儿看看、寻儿寻儿找找、行儿行儿走走"等重叠情况。例如：

　　　　你去睡儿睡儿。

　　　　我去讲儿讲儿他。

按照周著的说法，如果这种形式"尝试的意味更深"的话，那么"你去睡儿睡儿"就有"你试着去睡一会儿"的意思，"我去讲儿讲儿他"就有"我试着去说说他"的意思。

---

① 概括以上各方言区、各方言点的情况，大致是这样一种格局：共同语和官话表示"尝试体"，动词性成分后多用"看""瞧"之类的成分。南方方言用与本方言相应的表示"看视"义的词，如"睇"之类。"睇"与"看"一样，词义有所泛化和虚化。跨省区的汉语方言也表明了这一点，如浙江天台话（属吴方言）表示"尝试体"意义是在动词重叠式后加"相"：问问相。参见戴昭铭（1999）。

② 广西教育学院周本良教授为我们进一步询问并确认了这种情况，在此谨致谢意。五通话有一个表示"看视"的动词"目英"，但它只作一般动词，似乎并未泛化和虚化，不能像"看"那样加在 V 或 VP 后。周本良教授还提到，义宁话双音动词表示动作行为时间短暂或"尝试"意义可以有三种形式，以"商量"为例，计有"商量儿""商量商量""商量商量儿"，而单音动词没有"VV"形式。

那么问题又来了。五通话不用标记成分，"V儿"及"V儿V儿"可表示"尝试"意义，"V儿"及"V儿V儿"是不是"尝试体"表达形式呢？按照我们的标准，不宜视为"尝试体"形式。因此我们可以说，五通话（包括我们在第二小节所举的其他桂北平话点）可用相应的形式并结合语境表达"尝试"意义，但没有"尝试体"这种语法范畴。

除五通话外，以上这些形式并未跳出前面三个方言区的范围。大体上说，广西汉语方言表示"尝试体"的形式具有内部的一致性，与共同语也没有多大差别，它们有共同的来源，或者也可理解为方言受共同语的影响而用与共同语平行的形式。

二、其他方言点的表达形式

广西境内其他平话方言点"尝试体"的表达形式亦多与我们前面所讨论的相仿。据覃东生（2007），宾阳话的"尝试貌"用"VP＋□tem^{55}（看）"表示。例如：

> 你做□tem^{55} 你做做看。
>
> 你来讲□tem^{55} 你来讲讲。
>
> 先吃两服□tem^{55} 有用冇 先吃两服看看有效没有。
>
> 再等一阵□tem^{55}，□na^{41} 来冇 再等一会儿看，看他来不来。

梁伟华、林亦（2009：275～276）称，崇左新和蔗园话用动词或动词结构加上"□[tem^{35}]（看）"表示"尝试体"。例如：

> 你来讲□[tem^{35}]。（你来说说看。）
>
> 再听一阵□[tem^{35}]，□[tem^{35}]佢来咩。（再等一会看，看他来不来。）

平南丹竹话可用"V睇过"表示"尝试体"。例如：

> 搦来畀我望睇过。（拿来给我看看。）
>
> 我谂睇过。（我想想看。）①

肖万萍（2005：234）表示，永福塘堡平话动词后加"一下□tso^{33}"或"一下先"表示"尝试"。例如：

> 那件衣裳我来试下□tso^{33}。那件衣服我来试试看。
>
> 这点菜是咸是淡，我来吃下□tso^{33}。这些菜是咸是淡，我来尝尝看。

---

① 例句引自冯泉英《勾漏片方言词汇比较研究——以广西平南丹竹话词汇为基点》中的"语法例句"，广西大学硕士学位论文，2013。该文还举了"我队出去行行（咱们出去走走）"这个例子，其情形与前面提到的李城宗的例句相类，亦需要更多的语境条件才能传达出"尝试"意义（非"尝试体"）。

听着讲新公园好爽耍，□ty³³□nei³¹_{我们} 去耍下先。_{听说新公园很好玩，我们去玩玩。}

梁福根（2005：308）谈到了阳朔葡萄平声话表示"尝试态"的多种形式，如"V下""V下着""V下着就"，"V下"后还可加"看下（着）""试下（着）""试看下（着）"。例如：

这条事情我要做下。_{这件事我要做做看。}

你把相片给他看下。

这把刀可不可以，我要使下着_{我要用一下再说。}

桃子到底酸不酸，我尝下着讲。

要衣裳要穿下看下。_{买衣服要穿穿看。}

给他吃下试下（着）。_{让他吃吃看。}

我讲下试看下。_{我讲讲看。}

做不做得到，他要做下才是。

药吃不吃得合，你要试看下才是。

这些形式比较庞杂。我们推测，"着"可能相当于共同语的"看"，有一定的标记作用，但有的例句用的是"试"的词汇意义，有的是语境的作用。

夏丽珍（2010）提到，资源延东直话用"V＋下崽"（按，"下崽"相当于"一下/下子"）表示"尝试"。例如：

㖠只衣呃先觑下崽再讲。（这件衣服先看看再说。）

㖠本磁带仁呃先拿归去听下崽咋。（这盘磁带你先拿回去听听看。）

白云（2005）谈到了灌阳观音阁土话表示"尝试"的情况，该方言可在动词后加数量词"下"如"尝下（尝尝）、觑下（看看）、走下（走走）"等来表示"尝试"。

以上所引，若有相应的标记成分，则是我们所认定的"尝试体"的表达形式，其余形式和实例都应视为可以通过特定语境表示"尝试"义。

从平话的表达形式中，我们可以看到一点"规律"：桂南平话一般像官、粤、客方言那样，有"尝试体"的标记成分，而桂北平话则没有标记成分，五通话以及前面所引永福塘堡平话、资源延东直话、灌阳观音阁土话（暂作为桂北平话看待）等都缺乏标记。那么基本上可以说，在桂北平话中，没有"尝试体"范畴。

根据《动词的体》所提供的"尝试体"普通话例句，广西平话三个方言点"尝试体"相关表达形式可归纳为表8-4。

表 8-4　广西平话"尝试体"的表达形式

方言点	普通话例句	方言点用例	表达形式	备注
黎塘话	有什么好办法，让我再想想看。	有哪门好办法/计，等我再惗惗掂/掂掂/睇/睇睇。	VV＋掂/掂掂/睇/睇睇	平话这些表达形式与官、粤、客方言大体相当。五通话的"V＋儿"形式结合语境，可以表示"尝试"意义。
五通话		有□[tʂəʔ²²]嫲办法，分我再想儿。	(V＋儿)	
土拐话		有是乜好办法，□[hɐŋ⁴⁴]我再想想看。	VV＋看	
黎塘话	你猜一下看，这是什么。	你猜惗(惗惗)(睇)(睇睇)，果呢是哪门。	V＋掂/掂掂/睇/睇睇	
五通话		你猜儿，□[khə⁵³]哋□[i³¹]□[tʂəʔ²²]。	(V＋儿)	
土拐话		你猜一下看，箇是是乜。	VP＋看	

　　表 8-4 列出的黎塘话、土拐话"尝试体"的表达形式与其他方言区无大差别。黎塘话"VV/V"后的成分"掂""睇"可以重叠，这种情况在用"VV/VP＋看"形式表达"尝试体"的方言中，"看"应该也都是可以重叠的（上文也出现过"看"重叠使用的现象），位于"VP"后的"看"和"看看"语义相当。五通话则没有"尝试体"的表达形式。

第五节　汉藏语系其他民族语言"尝试体"的表达形式

　　对汉藏语系其他民族语言"尝试体"的讨论不多见。从已有的材料看，其表达形式与汉语也多有共同之处。

　　据梁进杰(2000：651～652)，南丹县六寨镇龙马村的南丹土语(水语)(以下称"水语南丹土语")多数单音动词或重叠后的单音动词后可带"ʔniŋ⁵(看)"表示"尝试"。例如：

ȵe² fa³ ʔniŋ⁵ kon⁵, fe⁴ tsoŋ⁵ naːi⁵ toi⁵ me² toi⁵?

你　想看　先　　做　种　这　对　不　对

（你先想想看，这样干对不对？）

nu⁴ bjaːk⁷ si⁵ si⁵ ʔniŋ⁵, ȵat⁷ ȵai¹ me²?

妹女　　试试　看　拿　动　不

（妹妹试试看，拿得动吗？）

车江侗话表示动作行为的"尝试体"与汉语一样，也可用"VV看"形式。可参见梁敏（1980：48～49）。

刀洁（2005）称，云南金平傣语动词后加"jɔm⁵² du³³"，表示"试试看"的意思。例如：

tsim⁴³ jɔm⁵² du³³

尝　看看

（尝尝看）

ŋ̌ăm⁵⁵ jɔm⁵² du³³

想　看看

（想想看）

喻翠容（1985）描写了傣语（西双版纳方言允景洪话）表示动作试行或短暂的"试开始貌"。其表达形式是在动词后跟貌词"du¹"或者"tɔŋ² du¹"。"du¹"和"tɔŋ²"都是由动词虚化来的，作动词用时，它们的意义都是"看"；作貌词用时，它们的语法作用相当于动词重叠所表示的语法意义。例如：

taŋ² laːi¹ va⁶ du¹.

大家　说

（大家说说看。）

ʔau¹ ma² huɯ³ to¹ xa³ tɔŋ² du¹.

拿来 给 我　看

（拿来给我看看。）

su¹ tak⁸ tɔŋ² du¹.

你 猜

（你猜猜。）

ʔi⁵ sɛŋ¹ pai¹ thaːm¹ pən⁶ tɔŋ² du¹.

依香 去 问　别人

（依香去问问别人。）

毛宗武等（1982：93）谈到，瑶族布努语（属苗瑶语族苗语支）的动词一般不能重叠，只有"cɤŋ⁵（听）、ŋi⁴（想）、θɤ⁵（试）、ŋkoŋ⁵（看）"等少数几个能重叠，重叠后与"ŋkoŋ⁵（看）"组合，有"试行"之意。例如：

kau² cɤŋ⁵ cɤŋ⁵ ŋkoŋ⁵.

你 听听 看

（你听听看。）

毛宗武等（1982）还描写了瑶族的另外两种语言勉语和拉珈语表示"尝试

体""短时体"的情况，跟布努语有一些差别，我们将在下一章的开头提及。

毛宗武、蒙朝吉（1986：37）对畬语（广东惠东县多祝镇陈湖村的畬话，属苗瑶语族苗语支）（以下称"惠东陈湖村畬话"）的讨论涉及与"体范畴"相关的问题，认为畬语表示动作行为的动词大都可以重叠，重叠动词有"试行"或"短暂"的情貌。例如：

mɔ⁶ mɔ⁶

看　看

（看一看）

ka¹ pji³ ka¹ pji³

走　　　走

（走一走）

毛宗武、蒙朝吉（1986：38）还谈到，畬语表示心理状态、感受变化的动词有几个可以重叠，重叠后需加助词"mɔ⁶（看）"才表示"试行"情貌。例如：

sjɔŋ⁵ sjɔŋ⁵ mɔ⁶

想　想　看

（想一想）

ku⁵ ku⁵ mɔ⁶

猜　猜　看

（猜一猜）

梁进杰（2000：512）提到，东兴沥尾京语动词后加"mot²¹ kaːi⁴⁵（一下）"或用动词重叠表示相应的动作或尝试。例如：

sɛm³³ mot²¹ kaːi⁴⁵

看　一　下

（看一下）

ŋɛ³³ ŋɛ³³

听　听

（听听）

第六节　小　结

与共同语一样，广西汉语方言及相关的民族语言多利用单个动词（V）、动词重叠（VV）、述补短语（VP，充当补语的一般是"一下子"之类表示动量的成分）及述宾短语（VP）加上"看"或与"看"平行的成分（"看"及其平行字皆可重叠）组成特定的句法结构来表达试着去做某事这样的语法意义，形成所谓的"尝试体"。不加"看"及其平行字的形式，则必定要得到特定语境的支持才能表达出"尝试"义，但不是"尝试体"意义。除省略的情况外，没有标记成分的表达形式不是"尝试体"的形式。

　　一些讨论"尝试体"的论著，往往只说动词重叠或动词后加上"一下子"之类的补语就算是"尝试体"的表达形式，忽略了标记成分的作用；或者认为这些形式表达了"尝试"意义，则是忽略了语境的制约作用；或者只举"尝尝、试试"或"尝一下、试一下"之类的例子，就认为是表示"尝试"，乃至"尝试体"意义，那是完全不考虑"尝""试"本身的词汇意义。我们认为，"VV"和"V＋一下子"构成的动词性述补短语本身并无表示"尝试"的功能，人们之所以觉得它们表示"尝试"，只是源于语境所起的作用，是语境制约所致。如上所述，不少涉及"尝试体"或"尝试貌"的论著，都举了动词重叠的例子；另一方面，部分讨论动词重叠的论著，也提到它表示"尝试"义或"尝试体"的功能。这些都与我们的观察相异。邢福义（2000）认为，"VV"有时跟"试试"的意思有关联，然而这种意思更多的是外部因素所赋予的，比如，所用形式一般是"VV看"，"试试"义由"看"来帮助表明。朱景松（1998）对这个问题表达了鲜明的态度。朱文说，动词重叠式主要用于祈使和叙述，有时用于评议，有的动词重叠起来可表示致使或表示变化。它的语法意义是，减弱动作行为变化的量，表示过程的延续，强化动作、行为、变化主体的能动性。在实际使用中，这三方面的意义总是交织在一起的；朱文强调，动词重叠式不是要求尝试着进行某种动作、行为，而是把动作、行为作为一种手段，从而使动作者获得某种体验，以便对"VP 不 VP"做出回答，或者对"VP""不 VP"表示认同；"看"对于重叠式来说有"试一试"的意义，可是从整个句子看，它表示"观察结果"，"看"有时也可不出现。不宜认为动词重叠式本身有"尝试"意义。我们基本上赞同邢、朱的看法。

　　至于"VP＋看"中的"看"，如我们前面所说，它具有一定的"语法词"的性质，可作为"类体标记"看待。认为"看"是助词的论著，其中所讨论的相关现象似乎并不能完全证明"看"是助词。赵日新（2002）谈到，安徽绩溪方言的助词"过"有两种读音［kɐ⁰］、［kɐ³⁵］，念轻声的是"过₁"，用在动词后，表示过去曾有过某种动作行为，如"上海我去过₁了"；念 35 调的是"过₂"，表示动作完成，如"上海我去过₂了"。与"过"一样，助词"看"也有两种读音："看₁［kɔ⁰］""看₂［kɔ³⁵］"。"看₁"侧重于表示其前的动词所表示的动作在时间上具有领先性，相当于"先"，所以它常与"再"配合使用，如"你忖下看₁（你先想一想）""你吃点茶看₁再讲（你先喝点茶再说）"；"看₂"侧重于表示动作时间的短暂或尝试，而且说话人对尝试的结果往往信心不足，所以其后续句常常是否定句或疑问句，如"你寻下看₂，寻不着就算了（你找找看，找不着就算了）""我寻下看₂，看寻得着不（我找找看，看能不能找到）"。我们觉得这里的"看₂"（"看₁"暂且不论）与我们前面所讨论的情形无别，尤其是出现两个"看"的最后一例，很难判断属前的"看₂"（不念轻声）与属后的"看"（肯定不念轻声）在语法性质上有多大区别。

下面我们将广西汉语方言和相关民族语言"尝试体"相关表达形式归纳为表 8-5、表 8-6。

表 8-5　广西汉语方言"尝试体"主要表达形式一览表

方言区（片）	方言点	"尝试体"主要表达形式	备注
西南官话桂柳片	荔浦话	VP＋看	普通话或北京话动词性成分后的"看"有轻声形式，而在汉语南方方言中，"看"及与"看"平行的成分都没有轻声形式。无论是否念轻声，这些结构形式的"看"都还不是一个纯粹的助词，与"－了、－着、－过"之类的"体标记"有较大区别，我们视为半虚化的动词，是"类体标记"。一些方言点用动词重叠、动词性成分＋动量成分等形式表达的"尝试"意义并非形式本身具有的意义，语境在其中起着很重要的作用，脱离具体语境，无法表达相应意义，且它们不是"尝试体"表达形式。
	桂林话	VP＋看	
	柳州话	VP＋看	
粤方言	桂平话	VP＋睇/睇过	
	南宁话	VP＋睇	
	玉林话	VP＋睇	
客家方言	陆川话	VP＋看/看看	
	沙田话	VP＋看	
	桥圩话	VP＋看	
平话	黎塘话	VP＋掂/掂掂/睇/睇睇	
	五通话	(V＋儿)	
	土拐话	VP＋看	

表 8-6　相关民族语言"尝试体"主要表达形式一览表

汉藏语系其他民族语言	"尝试体"主要表达形式	备注
水语南丹土语	V/VV＋ʔniŋ⁵（看）	民族语言的表达形式与汉语共同语及其方言没有什么差异，基本上也是三种情况：动词重叠（VV）、动词性成分＋动量成分、动词性成分＋"看"类成分，前两者跟汉语一样，不是表"体"形式。傣语（西双版纳允景洪话）比较特别，其"试开始貌"形式有助词（貌词）的参与。
车江侗话	VV＋看	
金平傣语	VV＋jɔm⁵² du³³	
傣语（西双版纳允景洪话）	V·du¹/tɔŋ² du¹	
瑶族布努语	VV＋ŋkoŋ⁵（看）	
惠东陈湖村畲话	VV＋mɔ⁶（看）	
东兴沥尾京语	V＋mot²¹ kaːi⁴⁵（一下）	

第九章　广西汉语方言的"短时"义

在前面讨论"尝试体"时，我们认定"VP＋看"是它的表达形式，其中"VP"多为"V＋一下子"，"看"是标记成分。这里所讨论的"短时"义的表达形式多涉及"V＋一下子"（"一下子"也有相应的变体）形式及动词重叠式，因此"短时"与"尝试体"在形式和意义上皆有较为密切的关联。"短时"能否跟"尝试"一样归入"体范畴"，关键是如何看待"V"后的"一下子"及动词重叠式的表"体"功能。不少学者认为，"V＋一下"、动词重叠式都可以表示"短时体"或"短时貌"，已有的论著多持这种观点。其中戴耀晶（1993）在讨论"短时体"时认为，动态性、完整性、短时性是动词重叠的三项主要的语义内容，其中短时性是它区别于其他形式的本质特征。我们的看法与持"体"的观点不同。

先解决"一下子"的问题。从意义上看，"一下子"（包括其变体，下同）已经泛化或者有些虚化，所表数量不能坐实为"一"或"一下"，但其词汇意义仍比较实在；从结构上看，它本身虽已基本凝固，但与前面动词的结合并不紧密，其间可以插入别的成分（详见下文）；从句法功能上看，它充当的是动量补语，与结果补语一样，不具有"体"的标记功能。按我们的认定，无标记的表达形式，其所表达的语法意义不宜归入"体范畴"。

再看动词重叠形式。我们觉得，这种语法形式既不是"尝试体"的表达形式，也不是所谓"短时体"的表达形式。关于这个问题，杨国文（2011）有比较深入的论述。杨文认为，学者们之所以对"动词重叠式"做出诸多不同的归类与解释，正是因为"动词重叠式"本身没有一个唯一的能够在上下文中得以确定的情状状态观察点，这也就在很大程度上说明"动词重叠式"不是一个能够表示某种特定情状状态的时态表达形式。杨文表示，"动词重叠式"的功能是构造动作行为具有"轻微、短时"性质的情状，它所表示的情状的"轻微、短时"性质与任何一种特定时态都不存在对应关系，这种语法形式不是一种时态标记。在熊仲儒（2016）的分析中，也得出了"动词重叠不属于构形形态，也不是跟进行体、完成体相并列的其他体"这样的看法。因此我们认为动词重叠式表达的"短时"意义也不能归入"体范畴"。此前，陈前瑞（2001）表达过这样的观点：汉语的动词重叠表示的是一种封闭的情状，没有自然的终结点，具有动态、持续、非完成的语义特征，语义上具有完整体的特点，兼具情状类型和视点体两方面的特征。后来陈前瑞（2008：51～72）对此做了进一步申说。我们觉得，动词重叠虽是一种语法形式（有的视为动补式），表示相应的语法意义，如所谓"短时""动态""持续"之类，但作为"视点体"或"语法体"则缺乏形式上相应的要素，如标记成分。

基于这样的认识，我们的看法是，汉语共同语及其方言一般没有"短时体"这样的语法范畴，但可以用述补式、动词重叠式等表示"短时"意义。为便于区分"体"与非"体"的形式和意义，我们特将"短时"义立为一章，并按其他各章的体例行文，进行相关的讨论。引用其他文献时，依原文称"短时体"或"短时貌"。

大体上说，汉语的"短时"义是表示动作行为进行的时间短暂。吕叔湘（1999：565）认为，"动＋一下"表示一次短促的动作。例如：

等一下，我就来｜给我看一下｜你去问一下老陈｜你帮一下忙吧！

一些学者在讨论汉语"尝试体"和所谓"短时体"时，多从形式和意义两个方面论及这两种范畴的密切关系。的确，这两种范畴无论是在表达形式还是语法意义上都有不少关联，这种关联有时到了"剪不断、理还乱"的地步；而且表示"短时"的形式同时也都含有"动量少"或者"随意"的意思，更增加了"短时"与其他相关语法意义或语法范畴之间关系的复杂性。如同"进行体"和"持续体"那样，一些讨论汉语共同语或方言体范畴的论著也将"尝试体"和所谓"短时体"放在一起描写，很可能就是因为实在不好分开。讨论民族语言相关语法现象的篇章，在涉及"尝试体/貌"及所谓"短时体/貌"意义及其表达形式时，也多"连着说"，一起举例，说明这两种语法意义有时实在不好"分开说"，纠结的程度较深。比如，毛宗武等（1982：38、147）在讨论瑶族勉语、拉珈语时称，表示动作行为的单音动词大多可重叠，表示"试行/试一试"或"短暂"；动词或动词重叠式后加"ka³"（勉语）、"lo:m¹"（拉珈语），也有"试行"的意思，如勉语的"ka:t⁷ ka:t⁷"（割一割）、"tswei⁴ ka³"（坐坐看），拉珈语的"kwa⁴ kwa⁴"（摸摸/摸一下）、"khjõ:k⁷ khjõ:k⁷ lo:m¹"（敲敲看）。上一章所举毛宗武、蒙朝吉（1986）对畲语的相关讨论也是如此处理。喻翠容（1980）对贵州龙里布依语的描写也有类似做法。喻著称，布依语动词一般可以重叠，重叠后有时后面还可加"pai² diau¹（一次）"，表示"试行"或动作行为的短暂，如"pja:i³ pja:i³ pai² diau¹（走一走）""ŋuan⁵ ŋuan⁵（看看）"。上文所举喻翠容（1985）描写傣语的"试开始貌"时也是这样表述的。

普通话表示"短时"意义，一般认为用的是动词重叠形式（"VV、V一

V、V 了 V"等)或"V＋一下"之类的述补短语。广西汉语方言的"短时"义多用"V＋动量成分"这种句法结构形式表达，多数方言点也用动词重叠形式。

第一节　西南官话的"短时"义

广西西南官话"短时"义的表达主要用"V＋一下子"形式，"一下子"在各个方言点中有多种变体，说话者可自由选用。

一、荔浦话、桂林话、柳州话的表达形式

(一)荔浦话的表达形式

总体上说，荔浦话表示"短时"义的形式只有一个"V＋一下子/一下/一子/下子"，"V"后的补语用"一下子"还是其他双音节的变体，有时受制于韵律，有时是说话人的习惯所使然，没有一定的规律。"短时"义出现的句类可以是陈述句、祈使句，也可以是疑问句。例如：

(1)我去一下子就回来。

(2)你就是问一子就得了 你就是(去)问一下就行。

(3)等下子他就来喇咧。

(4)莫慌，我就按一下子咧。

(5)你就在即垱站下子他就看见你喇咧 你就在这儿站一会儿他就能看见你了。

(6)这个东西要再煮一下。

虽然"V＋一下子"本身就有"短时"义，但在日常交际中，为了突出时间短暂，常常加上其他成分以使这种意义更为显豁。例(1)～例(5)都有"……就……"字样；例(6)有"再"，说明已经煮了一段时间了，"再煮"的时间自然不会太长。其中的语气词大多像"起始体"句子那样，有成句作用，同时也表示强调。

"短时"是一个相对的时长，或长些或短些由不同的语境决定。有时为了强调时间特别短，荔浦话可在动词后加上"一下下""一会刚子"表示，其语义、语法作用同"一下子"，也可看成变体。例如：

(7)我就讲一下下的，你莫着急。

(8)他才来一会刚子的。

(9)洗一会刚子你就洗得喇？

一般情况下，为强调起见，"一下下""一会刚子"要重读，加上"就""才"之类的时间副词，表达时间更短的意义就很明显了。上面例(1)如果重读"一下子"，也能达到表示时间特别短的目的。

荔浦话"V"与"一下子"之间可插入宾语，"V＋一下子"之后也可出现宾语，即宾语、补语的位置可以互换。例如：

（10）我去讲他一下子/我去讲下子他_{我去劝劝他}。

（11）我去他屋头一子先/我去一子他屋头先_{我先去去他家}。

"V"与"一下子"之间还可插入"着"，构成"V·着＋一下子＋（宾）"形式。这个"着"相当于普通话的"了₁"。我们在讨论荔浦话的"完成体"时未涉及这种形式，这种句法环境中的"着"标记的是"实现"义，这可以给"完成论""实现论"的争议提供相关的方言材料。荔浦话"V·着＋一下子＋（宾）"的实例如下（"一下子"可以是相应的双音变体或另两种变体"一下下""一会刚子"）：

（12）那个灯闪着一子又未得什么喇_{灯闪了一下又不见动静了}。

（13）才跑着一下子我就跑不去喇_{才跑了一会儿我就跑不动了}。

（14）我才喫着一会刚子饭他就回来了。

（15）我才看着一下子书就挨喊去做事情了_{我才看了一会儿书就被叫去干活了}。

这种表达形式的意思是，前一动作行为刚实现不久，新的情况又出现了。从"V"与"一下子"之间可插入其他成分看，它们的结合并不紧密，更达不到二者融合的程度，而且"一下子"还有很多变体，包括下文提到的"两下子"，因此"一下子"很难看出是"体标记"，也达不到"类体标记"的要求。

在人们的观念中，当数为"2"时，所表示的量也不多，因此荔浦话动词后的"一下子"可说成"两下（子）"，"V＋两下（子）"。"两下（子）"作为"一下子"的变体，也有表示"短时"的功能。例如：

（16）即点东西搞两下子就搞清楚喇_{这点玩意儿弄两下就成了}。

（17）跑两下就出汗喇。

"两下（子）"和"一下子"都可位于动词前，构成"两下子/一下子＋就＋V＋C·语气词"形式。例如：

（18）两下子就扯完喇_{一会儿就拔完了}。

（19）即本书更薄，一下子就看完喇_{这本书这么薄，一会儿就看完了}。

位于动词前（动词之前往往还有"就"）的"两下（子）"或"一下子"强调的是动量少，时量短的意义不是主要的。

（二）桂林话、柳州话的表达形式

前面关于荔浦话"短时"义的讨论同样可用于桂林话、柳州话。下面仅就表9-1的相关例句做简要分析。

桂林话、柳州话的"V＋一下子"在口语中往往省去"一"，或说"V＋下子"，或说"V＋下"。此外，桂林话可用重叠方式表示"短时"义。不过，我们觉得《动词的体》所列"短时"的第三个例句"星期天，在家看看电视，没出门"的"看看"并不表示"短时"，更多的是表示"随意"。一整天不出门，光在家看电视，似乎不再是"短时"了，我们再怎么看待"短时"这种相对时长，恐怕都不好作为表示"短时"的例子。若真要表达"短时"意义，还需增加语境制约度，如"星期天，在家看看电视，打打牌，下下棋，没怎么出门"，但似乎还是"随意"的意思。所以柳州话干脆不重叠，就说"在家看电视"；荔浦话则相应说"看下子电视"，因为荔浦话的动词一般不重叠，"看"虽可重叠，但多半是语用性的，即便是语法重叠，荔浦话的"看看"也是"看＋看"，后一个"看"有量词性质，这样的"看看"自然有"短时"义。

二、其他方言点的表达形式

讨论西南官话"短时"义的篇什所揭举的用例有的与我们所调查的三个方言点相同，有的存在一定差异。张婷（2010）称，广西龙胜官话动词的"短时""少量"不用动词重叠形式 AA 和 ABAB，一般用"V（一）下/下子/敢"表示，动词后可接宾语。例如：

　　你来看（一）下。（你来看看）

　　我去下子就来。（我去去就来）

　　你捡敢房间。（你收拾收拾房间）

　　这件事恁重要，你没和他商量敢？（这件事这么重要，你不和他商量商量？）

还可用"V 两下/下子/敢""V 两 V"表示。例如：

　　那个衣服洗两下就晾得啦。（那衣服洗洗就可以晒了）

张文还谈到武鸣官话的情况。武鸣官话可用重叠式表示"短时""少量"，动词后也可接宾语。例如：

　　你看看这件衣服，靓冇[mə⁴⁴]？（你看看这件衣服，好看吗？）

　　你收拾收拾这个房间。

张一舟等（2001：83）的研究称，成都话表示"短时"意义，常用的形式是"V（一）下子""V（一）下"等。例如：

　　小伙子斜起眼睛，看下打花鼓的姑娘。（《艾芜短篇小说选》）

　　他靠着一根电线杆，稍微休息下子。（同上）

　　我回去下就来。　我想走珠海耍下子。

在张一舟等（2001：84～86）的描写中，成都话表示"短时"还用"两V、几V、V两V、V几V、两V两V、几V几V"等形式，例不赘举。

赵葵欣（2012：119～120）表示，"短时体"是表达短时的完整事件。

"短时"并不是一个物理时间概念，而是一个心理时间观念，即这里的"短时"是说话人认为的主观上的短时（我们前面表述为相对时长）。武汉方言重叠手段不发达，"短时体"主要用"V一哈、V哈、V（一）哈子"等形式来表达。例如：

> 我问服务员，服务员想了一哈，说："不行。"
>
> 我刚才尝了哈那个菜，□[pʰia⁵⁵]淡的_{太淡了}，再放点盐啊。
>
> 我到里头房间歪哈子去_{稍微睡一会儿}，你过一哈叫我起来。
>
> 你也该美哈容了，眼角都有鱼尾纹了。

赵著（2012：120）还提到，武汉方言短时体格式还有一种变体"V（一）哈哈"，强调事件的短时性。例如：

> 你就学哈哈别个丽丽咧，不要你回回考满分，八十多分也行吵。
>
> （孩子求妈妈让他看一会儿球赛）我就看一哈哈，一哈哈。

赵著（2012：120）强调，武汉方言中"学哈哈"比"学哈"表示的"学"的动作程度浅、轻；"看一哈哈"比"看一哈"更强调"看"的时间短。

根据《动词的体》所提供的表示"短时"的普通话例句，广西西南官话三个方言点"短时"义相关表达形式可归纳为表 9-1。

表 9-1　广西西南官话"短时"义的表达形式

方言点	普通话例句	方言点用例	表达形式	备注
荔浦话	大家歇歇再干。	大家□[tʰɐu⁵³]下子再做。	V+下子	
桂林话		人家歇下子再做。	V+下子	
柳州话		大家透①下子再做。	V+下子	
荔浦话	你坐着，我进去换一换衣服。	你坐倒，我进去换下子衣裳。	V+下子+O	第1例、第2例三个点的形式很整齐。第3例差别较大，主要原因在于"看看电视"并不一定就表示"短时"，因此有不同的理解。
桂林话		你坐倒，我进去换下衣服。	V+下+O	
柳州话		你坐稳，我进去换下子衣服。	V+下子+O	
荔浦话	星期天，在家里看看电视，没出门。	礼拜天，在屋头看下子电视，未出门。	V+下子+O	
桂林话		礼拜天，在屋里头看看电视，没出去。	VV+O	
柳州话		礼拜天，在家看电视，没有出去。	V+O	

---

① 柳州话这个 z"透"同荔浦话的"□[tʰɐu⁵³]"，是口语性很强的词，在书面转写中荔浦话也可用音近的"透"。其他方言如粤语也用"讨"。

从表 9-1 可以看出，即便是桂林话，也多不用动词的重叠形式，各方言点基本上就用"V＋一下子"表达"短时"意义。时量短与动量少有事理上和语义上的联系，也与"随意"相关联。西南官话的"V＋一下子"在表示"短时"义的同时，也常伴有"随意"的意思。

第二节　粤方言的"短时"义

广西粤方言"短时"义的表达形式也是在动词后加动量成分"（一）下"，构成"V＋（一）下"形式。各方言点之间略有差别。

在面对普通话的例句时，桂平话、玉林话的调查合作人多如普通话般用动词重叠形式来表达"短时"，如表 9-2 中的"讨讨歇歇""换换""睇睇"。在平时的交际中，桂平话一般用"V＋一阵儿"形式，如表 9-2 中的第 1 例可说成"大家讨一阵儿再做"。玉林话也大体用此类形式表达"短时"意义。梁忠东（2010：179）描写了这一现象，他举出了玉林话表示"短时体"的形式"V＋下"[hɔn³⁵]的用例：

> 睇下就回看一下就回来。
>
> 你去喊下佢你去叫他一下。
>
> 麻烦下你麻烦你一下。

南宁话也是"V＋（一）下"或"V＋啊阵一阵／一会儿"形式，如"讨一下／啊阵""换下"。调查合作人与我们的语感一样，"星期天，在家看看电视，没出门"这一例并不表示"短时"，所以在说出对应的南宁白话时，他们认为就应该说"星期日，在屋企睇电视，毋出去到"，并且认为这句话表示的是休闲、随意的意思。

林亦、覃凤余（2008：334）讨论过南宁话的"短时"意义。她们称，南宁白话用"V 下[ha³⁵]""V 两 V""V 两下"等形式表示"短时"。例如：

> 你㗎哋坐几分钟先，一阵间我哋重要再倾下。（你在这先坐几分钟，一会儿我们还要再谈谈）
>
> 佢摸下荷包，冇有钱。（他摸了摸口袋，没有钱）
>
> 薤菜炒两炒就食得哦。（薤菜随便炒炒就可以吃了）
>
> 粉肠最紧要系脆口，㷛两下就马上食，冇是亲就老哦。（粉肠最讲究脆口，涮一涮就马上吃，不然就老了）

吴旭虹（2007）也举出了南宁白话用"V＋吓／阵"的例子：

> 你本书俾我翻吓。
>
> 借你架单车给我踩阵喂。

吴文表示，南宁白话"V — V"的说法很少出现，"V＋吓"和"V＋阵"表示短时都只是它们的词汇意义，（V 后的补语）不算是体标记。"VV"比"V＋吓"和"V＋阵"所表示的"短时"义更短。例如：

你本书俾我翻翻喂_{你那本书给我翻一翻吧。}

介绍介绍你朋友喂_{介绍一下你朋友吧。}

执拾执拾你房间咯_{收拾一下你的房间吧。}

亚只钟拍拍又走得晒_{那个钟拍一拍又能走了。}

我们觉得，南宁话"VV"所表示的时长并不一定比"V＋吓/阵"更短，而是更"随意"，这要根据具体的语境来定。

根据《动词的体》所提供的表示"短时"的普通话例句，广西粤方言三个方言点"短时"义相关表达形式可归纳为表 9-2。

表 9-2 广西粤方言"短时"义的表达形式

方言点	普通话例句	方言点用例	表达形式	备注
桂平话	大家歇歇再干。	大家讨一阵儿再做。	V＋一阵儿	与官话方言一样，第 3 例粤方言也有不同的表达，并且也都是"随意"的意味更浓。南宁话更是认为普通话的原句不是表示"短时"的，因此另有说法。
南宁话		大家讨一下再做/讨啊阵先至做。	V＋一下/啊阵	
玉林话		大人（阳平变读阴平）透透再作。	VV	
桂平话	你坐着，我进去换一换衣服。	你坐住，我入去换换衫。	VV＋O	
南宁话		你坐住先，我落去换下衫。	V＋下＋O	
玉林话		你坐紧先，我入去换换衫。	VV＋O	
桂平话	星期天，在家里看看电视，没出门。	星期日，在屋企睇睇电视，冇出去到。	VV＋O	
南宁话		星期日，在屋企睇电视，毋出去到。	V＋O	
玉林话		星期日，在屋睇睇电视，冇出屋。	VV＋O	

表 9-2 显示了广西粤方言三个点表达"短时"义的情况。总体上看，重叠形式和动补形式似乎各有所取。其实，三个方言点用重叠形式的地方，也都可换说为"V＋动量成分"，在用"V＋动量成分"的地方也可换说为动词重叠形式，下面的客家方言、平话莫不如此。

第三节　客家方言的"短时"义

广西客家方言"短时"义的表达形式是在动词后加动量成分"一下/下子"。贺州沙田、贵港桥圩的调查合作人在面对第二、第三个例句时感觉很别扭，因此都不用与普通话相应的形式说出，而换用他们习惯的表达方式。

一、陆川话、沙田话、桥圩话的表达形式

三个客家方言点表示"短时"义用"V＋一下"或"VV"重叠式。"V＋一下"应该是最常用的形式，陆川话"一下"有时可省去，如表9-3中的第2例。

值得注意的是，表中第2例和第3例，沙田话、桥圩话以及湛江镇客家话都不循着普通话的说法来表达。这至少可以说明两点。一是这几个方言点都没有或很少用"V一V"形式，因此都不说"换一换"；二是第3例并不是表示"短时"义的。

二、其他方言点的表达形式

广西区外的一些客家方言点表达"短时"意义的形式与我们所调查的区内几个方言点大体相同，都可在动词后加"一下"之类的动量成分。林立芳（1996）的研究称，"短时貌"表示动作行为的短暂。广东梅县客家话常用体助词"阿欸"附在动词后，构成"V阿欸"式表示稍微做一下的意思，"阿欸"相当于普通话的"一下"。例如：

莫吵佢，等佢歇阿欸。（别吵了，让他歇歇吧。）

我来求阿欸阿叔，看你有办法无？（我来求求叔叔，看看你有没有办法。）

𠊎来乡下看阿欸个。（我来乡下看一看的。）

林文提到，梅县话不用动词重叠表示"短时"。除上面的形式外，还可用"阿"表示动作行为时间短暂。"阿"插在动补之间，补语一般表示趋向或结果，构成"V＋阿＋趋/结"格式，且一般还有后续的动作行为出现。例如：

阿宇妹看阿倒英语就头挪痛。（阿宇妹一看到英语就头痛。）

新娘行阿入屋就端茶端饭。（新娘子一走进家门就送茶送饭。）

新屋做阿正佢就搬入去。（新房子刚做好他就搬进去了。）

佢放阿撇饭碗又去外背搞。（他一放下饭碗就到外面玩去了。）

　　林文在论述中表示，"体"助词"阿"强调整个动补结构所表示的时间短暂。"看阿倒"等都是强调"看倒"等的行为已经实现而且实现的时间比较短暂，紧接着就发生另一动作或情况。以上例句中的"阿"去掉以后，动作行为的基本意义没有改变，但是时间短暂的意义也就消失了。

　　据项梦冰（1996、1997：202～203），福建连城客家方言用"动词＋一下/一刻"表示"短时貌"，其中"一下"兼表"尝试"，"一刻"纯粹表"短时"。"一刻""一下"表示"短时"都只是它们的词汇意义①，不是体标记。例如：

　　　　翻一下就搭回去。（翻一下就[把盖儿]盖回去。）

　　　　我出外底行动一下就转来。（我到外头走走就回来。）

　　　　尔坐一刻，我入去换一下衫裤。（你坐一下，我进去换一换衣服。）

　　　　一色歇一刻再做。（大家歇歇再干。）入屋底坐一刻。（进屋里坐坐。）

　　根据《动词的体》所提供的表示"短时"的普通话例句，广西客家方言三个方言点"短时"义相关表达形式可归纳为表9-3。

表9-3　广西客家方言"短时"义的表达形式

方言点	普通话例句	方言点用例	表达形式	备注
陆川话	大家歇歇再干。	大家讨一下再做。	V＋一下	木格话用"VV"，湛江镇话用"V＋下子"
沙田话		大家都[tiau²⁵¹]歇下子□[tɕiaŋ⁵¹]再做。	V＋下子	
桥圩话		大家歇歇再做。	VV	
陆川话	你坐着，我进去换一换衣服。	你坐稳，偓落去换（一下）衣裳。	V＋（一下）＋O	木格话、湛江镇话同沙田话、桥圩话。
沙田话		你坐紧，我落去换身衫裤。	V＋O	
桥圩话		你坐紧先，我落去换件衫。	V＋O	
陆川话	星期天，在家里看看电视，没出门。	星期日，落屋里看看电视，无出门。	VV＋O	木格话、湛江镇话同沙田话、桥圩话。
沙田话		星期日，在屋企看电视，冇出门。	V＋O	
桥圩话		星期天，在家看电视，冇出门。	V＋O	

────────────

① 说"一刻""一下"表示"短时"都只是它们的词汇意义，似乎还可再揣酌。"一刻"从字面上看自然与时间有关，但也已经泛化并有所虚化了，与"一下"的意思相仿。上文指出，动量少与时量短有联系，表示动量的成分用于表示时量，是隐喻，也是泛化（虚化），至少不是纯粹的词汇意义。

表 9-3 列出了广西客家话三个方言点"短时"义的表达形式。广西客家方言及粤方言似乎都不说"V 一 V"，就这些方言来说，"V 一 V"有较浓的书面色彩。

第四节　平话的"短时"义

广西平话的"短时"意义可如普通话那样用动词重叠形式表达，也可在动词后加动量成分来表达。

一、黎塘话、五通话、土拐话的表达形式

黎塘话和土拐话都可用动词重叠形式"VV"表示"短时"义；土拐话可用"V 一 V"形式，如"换一换"。五通话多是在动词后加"儿"（同"尝试"义形式中的"儿"），但"V＋儿"也不是随处可用。调查合作人表示，"我入落肚换领衣裳"不能说"我入落肚换儿领衣裳"，这可能是量词"领"的出现，在韵律上不允许再加一个音节，"换领衣裳"是 2＋2 音步，加"儿"破坏了韵律和谐，普通话也不存在"换一换件衣服"这样的说法；如果不用量词，"换儿衣裳"是可以说的。表 9-4 中的第 3 例土拐话同样没有相应的说法，五通话则说成"V＋儿"。

我们在讨论"尝试体"时得出了这样的看法，"V＋儿"不是"尝试体"的表达形式，五通话没有"尝试体"这一范畴。"V＋儿"有"尝试"义，是语境起的作用，而"V＋儿"表示"短时"义则是它的"本行"。"儿"相当于普通话或官话的"一下"，也与"一下"有共同的语法性质和作用。

二、其他方言点的表达形式

我们所调查的三个点之外的其他平话点除有相同的"V"加动量成分外，还有另外一些表达形式。据夏丽珍（2010），资源延东话表示"短时"用"V 嘎 V、V 嘎 V 嘎、V 下、V 一下、V 两下、V 下崽"等形式。例如：

老师拍嘎拍其背捞，讲："下米做事！"（老师拍了拍他的后背说："好好学习！"）

哈桌呃奢个灰尘拍嘎拍嘎。（把桌子上的灰尘拍拍干净。）

空心菜炒下/一下/两下才 ai²³ 要厄。（空心菜炒炒就可以了。）

仁呃啯么做，想下崽对勿？（你这么做，想想对不对？）

据邓玉荣（2005b：248～249），富川秀水九都话的"短时态"用动词后加"□la⁴⁵"表示，"□la⁴⁵"与普通话的"下"相似，可作动量词，也可与

"一"结合。例如：

你有相信，你去觑一□la⁴⁵。你去看一下。

我觑一□la⁴⁵就给你。

你试□la⁴⁵行有行。

你着□la⁴⁵这件衣裤，觑□la⁴⁵合有合身。你穿穿这件衣服，看看合不合身。

你写□la⁴⁵觑□la⁴⁵好有好。你写一下（让我看看）好不好。

根据《动词的体》所提供的表"短时"的普通话例句，广西平话三个方言点"短时"义相关表达形式可归纳为表 9-4。

表 9-4　广西平话"短时"义的表达形式

方言点	普通话例句	方言点用例	表达形式	备注
黎塘话	大家歇歇再干。	大众透透气先文再做。	VV+O	三个点的表达形式各具自己的特色。从我们所接触的四个方言区十二个方言点的情况来看，的确不存在"短时体"的范畴，既没有对应的形式，也没有标记成分。由此反观普通话的三个例句，应该都是表示"短时"意义的。
五通话		大侪歇儿慢做。	V+儿	
土拐话		大家歒歒再做。	VV	
黎塘话	你坐着，我进去换一换衣服。	你坐紧哈，我落去换换件衫先。	VV+O	
五通话		你坐倒，我入落肚换领衣裳。	V+O	
土拐话		你坐着，我入去换一换衫裤。	V一V+O	
黎塘话	星期天，在家里看看电视，没出门。	礼拜日在屋睇睇电视，冇出到门。	VV+O	
五通话		礼拜日，在屋肚目英儿电视，冇出门。	V+儿+O	
土拐话		星期日，我在屋里看电视，冇出门。	V+O	

表 9-4 显示了广西平话三个方言点"短时"义的表达形式。与粤、客以及桂柳官话等方言一样，"VV"重叠式的使用应是比较"文"（书面）的表达，日常口语中多半不这样说。这种"文"的语体风格应该是来自普通话的影响。临桂五通话的"儿"在广西的粤、客及平话等方言中都有表示"小"或可爱的用法，如粤方言的"手儿"指小手指，同时也含有可爱的意味；"小"与"少"虽然属于不同的语义范畴，但在"色彩"意义上是相通的，"V+儿"应该就是"V一下"的意思。

第五节　汉藏语系其他民族语言"短时"义的表达形式

汉藏语系其他民族语言表达动作行为时间短暂的意义，其形式也是在动词后加相应的动量成分。据韦茂繁(2012)，都安下坳壮语表示"短时"有两种形式。一是用动词加"tɕu³¹deu⁴²（一下）"表示动作的短暂。例如：

mə:ŋ²³¹ pei⁴² lei³³ tɕu³¹deu⁴².

你　去　看　一下

（你去看一下。）

ku⁴² lei³³ tɕu³¹deu⁴² ɕiu¹³ hɯ⁴² mə:ŋ²³¹.

我　看　一下　　就　给　你

（我看一下就给你。）

二是用动词重叠式表示动作行为的短暂。例如：

re⁵⁵re⁵⁵ lei³³

试试　看

（试试看）

ria⁴²ria⁴² lei³³

写　写　看

（写写看）

hə:m³³ ʔit⁵⁵ hə:m³³

问　一　问

（问一问）

jɯ³³na:i³³ jɯ³³na:i³³

休息　　休息

（休息休息）

　　何彦诚(2006)表示，融水下坎侗语"短时貌"由动词后加"ka:p¹⁰"（本义"一下子"）表示。例如：

tuŋ¹ ka:p¹⁰ ɕi⁴ ɕɔk⁸pɛ.

煮　一会儿　就熟

（煮一会儿就会熟。）

　　李锦芳(2001)、孙宏开等(2007：1333)都提到，临桂茶洞语的"短时貌"由动词后加"paŋ⁴"（本义"一下子"）表示。例如：

θui⁶ paŋ⁴ tu⁶ lai⁴ tsə¹ pa².

坐　会儿　就　能　吃了

（坐会儿就能吃了。）

　　据胡素华(2001)，彝语圣作话的"短时、少量貌"表示动作时短、量少，包括"尝试貌"（动作尝试，用虚化了的动词"hɯ⁴⁴（看）"表示）；"象征性短时貌"（出于礼貌或宗教原因，动作行为只是象征性地表示一下，动

作具有短时、少量特点，用貌助词"ko^{33}"表示）；"接近完成瞬时貌"（动
作在完成与没完成交替的瞬间发生的貌范畴，用动词加其否定形式的方
式表示，后面常跟表顺接的结构助词"di^{44}nɯ^{44}"）三个小类。例如（方括号
内的说明为我们所加）：

nɯ^{33} tshʅ^{31} lɔ^{33} hɯ^{31} hɯ^{44}.〔尝试貌〕

你　一　下　看　看

（你看一下。）

nɯ^{33} ɡa^{55} hɯ^{44}.〔尝试貌〕

你　穿　看

（你穿穿看。）

ʑe^{33} vu^{33} ko^{33} mu^{31} tu^{55} tɕe^{44} ko^{33} ʑe^{55} ŋɯ^{33}.〔象征性短时貌〕

进新家　（结）火　　　　燃　（貌）应该

（你迁新家应该燃一下火。）

hɯ^{31} a^{31} hɯ^{31} di^{44}nɯ^{44} tshʅ^{33} sʅ^{31} ʂu^{33} la^{33}.〔接近完成瞬时貌〕

看　没　看　（结）　他　认出　来

（刚一看他就认出来了。）

第六节　小　结

　　广西汉语方言表示动作行为进行的时间短暂，其表达形式多与普通话
相同，用得最多的是"V＋一下子"。"一下子"作为动量补语，有多种变体
或同义构造。我们前面所描写的"啊阵""一阵儿"（V）一 V"等都可对译为
"一下子"，整个动补结构的格局并未改变，无论官话、非官话皆如是。

　　就各方言点对"VV""V — V"形式①的使用或避或趋的情况来说，
"趋"是受共同语的影响，"避"则采用本方言的说法。尤其是"VV"，在以
桂柳官话及粤、客、平话为母语的人看来，这种表达书面味较浓，在口
语中显得不自然，日常交际时总要换成"V＋一下子"之类的说法。汉藏
语系侗台语族、苗瑶语族乃至藏缅语族的一些语言表达"短时"意义也大
体不出动补结构的格局。

　　上文论及，"尝试体"与"短时"义存在形式和意义上的重叠或纠结，
但有一点基本可以明确，无论共同语还是方言，"VV""V＋一下"形式本
身并无"尝试"义（其他民族语言也大率如此），其所表示的是"短时"或"随

---

①　我们认为"VV"是重叠式，"V — V"是动补结构，与"V 一下"性质相同。

意"之类的意义。有的文献还指出，"短时"义的表达用的是"一下子"（包括其各个变体）的词汇意义，即便是词汇意义，应该也是泛化了的，或者是通过隐喻而来的意义。

下面我们将广西汉语方言和相关民族语言"短时"义相关表达形式归纳为表9-5、表9-6。

表9-5　广西汉语方言"短时"义主要表达形式一览表

方言区（片）	方言点	"短时体"主要表达形式	备注
西南官话桂柳片	荔浦话	V+一下子(举"一下子"以赅其变体，下同)	"短时"义表达形式中的O虽然也是动词的论元，但其作用不似"完成体"形式中的相应成分那么重要，其"凸显"程度不高，所以我们在行文中描写这些形式时不将O列入。前面各相关表格中加进O，只是针对具体例句的结构成分而为之。除荔浦话很少用"VV"重叠式外，其他方言点在表达"短时"意义时，大多可用这种重叠形式，有的还可以是"V一V"形式，其语法性质与"V+一下"之类的动补结构相同，"一V"作补语看待是比较合适的。
	桂林话	V+一下子	
	柳州话	V+一下子	
粤方言	桂平话	V+一阵儿	
	南宁话	V+一下/啊阵	
	玉林话	V+下	
客家方言	陆川话	V+一下	
	沙田话	V+下子	
	桥圩话	V+下(子)	
平话	黎塘话	V+一下	
	五通话	V+儿	
	土拐话	V+一下	

表9-6　相关民族语言"短时"义主要表达形式一览表

汉藏语系其他民族语言	"短时体"主要表达形式	备注
都安下坳壮语	V+ tɕu^{31}deu^{42}（一下）	民族语言与汉语的表达形式基本相同。除彝语圣作话外，其他三种语言动词后的成分似也不宜作为标记成分。彝语圣作话的"短时"意义分出不同的"貌"，表达形式比较复杂，异于其他语言，这其中可能会给我们的汉语研究带来一些启示。
融水下坎侗语	V + ka:p^{10}（本义为"一下子"）	
临桂茶洞语	V+ paŋ^4（本义为"一下子"）	
彝语圣作话	短时、少量貌：V+hu^{44}（看）（尝试貌），V·ko^{33}（象征性短时貌），V+a^{31}+V（接近完成瞬时貌，a^{31}+V为V的否定形式）	

结 语

一、"体"标记的层级问题

讨论汉语的"体范畴",标记成分是不能忽略的,标记是表达形式中一个重要的参项。李如龙(1996a)说:"在体范畴的标记的认定上历来存在着宽严两种观点。从宽的包括大量的副词、时间词和动词、形容词补语,从严的只限于'形态'和词缀(词头词尾)。广义地理解,把副词和动词、形容词补语和语气词看作体标记也无不可,但是这种宽泛无边的分析势必造成类别繁多,概括力不足而使体范畴的面目模糊不清。在东南方言的初步比较之后,我们认为可以用四条标准来为体标记作界定:

第一,意义的虚化;

第二,结构关系的黏着;

第三,功能上的专用;

第四,语音的弱化(轻声或合音)。"

本研究所涉及的广西汉语方言,从南北两大分野看,都属南方方言,与东南方言语法在共时和历时两个层面上都有不少同质现象,因此我们也主张用"从严的"标准来讨论表达形式和"体"标记问题。

副词虽有意义上的虚化,但结构关系不黏着,与所修饰的谓词性成分不融合。时间词(表示时间的名词性成分)不存在意义的虚化问题。动补和形补结构中的补语(如结果补语、状态补语、数量补语之类)意义虚化不足,黏着性也不强,一般不视之为"体"标记。[1] 至于语气词,在前文的有关讨论中,我们是不把它看成"体"标记的,其理由已有申说。因为南方方言大多无轻声现象,合音也多出现在副词和语气词中,因此第4条标准可以不过多计较。那么本研究所谈论的"体"标记就是黏着于谓词性成分(动词、形容词及动词短语、形容词短语)之后的意义完全虚化或虚化程度较高的、专用于标示"体"意义的语法成分,这就排除了副词、时间词、语气词和动词、形容词补语。游汝杰(1996)认为:"所谓语法范畴一般是指形态而不是词

---

[1] 项梦冰(1996)在讨论连城方言的体时也强调,动词后的"一下""一刻"表示短时都只是它们的词汇意义,它们并不是体标记。

语。"当然，根据汉语语法的特点，这样的"形态"不能是西方语言那样的狭义形态，因为汉语(共同语及其方言)没有内部、外部屈折及异根等形态(词法)手段。我们秉持的也正是这样的观点。如果我们把标准稍微放宽一些，则相当于共同语"了₁+了₂"的成分也可视为体标记，我们也是这样处理的。在各种表达形式中，必须要有标记成分，其所表达的意义才能归入体范畴。本研究也讨论到动补、形补问题，从广义形态说，它们也属于"形态"，也是一种表达手段，所表达的意义与"体"意义相去不远；但这是词汇意义，这种表达形式缺乏标记成分，也不符合"从严的"标准，本研究只是描写这种现象的存在，并不作为一种"体"的表达形式。其理由我们在第一章所引杨国文(2011)中已有申说。在张双庆(1996)那里，补语、状语和语气词都属于词汇手段，这也是值得我们参考的。

　　陈前瑞(2001)将汉语的"体系统"分为三个层面：底层为基本的情状类型，可称为情状体或内在的词汇体；中层为情状/视点复合体，包括动词重叠所表示的短时体、"起来、下去"所表示的始续体和延续体；上层为视点体或语法体，包括分别由"着、了、过"标记的持续体、实现体、经历体。陈文表示，这种分层结果，在某种程度上更真实地反映了汉语体系统的语法化程度，也可以增加我们观察问题的角度。从目前来看，它有一定的解释力，但还需要更多的研究来充实和评估。在后来的论著中，陈前瑞(2005，2008：72、266~271)将汉语的"体系统"改称为"体貌系统"，并由原来的三层级扩展为四层级，从低到高依次为：基本的情状类型即情状体(situation aspect)，是对事件抽象的时间结构的表现和分类，计有状态、活动、结束、达成四类；阶段体(phasal aspect)，是对情状的具体阶段的表现(表现的是情状的整体与部分的关系)，可分两个小类：基本阶段体(包括起始体、延续体、完结体、结果体)和涉量阶段体(包括短时体、反复体)；边缘视点体(peripheral viewpoint aspect)，视点体表现说话人对情状及其具体阶段的不同的观察方式，边缘视点体是语法化程度相对较低的视点体，包括完成体和进行体两类；核心视点体(core viewpoint aspect)，这是语法化程度相对较高的视点体，包括完整体和未完整体两类。除"情状体"无标记成分外，其他层级的"体"都给出了标记成分。

　　我们觉得，分层自然有利于我们对汉语所谓"体"的层级体系有比较清楚的认识，但将所谓"词汇体/情状体""复合体""语法体"都归入"体系统"，是不是"杂"了一些，似乎还可再考虑。实际上，汉语的"体"尚"不成统"，不成体系，正如英语的"人称""体"等语法范畴一样。

　　本研究无意将汉语的"体"系统做分层处理。我们目前只关注所谓"视点体"或"语法体",将广西汉语方言的"体标记"分为两个层级,第一层级是虚化程度高或者已语法化了的助词,符合李如龙(1996a)的前三条标准,有的成分语音也有一定的弱化;第二层级是意义泛化并有一定的虚化程度,基本符合李如龙(1996a)的四条标准。

下面我们将广西汉语方言十二个点两个层级的"体"标记归结为表 10-1。

表 10-1　广西汉语方言"体"标记一览表

方言区（片）	方言点	第一层级标记	对应体范畴	第二层级标记	对应体范畴	备注
西南官话桂柳片	荔浦话	-着	完成体①,经历体	起来	起始体	完成体也用"-了"。
		-倒	进行体,持续体	下去	继续体	
		-过	重行体,经历体	看	尝试体	经历体也用"-着"。
	桂林话	-了/-着	完成体	起来	起始体	"-着"主要用于否定句。
		-倒	进行体,持续体	下去	继续体	
		-过/-着	经历体	看	尝试体	"-着"少用。
		-过	重行体			
	柳州话	-了	完成体	起来	起始体	
		-倒/-稳	进行体,持续体	下去	继续体	"-稳"多用于"持续体"。
		-过	经历体,重行体	看	尝试体	
粤方言	桂平话	-北/-开	完成体	起身	起始体	"完成体"多用"-北"。
		-住	进行体,持续体	落去	继续体	
		-过	经历体,重行体	睇	尝试体	"睇"也说"睇过"。
		-返	重行体			"-返"少用。
	南宁话	-嗮	完成体	起身	起始体	"起身"也说"起来"。
		-住/-紧	进行体,持续体	落去	继续体	"持续体"用"-住"较多。
		-过	经历体,重行体	睇	尝试体	
		-返	重行体			"返"较少用。
	玉林话	-开/-了	完成体	起身	起始体	"起身"也说"起来"。
		-紧/-住	进行体,持续体	落去	继续体	两种体皆多用"-紧"。
		-过	经历体,重行体	睇	尝试体	

---

① 举"完成体"以赅"完整体""实现体",下同。为便于视觉上的辨别,第二层级的内容用仿宋字体。

续表

方言区（片）	方言点	第一层级标记	对应体范畴	第二层级标记	对应体范畴	备注
客家方言	陆川话	-了	完成体	起来	起始体	
		-稳	进行体，持续体	落去	继续体	"-稳"在区外客家方言点中比较常见，区内少见。
		-过	经历体，重行体	看	尝试体	
	沙田话	-开/-哩	完成体	起来	起始体	
		-紧	进行体，持续体	下去	继续体	
		-过	经历体	看	尝试体	
		-转	重行体			作为"重行体"标记，"转"与其他点的"过"相同。
	桥圩话	-开/-了	完成体	起来	起始体	
		-紧	进行体，持续体	落去	继续体	
		-过	经历体，重行体	看	尝试体	
平话	黎塘话	-开	完成体	起身	起始体	
		-紧/-住	进行体，持续体	落去	继续体	"-紧/-住"互换较自由。
		-过	经历体，重行体	掂/睇	尝试体	"掂/睇"皆可重叠。
	五通话	-呃	完成体	起来	起始体	
		-倒	进行体，持续体	下去	持续体	
		-过	经历体，重行体			五通话无"尝试体"。
	土拐话	-了	完成体	起来	起始体	
		-着/-倒	进行体，持续体	下去	继续体	"-着"更为常用。
		-过	经历体，重行体	看	尝试体	

关于"标记"或"标志"问题，刘一之（2001：84～85）有更为严格的规定。她认为，"体"是动词的语法范畴之一，指动词通过形态变化所表示的动作进行的情况，也就是说，一种语言有没有体范畴，要看这种语言的动词有没有形态变化，每种变化都有自己独特的、与其他变化对立的形态标志。比如进行体有什么标志，完成体有什么标志，起始体又有什么标志。汉语是孤立语，动词没有形态变化，引进西方语言学"体"的概念来说明汉语助词的语法意义未尝不可，但是，仍然应该坚持：①每个

表示体的意义的助词只能表示一种语法意义，而且语法意义要与其他助词或零助词对立，如甲助词表示进行，乙助词表示完成，等等，不能甲助词既表示完成又表示进行。②一种"体"只能用一个助词或零助词来表示，如进行体只能用甲，完成体只能用乙，不能进行体用甲、乙，完成体用丙、丁。

我们在认定某种意义是否属于"体"范畴时，从心理倾向上说，与刘著的主张是合拍的，在具体的讨论中也基本上是这样操作的。说"基本上"，是因为还考虑到方言的一些特殊情况，如受共同语、周边其他方言的影响，汉语语法历时发展演变的投射等。例如，荔浦话"完成体"一般用"着"，但"着"也用于"经历体"，这是汉语历时发展演变留下的痕迹；"完成体"也用"了"，这是受共同语或桂林话的影响。又如，土拐话的"进行体""持续体"用"着"为标记，但也可用"倒"，这是受桂柳官话的影响。共同语与方言、方言与方言之间这种相互影响的现象是普遍存在的。孙宏开等（2007：71）谈到，汉语方言的时态表现形式和官话基本是一致的，有些方言有些微的差异，如"动词重叠＋看"是吴方言典型的试行体结构，后来从吴方言进入官话；粤方言进行体和持续体分别用助词"紧"和"住"表示，用"翻"或"返"表示回复体，也用声调交替表示动词的时体义，完成体肯定/否定标记是"有/没有"；闽南方言没有动词加助词的时体形态，主要是通过动词和前后其他实词的组合表示时体义。

前面各章我们都列出了一些民族语言"体"的表达形式及标记成分，民族语言与汉语之间的相互影响也是随处可见的。除我们前文所举的以外，孙宏开等（2007：71）也开列了不少这方面的例子：侗台语和苗瑶语的时体范畴的形态和汉语一样也用时态助词表示，并且使用的语素或者借自汉语，或者用和汉语语义功能平行的本族语语素。借用汉语语素，如壮语的"kva^5"、布依语的"kwa^5"、临高语的"ku^3"、村语的"kuə^3"、拉基语的"ko^{31}"、巴哼语的"kwa^{55}"、布努语的"kwɔ^5"、湘西苗语的"kwa^5"、畲语的"kwa^5"和勉语的"kjwe^5"等，都是借自汉语的助词"过"表示"经历体"；傣语的"lɛu^4"、临高语的"liau^4"、侗语、毛南语、莫语的"ljeu^4"、水语的"ljeu^2"、佯僙语的"liu^4"、村语的"lɛu^5"都是借自汉语的助词"了"表示"完成体"。使用与汉语平行的语素，如侗水语用"ta^6（过）"、黎语用"dua^3（过）"表示"经历体"，壮语用"dai^3（得）"表示"完成体"，傣语用"ju^5（在）"、临高语用"jəu^3（在）"表示"进行体"，侗语用"wən^1（成）"、佯僙语用"vən^1（成）"表示"完成体"，毛南语和仫佬语用"kau^5（看）"表示"试行体"，侗语用"ɬən^{2}ma^1（起来）"表示"持续体"，湘西苗语用"tɕu⁴（完）"表示"完成体"等。

二、形式与意义的纠结

表达形式与意义的纠结在共同语和方言中都很常见。李如龙（1996a）谈到了一种方言内部体范畴的意义和形式之间纷繁复杂的五种关系。在我们所讨论的各个方言点中，形式和意义之间这些纷繁复杂的关系也是普遍存在的。

第一种关系即"兼用"现象，同一种"体"标记在相同的语句可兼有两种"体"意义。例如，西南官话荔浦点的"着"就有这种情况，在同一个构式中，既可以标记"完成体"，也可以标记"经历体"，因此有时会产生歧义（闽方言的有些点也有这样的表现）。其他用"着"标记"完成体"的方言点，不一定都用来标记"经历体"，反之亦然①，都不会产生歧义。荔浦话"着"的兼用，其类型学特征不明显。

第二种关系即"多义"现象，同一个"体"标记在不同的语句中可表示不同的体意义。例如，粤、客、平等方言的"过"，在"经历体"构式中标记"经历体"意义，在"重行体"构式中标记"重行体"意义。

第三种关系即"体"意义的"交叉"，有时在同样的语句中两种"体"标记可以互换着表示同样的语法意义。例如，有的粤方言点无论表示"进行体"还是"持续体"意义，"住""紧"都可互换，柳州话的"倒""稳"也是如此；桂平话表示"完成体"的"北""开"也可互换，但以"北"为常。

第四种关系即"叠用"现象，在具体语句中，常常有些"体"标记可接连使用。例如，普通话的"唱起来了"，在李如龙（1996a）中看成"起来"（表示"起始体"）和"了"（表示"已然体"）的叠用，荔浦话也有"他们吃起来唎"这样的说法，因为我们不将"唎"视为"体"标记，因此这种情况不算叠用。荔浦话没有项梦冰（1996）所提到的北京话的"了₂"可以位于某些表示引申意义的复合趋向补语前的情况（如"群众的情绪渐渐平静了下来"），作为语气词，"唎"只能位于句末。所谓"叠用"现象，在广西区内外的不少方言中都存在。

第五种关系即体标记的"省略"，许多"体"标记在一定条件下可省去不说。这在我们所考察的方言点中更是一种普遍的情况，前文已有说明，此处不赘述。

---

① 除我们前面所讨论的有关方言点外，李如龙（1996b）提到了闽南方言泉州话以"着"为标记表示"经历体"的情况，而在"完成体"的讨论中，李文并未涉及"着"。

这些纠结的情况也涉及类型学的问题。陈前瑞（2008：8～9）谈到，汉语的体貌范畴相对其他范畴而言，语法化程度较高，体标记比较丰富，用法也非常复杂，汉语体貌问题的微观研究也必将对类型学成果做出重要的补充，比如汉语表示过去经历的"过"就是一个非常好的样本，就引起了体貌类型研究的高度关注。结合共性来观察汉语的个性有至少这样几条思路：一是探讨语法化和主观化等普遍机制在汉语体貌系统构成和体标记发展中的作用；二是探讨汉语在世界语言变异中的地位以及这种特殊地位带来的相关影响；三是通过构建汉语的体貌系统，加深对类型学中体貌系统内部关系的认识。例如，汉语句尾"了"将来时用法的产生是世界语言中比较少见的一种语法化途径，这有可能为语言类型学的研究提供一些新的认识；如何确立句尾"了"的体貌地位，也为整个体貌系统的建立提出了挑战。

面对这样的问题，我们自然也有不少困惑。要把尚"不成体统"的汉语的"体"范畴研究透彻，的确还要假以时日，需要学界同仁奋发努力。

三、"体""貌"的分合问题

讨论汉语（共同语及其方言）、其他民族语言语法范畴的论著，大多涉及"体""貌"问题。有关汉语的论著，对同一种语法意义，有的称"体"，有的称"貌"，如"完成体/貌""进行体/貌""重行体/貌"，不一而足。这一类称述，一般是将"体""貌"视为同一术语，是没有任何区别的两个"同义词"，可随意选用其中一个。刘叔新（2013：17）谈到，体是动作行为在活动过程中所呈现的某种情貌或状貌。因其实质便是如此，故而在"aspect"译到中国来的初期，也有人译之为"貌"。称为"貌"，可能对于所示概念更为贴切，只可惜译名没有流行下来。一直使用开来的"体"，说法多少给人们明确其所指是什么造成障碍。

这种情况下，我们觉得还是统一术语为好。我们主张在今后的研究中将与"aspect"对应的语法范畴既不称为"体"，也不称为"貌"，而称为"态"（参见"绪言"第一节的讨论）。

另一种情况是，有的学者"有意"将"体"和"貌"区别开来，认为它们虽然都是语法意义，但应归属两种不同的语法范畴。例如，李如龙（1996a）表示，各家语法书里所说的汉语的"体"范畴（或"态""貌"），实际上也包含着不同性质的事实，其中有些是表示动作、事件在一定时间进程中的状态的，有些则是和动作、事件的时间进程没有关系或关系较少的情貌。例如，"完成、进行"等都可以在动作事件进程中确定一定的时点或时段；而"尝试、反复"等则没有确定的时点或时段。所谓状态，是人们对客观进程的观察和感受；所谓情貌，往往还体现着动作主体的一定意想和情绪。因此李文主张，把和"aspect"较为相近的前者称为"体"，而把后者称为"貌"。在具体操作上，李文认为，就东南方言来说，属于体的有"完成""进行""持续""经历"；属于貌的有"短时""尝试""反复"等。

又如，张一舟等（2001：56）认为，"体"主要指动作行为的进程，如"开始""进行""完成"，涉及事件出现、消失等情况；"貌"主要指动作行为所处的特定状态，如"短时""反复"等。但张一舟等（2001：56～57）又表示，这种分界并非绝对的，例如，"持续"（静态，如普通话"门开着呢"）应该归为"体"还是"貌"？它是一种状态，应归为"貌"；但它又是进程中的一部分，也可归为"体"；因而"体""貌"只是一种大致的分界。"体貌"跟空间的移动有关，但实际上也跟"时"有关，从相对的角度看，常有参照时间。

郑定欧（2001）也主张区分"体"和"貌"。在讨论广州方言的相关问题时，他认为，"体"代表"线"，表示过程，强调动作的时间线性铺展，强调外在时间的作用结果，即体现为"完成与否"；"貌"代表"面"，表示非过程，强调动作的时间立体存在，强调内在时间的作用结果，即体现为"如何实现"。换句话说，"体"是观察横向进程中的事件构成的方式，指示着动作主体的客观判断。"貌"是观察时间纵向进程中的事件构成的方式，伴随着动作主体一定的主观感知。前者可称为"objective aspect"，以凸显其与过程始末有关；后者为"subjective aspect"，以凸显其与意蕴外在化有关。广州话的"咗"和"落"都具有"体""貌"两种用法。"体"的用法是帮助理解句子之于过程的定位，"貌"的用法是帮助理解句子内在含义的显化。郑文表示，所谓"经验体"并不属于体范畴，因为直观上说，经历、经验、体验等，皆与过程始末并无明显的联系，"过"在广州话中仅具"貌"的功能。"开"也表现为"貌"。就词尾形式而言，"体""貌"在仔细观察其分布特征的基础上还是可以区分出来的，而且区分的理据是站得住脚的。

我们在考察过程中也对照了各家提出的看法或主张，但都有不易说清楚的地方。汉语的确不像有的民族语言那样，"体""貌"有不同的标记，在表达形式上是对立的，如彝语圣乍话（参见胡素华，2001）。汉语的情况是一"体"多标、一标多"体"，形式和意义也多有纠结。因此无论从形式上还是意义上区分"体""貌"都会碰到困难，把形式和意义结合起来区分，此路也不容易走通。伍和忠（2005：286～287）有相关讨论，可参看。

在目前的情况下，多发掘各种事实和现象，进行细致的描写，在此基础上进行相应的理论总结，用较为严格的形式标准去探讨汉语的"体"在表达形式和语法意义上的特点，应该是我们着力更多的地方。至于"体""貌"的区分，可能要建立在取得更多成果的基础上。

　　本研究对汉语的时间系统（参见陈平，1988）有所忽略，对"时状"也重视不够。郭锐（1997）说："体的研究一直是汉语语法的一个难题，我们认为，其中一个原因是没有很好地划出'体'和'非体'的界线。'体'实际上是外在时间性和内在时间性共同作用的结果，具体一点说，就是应把体首先看作过程时状（按，郭文的时状指谓词性成分的外在时间类型），即'体'是与外部时间的流逝过程相联系的；其次，'体'与谓词性成分的内在时间性是相关的，即'体'之所以有不同类型，是因为谓词性成分的内部过程相对于参照时刻有不同进展情况。因此，过程时状实际上可以看作带有'体算子'（aspectual operator）的谓词性成分，非过程时状可以看作不带'体算子'的成分；而不同的体又可看作由所带'体算子'的不同造成。如果从这个角度出发来研究汉语的体，也许会有一些新的进展。"这是我们在今后的相关研究中需要给予应有关注的。

　　汉语共同语及其方言"体范畴"的研究在起步晚、理论基础薄弱的不利条件下，经过学者们的辛勤劳动，短短几十年间就取得了甚为丰富的研究成果，挖掘了诸多有价值的材料，理论、方法上也有了长足的进步。但面对纷纭复杂的共时现象，错综曲折的历时演变，我们还有很多重要问题没有研究清楚甚至没有涉足。在已经关注的问题中，表达形式的认定问题，标记成分的界定标准，各类次范畴的意义或内涵，形式与意义之间的纠结，"体""貌"等术语的使用及规范，所谓"词汇体"与"语法体"的区分，"体"范畴系统，等等，都需要我们进一步去探讨。材料、理论、方法，都还有广阔的出新的空间。

参考文献

[1]〔丹麦〕奥托·叶斯柏森：《语法哲学》，何勇等译，北京，语文出版社，1988 年。

[2]白云：《桂北平话与推广普通话研究——灌阳观音阁土话研究》，南宁，广西民族出版社，2005 年。

[3]白宛如：《南宁白话的[ɬai˦]与广州话的比较》，《方言》1985 年第 2 期。

[4]闭思明：《广西横县平话动词的体》，《钦州师范高等专科学校学报》2000 年第 3 期。

[5]蔡镜浩：《重谈语助词"看"的起源》，《中国语文》1990 年第 1 期。（在文中以 1999a 表示）

[6]蔡镜浩：《魏晋南北朝词语例释》，南京，江苏古籍出版社，1990 年。（在文中以 1999b 表示）

[7]曹广顺：《语气词"了"源流浅说》，《语文研究》1987 年第 2 期。

[8]曹广顺：《近代汉语助词》，北京，语文出版社，1995。

[9]曹广顺：《〈元典章·刑部〉中的"迄"和"到"》，四川大学汉语史研究所：《汉语史研究集刊　第一辑(下)》，成都，巴蜀书社，1998 年。

[10]曹广顺：《〈祖堂集〉中的"底(地)""却(了)""著"》，蒋绍愚、江蓝生：《近代汉语研究(二)》，北京，商务印书馆，1999 年。

[11]曹广顺：《试论汉语动态助词的形成过程》，四川大学汉语史研究所：《汉语史研究集刊　第二辑》，成都，巴蜀书社，2000 年。

[12]〔法〕曹茜蕾：《汉语显指标记的类型学研究》，冯力译，冯力等：《汉语时体的历时研究》，北京，语文出版社，2009 年。

[13]曹志耘：《金华汤溪方言的体》，张双庆：《动词的体》，香港，香港中文大学中国文化研究所吴多泰中国语文研究中心，1996 年。

[14]陈刚：《试论"着"的用法及其与英语进行式的比较》，《中国语文》1980 年第 1 期。

[15]陈平：《论现代汉语时间系统的三元结构》，《中国语文》1988 年第 2 期。

[16]陈宝勤：《试论"着"的语法化过程》，《语文研究》2006 年第 1 期。

[17]陈辉霞：《广西临桂小江客家方言岛研究》，广西大学硕士学位论文，2008 年。

[18]陈慧英：《广州方言表示动态的方式》，《中国语文》1990 年第 2 期。

[19]陈前瑞：《动词重叠的情状特征及其体的地位》，《语言教学与研究》2001 年第

4 期。

[20]陈前瑞：《当代体貌理论与汉语四层级的体貌系统》，《汉语学报》2005 年第 3 期。

[21]陈前瑞：《汉语体貌研究的类型学视野》，北京，商务印书馆，2008 年。

[22]陈前瑞：《"着"兼表持续与完成用法的发展》，吴福祥、崔希亮：《语法化与语法研究（四）》，北京，商务印书馆，2009 年。

[23]陈前瑞：《完成体与经历体的类型学思考》，《外语教学与研究》2016 年第 6 期。

[24]陈前瑞、胡亚：《词尾和句尾"了"的多功能模式》，《语言教学与研究》2016 年第 4 期。

[25]陈前瑞、王继红：《动词前"一"的体貌地位及其语法化》，《世界汉语教学》2006 年第 3 期。

[26]陈淑梅：《鄂东方言语法研究》，南京，江苏教育出版社，2001 年。

[27]陈晓锦、林俐：《广州话的动态助词"过"》，《暨南学报》2006 年第 4 期。

[28]陈月明：《时间副词"在"与"着"》，《汉语学习》1999 年第 4 期。

[29]陈振宇、李于虎：《经历"过 2"与可重复性》，《世界汉语教学》2013 年第 3 期。

[30]陈泽平：《福州方言动词的体和貌》，张双庆：《动词的体》，香港，香港中文大学中国文化研究所吴多泰中国语文研究中心，1996 年。

[31]褚俊海等：《桂南平话的动词谓语句及其类型学特征》，《暨南学报》2010 年第 6 期。

[32]戴耀晶：《现代汉语短时体的语义分析》，《语文研究》1993 年第 2 期。

[33]戴耀晶：《现代汉语时体系统研究》，杭州，浙江教育出版社，1997 年。

[34]戴昭铭：《天台话的几种语法现象》，《方言》1999 年第 4 期。

[35]邓丽：《桂林话语法专题研究》，广西师范大学硕士学位论文，2011 年。

[36]刀洁：《金平傣语概况》，《民族语文》2005 年第 2 期，

[37]邓守信：《汉语动词的时间结构》，《语言教学与研究》1985 年第 4 期。

[38]邓玉荣：《桂北平话与推广普通话研究——钟山方言研究》，南宁，广西民族出版社，2005 年。（在文中以 2005a 表示）

[39]邓玉荣：《桂北平话与推广普通话研究——富川秀水九都话研究》，南宁，广西民族出版社，2005 年。（在文中以 2005b 表示）

[40]邓玉荣：《贺州莲塘客家话体助词"典"和"倒"的区别》，刘村汉：《广西客家方言研究论文集》，桂林，广西师范大学出版社，2011 年。

[41]丁崇明、荣晶：《昆明方言的"着"字》，《方言》1994 年第 4 期。

[42]丁加勇：《说"着"的持续义》，《常德师范学院学报》2000 年第 3 期。

[43]董燕萍、梁君英：《走近构式语法》，《现代外语》2002 年第 2 期。

[44]方小燕：《广州话里的动态助词"到"》，《方言》2003 年第 4 期。

[45]费春元：《说"着"》，《语文研究》1992 年第 2 期。

[46]高名凯：《汉语语法论》，北京，商务印书馆，1948/1986 年。

[47]高名凯：《语法范畴》，中国语文杂志社：《语法论集（第二集）》，北京，中华书局，1957 年。

[48]高顺全：《体标记"下来"、"下去"补议》，《汉语学习》2001 年第 3 期。

[49]高永奇：《浚县方言中的体貌系统初探》，《殷都学刊》2001 年第 2 期。

[50]顾鸣镝：《认知构式语法的理论演绎与应用研究》，上海，学林出版社，2013 年。

[51]郭锐：《过程和非过程——汉语谓词性成分的两种外在时间类型》，《中国语文》1997 年第 3 期。

[52]郭锐：《汉语谓词性成分的时间参照及其句法后果》，《世界汉语教学》2015 年第 4 期。

[53]郭风岚：《论副词"在"与"正"的语义特征》，《语言教学与研究》1998 年第 2 期。

[54]韩霏：《博白县沙河镇客家话研究》，广西师范大学硕士学位论文，2008 年。

[55]何文彬：《论语气助词"了"的主观性》，《语言研究》2013 年第 1 期。

[56]何彦诚：《侗语下坎话概况》，《民族语文》2006 年第 5 期。

[57]胡亚、陈前瑞：《"了"的完成体与完整体功能的量化分析及其理论意义》，《世界汉语教学》2017 年第 3 期。

[58]胡明扬：《B. Comrie〈动态〉简介》，《国外语言学》1996 年第 3 期。

[59]胡素华：《彝语动词的体貌范畴》，《民族语文》2001 年第 4 期。

[60]黄伯荣：《汉语方言语法类编》，青岛，青岛出版社，1996 年。

[61]黄布凡：《羌语的体范畴》，《民族语文》2000 年第 2 期。

[62]黄盛璋：《"起来""下去""下来"》，《语文学习》1952 年 3 月号。

[63]黄小平：《田林宁都客家话比较研究》，广西大学硕士学位论文，2006 年。

[64]黄瓒辉：《"了₂"对事件的存在量化及标记事件焦点的功能》，《世界汉语教学》2016 年第 1 期。

[65]蒋冀骋、吴福祥：《近代汉语纲要》，长沙，湖南教育出版社，1997 年。

[66]蒋绍愚：《广州话和汉语史研究》，《汉语词汇语法史论文集》，北京，商务印书馆，2000 年。

[67]蒋绍愚：《〈世说新语〉、〈齐民要术〉、〈洛阳伽蓝记〉、〈贤愚经〉、〈百喻经〉中的"已"、"竟"、"讫"、"毕"》，《语言研究》2001 年第 1 期。

[68]金立鑫：《试论"了"的时体特征》，《语言教学与研究》1998 年第 1 期。

[69]金立鑫：《词尾"了"的时体意义及其句法条件》，《世界汉语教学》2002 年第 1 期。

[70]金立鑫：《试论行为类型、情状类型及其与体的关系》，《语言教学与研究》2008年第4期。

[71]竟成：《谈谈"了"和"过"》，《汉语学习》1985年第4期。

[72]竟成：《关于动态助词"了"的语法意义问题》，《语文研究》1993年第1期。

[73]孔令达：《关于动态助词"过₁"和"过₂"》，《中国语文》1986年第4期。

[74]蓝利国：《柳州方言的句法特点》，《广西大学学报》1999年第2期。

[75]劳宁：《语助词"看"的形成时代》，《中国语文》1962年6月号。

[76]〔美〕李讷、〔美〕汤姆森：《已然体的话语理据：汉语助词"了"》，徐赳赳译，戴浩一、薛凤生：《功能主义与汉语语法》，北京：北京语言学院出版社，1994年。

[77]〔美〕李讷、石毓智：《论汉语体标记诞生的机制》，《中国语文》1997年第2期。

[78]李锦芳：《茶洞语概况》，《民族语文》2001年第1期。

[79]李如龙：《动词的体·前言》，张双庆：《动词的体》，香港，香港中文大学中国文化研究所吴多泰中国语文研究中心，1996年。（在文中以1996a表示）

[80]李如龙：《泉州方言的"体"》，张双庆：《动词的体》，香港，香港中文大学中国文化研究所吴多泰中国语文研究中心，1996年。（在文中以1996b表示）

[81]李如龙、张双庆：《客赣方言调查报告》，厦门，厦门大学出版社，1992年。

[82]李铁根：《现代汉语时制研究》，沈阳，辽宁大学出版社，1999年。

[83]李铁根：《"了"、"着"、"过"与汉语时制的表达》，《语言研究》2002年第3期。

[84]李小凡：《苏州方言的体貌系统》，《方言》1998年第3期。

[85]李小凡：《现代汉语词尾"了"的语法意义再探讨》，中国语文杂志社：《语法研究和探索（十）》，北京，商务印书馆，2000年。

[86]李小凡：《现代汉语体貌系统新探》，商务印书馆编辑部：《21世纪的中国语言学（一）》，北京，商务印书馆，2004年。

[87]李晓君：《桂平市金田白话研究》，广西大学硕士学位论文，2013年。

[88]李永新：《从永州南六县方言的重复体标记看汉语的体》，《湖南商学院学报》2007年第4期。

[89]李宇明：《说"VP看"》，《汉语学习》1985年第6期。

[90]李云兵：《拉基语研究》，北京，中央民族大学出版社，2000年。

[91]梁敏：《侗语简志》，北京，民族出版社，1980年。

[92]梁敏、张均如：《侗台语族概论》，北京，中国社会科学出版社，1996年。

[93]梁福根：《桂北平话与推广普通话研究——阳朔葡萄平声话研究》，南宁，广西民族出版社，2005年。

[94]梁金荣：《桂北平话与推广普通话研究——临桂两江平话研究》，南宁，广西民

族出版社，2005 年。

[95]梁进杰：《广西通志·少数民族语言志》，南宁，广西人民出版社，2000 年。

[96]梁伟华、林亦：《广西崇左新和蔗园话研究》，桂林，广西师范大学出版社，2009 年。

[97]梁忠东：《玉林方言的进行体和持续体》，《百色学院学报》2009 年第 2 期。（在文中以 2009a 表示）

[98]梁忠东：《玉林话"在"字的意义及其用法》，《泰山学院学报》2009 年第 2 期。（在文中以 2009b 表示）

[99]梁忠东：《玉林话研究》，成都，西南交通大学出版社，2010 年。

[100]廖恩喜：《桂林北芬话的"着"字》，广西师范大学学报（研究生专辑），1996 年增刊。

[101]林亦、覃凤余：《广西南宁白话研究》，桂林，广西师范大学出版社，2008 年。

[102]林立芳：《梅县方言动词的体》，张双庆：《动词的体》，香港，香港中文大学中国文化研究所吴多泰中国语文研究中心，1996 年。

[103]林连通：《泉州方言志》，北京，社会科学文献出版社，1993 年。

[104]凌伟峰：《广西柳城百姓话研究》，广西大学硕士学位论文，2008 年。

[105]刘坚：《时态助词的研究与"VO 过"》，《人与文——忆几位师友论若干语言问题》，北京，北京语言文化大学出版，1998 年。

[106]刘坚等：《近代汉语虚词研究》，北京，语文出版社，1992 年。

[107]刘丹青：《东南方言的体貌标记》，张双庆：《动词的体》，香港，香港中文大学中国文化研究所吴多泰中国语文研究中心，1996 年。

[108]刘丹青：《语法调查研究手册》，上海，上海教育出版社，2008 年。

[109]刘汉武、丁崇明：《汉语"了"在越南语中的对应形式及母语环境下越南初级汉语学习者"了"的习得》，《语言教学与研究》2015 年第 4 期。

[110]刘江丽：《广西融江片宜州德胜百姓话研究》，广西大学硕士学位论文，2008 年。

[111]刘宁生：《论"着"及其相关的两个动态范畴》，《语言研究》1985 年第 2 期。

[112]刘叔新：《汉语语法范畴论纲》，天津，南开大学出版社，2013 年。

[113]刘勋宁：《现代汉语词尾"了"的语法意义》，《中国语文》1988 年第 5 期。

[114]刘勋宁：《答友人——关于语法分析的几个原则问题》，《世界汉语教学》2000 年第 3 期。

[115]刘勋宁：《现代汉语句尾"了"的语法意义及其解说》，《世界汉语教学》2002 年第 3 期。

[116]刘一之：《北京话中的"着"(·zhe)字新探》，北京，北京大学出版社，2001年。

[117]刘玉婷：《湖南汝城话的体貌系统》，湖南大学硕士学位论文，2009年。

[118]刘月华：《动态助词"过₂过₁了₁"用法比较》，《语文研究》1988年第1期。

[119]柳士镇：《从语言角度看〈齐民要术〉卷前〈杂说〉非贾氏所作》，《中国语文》1989年第2期。

[120]柳士镇：《魏晋南北朝历史语法》，南京，南京大学出版社，1992年。

[121]〔苏联〕龙果夫：《现代汉语语法研究》，郑祖庆译，北京，科学出版社，1958年。

[122]卢烈红：《〈古尊宿语要〉代词助词研究》，武汉，武汉大学出版社，1998年。

[123]卢烈红：《〈全元散曲〉中的动态助词》，《苏州科技学院学报》2009年第1期。

[124]卢小群：《湘语语法研究》，北京，中央民族大学出版社，2007年。

[125]陆俭明：《现代汉语中一个新的语助词"看"》，《中国语文》1959年10月号。

[126]陆俭明：《"着(·zhe)"字补议》，《中国语文》1999年第5期。

[127]陆俭明：《"句式语法"理论与汉语研究》，《中国语文》2004年第5期。

[128]路伟：《云南个旧方言谓词的体范畴》，《中国语文》2006年第1期。

[129]罗自群：《现代汉语方言持续标记的比较研究》，北京，中央民族大学出版社，2006年。

[130]吕叔湘：《中国文法要略》，北京，商务印书馆，1982年，新1版。

[131]吕叔湘：《释〈景德传灯录〉中"在"、"著"二助词》，《汉语语法论文集》，北京，商务印书馆，1984年，修订本。

[132]吕叔湘：《现代汉语八百词》，北京，商务印书馆，1999年，增订本。

[133]吕嵩崧：《凌云加尤高山汉话研究》，广西师范大学硕士学位论文，2010年。

[134]吕晓玲：《福建南安方言"着"的歧义与共现》，《中国语文》2013年第5期。

[135]马骏：《柳州话的重叠》，《广西师范大学学报》2001年第3期。

[136]马希文：《北京方言里的"着"》，《方言》1987年第1期。

[137]麦穗：《广西贵港方言的"住"》，《语言研究》2002年特刊。

[138]毛宗武等：《瑶族语言简志》，北京，民族出版社，1982年。

[139]毛宗武、蒙朝吉：《畲语简志》，北京，民族出版社，1986年。

[140]〔美〕梅祖麟：《吴语情貌词"仔"的语源》，陆剑明译，《国外语言学》1980年第3期。

[141]〔美〕梅祖麟：《汉语方言里虚词"著"字三种用法的来源》，《梅祖麟语言学论文集》，北京，商务印书馆，2000年。

[142]孟琮：《谈"着呢"》，《中国语文》1962年5月号。

[143]木仕华：《论纳西语动词的体范畴》，戴庆厦：《中国民族语言文学研究论集 2（语言专集)》，北京，民族出版社，2002 年。

[144]欧阳觉亚：《村语研究》，上海，上海远东出版社，1998 年。

[145]欧阳澜：《广西桂北平话及相关土话持续标记的类型研究》，《贺州学院学报》2009 年第 4 期。

[146]潘悟云：《温州方言的体和貌》，张双庆：《动词的体》，香港，香港中文大学中国文化研究所吴多泰中国语文研究中心，1996 年。

[147]彭小川：《广州话的动态助词"住"》，胡明扬：《汉语方言体貌论文集》，南京，江苏教育出版社，1996 年。（在文中以 1996a 表示）

[148]彭小川：《广州话的动态助词"咗"》，胡明扬：《汉语方言体貌论文集》，南京，江苏教育出版社，1996 年。（在文中以 1996b 表示）

[149]彭小川、周芍：《也谈"了₂"的语法意义》，《学术交流》2005 年第 1 期。

[150]〔日〕平田昌司、伍巍：《休宁方言的体》，张双庆：《动词的体》，香港，香港中文大学中国文化研究所吴多泰中国语文研究中心，1996 年。

[151]〔加拿大〕蒲立本：《古汉语体态的各方面》，《古汉语研究》1995 年第 2 期。

[152]钱乃荣：《吴语中的虚词"仔"》，《方言》1999 年第 2 期。

[153]钱乃荣：《体助词"着"不表示进行意义》，《汉语学习》2000 年第 4 期。

[154]覃东生：《宾阳话语法研究》，广西大学硕士学位论文，2007 年。

[155]覃东生：《宾阳话的述补结构和体标记》，《百色学院学报》2011 年第 2 期。

[156]覃凤余、张婷：《邕宁福建村官话的"着"》，《桂林师范高等专科学校学报》2009 年第 4 期。

[157]覃乃昌：《广西世居民族》，南宁，广西民族出版社，2004 年。

[158]覃远雄：《荔浦话里的两种状态形容词》，《广西民族学院学报》1990 年第 2 期。

[159]覃远雄：《〈南宁平话词典〉引论》，《方言》1996 年第 3 期。

[160]邱前进：《广西宾阳客家方言研究》，广西大学硕士学位论文，2008 年。

[161]荣晶：《昆明话和普通话"VV"、"V（一）下"的功能、形式对比》，《云南民族大学学报》2005 年第 1 期。

[162]石汝杰：《苏州方言的体和貌》，张双庆：《动词的体》，香港，香港中文大学中国文化研究所吴多泰中国语文研究中心，1996 年。

[163]石毓智：《汉语研究的类型学视野》，南昌，江西教育出版社，2004 年。

[164]石毓智、〔美〕李讷：《汉语语法化的历程——形态句法发展的动因和机制》，北京，北京大学出版社，2001 年。

[165]苏俊波：《丹江方言语法研究》，华中师范大学博士学位论文，2007 年。

[166]孙朝奋：《再论助词“着”的用法及其来源》,《中国语文》1997 年第 2 期。

[167]孙宏开等：《中国的语言》,北京,商务印书馆,2007 年。

[168]孙锡信：《汉语历史语法要略》,上海,复旦大学出版社,1992 年。

[169]孙锡信：《近代汉语语气词》,北京,语文出版社,1999 年。

[170]孙宜志：《宿松方言的“一 VV 到”和“一 VV 着”结构》,《语言研究》1999 年第 2 期。

[171]〔日〕太田辰夫：《中国语历史文法》,蒋绍愚、徐昌华译,北京,北京大学出版社,2003 年,修订本。

[172]谭邦君：《厦门方言志》,北京,北京语言学院出版社,1996 年。

[173]万波：《安义方言的体》,张双庆：《动词的体》,香港,香港中文大学中国文化研究所吴多泰中国语文研究中心,1996 年。

[174]汪维辉：《东汉—隋常用词演变研究》,南京,南京大学出版社,2000 年。

[175]王还：《再谈现代汉语词尾“了”的语法意义》,《中国语文》1990 年第 3 期。

[176]王力：《中国语法理论》,北京,商务印书馆,1954 年。

[177]王力：《中国现代语法》,北京,商务印书馆,1985 年,新 1 版。

[178]王力：《汉语语法史》,北京,商务印书馆,1989 年。

[179]王琼：《广西罗城牛鼻土拐话研究》,广西大学硕士学位论文,2008 年。

[180]〔美〕王士元：《现代汉语中的两个体标记》,袁毓林译,《国外语言学》1990 年第 1 期。

[181]韦景云等：《燕齐壮语参考语法》,北京,中国社会科学出版社,2011 年。

[182]韦茂繁：《下坳壮语参考语法》,上海师范大学博士学位论文,2012 年。

[183]温昌衍：《石城客家话中的“呃”》,《方言》2015 年第 4 期。

[184]文旭：《认知语言学的研究目标、原则和方法》,《外语教学与研究》2002 年第 2 期。

[185]吴福祥：《尝试态助词“看”的历史考察》,《语言研究》1995 年第 2 期。

[186]吴福祥：《敦煌变文语法研究》,长沙,岳麓书社,1996 年。

[187]吴福祥：《重谈“动＋了＋宾”格式的来源和完成体助词“了”的产生》,《中国语文》1998 年第 6 期。

[188]吴旭虹：《南宁白话体貌考察》,华中科技大学硕士学位论文,2007 年。

[189]伍和忠：《荔浦方言的“V 一下子”与“V 一下子看”》,《广西社会科学》2002 年第 2 期。

[190]伍和忠：《荔浦方言的“着”》,《广西师范大学学报》2004 年第 2 期。

[191]伍和忠：《“尝试”、“经验”表达手段论》,北京,社会科学文献出版社,

2005 年。

[192]伍和忠：《〈齐民要术〉中的"看"字句》，《语文研究》2011 年第 1 期。

[193]伍云姬：《论汉语动态助词之统系》，伍云姬：《湖南方言的动态助词》，长沙，
　　　湖南师范大学出版社，2009 年，修订版。

[194]夏俐萍：《汉语方言的完成持续体标记——以"路上停着一辆车"的标记类型为
　　　例》，《汉语学报》2009 年第 4 期。

[195]夏丽珍：《资源延东直话语法研究》，广西大学硕士学位论文，2010 年。

[196]向熹：《简明汉语史(下)》，北京，高等教育出版社，1993 年。

[197]项梦冰：《连城(新泉)方言的体》，张双庆：《动词的体》，香港，香港中文大学
　　　中国文化研究所吴多泰中国语文研究中心，1996 年。

[198]项梦冰：《连城客家话语法研究》，北京，语文出版社，1997 年。

[199]肖万萍：《桂北平话与推广普通话研究——永福塘堡平话研究》，南宁，广西民
　　　族出版社，2005 年。

[200]肖万萍：《桂北永福官话的"着"》，《语言研究》2010 年第 3 期。

[201]谢蓓：《广西桂平粤方言动词重叠研究》，上海师范大学硕士学位论文，
　　　2011 年。

[202]谢建猷：《广西汉语方言研究(上)》，南宁，广西人民出版社，2007 年。

[203]谢永昌：《梅县客家方言志》，广州，暨南大学出版社，1994 年。

[204]心叔：《关于语助词"看"的形成》，《中国语文》1962 年 8、9 月号。

[205]邢福义：《说"V — V"》，《中国语文》2000 年第 5 期。

[206]熊仲儒：《动词重叠的句法分析》，《世界汉语教学》2016 年第 2 期。

[207]徐荣：《广西北流粤方言语法研究》，清华大学硕士学位论文，2008 年。

[208]徐国莉：《临桂六塘土话研究》，广西师范大学硕士学位论文，2007 年。

[209]徐通锵：《语言论——语义型语言的结构原理和研究方法》，长春，东北师范大
　　　学出版社，1997 年。

[210]许国萍：《安庆方言中的"着"》，《安庆师范学院社会学科学报》1997 年第 1 期。

[211]严丽明：《广州话表示修正的助词"过"》，《方言》2009 年第 2 期。

[212]杨平：《副词"正"的语法意义》，《世界汉语教学》2000 年第 2 期。

[213]杨国文：《"动词＋结果补语"和"动词重叠式"的非时态性质》，《当代语言学》
　　　2011 年第 3 期。

[214]杨焕典：《广西通志·汉语方言志》，南宁，广西人民出版社，1998 年。

[215]杨敬宇：《南宁平话的体貌标记"过"》，《方言》2002 年第 4 期。

[216]杨敬宇：《南宁平话体标记"了"的轻读分析》，《语言科学》2004 年第 2 期。

[217]杨敬宇：《"了、住、过"在清代粤语曲艺文本中的用法》，《桂林师范高等专科学校学报》，2010 年。

[218]杨永龙：《〈朱子语类〉完成体研究》，开封，河南大学出版社，2001 年。

[219]杨永龙：《从稳紧义形容词到持续体标记——试说"定""稳定""实""牢""稳""紧"的语法化》，《中国语文》2005 年第 5 期。

[220]杨永龙：《不同的完成体构式与早期的"了"》，冯力等：《汉语时体的历时研究》，北京，语文出版社，2009 年。

[221]易丹：《柳州方言的"倒"》，《广西民族师范学院学报》2012 年第 2 期。（在文中以 2012a 表示）

[222]易丹：《柳州方言的动态助词"稳"》，《语言研究》2012 年第 3 期。（在文中以 2012b 表示）

[223]游汝杰：《杭州方言动词体的表达法》，张双庆：《动词的体》，香港，香港中文大学中国文化研究所吴多泰中国语文研究中心，1996 年。

[224]游汝杰：《著名中年语言学家自选集·游汝杰卷》，合肥，安徽教育出版社，2003 年。

[225]于根元：《不停地＋V》，中国语文杂志社：《语法研究和探索（第四辑）》，北京，北京大学出版社，1987 年。

[226]余凯、林亦：《梧州白话的进行体标记与持续体标记》，《桂林师范高等专科学校学报》2008 年第 3 期。

[227]余金枝：《湘西矮寨苗语参考语法》，戴庆夏审订，北京，中国社会科学出版社，2011 年。

[228]喻翠容：《布依语简志》，北京，民族出版社，1980 年。

[229]喻翠容：《傣语动词的情貌系统》，《语言研究》1985 年第 2 期。

[230]喻遂生：《重庆方言的"倒"和"起"》，《方言》1990 年第 3 期。

[231]袁雪瑶：《动词的情状类型与界性——从数量词对语法结构的制约作用中得到的启发》，《福建论坛（社科教育版）》2010 年第 10 期。

[232]张雷：《黎语志强话参考语法》，南开大学博士学位论文，2010 年。

[233]张宁：《昆明方言的重叠式》，《方言》1987 年第 1 期。

[234]张桃：《宁化客家方言语法研究》，厦门大学博士学位论文，2004 年。

[235]张婷：《龙胜官话与武鸣官话语法比较研究》，广西大学硕士学位论文，2010 年。

[236]张秀：《汉语动词的"体"和"时制"系统》，中国语文杂志社：《语法论集（第一集）》，北京，中华书局，1957 年。

[237]张桂权：《桂北平话与推广普通话研究——资源延东直话研究》，南宁，广西民族出版社，2005 年。

[238]张国宪：《现代汉语形容词的体及形态化历程》，《中国语文》1998 年第 6 期。

[239]张国宪：《延续性形容词的续段结构及其体表现》，《中国语文》1999 年第 6 期。

[240]张惠泉：《贵阳方言动词的重叠式》，《方言》1987 年第 2 期。

[241]张均如、梁敏：《广西平话（续 2）》，《广西民族研究》1996 年第 4 期。

[242]张清源：《成都话的动态助词"倒"和"起"》，《中国语言学报》1991 年第 4 期。

[243]张蓉兰：《拉祜语动词的语法范畴》，《民族语文》1987 年第 2 期。

[244]张双庆：《香港粤语动词的体》，张双庆：《动词的体》，香港，香港中文大学中国文化研究所吴多泰中国语文研究中心，1996 年。

[245]张维耿：《汉语普通话与广州话、梅县话动词"体"的比较》，《世界汉语教学》1988 年第 3 期。

[246]张一舟等：《成都方言语法研究》，成都，巴蜀书社，2001 年。

[247]张志军：《俄汉语体貌、时貌及时序的范畴结构对比》，《外语学刊》2000 年第 1 期。

[248]赵媛：《桂林话中的"倒"》，《柳州师范高等专科学校学报》2011 年第 2 期。

[249]赵金铭：《〈游仙窟〉与唐代口语语法》，《语言研究》1995 年第 1 期。

[250]赵葵欣：《武汉方言语法研究》，武汉，武汉大学出版社，2012 年。

[251]赵日新：《绩溪方言的"过"和"着"》，《中国语文》2002 年第 2 期。

[252]〔美〕赵元任：《中国话的文法》，丁邦新译，刘梦溪：《中国现代学术经典·赵元任卷》，石家庄，河北教育出版社，1996 年。

[253]郑定欧：《说"貌"——以广州话为例》，《方言》2001 年第 1 期。

[254]郑石磊：《广西宾阳新宾南街官话研究》，广西大学硕士学位论文，2012 年。

[255]郑懿德：《福州方言时体系统概略》，胡明扬：《汉语方言体貌论文集》，南京，江苏教育出版社，1996 年。

[256]钟兆华：《趋向动词"起来"在近代汉语中的发展》，《中国语文》1985 年第 5 期。

[257]钟兆华：《近代汉语完成态动词的历史沿革》，《语言研究》1995 年第 1 期。

[258]周本良：《桂北平话与推广普通话研究——临桂义宁话研究》，南宁，广西民族出版社，2005 年。

[259]周滢照：《从〈朴通事〉两个版本看明初至清初"着"用法的变化》，《清华大学学报》2009 年增刊第 2 期。

[260]朱军：《汉语构式语法研究》，北京，中国社会科学出版社，2010 年。

[261]朱景松：《动词重叠式的语法意义》，《中国语文》1998 年第 5 期。

[262]左思民：《试论"体"的本质属性》，《汉语学习》1998 年第 4 期。（在文中以 1998a 表示）

[263]左思民：《现代汉语中的"体"概念》，邵敬敏：《句法结构中的语义研究》，北京，北京语言文化大学出版社，1998 年。（在文中以 1998b 表示）

[264]左思民：《现代汉语中"体"的研究——兼及体研究的类型学意义》，《语文研究》1999 年第 1 期。

[265]左思民：《动词的动相分类》，《华东师范大学学报》2009 年第 1 期。

[266]〔英〕Bernard Comrie. *Aspect*，北京，北京大学出版社，2005 年（剑桥大学出版社，1976 初版）。

后　记

　　本书是国家社科基金后期资助项目的成果。虽说在获得立项之前已完成了80％的工作量，但原稿还是较为粗糙的，蒙项目评审专家抬爱才得以立项。因此作者在对专家们表示衷心感谢的同时也非常珍惜各位专家所给的机会，按专家所提意见对申报稿进行了很认真、很细致的修改、充实，重新调查、核实的工作也做了好几次。修改、充实的部分在提交给国家社科规划办的结题材料中一一做了说明。

　　汉语体范畴是作者在做南京大学中文系博士生时关注的研究领域，博士论文就是对该领域相关问题的讨论，侧重于历时层面。毕业后不敢懈怠，继续关注这方面的研究，从时贤的成果中获取了诸多教益和启示，于是拟从共时层面去看看汉语体范畴表达形式和意义问题的复杂性。本着因地制宜、就地取材的原则，选取了家乡广西的几大方言进行讨论，几经艰辛，完成了既定任务。这项任务算是完成了，但本领域的研究尚存诸多问题未解决，作者仍需努力，今后的工作或恐更为艰辛。

　　在做课题的过程中，各方言点调查合作人提供了既有力又有益的帮助。广西师范学院科研处、财务处的领导和工作人员给予了大力支持，家属做了大量繁杂的后勤工作，在此一并致谢。多谢了，乡亲们！书稿交付后，北京师范大学出版社的有关领导、编辑做了相应指导，送来了温暖和关爱，付出了辛勤的劳动，在此谨致谢忱。

伍和忠

2017 年 9 月 3 日于南宁

图书在版编目(CIP)数据

广西汉语方言体范畴调查与研究/伍和忠著. —北京：北京师范大学出版社，2018.6

国家社科基金后期资助项目

ISBN 978-7-303-23307-6

Ⅰ.①广… Ⅱ.①伍… Ⅲ.①汉语方言—方言研究—广西 Ⅳ.①H17

中国版本图书馆 CIP 数据核字(2018)第 009954 号

营 销 中 心 电 话　010-58805072　58807651
北师大出版社高等教育与学术著作分社　http://xueda.bnup.com

GUANGXI HANYU FANGYAN TIFANCHOU
DIAOCHA YU YANJIU

出版发行：北京师范大学出版社　www.bnup.com
　　　　　北京市海淀区新街口外大街 19 号
　　　　　邮政编码：100875
印　　刷：北京京师印务有限公司
经　　销：全国新华书店
开　　本：787 mm×1092 mm　1/16
印　　张：19.75
字　　数：320 千字
版　　次：2018 年 6 月第 1 版
印　　次：2018 年 6 月第 1 次印刷
定　　价：69.00 元

策划编辑：周　粟　　　　责任编辑：赵媛媛
美术编辑：王齐云　　　　装帧设计：毛　淳　王齐云
责任校对：韩兆涛　　　　责任印制：马　洁